EXCEPCIONES Y PRIVILEGIOS
Modernización tributaria
y centralización en México,
1922-1972

CENTRO DE ESTUDIOS HISTÓRICOS

EXCEPCIONES Y PRIVILEGIOS
Modernización tributaria y centralización en México, 1922-1972

Luis Aboites Aguilar

EL COLEGIO DE MÉXICO

336.20972
A1541e

Aboites, Luis.

Excepciones y privilegios. Modernización tributaria y centralización en México, 1922-1972 / Luis Aboites Aguilar. -- México : El Colegio de México, Centro de Estudios Históricos, 2003.

448 p. ; 22 cm

ISBN 968-12-1110-3

1. Impuestos -- Leyes y legislación -- México.
2. Federalismo -- México. I. Título.

Portada de Irma Eugenia Alva Valencia

Primera edición, 2003

Camino al Ajusco 20
Pedregal de Santa Teresa
10740 México, D. F.
www.colmex.mx
ISBN 968-12-1110-3 (versión original)
978-968-121-110-3 (versión facsimilar)

Impreso en México

CONTENIDO

INTRODUCCIÓN

BAJA CARGA FISCAL Y DEPENDENCIA PETROLERA: LA HACIENDA PÚBLICA MEXICANA DE FIN DE SIGLO

El punto de partida de este trabajo es una suerte de retorno al pasado, a saber, la grave dependencia de las finanzas públicas nacionales respecto al mercado internacional y a la exportación de una materia prima, el petróleo. Si se leen los párrafos de Matías Romero de 1870 acerca de la extrema fragilidad de la hacienda pública mexicana dada la crecida aportación de la aduana de Veracruz, puede pensarse que el tiempo se ha detenido. Lo anterior resulta todavía más grave si se consideran los grandes esfuerzos emprendidos desde entonces para equilibrar la hacienda pública y hacer de las rentas internas su soporte fundamental.

Este fenómeno da lugar en nuestros días a una extraña coincidencia de diversos grupos políticos, autoridades, empresarios, estudiosos y sectores de opinión de México y del extranjero. Tal coincidencia se refiere a la necesidad de emprender una reforma que haga menos dependiente al erario público del petróleo. Nadie parece estar de acuerdo en que la hacienda federal dependa en más de una tercera parte de la explotación de este recurso no renovable.[1] De igual modo, la coincidencia se extiende a la urgencia de llevar a cabo esa reforma para que México deje de tener una de las haciendas públicas más pobres o pequeñas del mundo, según algunos casi del nivel de Haití o de Madagascar, con cerca de 10% como proporción del PIB.[2] El tamaño y complejidad

[1] En 1997 la aportación petrolera llegó a 40%. Ese aumento se explica por la caída de la recaudación de otros gravámenes en 1995 y 1996, provocada por la devaluación de fines de 1994 y la crisis subsecuente. Véase *Iniciativa*, XV, y *Presentación*, 8.

[2] Una comparación de la carga fiscal mexicana con respecto a la de otros países, en OCDE, *Estudios*, 77-78, y la recomendación de este organismo para emprender una reforma fiscal, en *El Universal*, 2 oct 2000, 1; la comparación con esos dos países, en las declaraciones de J. Silva Herzog, *La Jornada*, 11 dic 1998, 18; declaraciones del secretario de Energía sobre la necesidad de aumentar de 11 a 20% la carga tributaria, *Proceso*, 1172, 18 abr 1999,

de los rezagos sociales y la creciente desigualdad en la distribución de la riqueza hacen aún más críticos esos rasgos de la hacienda pública en México. Por ello no extraña que una de las primeras iniciativas de la nueva administración federal, encabezada por Vicente Fox, se refiera justamente a la reforma fiscal. Y tampoco extraña que en la exposición general de la iniciativa presidencial de la así llamada "Nueva hacienda pública distributiva", de abril de 2001, se incluya una referencia al hecho de que "la recaudación tributaria en México es una de las más débiles del mundo, incluso cuando se elimina de la comparación a sociedades con mayor ingreso relativo".[3]

Pero la coincidencia no va más allá, pues a la hora de definir a quién cobrar más impuestos surgen grandes desacuerdos. Unos señalan que debe buscarse la ampliación de la base de contribuyentes, especialmente entre los sectores de la así llamada economía informal, favorecer el ahorro y la inversión del sector privado, simplificando el sistema, lo que significa desaparecer y/o reducir impuestos al ingreso y ampliar los gravámenes al consumo.[4] Otros en cambio sugieren cobrar en mayor medida las ganancias del capital, en particular las operaciones bursátiles, dividendos y rendimientos, y acabar con ciertos regímenes especiales, como en materia de transporte; dicho en términos simples, proponen cobrar más a los más ricos.[5] El proble-

---

30-31. En torno al modelo tributario agotado, según la Confederación Patronal de la República Mexicana (Coparmex) y partidos políticos, *La Jornada*, 1 feb 1999, 15; sobre la necesidad de aumentar la recaudación de tres a cuatro puntos porcentuales respecto al PIB, *La Jornada*, 14 jul 2000: declaraciones del presidente del Instituto Mexicano de Ejecutivos de Finanzas; *Guanajuato Hoy*, 5 nov 2001, 1: homilía del obispo de León José Guadalupe Marín Rábago.

[3] "Propuesta de la nueva hacienda pública distributiva", disponible en www.shcp.gob.mx/uec/paquete.html.

[4] Véanse los señalamientos del Centro de Estudios del Sector Privado y de la Coparmex, *La Jornada*, 8 ene 1999, 14; propuestas del Instituto Mexicano de Ejecutivos de Finanzas, *La Jornada*, 14 jul 2000, 21; petición de la Coparmex de gravar más el consumo y menos la renta y la producción, *La Jornada*, 4 ene 2000, 15; sobre la propuesta de los asesores del presidente electo Fox de eliminar la tasa cero del IVA a medicinas y alimentos, *Reforma*, 26 jul 2000, 1ª; "Analiza SHCP gravar más el consumo y bajar ISR", *La Jornada*, 25 ene 2001, 24.

[5] Opinión de G. Fuji, *La Jornada*, 10 abr 1999, 19; opinión de A. Gershenson, *La Jornada*, 25 jun 1999, 11, y 6 ago 2000, 4; declaraciones de la OCDE, *La Jornada*, 23 jun 1999, 29; entrevista con L. Servitje, *La Jornada*, 20 oct 1999, 25; postura de la Confederación Nacional de Cámaras de Comercio sobre la necesidad de cobrar impuestos a ganancias bursátiles, *La Jornada*, 17 dic 2000, 16; postura de El Barzón sobre que 10 000 empresas dejan de pagar 170 000 millones de pesos de impuestos, *La Jornada*, 18 ene 2001, 20; desplegado del Partido de la Revolución Democrática titulado "Le toca pagar a los ricos", *La Jornada*, 1 feb

ma no se reduce a esa disyuntiva, por demás delicada, porque incluye otros componentes escabrosos.

Uno de ellos es la creciente inconformidad en torno a la manera en que se distribuyen los escasos recursos fiscales recaudados por la federación. En algunas entidades ricas, como Nuevo León y el Distrito Federal, las autoridades han manifestado su malestar con el sistema de participaciones, que pretende redistribuir esa riqueza a los estados y municipios. Su argumento es que aportan mayores cantidades de las que reciben en forma de participaciones federales.[6]

Esta inconformidad toca de lleno el problema de cómo asignar las participaciones. Sabedoras de la importancia de su actividad económica y por lo tanto del elevado monto de sus ingresos fiscales, las entidades federativas más ricas insisten en que esas participaciones deben calcularse considerando su aportación a la economía nacional o bien el monto de la recaudación alcanzada en la jurisdicción correspondiente; los más pobres en cambio aluden a la necesidad de atender criterios sociales (demografía, índices de pobreza).[7] Este problema se ha complicado todavía más ante el avance electoral de los partidos de oposición, tanto en los estados y municipios como en el Congreso de la Unión y en la misma Presidencia de la República. La cuestión fiscal muestra su claro contenido político. En Puebla a principios de 1998 y en el Distrito Federal en 1999 y 2000 surgieron controversias sobre la manera de asignar las partidas presupuestales destinadas a las entidades y a los municipios.[8] Tam-

2001, 45; propuesta del gobernador de Veracruz, Miguel Alemán, para gravar las ganancias de capital y de valores, *Reforma*, 12 jun 2001, 4A. También J. Boltvinik, "Los ricos no pagan impuestos", *La Jornada*, 12 oct 2001, 38; iniciativa del Partido de la Revolución Democrática en que se destaca una evasión tributaria cercana a 70 000 millones de dólares anuales, *La Jornada*, 27 dic 01, 3; *Proceso*, 1153, 6 dic 1998: "México, fábrica de pobres y 'paraíso fiscal' de corporativos y accionistas: Mariano Latapí".

[6] Queja del gobierno del Distrito Federal porque la entidad aporta 25% de los ingresos federales y a cambio sólo recibe 13% de participaciones, *La Jornada*, 19 feb 1999, 54; señalamientos similares del estado de Nuevo León, *La Jornada*, 31 ago 1999, 42, y 25 sep 1999, 53; solicitud de Jalisco de mayores participaciones, *Reforma*, 15 oct 1999, 29, y *La Jornada*, 19 nov 1999, 12; quejas y solicitudes similares del Estado de México, *La Jornada*, 4 dic 1999, 59; 11 dic 1999, 51, y 31 ene 2000, 56. En la nota de 4 de diciembre el argumento es que el Estado de México aporta 12% del PIB y se halla en el lugar 28 en el reparto de participaciones; véase también *Reforma*, 21 ago 2001, 1A . Por su parte, el municipio de Ciudad Juárez alega que aporta 7 000 millones de pesos al fisco federal y sólo recibe 6% de esa cantidad. *La Jornada*, 12 feb 2000, 47

[7] En su primer informe el gobernador de Oaxaca, José Murat, señalaba que la federación tenía una deuda con ese estado. *La Jornada*, 26 nov 1999, 50.

[8] En Puebla fue significativo el conflicto entre el gobernador del PRI Manuel Bartlett y los diputados del Partido Acción Nacional del Congreso de la Unión y de la legislatura lo-

bién hay estados, como Nuevo León, cuyas autoridades dicen que estudian la posibilidad de separarse de los convenios de coordinación fiscal con la federación y reasumir su soberanía tributaria.[9]

Por su parte, el gobierno federal mantiene su postura. En septiembre de 1999 el presidente Ernesto Zedillo reiteraba que la carga fiscal de México, es decir, el monto de los ingresos gubernamentales respecto al tamaño de la economía, era una de las más bajas del mundo. Enfrentaba así el reclamo del gobierno de Nuevo León acerca de la escasa cuantía de recursos que recibía por concepto de participaciones federales. La cobija es pequeña, decía el mandatario, y si se jala para un lado se descubre el otro, agregando que se trataba de apoyar a los estados más pobres "para que se vaya cerrando la brecha entre aquéllos y los que tienen una posición más avanzada", y garantizar así la viabilidad e integridad de la nación.[10]

Como se ve, del consenso sobre la necesaria reforma fiscal se transita a un terreno en el que sobresalen las grandes diferencias en torno a cómo hacerla, a quién cobrar más impuestos y cómo manejar los recursos fiscales considerando la organización federal de la república. En ese contexto, el vencedor de las elecciones presidenciales de julio de 2000, el opositor Vicente Fox, no tardó en expresar su interés por vincular la reforma fiscal con el objetivo de alcanzar un "federalismo a fondo", es decir, la descentralización de facultades y la transferencia de recursos a estados y municipios.[11] Meses después, 20 gobernadores se sumaron a esta idea y propusieron reformar la constitución para "fortalecer el federalismo mediante el otorgamiento de mayores facultades tributarias a las entidades federativas y muncipios". Otro de los objetivos señalados llamaba a remediar la baja carga fiscal: "Conci-

---

cal en torno a la asignación de recursos federales a municipios controlados por Acción Nacional, en *La Jornada*, 28-30 ene 1998, 1; la inconformidad del Distrito Federal, por la exclusión en la asignación de recursos presupuestales destinados a municipios, en *La Jornada*, 24 abr 2000, 50.

[9] *La Jornada*, 31 oct 1999, 57, y 16 dic 1999, 47.

[10] *La Jornada*, 24 sep 1999, 7. Véase también su discurso en Mont Tremblant, Canadá, a propósito del federalismo y la unidad nacional, en *La Jornada*, 7 oct 1999, 6, y 20 oct 1999, 8. Una visión de conjunto en torno a la situación actual en esta materia en Arellano Cadena (comp.), *México*, y Colmenares Páramo, "Retos", en donde se explica la importancia de los cambios introducidos en 1990 en la forma de distribución de las participaciones para favorecer a las entidades más pobres. Esos cambios ayudan a entender las protestas de entidades como Nuevo León y el Distrito Federal.

[11] *La Jornada*, 2 ago 2000, 5. Sobre la relación entre descentralización y democratización respecto a la cuestión tributaria en países en vías de desarrollo, véase Eaton, "Decentralisation".

liar la importancia de una reforma hacendaria integral que fortalezca el federalismo con la urgencia de incrementar los ingresos fiscales de los tres órdenes de gobierno".[12]

Parece claro que en los últimos años del siglo XX, considerando especialmente el triunfo del Partido Acción Nacional en las elecciones presidenciales de julio de 2000, se ha ido abriendo paso una propuesta que va más allá de modificar los términos de los convenios de coordinación y que aspira a una reorganización hacendaria que por lo visto se intenta llevar a nivel constitucional. Como se verá en las páginas siguientes, esas ideas no son nada novedosas.

OBJETIVOS DE HISTORIA FISCAL

Este trabajo es un (largo) ensayo sobre la formación de la hacienda pública contemporánea en México, centrando la atención en la manera de recaudar y distribuir la riqueza tributaria. Es más una historia política con pretensiones de historia social que una historia fiscal con pretensiones de historia económica. Propone que lo sustancial de ese proceso formativo ocurre durante 1922-1949, aunque es necesario considerar una vertiente del problema (las alcabalas) que se extiende hasta los primeros años de la década de 1970. De manera gruesa, los acontecimientos que sirven para acotar el periodo son por un lado una circular en materia petrolera de 1922 que fijó nuevas modalidades en las participaciones a estados y municipios en un impuesto federal, y por otro, la reforma de 1949 que elevó a rango constitucional la facultad privativa del Congreso de la Unión para gravar el ramo cervecero. Después de 1950 hubo muy pocas innovaciones, como el impuesto al valor agregado en 1980. Por ello, la segunda mitad del siglo XX puede verse como un lapso de maduración de la hacienda pública formada en las décadas mencionadas. Un aspecto sobresaliente de este último periodo es que los ingresos tributarios entraron en franco deterioro conforme aumentaban las aportaciones de otras fuentes de ingreso, en particular el endeudamiento y los resultados de las operaciones de organismos descentralizados y empresas gubernamentales. No es difícil hablar incluso de una tendencia, de 1960 en adelante, hacia la "destributización", si existe tal término, de las finanzas públicas mexicanas.

[12] Véase la "Declaración de Mazatlán", del 10 de agosto de 2001, en *La Jornada*, 11 ago 2001, 11.

El objetivo principal de este trabajo es ensayar un acercamiento a los principales acontecimientos relacionados con la formación de la nueva hacienda pública entre 1922 y 1949. Tales acontecimientos se refieren a la creación de nuevos impuestos, la unificación fiscal de la gran industria, el establecimiento del sistema de participaciones y la derogación de la contribución federal. Como se ve, la atención se centra, y esto es muy importante que el lector lo tenga presente, en algunos de los impuestos que fueron objeto de discordia entre la federación, los estados y los municipios; en consecuencia, los impuestos al comercio exterior, un ramo tributario federal indiscutido en el siglo XX, no son considerados. El epílogo abarca el periodo 1950-1972, en el que se trata el que quizá sea el último eslabón de esta historia tributaria, a saber, la incorporación de la totalidad de entidades federativas al impuesto sobre ingresos mercantiles, establecido en 1948.

Algo que se desprende de esta periodización es que la tarea de crear el sistema tributario del siglo XX consumió 50 años y que cuando tal tarea pudo considerarse acabada, es decir, cuando todos los estados accedieron a la añeja pretensión federal de ceder el ámbito de las transacciones mercantiles, uno de los rasgos básicos de ese sistema, la baja carga fiscal, vino a mostrar la fragilidad del resultado de semejante esfuerzo. La baja carga fiscal se vio compensada por los ingresos de la exportación petrolera de fines de la década de 1970, pero tal dependencia del mercado internacional y de una industria extractiva aparece como una dramática negación del esfuerzo modernizador que se describe en este trabajo. Para decirlo rápido, daba un mentís a las propuestas decimonónicas, porfirianas y a las que surgieron después de 1910 encaminadas a atenuar la importancia tributaria del comercio exterior mediante el aumento sustancial de la recaudación de impuestos internos.

Las tensiones actuales entre el gobierno federal y los estados así como la propuesta de los gobernadores de reformar la constitución para otorgar (debería decir devolver) facultades impositivas a estados y municipios no son, como se dijo, cosa novedosa. Deben verse como resultado del esfuerzo federal realizado entre 1922 y 1949 que buscó afanosamente modernizar la hacienda pública mediante la centralización de facultades tributarias en el Congreso de la Unión y por tanto en manos de la federación. Tal centralización se tradujo en la limitación de la soberanía fiscal de los estados, fenómeno que a su vez arrastró a las haciendas municipales. Aunque esta tendencia tuvo su origen en la segunda mitad del siglo XIX, en particular en el porfiriato, es claro que el perfil contemporáneo de esa centralización fue obra de los gobiernos posteriores a 1917.

Analizar este tramo es el principal objetivo del trabajo, y por ello varios capítulos se dedican a reconstruir las fases, ritmos, razones e instrumentos de ese esfuerzo federal. El resultado cuantitativo es claro. A mediados del siglo XX, sin dejar de ser pobre en comparación con la de otros países y no obstante el aumento de la carga fiscal sobre la población, la hacienda federal era más poderosa que nunca en relación con las haciendas locales. No parece casualidad que en esos años se suprimiera la contribución federal, un gravamen que pesaba sobre estados y municipios y que, bajo otra modalidad, surgió junto con la primera república federal, en un contexto de debilidad del gobierno general o nacional, luego de la ruptura de la hacienda novohispana.

Sin embargo, la fortaleza fiscal de la federación, si bien guarda lógica con el proceso de centralización general de la organización política del país en el siglo XX, encierra una compleja dimensión conflictiva. Lejos de sostener una visión que destaca el poderío casi omnímodo del ejecutivo federal prácticamente desde 1917, es claro que este movimiento centralizador no fue ni lineal ni todopoderoso. Por el contrario, enfrentó nutridas respuestas, oposiciones y exigencias de los gobiernos estatales y municipales y de diversos grupos de causantes. En consecuencia, otra parte del trabajo se dedica a reconstruir las posturas de los sectores locales para hacer frente a las decisiones de la federación. Esa oposición fue mucho más vigorosa de lo que comúnmente se reconoce y el centralismo federal, por así decirlo, tardó décadas en imponerse, tal y como lo refleja el periodo considerado en el epílogo. El punto central de esos conflictos tenía que ver con el propósito federal dirigido a establecer una estructura tributaria uniforme, simplificada, moderna o científica según se decía, que tuviera su principal componente en los impuestos directos y progresivos y que evitara la anarquía y el desorden derivados de la concurrencia de soberanías fiscales (federal y estatal). La federación alegaba que la única manera de hacerlo era concentrando las facultades en el gobierno que expresaba el interés nacional, lo que significaba acotar notablemente la soberanía tributaria de los estados; las autoridades locales, por su parte, insistieron de manera no muy sistemática pero sí persistente en que la vía de la modernización fiscal no era la centralización sino el trabajo conjunto y los apoyos recíprocos entre la federación, los estados y los municipios, todo ello bajo el supuesto del respeto e incluso el fortalecimiento de los gobiernos locales. Es evidente que se impuso la primera vía. Por lo anterior, al tratar el centralismo fiscal es inevitable discutir la naturaleza del federalismo mexicano y, más allá, la cuestión del poderío estatal durante buena parte del siglo XX.

En efecto, un problema que subyace en la formación de la hacienda pública en el siglo XX es el de las raíces de la fortaleza del Estado mexicano después de la revolución de 1910. La evidencia reunida aquí parece suficiente para mostrar que tal fortaleza no descansaba en una hacienda próspera, medida en términos internacionales. Si carecía de una hacienda fuerte, cabe preguntarse entonces cuáles fueron las bases de esa organización política cuya estabilidad y continuidad institucional han llamado la atención de propios y extraños. La pregunta es más pertinente aún porque tal poderío tampoco descansó en el uso generalizado y extendido de la violencia como mecanismo cotidiano de gobierno. Tampoco puede decirse que haya dependido del fortalecimiento de la organización federal y de una sabia y vigorosa convivencia entre la federación, los estados y los municipios. Lejos de eso, es evidente el continuo debilitamiento de los gobiernos locales ante la consolidación del gobierno nacional. No obstante ese debilitamiento, la organización federal, el federalismo, es fundamental para entender la actuación y los argumentos de diversos grupos y sectores políticos en la conformación de un arreglo político que es el que permite aproximarse al problema de la fortaleza estatal del México contemporáneo. La principal hipótesis de este trabajo es que uno de los componentes primordiales de ese arreglo político se relaciona justamente con el manejo de la cuestión tributaria, es decir, con la baja carga fiscal y la centralización. Lo anterior no significa, ni mucho menos, proponer una interpretación general sobre el poderío del Estado mexicano del siglo XX basada en la sola cuestión tributaria. Quedan fuera temas fundamentales como el gasto público, el peso de las empresas estatales, la regulación de tierras y aguas, el papel de la represión y la organización de trabajadores, campesinos y empresarios. Se trata tan sólo de explorar la posible contribución de esta dimensión de la historia mexicana del siglo XX.

Objetivos de historia política

Al intentar dar respuesta a la interrogante sobre la fortaleza del Estado en el México del siglo XX es necesario considerar otra dimensión del problema, que obliga a trascender la cuestión fiscal propiamente dicha e incluso la discusión sobre la organización federal. Si este trabajo se contentara con describir la formación de la hacienda pública siguiendo los acontecimientos ya mencionados, por ejemplo en el solo plano de la organización federal, seguramente quedaría confinado a una historia gubernamental, de políticas y políticos, en la que abundarían (o se omitirían) las dudas, confusiones e interrogantes que se plantean a cualquier observador de la cuestión fiscal.

Entre los acontecimientos no mencionados antes y que ahora es necesario traer a colación se cuentan algunos que pueden tildarse de "regresiones" o "desviaciones" que confrontan una visión lineal del desarrollo histórico. Del mismo modo se deben incluir varios fracasos federales y sobre todo excepciones y privilegios. Todo lo anterior conduce a explorar las posibilidades que tiene la cuestión fiscal como punto de abordaje para el análisis de la sociedad mexicana —y no sólo del poder político— en la época contemporánea.

Algunas referencias concretas pueden ser útiles para aclarar el sentido de esta dimensión. ¿Por qué en la década de 1920 el gobierno federal fracasó en su intento por afianzar el centralismo fiscal mediante la creación de un impuesto predial y mediante drásticas reformas constitucionales? ¿Por qué cuando fundamentaban la necesidad de centralizar la hacienda pública, Calles y Cárdenas no sólo coincidían entre sí sino también con personajes decimonónicos como Lucas Alamán acerca de los males del federalismo? ¿Qué procesos sociales subyacen en la afirmación del presidente Echeverría de 1971 acerca de que ahora sí se acabaría con las alcabalas, frase muy parecida a la formulada por Porfirio Díaz casi ocho décadas antes? ¿Qué hay detrás de la excepción fiscal a los ejidos de la que se enorgullecía el secretario de Hacienda en 1969? ¿Por qué hacia 1960 era lugar común, compartido incluso por los funcionarios de Hacienda, afirmar que México tenía una de las cargas fiscales más bajas del mundo y que era uno de los países donde más se privilegiaba a los causantes de mayores ingresos? ¿Cómo se relaciona ese lugar común con la afirmación del secretario de Hacienda en 1946 acerca de que "México" se había pronunciado por la moderación tributaria? ¿Por qué los gobiernos locales de manera reiterada y sistemática hacían caso omiso de las presiones federales para adherirse a los esfuerzos de la Secretaría de Hacienda encaminados a impulsar el mercado libre? En fin, ¿por qué el gobierno veracruzano señalaba en 1945 que Pemex era peor causante que las compañías petroleras extranjeras? ¿De qué historia hablan estos indicios? ¿Cómo unirlos con los aspectos más aparentes del problema, es decir, la baja carga fiscal, la centralización tributaria y la oposición local a este último proceso?

Para dar respuesta a estas interrogantes conviene explicitar la manera de abordar la cuestión de la formación de la hacienda pública en el siglo XX. El punto de partida es una distinción entre dos planos o niveles de análisis del proceso general, un nivel externo y un nivel interno o nacional. Tal distinción es útil para evitar un enfoque que trate al fenómeno tributario en cuestión como un episodio más de la "labor constructiva de la revolución mexicana", como se apreciaba en los primeros borradores de este trabajo.[13] Así, en el nivel externo se consideran los cambios económicos, políticos y del pensamiento fiscalista que tenían lugar en diversos países de Occidente a fines del siglo XIX y principios del XX. Tales cambios tenían una de sus expresiones más claras en la configuración de nuevas funciones estatales, en particular aquella referida a convertir la hacienda pública en un instrumento de redistribución de la riqueza, mediante la adopción de nuevas modalidades tributarias. En el marco de movimientos sociales de diversas clases (socialistas, anarquistas y populistas en Europa y Norteamérica) y de la consolidación de nuevos circuitos económicos mundiales, basados en un desarrollo científico que muy rápidamente se transformaba en innovaciones tecnológicas que permitían el florecimiento empresarial, los aparatos estatales se vieron obligados a acrecentar el gasto público y por ende a apropiarse de una parte creciente de la riqueza nacional. En este contexto se ubica el consenso entre los fiscalistas de diversos países acerca de las ventajas de los impuestos directos y progresivos sobre los indirectos al consumo basados en la generalidad. Tal consenso dio paso a la adopción bajo diversas modalidades del *income tax*, el impuesto sobre la renta, en numerosas naciones europeas y americanas en las primeras décadas del siglo XX. Estas nuevas ideas no implicaban el olvido de las asignaturas pendientes heredadas del siglo XIX, como el afán de unificar y uniformar los sistemas tributarios para asegurar la libre circulación de mercancías y la competencia igualmente libre entre los agentes productivos. De esa manera, innovar y concluir las tareas pendientes en materia tributaria se convirtieron en los ejes del esfuerzo gubernamental después de 1920. Para llevarlo a cabo, en México las nuevas autoridades, los vencedores de la revolución de 1910, argumentaron una y otra vez que la única instancia capaz de emprender semejante tarea era el gobierno federal, o la federación, lo que significaba de entrada abrir un conflicto con los estados. Señalaban que la complejización de la vida económica así lo exigía; daban como ejemplo la creación de empresas cuyas actividades rebasaban varias jurisdicciones locales. Por ello, en este primer plano se intentará mostrar que en México, alegando el interés nacional pero también el contexto internacional, el esfuerzo de reorganización tributaria desembocó en una concentración de facultades en manos del gobierno federal. Es lo que se denomina centralización o federalización tributaria.

[13] En ese sentido se seguían muy de cerca las ideas de autores como Margáin, quien en uno de sus trabajos incluyó un apartado llamado el "Sistema impositivo de la Revolución". Véase Margáin, "El sistema tributario", 550. En la misma dirección puede ubicarse el libro de Iturriaga de la Fuente, *La revolución hacendaria*.

El segundo plano o nivel tiene que ver con la revolución mexicana de 1910, ámbito en el que a su vez conviene destacar dos aspectos: las reformas sociales y el rediseño de la organización gubernamental para fortalecer el peso del poder ejecutivo federal, tanto frente al poder legislativo como frente a los estados. Una tesis socorrida sostiene que la única manera que tuvieron los vencedores del movimiento de 1910 de consolidar su triunfo y su posición dominante —el carrancismo y luego los sonorenses— fue la de hacer suyas las demandas de los grupos populares que como en otros países exigían cambios drásticos en la economía y la política.[14] La incorporación de esas demandas se tradujo en un nuevo orden constitucional en el que, a diferencia de la constitución de 1857, los intereses colectivos se colocaron por encima de los intereses individuales. La propiedad originaria de la nación sobre el suelo y el subsuelo y la facultad de la nación de imponer a la propiedad privada las modalidades dictadas por el interés público, son un componente del nuevo arreglo político, del nuevo Estado, en el que precisamente la figura de la nación resulta fundamental, en particular como argumento frente a las entidades federativas y la clase propietaria. Estas disposiciones hicieron posible el inicio de un programa de reformas a la propiedad de los recursos productivos, en especial en materia agraria. Pero lo más importante es que la instrumentación de esas reformas sociales se vinculó con otro de los cambios introducidos en la constitución de 1917, a saber, el debilitamiento de los controles del poder legislativo sobre el ejecutivo y en consecuencia el diseño de un régimen presidencialista más nítido, según lo dejaba ver Venustiano Carranza en su discurso inaugural del Congreso Constituyente de 1917.[15] Tal vinculación se expresa en la personalidad adjudicada por la constitución de 1917 al gobierno federal, encabezado por el presidente de la república, como representante exclusivo del interés de la nación. Pero en materia tributraria el predominio federal no quedó del todo claro. Por ello fue necesario introducir reformas constitucionales para ampliar las facultades del gobierno nacional, cosa que se hizo entre 1933 y 1949. Por otro lado, a la hora de especificar los procedimientos para llevar a cabo el reparto agrario la autoridad suprema recayó justamente en el presidente de la república. A la entrega de la tierra siguió el despliegue de una política proteccionista desde el gobierno federal que entre otros componentes incluía la excepción fiscal de los beneficiarios del reparto agrario. Además de no pagar por los recursos productivos que recibían, los ejidatarios tampoco podrían arrendarlos o

[14] Córdova, *La ideología*, 32-34.

[15] El discurso, en Palavicini, *Historia*, I, 144-161.

hipotecarlos y, lo que es más importante para este trabajo, tampoco pagarían impuestos, salvo el predial.

Estos dos niveles de análisis del fenómeno tributario son útiles para distinguir generalidades y singularidades de esta experiencia mexicana, pues permite observar la manera en que se vincularon las propuestas de cambio fiscal surgidas en diversos países europeos y en Estados Unidos con las ideas y programas desarrollados por los vencedores del movimiento revolucionario de 1910. Asimismo, sirven para mostrar las fuentes que nutrieron la formación de un Estado con un centro político de gran poderío. Ésta a su vez, como se intentará mostrar, es la clave de la nación mexicana del siglo XX.

Entender la formación del Estado nacional haciendo hincapié en la importancia del centro federal requiere ciertas precisiones.

La primera tiene que ver con la naturaleza distinta de la innovación tributaria y de la conclusión de la unificación del mercado interno, con la del proteccionismo que caracteriza a la reforma agraria. A lo largo del siglo XIX fue constante el esfuerzo gubernamental por acabar con las trabas a la libre circulación de mercancías, un problema estrechamente relacionado con la existencia de dos soberanías tributarias, la federal y la estatal. El viejo sueño liberal de una nación compuesta por ciudadanos y consumidores no podía alcanzarse del todo si a la nación no correspondía un mercado auténticamente nacional. Según las autoridades federales, acabar con la fragmentación que implicaban las aduanas interiores establecidas por gobiernos estatales y municipales era un requisito exigido no sólo por la conveniencia económica nacional sino también porque correspondía mejor al paradigma de lo que debía ser una sociedad avanzada o civilizada. La innovación que significaba el *income tax* no contradecía este ideal sino que lo ponía al día; más aún, era parte de la estrategia general puesto que desde el principio fue un impuesto exclusivo de la federación. Las arcas públicas requerían mayores ingresos, más estables, elásticos y equitativos. Trasladar una parte considerable de la exigencia tributaria de la circulación o la producción hacia los individuos y las empresas no era más que una manera de adaptarse a los cambios recientes de la economía capitalista que, a su vez, creaban nuevas exigencias sociales. Como decía un prusiano en 1874, el *income tax* había nacido para detener la verdadera amenaza de la civilización occidental, a saber, el socialismo de la Comuna de París, o como apuntaba un mexicano en 1928 al referirse al artículo 123 de la constitución de 1917, se trataba de "salvar el capital garantizando los derechos del obrero".[16] Sin embargo, este componente del quehacer

[16] En Jèze, *Las finanzas*, 145; en Córdova, *La ideología*, 270.

hacendario de los gobiernos mexicanos se instrumentó al mismo tiempo que se llevaba a cabo una extensa reforma agraria que no sólo implicaba afectar propiedades privadas sino que daba lugar a una forma peculiar de propiedad colectiva protegida por el Estado y que en materia tributaria desembocaba en una situación igualmente peculiar, dada la excepción fiscal que el gobierno federal (que no los gobiernos locales) intentó establecer. Dicho de otro modo, el afán de preservar los principios rectores de la sociedad occidental, el desarrollo del capital, el reino de la propiedad privada, convivían con un esfuerzo político que parecía contradictorio con aquéllos. ¿Cómo fomentar el libre mercado, la base de la nación moderna, si al mismo tiempo se le limitaba mediante la entrega de recursos productivos que quedaban fuera del ámbito mercantil y los ejidatarios fuera de la obligación ciudadana de pagar impuestos?

La segunda precisión se refiere a las implicaciones sociales de esa aparente contradicción entre modernización y proteccionismo, por así decirlo. Se dice aparente porque a final de cuentas ambas eran manejadas por el gobierno nacional para lograr su fortalecimiento. El trasfondo es simple: las dos vertientes del quehacer político tenían destinatarios distintos, lo que a su vez respondía al carácter heterogéneo de la sociedad mexicana. La parte "moderna" del quehacer hacendario tenía que ver con la minoría de habitantes que se hallaba vinculada a las ramas económicas más productivas, es decir, a la exportación y al mercado interno a gran escala. La vertiente "proteccionista", en cambio, se refería a la mayoría de la población que vivía de la actividad agraria. En ambos casos se intentaba imponer el dominio del nuevo Estado: el sometimiento o la ausencia de oposición de propietarios y empresarios, y la subordinación de distintas clases de trabajadores y de productores directos. Someter y subordinar en aras del interés nacional era la divisa para conformar en definitiva una nación moderna, civilizada, como decían las autoridades porfirianas y posporfirianas.

La hipótesis que intenta mostrarse entonces es que el fortalecimiento del Estado mexicano contemporáneo, visto desde esta óptica fiscal, descansa precisamente en esa capacidad de establecer de manera sistemática relaciones con la diversidad de grupos sociales. Los privilegios fiscales se entienden en términos de la relación con empresarios y propietarios; las excepciones, a su vez, se extienden a la población rural. En ambos casos la intención era que la federación, el representante de la nación, manejara unos y otras, lo que significaba limitar atribuciones de estados y municipios. Ya se verá que uno de los factores que explican el debilitamiento de las finanzas locales y en consecuencia la centralización de las rentas públicas es precisamente el reformismo social en el campo y su secuela proteccionista.

Un corolario de la formulación anterior es que, a diferencia de un enfoque centrado en la oposición entre lo moderno y lo tradicional, el gobierno nacional supo aprovechar e incluso reproducir la heterogeneidad social en aras del fortalecimiento del centro político y de la nación moderna. Así, en lugar de insistir en el atraso ejidal, campesino o indígena, en este trabajo se prefiere destacar los vínculos entre ambos sectores de la sociedad, es decir, entre la mayoría y la minoría. Una forma de hacerlo es señalando que la excepción fiscal otorgada a la población rural, un componente del reformismo social, se convirtió en una condición de reproducción de la economía privada en el siglo XX, gracias a la aportación de productos y de fuerza de trabajo originada entre los "beneficiarios" de ese reformismo. Tal aportación no pasaría por la hacienda pública sino que iría directamente a engrosar las ganancias privadas por la vía del intermediarismo, el agio, los bajos salarios, el trabajo infantil y demás.

De lo anterior se deriva una conclusión general, que deberá confrontarse al final de este trabajo, referente a que la esencia del problema de la formación de la hacienda pública reside en la manera en que el nuevo grupo gobernante logró conciliar la continuidad del proyecto modernizador con las exigencias populares de la revolución de 1910. Dicho de otro modo, la nueva hacienda pública, organizada en torno a las excepciones y los privilegios, muestra con claridad que el nudo de la historia política en este periodo consiste ante todo en la formación de un poder central que fue capaz de beneficiarse de la diversidad social y que, más allá, se esforzó por reproducirla. Lejos de una sociedad más igualitaria, o por lo menos más homogénea en cuanto a la ciudadanía y la participación mercantil, el resultado de esta experiencia es un armazón político que traba relaciones con la diversidad de grupos sociales en nombre de la nación, de la revolución de 1910 e incluso del modelo civilizador de Occidente. Las características principales de la hacienda pública mexicana del siglo XX, primero la centralidad y la baja carga fiscal y luego las excepciones y los privilegios, se entienden entonces en términos de esa experiencia de formación del Estado, en la que destaca la preponderancia del centro, de la federación. En un juego de dinámicas en apariencia antagónicas, el poderío del centro era indispensable para impulsar el mercado, la base de la nación, aunque para lograrlo marginara del mercado a la mitad del territorio y a buena parte de la población rural y más tarde urbana.

Ahora puede darse una respuesta a la pregunta acerca de la fortaleza del poder público en el México del siglo XX. Tal fortaleza tiene como origen la capacidad que logró crear el Estado para establecer arreglos políticos con la diversidad de grupos sociales. Una nueva fiscalidad, en la que predominaba la idea de la dispensa o la de otorgar excepciones y privilegios, contribuyó notablemente a hacer posible esa capacidad. De hecho la singularidad de la hacienda pública de este periodo reside en el surgimiento de las excepciones, porque los privilegios fiscales a los grandes empresarios y propietarios son más antiguos. En todo caso, la singularidad del siglo XX consiste en que los privilegios se vieron acompañados de las excepciones otorgadas a determinados grupos populares, a quienes sin embargo no se concedió la posibilidad de la ciudadanía plena. A cambio se alcanzó la estabilidad política, incluida la desaparición de la protesta popular en torno a la fiscalidad, un fenómeno que debe investigarse con todo cuidado.

Sin embargo, y para volver al inicio de esta introducción, al paso de los años el corolario de ese arreglo —contar con una de las cargas fiscales más bajas del mundo— aparece como un obstáculo de la viabilidad política del país, según se puede observar en la coyuntura actual cuando se discute a quién cobrarle más impuestos y cómo gastar el producto de esa elevación tributaria.

Para facilitar la exposición, los 11 capítulos del libro se han repartido en tres partes. La primera es una revisión general de las principales tendencias tributarias a lo largo del periodo 1922-1972. En esta parte se presenta la mayor parte de los números, cuadros y gráficas así como la definición de los conceptos tributarios más importantes. Uno de ellos debe señalarse desde ahora: para medir la importancia de la recaudación fiscal federal a lo largo del periodo se utiliza el ingreso producido sólo por concepto de impuestos. A eso se le denomina *ingreso tributario federal*. La segunda parte es cronológica. Cubre el periodo 1922-1949 que se expone en cuatro capítulos: los fracasos de 1922-1926; el nacimiento del impuesto sobre la renta, 1924-1925; los esfuerzos durante la gran depresión de 1929-1942, y por último la segunda guerra y el alemanismo, 1943-1949. En estos capítulos se describen los acontecimientos más importantes de la formación de la hacienda pública contemporánea en materia tributaria, centrando la atención en las medidas federales así como en sus fracasos y en las diversas resistencias de autoridades locales y grupos de causantes. La tercera y última parte recoge y profundiza líneas y problemas planteados a lo largo de las dos primeras, dedicando otros tantos capítulos a la cuestión agraria, al federalismo, al papel del poder legislativo, a las visiones locales en torno al fenómeno tributario y a la relación entre la federación, los estados y los municipios. Desde ahora cabe subrayar la importancia del capítulo 7 sobre la cuestión agraria, puesto que desarrolla el argumento sobre las excepciones tributarias a los ejidatarios. El capítulo 11, el epílogo, es una aproximación al fenómeno tributario durante el periodo 1950-1972. Es un tramo mucho más complicado de abordar y es sin duda una de las principales asignaturas pendientes que quedan para el futuro.

No sobra insistir en el carácter exploratorio de este trabajo, rasgo que no escapará al lector cuando repare en las constantes llamadas a realizar investigaciones profundas y detalladas sobre diversos aspectos que desde ahora se antojan tan imprescindibles como prometedores. En las conclusiones se hace una recapitulación de esas líneas de trabajo que podrían retomarse para armar un plan de investigaciones a largo plazo.

La pregunta hidráulica y una nota sobre fuentes

Este ensayo sobre las finanzas públicas de México durante buena parte del siglo XX se deriva de un examen previo sobre el manejo de las aguas de la nación entre 1888 y 1946.[17] En ese trabajo se intentó mostrar que el gobierno federal, argumentando su papel como representante exclusivo de la nación, se dio a la tarea de acrecentar su injerencia no sólo en la apropiación y administración del recurso hidráulico. Además, invirtió enormes sumas en la construcción de obras de riego y de abasto urbano y más tarde de hidroeléctricas que lo convirtieron en uno de los principales protagonistas de los aprovechamientos hidráulicos del territorio nacional. Este proceso, que bien puede ligarse a la federalización (entendida a la manera antigua, es decir, como expansión federal) de otros ramos, como el laboral y el educativo, abre varias interrogantes. Indicios como el siguiente sugerían una dimensión fiscal que debía problematizarse: en 1953 el solo monto del gasto federal en grande irrigación, que no representaba más allá de 15% del presupuesto de egresos, era más del doble de la cuantía de los ingresos brutos de todos los municipios del país y casi 72% de similares ingresos del conjunto de entidades federativas, exceptuando al Distrito Federal.[18] Resultaba claro que esa tendencia hidráulica tenía un aspecto fiscal equivalente, es decir, que el acrecentamiento de facultades e injerencias federales en diversos ramos y actividades tenía como base una capacidad económica cada vez mayor. Era necesario por tanto averiguar la manera como el creciente poderío hidráulico del gobierno

[17] Aboites Aguilar, *El agua.*

[18] El monto de la inversión en irrigación en ese año: 573.7 millones de pesos, en Orive Alba, *La política,* 132; los ingresos estatales y municipales en el cuadro A3.

que hablaba a nombre de la nación se había relacionado con la dinámica fiscal en el mismo periodo. Así, el propósito original de esta investigación fue la búsqueda de conexiones entre los asuntos hidráulicos y los de carácter fiscal.

Pero esa simple búsqueda de datos fiscales que contribuyeran a fortalecer el argumento sobre los usos del agua se transformó poco a poco en un trabajo de mayor envergadura, debido principalmente a la dificultad (la "aduana") que exige la historia fiscal y sobre todo por las grandes posibilidades que abre esa temática para entender la compleja relación entre la sociedad y el poder político a lo largo del siglo XX. De ese modo, el propósito original condujo a una materia complejísima que a duras penas se ha dejado abordar. Uno de los motivos para hablar de la complejidad de la cuestión fiscal, aparte de que era un terreno inexplorado para el autor de estas líneas, es que se trata de un tema de gran actualidad. A diferencia de los aprovechamientos hidráulicos, ámbito en el que las políticas así llamadas neoliberales han empezado a desmantelar el modelo de fuerte injerencia gubernamental inaugurado en 1888, en materia fiscal es posible ver con gran nitidez todavía en nuestros días el peso del arreglo posrevolucionario que se trata en este trabajo.

Como se aprecia en los párrafos anteriores, esta historia fiscal se basa en el análisis de apenas una parte de las finanzas públicas, a saber, la estructura tributaria. Eso significa excluir de entrada otras fuentes de ingresos gubernamentales como los derechos, aprovechamientos, el endeudamiento y la operación de paraestatales y otros organismos públicos. Pero las exclusiones no terminan allí. Ya se dijo que los impuestos al comercio exterior prácticamente quedan fuera de foco. Al centrarse en los ingresos, el trabajo deja de lado la mayor parte de lo que comúnmente se trata en los estudios sobre finanzas públicas, a saber, los egresos o el gasto así como el endeudamiento y la gestión monetaria. Por ello el lector debe estar consciente de que este trabajo dista de ser una historia de la hacienda pública propiamente dicha. Si se quiere, la temática se refiere a la construcción de la nueva estructura de tributación en relación con el mercado interno. La única justificación de tamañas omisiones es tratar de acotar el problema y armar la posibilidad de hallar en la recaudación de impuestos, es decir, en la manera en que el Estado se apropia de una parte de la riqueza generada por la sociedad, una vía de abordamiento de procesos históricos que expresan la singularidad de la sociedad mexicana del siglo XX, y no de la historia fiscal por sí misma.

Otra advertencia debe hacerse sobre las fuentes. El acervo documental de la Secretaría de Hacienda y Crédito Público (SH en adelante) correspondiente al siglo XX, no fue consultado porque se desconoce su paradero e incluso se ignora si existe. En el Archivo General de la Nación (AGN) las indicaciones del personal conducen al Fondo Presidentes, pero en éste en gran medida sólo existen las constancias de que las quejas, los estudios, las protestas y los informes pasaron por la oficina presidencial con destino al secretario del ramo o a las autoridades locales. Pero esos documentos, salvo valiosas excepciones, no se encuentran allí. Contrasta con la riqueza del material disponible para otros periodos que se halla en ese sitio.[19] Por fortuna el AGN conserva en el Fondo Gobernación (Dirección General de Gobierno) una sección sobre "impuestos alcabalatorios", que resultó de gran utilidad para abordar este aspecto crucial de las relaciones entre el ejecutivo federal y los estados en este periodo. En la Biblioteca Miguel Lerdo de Tejada, de la SH, se hallan fuentes primarias impresas (colecciones de decretos y circulares, correspondencia empastada) así como bibliografía especializada de gran utilidad. Algo pudo subsanarse con la consulta de otros acervos, como el de Manuel Gómez Morín, el de Plutarco Elías Calles y el recién abierto de Pemex, con una pequeñísima cala en el archivo estatal coahuilense, con hemerografía y con los *Diarios de Debates* de las cámaras de senadores y diputados, pero es apenas una muestra mínima que no impide decir que el grueso del trabajo se basa en la consulta de fuentes impresas gubernamentales. Esto tiene grandes inconvenientes. Uno de ellos, quizá el más serio, es que en su mayor parte son de procedencia federal, lo que debe tomarse en cuenta a la hora de leer el texto. No es remoto que el trabajo peque del mismo centralismo que estudia a propósito de la cuestión fiscal. Por así decirlo, el problema de investigación acerca de la centralización se reprodujo al momento de consultar las fuentes. En la medida de lo posible se intentó contrarrestar esa especie de "centralismo documental" con la consideración de materiales diversos originados en los estados y en mucha menor medida en los municipios. Este mismo problema se repite con los causantes, cuya voz predominante es la de los más grandes y organizados, como los comerciantes. Pero de cualquier manera se tiene la esperanza de que este trabajo, no obstante las omisiones y las características de la base documental, sea útil como ejercicio de exploración en los desconocidos terrenos del siglo XX y abra líneas de investigación que puedan seguirse en los archivos estatales y municipales. Tal vez con éstos, además de dar cuenta de los procesos locales, pueda "reconstruirse" el archivo histórico de Hacienda del siglo XX.

Varios amigos y colegas contribuyeron a hacer posible este trabajo. Durante un año Paula López Caballero colaboró de manera entusiasta revisando

[19] Rodríguez Venegas, "El fondo".

diversas fuentes. Además leyó un borrador y sus comentarios sirvieron para eliminar adjetivos, reiteraciones y lugares comunes. Brígida von Mentz, Graciela Márquez, Carlos Marichal, Daniela Spenser, Luis Jáuregui y Rosa Albina Garavito leyeron distintas versiones preliminares y sus críticas y sugerencias llevaron a modificar la estructura del trabajo, a aclarar los argumentos, a conectar mejor los acontecimientos de los siglos XIX y XX y a introducirme en la complejidad de la historia fiscal. Sin sus reacciones, sin su genorosidad, no hubiera tenido indicios acerca de la viabilidad y pertinencia de este trabajo. Diana Birrichaga y Guillermo Zermeño leyeron partes del texto y de mucho sirvieron sus observaciones sobre pueblos del siglo XIX y sobre las ideas en torno a la modernidad, respectivamente. Lourdes González Cabrera, con gran eficiencia, colaboró en la revisión de material de archivo. Verónica Baranda, Hortensia Camacho, Carlos Rodríguez Venegas, Aline Cajiga, Margarita Estrada, Valeria Sánchez y Paolo Riguzzi apoyaron de distintas maneras esta investigación. Lo mismo hizo el Centro de Estudios Históricos de El Colegio de México, entre otras cosas por la posibilidad de Paula. A todos ellos, gracias mil y como siempre los errores van por mi cuenta. Por último, el trabajo va dedicado a Juan Manuel Aboites Flores, empleado de la SH entre 1928 y 1954, así como a mis amigos Rubén Valles, Margarita Urías, Rosa María Gallardo Salas e Hilda Aguirre Beltrán.

14 de mayo de 2002

PRIMERA PARTE

TENDENCIAS GENERALES, 1910-1970

1

LAS HUELLAS EN LOS NÚMEROS

En términos de una visión panorámica conviene destacar tres aspectos principales de la vida fiscal del país a lo largo del periodo de estudio, a saber, la concentración de las rentas públicas en manos federales, la baja carga fiscal y la creciente aportación tributaria de la Ciudad de México. Esta última es crucial para entender el carácter de las otras dos.

Sin embargo esa visión panorámica se quedaría corta si no se consideraran al menos otras dos dimensiones. La primera es la distinción entre los ramos de ingresos de la federación, los estados y los municipios, y la segunda se refiere al mundo de los causantes, en el que destacan las percepciones de los distintos grupos sociales en torno a sus relaciones con el poder público en esta materia. A la inequidad de la fiscalidad decimonónica, se agregaron los "malos hábitos" provocados por la revolución de 1910 y una desconfianza aún mayor de los causantes en torno al manejo de los fondos públicos.

Éstas son las materias que se desarrollan en los dos capítulos que componen esta primera parte del trabajo.

Entre 1910 y 1970 el Estado mexicano logró hacerse de una parte cada vez mayor de la riqueza generada por empresas, grupos e individuos. Pero ese aumento fue mucho menor al alcanzado en otros países. Este contraste permite hablar para México de una hacienda pública pobre o pequeña o, quizá con mayor precisión, de una baja carga fiscal. Dentro del país la percepción era muy distinta debido a que la creciente riqueza fiscal, no obstante su pequeño tamaño en términos internacionales, quedó en manos del gobierno nacional o federal. Este primer capítulo se dedica a mostrar los indicios de esta historia mexicana del siglo XX.

LA CONCENTRACIÓN, 1910-1950

A pesar de los graves problemas que aquejaban al sistema tributario, mismos que se irán viendo a lo largo del trabajo, el Estado mexicano logró hacerse de ingresos crecientes para garantizar su funcionamiento e incluso para ampliar e innovar el gasto público. La creación del banco central en 1925 y del banco agrícola en 1926, así como de las comisiones de caminos e irrigación en 1926 o de empresas paraestatales como la Comisión Federal de Electricidad y Petróleos Mexicanos en la década de 1930, son muestra de esa ampliación innovadora de las funciones gubernamentales. Además es importante decir que tal ampliación se hizo con base en ingresos internos (y en gran medida tributarios), puesto que el acceso al endeudamiento externo era inexistente en los primeros años y muy limitado al mediar el siglo.

Entre 1910 y 1970 el tamaño de la hacienda pública creció mucho más rápido que la economía y que la población del país.[1] Las cifras del cuadro 1 muestran un aumento sostenido del ingreso tributario federal desde 3% del PIB en 1910 a 7.1% en 1943, aunque a partir de este último año se aprecia una ligera tendencia decreciente que se ve interrumpida en 1972, cuando rebasa el 8%. Lo anterior significa que, como ocurría en todo el mundo, una parte creciente de la economía nacional fue transformada en recursos fiscales.[2] Tal aumento se reflejó aún más nítidamente en relación con la población. Mientras que ésta se multiplicó por tres entre 1910 y 1970, pues aumentó de 15.1 a 48.2 millones, la recaudación de impuestos del gobierno federal en el mismo periodo, medida a precios constantes de 1970, se incrementó en mucha mayor medida. Como resultado, la carga fiscal, estimada con base en los ingresos tributarios federales, pasó de 95 pesos en 1910, a 760 en 1970 (véase el cuadro 1).[3]

Sin embargo, el crecimiento de los ingresos tributarios no desmiente un rasgo que define la hacienda pública mexicana contemporánea y que es

[1] El lector debe reparar en las distintas formas de hacer estas estimaciones. Para medir el tamaño de las finanzas públicas con respecto a la economía se ha optado por utilizar el indicador del ingreso tributario federal, es decir, el monto de la recaudación proveniente de impuestos de esta sola instancia gubernamental. En contraste, para mostrar la forma de distribución de la riqueza fiscal entre federación, estados y municipios se ha recurrido a un indicador más grueso, los ingresos brutos, que incluye, además de impuestos, los ingresos provenientes de derechos, aprovechamientos, deuda y participaciones. Este indicador tiene severos problemas de agregación pero se usa porque es el único que permite comparaciones a lo largo del periodo.

[2] En Estados Unidos tal proporción pasó de 1.3% en 1910 a 3.6 en 1927, a 5.7 en 1940, a 13.6 en 1950 y a 19.8 en 1970. Musgrave y Musgrave, *Public Finance*, 316. Véanse las gráficas 1 y 2.

[3] Con base en el monto del presupuesto federal, un diario estimaba el aumento de la carga fiscal de la PEA entre 1900 y 1949: de 15.70 a 375 pesos. No dejaba de llamar la atención sobre el notable aumento ocurrido en la década de 1940. *Excelsior*, 9 nov 1949.

CUADRO 1
INGRESO TRIBUTARIO NACIONAL RESPECTO AL PIB, 1910-1972
(Porcentaje del producto interno bruto)

	Federal	*Estatal*	*Distrito Federal*	*Municipal*	*Total*
1910	3.13				
1925	4.66				
1942	5.83	1.17	0.44	0.11	7.55
1943	7.14	1.09	0.42	0.09	8.74
1949	6.81				
1972	8.57	1.64	0.59	0.17	10.44

INGRESO TRIBUTARIO FEDERAL PER CÁPITA*

1910	95.42
1930	155.42
1940	203.55
1950	334.96
1960	412.06
1970	760.26

* Precios de 1970.

FUENTES: PIB e ingreso tributario federal, en cuadro A1; ingreso tributario estatal y municipal, en *AEEUM 1942*, cuadros 733 y 737; *AEEUM 1943-1945*, cuadros 369 y 375, y *AEEUM 1972-1974*, cuadros 15.7 y 15.11.

un lugar común en las descripciones especializadas, a saber, la baja carga fiscal. Aunque sobre este punto se abundará en el segundo apartado, cabe decir ahora que al menos desde 1939 los funcionarios de la SH tenían plena conciencia de ese rasgo.[4] En 1946 el secretario de Hacienda, Eduardo Suárez, comparó el tamaño de la carga fiscal en México con la de otros países y llamó la atención sobre su baja cuantía. Tal aseveración se repitió una y otra vez, conforme la baja carga fiscal se fue haciendo más y más evidente, tal y como lo reflejan las gráficas 1 y 2.[5] La baja carga fiscal era un argumen-

[4] "Editorial". Ésta es la referencia disponible más antigua sobre este rasgo de la hacienda pública mexicana. Aquí se ubicaba a México en los últimos lugares de una lista de más de 60 países en cuanto al monto de la carga fiscal per cápita, con 3.34 dólares. Gran Bretaña con 74.21 y la URSS con 73.82 encabezaban la lista. Sólo Bolivia, Colombia, Ecuador, Haití, Paraguay, India, China y Siam tenían una carga inferior a la mexicana.

[5] La opinión de 1946, en Suárez, *Comentarios*, 334, señalaba que en México el gobierno controlaba apenas 8% del PIB, mientras que en otros países ese concepto excedía el 30%. Las otras referencias son las de los presidentes Alemán en 1948 y Ruiz Cortines en 1956 y de los secretarios de Hacienda Ortiz Mena en 1959 y 1963 y López Portillo en 1973. Éstas se

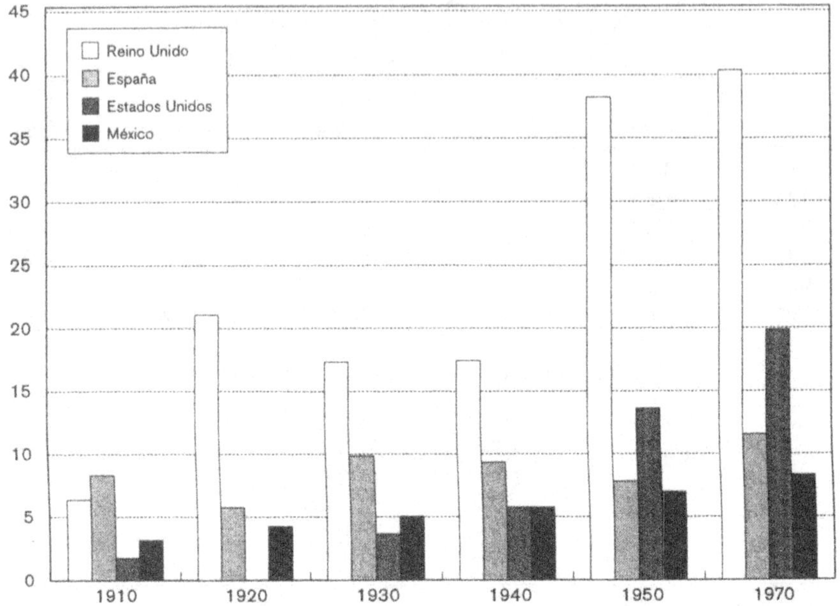

FUENTE: Cuadro A2.

GRÁFICA 1

LA HACIENDA PÚBLICA MEXICANA: UNA COMPARACIÓN INTERNACIONAL, 1910-1970
(Porcentaje del ingreso tributario del gobierno central con respecto al PIB)

to de peso que podía usarse para enfrentar "los ataques sistemáticos e infundados que en ciertas publicaciones se hacen a nuestro régimen impositivo", como decía la SH en 1939 y con otras palabras en 1951.[6] Pero en los estados y municipios la hacienda federal era vista de manera diametralmente distinta, es decir, cada vez más próspera.

hallan, respectivamente, en *Los presidentes*, IV, 395 y 643; Ortiz Mena, *Discursos*, I, 172 y 268; "Congreso", *México*, 129. En este último lugar, López Portillo afirmaba por un lado que en el Reino Unido la carga fiscal llegaba a 42.8% del PIB y por otro que sólo Honduras, El Salvador, Guatemala y Bolivia tenían una carga inferior a la de México.

[6] "Editorial", 133. La referencia de 1951 son las declaraciones de Hugo B. Margáin, director de Ingresos de la SH, quien señalaba que "la industria y el comercio de México se desenvuelven dentro de una situación de privilegio, pues los impuestos globales que deben pagar al fisco por concepto de utilidades ascienden apenas al 20% aproximadamente, proporción ínfima si se considera que en Estados Unidos, tanto industriales como comerciantes tienen obligación de entregar al Estado hasta un 80% sobre sus ganancias en algunos casos". *Excelsior*, 13 sep 1951.

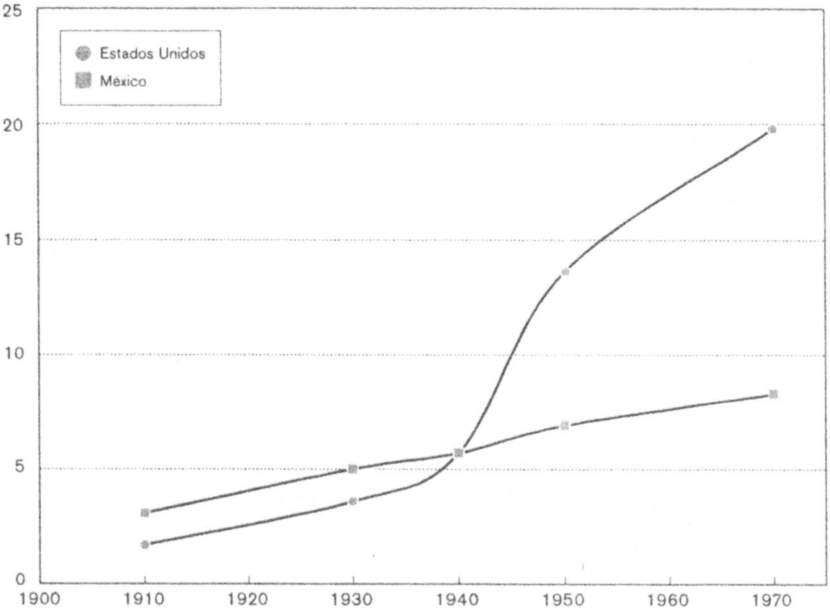

FUENTE: Cuadro A2.

GRÁFICA 2
LA HACIENDA PÚBLICA EN MÉXICO Y EN ESTADOS UNIDOS, 1910-1972
(Porcentaje del ingreso tributario del gobierno central con respecto al PIB)

Esta visión local estaba estrechamente relacionada con la concentración de los ingresos en manos federales, que es lo que interesa aquí. Para mostrar tal concentración hay que revisar el comportamiento de los ingresos de los tres niveles de gobierno con capacidad de recaudación durante el periodo 1910-1949. Ya se explicó que para efectos de esta comparación se consideran los ingresos brutos y no sólo los provenientes de impuestos. Estos años se han dividido en tres periodos, tomando el año de 1910 como referente inicial, y considerando además el estallido de la crisis mundial de 1929 y el año de 1943 como parteaguas en la historia de los ingresos federales. En ese sentido, se trata de una periodización basada en la hacienda federal, cosa que el lector debe tomar en cuenta. De cualquier forma, se intenta mostrar la pertinencia de ese criterio para armar la propuesta de periodización que se empleará, además, en la segunda parte de este trabajo.

Los ingresos brutos de los tres niveles de gobierno crecieron de manera distinta a lo largo del periodo 1910-1949. Los de la federación aumentaron más de siete veces, los de los estados más de tres y los municipales ni siquiera

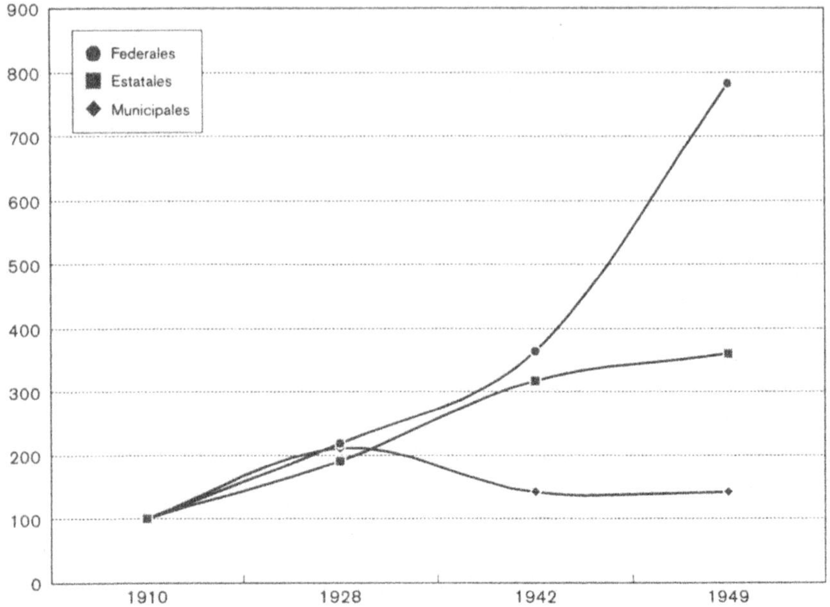

FUENTE: Cuadro A3.

GRÁFICA 3
COMPORTAMIENTO DE LOS INGRESOS BRUTOS FEDERALES, ESTATALES Y MUNICIPALES, 1910-1949
(Índice porcentual 1910 = 100)

alcanzaron 50% de aumento. Esto da una idea gruesa del comportamiento tan divergente y del peso cada vez mayor de las finanzas federales. Los tres gobiernos vieron crecer sus ingresos de manera casi similar hasta 1928; en el siguiente periodo los ingresos federales y estatales crecieron casi al parejo, notándose en cambio un rezago en los ingresos municipales, que se vieron muy afectados por la desaparición de los ayuntamientos de la capital del país en 1928. Como se ve en la gráfica 3, una vez rezagados los ingresos municipales, la gran diferencia entre la federación y los estados se construyó a partir de 1943: los ingresos federales crecieron de manera notable, los estatales de manera discreta y en los municipales se sostuvo el rezago que los llevó incluso a una disminución con respecto a su situación de1928. Vayamos ahora a los detalles.

Hay que empezar por la hacienda federal. Entre 1910 y 1928 los ingresos federales se duplican. En cambio, entre 1929 y 1942 el crecimiento es más discreto, lo que parece sugerir el grave impacto de la gran depresión de 1929. Durante el periodo 1943-1949 el aumento es exorbitante y la hacienda federal se

CUADRO 2

APORTACIÓN DE LOS PRINCIPALES IMPUESTOS DE LA HACIENDA FEDERAL, 1925-1972

(Millones de pesos corrientes)

	1925	*1930*	*1935*	*1940*	*1945*	*1950*	*1960*	*1972*
Total*	244	234	256	473	1 218	2 920	10 187	48 383
Indirectos	230	215	217	415	915	2 106	6 387	26 065
Rec. nat.	39	16	33	36	75	172	270	719
Industria	35	45	67	124	274	512	1 717	11 755
C. exterior	95	112	73	170	383	991	3 087	7 472
Timbre	20	16	11	46	108	42	205	658
Comercio			13	10	18			
C. federal**	23	19	12	17	34			
10%	18	7	8	12	23	37		
ISIM***						352	1 108	5 461
Directos	14	19	39	58	303	814	3 800	22 318
Renta	13	16	31	57	296	766	3 648	21 010
Otros	1	3	8	1	7	48	152	1 308

PORCENTAJES

	1925	*1930*	*1935*	*1940*	*1945*	*1950*	*1960*	*1972*
Total	100	100	100	100	100	100	100	100
Indirectos	94	92	85	88	75	72	63	54
Rec. nat.	16	7	13	8	6	6	3	1
Industria	14	19	26	26	22	18	17	24
C. exterior	39	48	29	36	31	34	30	15
Timbre	8	7	4	10	9	1	2	1
Comercio			5	2	1			
C. federal	9	8	5	4	3			
10%	7	3	3	3	2	1		
ISIM						12	11	11
Directos	6	8	15	12	25	28	37	46
Renta	5	7	12	12	24	26	36	43
Otros	1	1	3		1	2	1	3

* Total del ingreso tributario federal.

** Contribución federal.

*** Impuesto sobre ingresos mercantiles.

FUENTE: *EHM*, II, 650-651.

separa notablemente de la de estados y municipios. En términos de crecimiento medio anual, según se ve en el cuadro 3, las tasas son muy claras: entre 1910 y 1928 el crecimiento alcanza 4.2% y disminuye a 3.5% entre 1929 y 1942. Sin embargo, entre 1943 y 1949 la tasa se recupera y alcanza 9.5% por ciento.

El año clave es 1943. ¿Qué ocurre en ese año? En el marco de los fenómenos desencadenados por la guerra mundial, tales como aumentos del circulante, de los precios, de las reservas monetarias y del superávit comercial, el gobierno federal decidió incrementar las tasas fiscales, en especial aquellas que no tenían incidencia en el costo de la vida.[7] El resultado fue un espectacular aumento de los ingresos federales respecto al año anterior, hecho que el presidente de la república calificaba de "histórico".[8] De nuevo en 1949 los ingresos federales mostraron un crecimiento superior al de las otras dos instancias gubernamentales. En esta ocasión, según el secretario de Hacienda, el aumento obedeció a la adopción de nuevos impuestos (el 15% *ad valorem* y el impuesto sobre utilidades excedentes), así como al aumento en la captación en el de la renta. Todos estos fenómenos y medidas ocurrieron después de la devaluación de julio de 1948.[9]

No sólo era más dinero sino dinero distinto. Los esfuerzos encaminados a modernizar la hacienda pública, que se describen en la segunda parte de este libro, parecían exitosos. En ese sentido hay que ubicar las afirmaciones de 1946 del secretario de Hacienda Suárez. Luego de señalar la baja en las aportaciones del comercio exterior de 37 a 25% entre 1941 y 1946, agregaba que en 1931 los impuestos indirectos (como los del comercio exterior y del timbre) representaban aproximadamente 72% del ingreso federal y los directos (de manera preponderante el de la renta) apenas 7%. En contraste, en 1944 los primeros habían descendido a 43% y los segundos habían aumentado hasta 29%. Si en 1921-1925 la mayor parte del ingreso federal provenía del petróleo, la minería, el comercio exterior y el timbre, "hoy proviene de los impuestos sobre la renta y la industria [...] lo que quiere de-

[7] Las principales reformas tuvieron que ver con el aumento de tasas del impuesto sobre la renta en las cédulas referentes a las utilidades de industrias y comercios, por intereses y dividendos y de la explotación del subsuelo o por concesiones del Estado. Sobre estas modificaciones y otras menores, véase Suárez, *Comentarios*, 352-353. En cuanto a esta coyuntura por demás singular, véase Cárdenas, *La hacienda*, 91 y ss.

[8] *Los presidentes*, IV, 251: informe de 1 sep 1943. Ávila Camacho decía que era probable que en 1943 los ingresos federales superaran los 900 millones de pesos. Pero se quedó corto, porque casi llegaron a 1 100 millones. A precios constantes el aumento alcanzó el 24 por ciento.

[9] Beteta, *Tres años*, 111.

CUADRO 3

DISTRIBUCIÓN PORCENTUAL Y CRECIMIENTO MEDIO DE LOS INGRESOS BRUTOS DEL GOBIERNO FEDERAL, DE LOS ESTADOS Y DE LOS MUNICIPIOS, 1910-1972

	Federal	*Estatal*	*Distrito Federal*	*Municipal*
1910	66.5	14.9	6.9	11.7
1928	69.5	14.0	4.3	12.2
1929	71.1	13.9	7.4	7.8
1942	71.1	14.4	9.5	5.1
1943	75.6	12.0	7.6	4.8
1949	83.0	8.7	5.5	2.8
1965	83.6	4.7	10.1	1.5
1972	83.1	6.5	8.8	1.6

TASAS MEDIAS DE CRECIMIENTO
(Ingresos brutos, precios de 1970)

	Federal	*Estatal*	*Distrito Federal*	*Municipal*
1910-1928	4.2	3.6	1.2	4.2
1929-1942	3.5	3.8	5.5	0.1
1943-1949	9.5	2.3	2.2	−1.7
1950-1972	12.2	8.8	13.5	8.2

FUENTE: Cuadros A3 y A4.

cir que nuestro país depende cada vez menos de las industrias extractivas".[10] Al igual que en otras materias, como la demográfica, en el ámbito fiscal era claro el objetivo de buscar a toda costa la autosuficiencia. De allí la satisfacción con que el funcionario aludía a la creciente capacidad gubernamental de garantizar el funcionamiento de las instituciones públicas con base en recursos internos. El cuadro 2 y la gráfica 4 son ilustrativos.

El gobierno federal disponía de diversas opciones para allegarse recursos, no sólo dentro del país sino en sus relaciones con el exterior. El escenario mundial de la década de 1940 parece confirmarlo. Pero lo singular es que la coyuntura de la segunda guerra mundial dio paso a un cambio drástico respecto al patrón porfiriano que visto así se extiende hasta la segunda guerra.[11]

[10] Suárez, *Comentarios*, 350-351. Como se ve, las cifras sobre impuestos directos e indirectos difieren de las del cuadro 2.

[11] Por lo visto los estudiosos de estos asuntos hacendarios nos vemos obligados a "prolongar" el porfiriato. Al respecto véase la siguiente frase: "Con base en la prolongación del porfirismo en materia hacendaria hasta 1924, y en las realizaciones concretas del cuatrienio

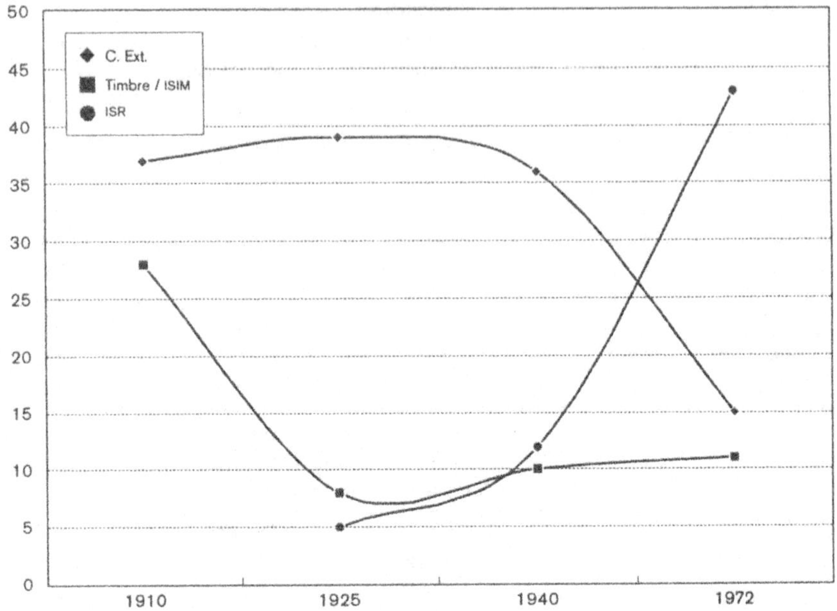

FUENTE: Cuadro 2 y Servín, "Apuntes", 6, referidos a 1906-1907.

GRÁFICA 4
CONTRIBUCIÓN PORCENTUAL DE IMPUESTOS DIRECTOS E INDIRECTOS
AL INGRESO TRIBUTARIO FEDERAL, 1910-1972

Tal cambio es el siguiente: por un lado, hizo posible un aumento sustancial de los ingresos federales respecto al PIB, según se vio antes. Por otro, dio lugar a una ruptura clara en cuanto a la forma de distribución de la riqueza fiscal del país entre la federación, los estados y los municipios. Otro elemento de cambio es el origen de los ingresos, pues se reafirma la tendencia decreciente de los impuestos indirectos, como lo muestra el aumento sostenido de la recaudación del impuesto sobre la renta a partir de 1940.

Hay que aclarar la cuestión de la distribución de los ingresos. La creciente preponderancia de la federación, rasgo que si bien ya era evidente a finales del porfiriato, alcanzó niveles insospechados después de 1943. Al destacar que entre 1878 y 1910 los ingresos federales crecieron más que los estatales, un estudioso afirma que

1924 a 1928 en ese mismo ramo, se puede concluir —como tesis central de este trabajo— que la revolución mexicana, en su política hacendaria, no se inicia en 1910 sino quince años después, con el presidente Plutarco Elías Calles". Iturriaga de la Fuente, *La revolución*, 167.

el Estado de las élites liberales es un Estado en plena expansión, expansión que se hace a partir de la cúspide: el Estado federal crece más que los estados de la federación y [...] éstos más que los municipios.[12]

Por ello no sorprende que en 1917 un experto norteamericano haya señalado el grado de concentración de los ingresos en manos federales como uno de los rasgos distintivos del sistema hacendario mexicano.[13] Con los indicios disponibles resulta evidente que este proceso no fue interrumpido por la revolución. Al contrario. En la década de 1920 no faltaba quien afirmara que uno de los principales problemas de la hacienda pública era el poderío desproporcionado de la federación. Al mediar el siglo XX, la hacienda federal era más grande con respecto a la economía que cinco décadas atrás, dependía menos del comercio exterior y más de la actividad interna, es decir, de nuevos impuestos o de rubros que había ido absorbiendo de los estados y municipios. Una consecuencia directa de este fenómeno es la que veremos a continuación, al tratar la situación de las haciendas locales.

Si se observan con cuidado las tasas de crecimiento del cuadro 3, queda claro que los ingresos estatales crecieron poco menos que los federales en el periodo 1910-1928. Hay indicios que muestran que la revolución los afectó con mayor severidad, lo que se tradujo en un persistente desequilibrio presupuestal que se prolongó hasta los primeros años de la década de 1930.[14] En el siguiente periodo, 1929-1942, los ingresos de los estados crecieron a un ritmo mayor que los federales, lo que tal vez revela que el gobierno federal, por la importancia del comercio exterior, sufrió con mayor intensidad los efectos de la depresión mundial de 1929. Sin embargo, en el último periodo (1943-1949), los ingresos estatales crecieron a menor ritmo justo en el momento en que los ingresos federales vivían sus mejores años de la primera mitad del siglo XX. Por ello es notable la distancia entre el crecimiento federal y el estatal. Como resultado, los ingresos estatales resultaron cada vez menos significativos respecto a los federales: si en 1910 y 1925 representaban 15 y 14% respectivamente del total de los ingresos

[12] Guerra, *México*, I, 305-307.

[13] Chandler, *Estudio*, 17. Este énfasis puede explicarse si se considera que en su país la distribución del ingreso tributario en 1913 era claramente favorable a las tesorerías locales, con 57.6% del total, contra 13.2 de los estados y 29.1 del gobierno federal. Musgrave y Musgrave, *Public Finance*, 317.

[14] Servín, *Las finanzas*, 31, 33. Una descripción de los daños provocados por la revolución en el sistema hacendario de una entidad se halla en Riguzzi, "Crisis", referente al Estado de México.

públicos, en 1943 significaban 12, y menos de 9% en 1949 (véase la gráfica 3).[15]

En esta dinámica el momento crucial es el periodo 1943-1949. En esos años se establece la diferencia entre una época y otra, es un verdadero punto de inflexión. En el cuadro 3 se aprecia que en esos seis años ocurre un vertiginoso crecimiento medio anual de los ingresos federales (9.5) y un lento crecimiento de los estatales (2.3). El hecho de que después de este periodo la diferencia entre las tasas de crecimiento de la hacienda federal y las estatales se moderara, aunque notándose una sostenida ventaja federal, podría verse como un periodo de estabilización del cambio ocurrido en 1943-1949. Dicho de otro modo, el momento fundamental de la transformación de la hacienda pública en México en cuanto a las relaciones entre el centro y las entidades federativas tuvo lugar en el contexto de la segunda guerra mundial y de las reformas alemanistas. Por ello, puede decirse que no es sino hasta estos años cuando se consolida el centralismo fiscal.[16] Por si fuera poco, en esta misma década de 1940 el impuesto directo por excelencia, el de la renta, se dispara en su contribución al erario federal.

En el comportamiento de los ingresos estatales destaca la sensible disminución de dos de los principales rubros tributarios, el predial y los gravámenes a la industria y el comercio. Por lo que se refiere al primero, su aportación a la recaudación total descendió de 37% en 1900-1911 y de 41% en 1912-1925, a 18% en 1926-1942 y a 15% en 1943-1949. En un estudio sobre las finanzas locales no se deja de señalar el fenómeno en relación con el reparto de tierra: "La política agraria del país afectó gravemente los ingresos de las entidades locales por concepto del impuesto predial".[17] Lo más grave es que, por lo menos en el Estado de México, el impuesto predial se había convertido en el bastión de las finanzas locales, una vez extinguido el impuesto

[15] En Estados Unidos también se repitió este fenómeno en relación con el ingreso tributario. El esquema 24-11-65 (federación, estados y locales respectivamente) de 1911 y de 39-23-38 de 1937, pasó a otro claramente centralizado de 82-9-9 en 1945. Véase Somers, *Finanzas*, 165. Sin embargo, luego de la segunda guerra, el peso federal disminuyó hasta llegar a 66% en 1964.

[16] Coincide con otras medidas centralizadoras. En el aspecto electoral, la nueva ley de enero de 1946 estableció un sistema controlado desde la Secretaría de Gobernación. En materia hidráulica nació la secretaría del ramo, que es expresión de una gradual concentración de facultades en manos del ejecutivo federal. Poco antes, en 1943, nació el Sindicato Nacional de Trabajadores de la Educación, que significó un espaldarazo a la organización nacional y centralizada de los maestros. Véase Paoli Bolio, "Legislación", 146-148; Aboites, *El agua*, 179; Arnaut, *La federalización*, 223.

[17] Servín, *Las finanzas*, 33-34.

de capitación.[18] Como se verá en el capítulo 7 dedicado a la cuestión agraria, esta disminución contiene múltiples componentes del arreglo fiscal del país en el siglo XX. Por su lado, los impuestos a la industria y al comercio, después de caer de 20% a principios de siglo y a 11% en los años 1911-1925, se recuperaron hasta llegar a 22% en 1926-1942. Sin embargo, en los años 1943-1949 su aportación cayó de nuevo a 12%. En este último declive, a juicio del experto que se ha venido citando, se encuentran las huellas de la manera como se enfrentó la concurrencia fiscal, es decir, suprimiendo impuestos locales a cambio de participaciones en los impuestos federales que sustituían a aquéllos, como los de petróleo, minería, gasolina, bosques y tabacos, entre otros.[19]

Por último las finanzas municipales. Los indicadores disponibles muestran un estancamiento sostenido después de 1929. Sin duda, son la principal víctima en cuanto a la distribución de la riqueza fiscal, no sólo con respecto a la federación sino también frente a los gobiernos estatales. Los municipios perdieron ingresos no sólo por la secuela negativa del reparto agrario en la recaudación del predial, en la que tenían participación. También perdieron por efectos de la nacionalización del territorio derivada del artículo 27 constitucional, por ejemplo en materia de bosques y aguas. Por el lado de los estados, las haciendas municipales se vieron presionadas para entregar ramos tributarios o bien montos de participación en ellos. Como se puede ver en el cuadro 3, en el periodo 1910-1928 los ingresos municipales crecieron casi al parejo de los federales e incluso más que los estatales. Pero la desaparición de los municipios del Distrito Federal en 1928 tuvo una secuela muy significativa en estas cuentas, porque los ingresos de esos municipios alcanzaban en ese año la suma de 14.3 millones de pesos, es decir, 27% del total de ingresos municipales del país.[20] Los municipios no lograron recuperarse de esa pérdida en los años posteriores.

El debilitamiento municipal se entiende mejor en relación con los estados. Así, se trata de resaltar la pérdida de peso fiscal de los municipios dentro de los estados, que constituye otra dimensión del fenómeno de la concentración fiscal. Como se ve en el cuadro 4, de compartir casi por igual el monto de la riqueza fiscal con los gobiernos estatales en 1910, su recaudación

[18] Riguzzi, "Crisis", 209.

[19] Servín, *Las finanzas*, 16, 29, 44-45 y 76.

[20] Gómez Tagle, "La contribución" [1], cuadro 4. Según esta misma fuente la desaparición de los municipios de la capital del país hizo aumentar los ingresos del gobierno del Distrito Federal de 18.4 millones en 1928 a 33.3 millones en 1929, lo que contribuyó a mermar el peso fiscal de los municipios en los siguientes años.

CUADRO 4
DISTRIBUCIÓN PORCENTUAL DE LOS INGRESOS ESTATALES TOTALES ENTRE GOBIERNOS ESTATALES Y MUNICIPALES, 1910-1972*

	Estados	*Municipios*
1910	56	44
1929	64	36
1943	71	29
1949	76	24
1972	80	20

* Suma de ingresos brutos de los gobiernos de los estados y de los municipios.
FUENTE: elaborado a partir del cuadro A3.

pasó a menos de una cuarta parte en 1949. En las dos décadas del periodo 1929-1949 los ingresos municipales crecieron a tasas muy modestas e incluso decrecieron. No eran raras las opiniones que explicaban este fenómeno en términos del proceso general: si la federación asfixiaba a los estados, éstos lo hacían con los municipios.[21] Era una especie de ley del más fuerte, funcionando en distintos tiempos, niveles y escalas.

Pero es claro que durante la primera mitad del siglo XX continuó (o se aceleró, mejor dicho) la decadencia municipal vista desde la óptica fiscal, originada por el impacto de las leyes de desamortización de 1856 y por la supresión de las alcabalas en 1896. La declaración del artículo 115 de la constitución de 1917, relativa al municipio libre, no fue capaz de detener esta tendencia al debilitamiento municipal.

Del recorrido realizado hasta ahora es posible entrever que entre 1910 y 1950 el gobierno federal hizo realidad en buena medida los ideales decimonónicos y porfirianos referentes a lograr que el centro político de la nación contara con una sólida base fiscal, lo que puede apreciarse en el ascenso sostenido de la aportación del impuesto sobre la renta (véase la gráfica 4). Pero no logró resolver del todo la contradicción derivada de la concurrencia fiscal con los estados (la así llamada anarquía) ni la inmoralidad, ni tampoco la modernización plena de la estructura tributaria, que seguía dependiendo en una proporción significativa de impuestos indirectos (comercio exterior y timbre). Este balance no debe llevar a perder de vista lo fundamental: en esos años el gobierno federal consolidó su posición dominante en el manejo de las finanzas públicas del país. ¿Cómo lo hizo? Más que in-

[21] SHCP, *Tercera convención*, II, 94.

tentar un acuerdo federalista, el método seguido fue limitar con severidad la capacidad tributaria de los gobiernos locales, tanto por la vía estrictamente fiscal como por las secuelas del reformismo social característico del nuevo Estado. En los próximos capítulos se revisará cada una de las partes de este proceso, cuyo análisis permite acercarse de otro modo a la historia mexicana de este tramo del siglo XX. Antes es necesario revisar el comportamiento de la hacienda federal entre 1950 y 1972.

La baja carga fiscal, 1950-1972

> Reformar las leyes fiscales, exigiendo más de quienes más poseen; castigar severamente la evasión del pago de impuestos y redistribuir los ingresos nacionales, con el fin de que beneficien a quienes más lo necesitan y, al mismo tiempo, fomentar el ahorro, las inversiones y las reinversiones de capital.[22]

Lo más complejo de la formación de la hacienda pública contemporánea culminó en los años alemanistas. Comparado con el esfuerzo de crear el impuesto sobre la renta, unificar los gravámenes de las ramas industriales, crear el impuesto sobre ingresos mercantiles, suprimir la contribución federal y edificar el sistema de participaciones, el periodo posterior es mucho más simple. Este apartado y el siguiente buscan rastrear las secuelas de esa experiencia en las dos décadas posteriores al alemanismo, a saber, la baja carga fiscal y la concentración en manos federales.

La noción predominante entre los estudiosos del siglo XX mexicano acerca de la existencia de un aparato estatal de gran poderío no tiene mucha relación con una próspera hacienda pública. Como se vio, si en algo destaca México, por lo menos desde 1939, es en la pequeñez de los ingresos gubernamentales.

¿Acaso la carga fiscal tan baja era resultado de decisiones políticas o de una incapacidad estructural, por así decirlo, derivada de un cierto tipo de economía? Veamos. En una reunión celebrada en Santiago de Chile a fines de 1962, patrocinada por la Organización de Estados Americanos (OEA), el Ban-

[22] Párrafo de la Declaración a los Pueblos de América, Punta del Este (1961). En Sommerfeld, *La reforma*, 20.

co Interamericano de Desarrollo y la Comisión Económica para América Latina, un selecto grupo de expertos discutió ampliamente los problemas de política fiscal en vistas a una reforma tributaria en América Latina. Tal discusión tenía que ver con los compromisos contraídos en la Carta de Punta del Este, encaminados a impulsar un mayor desarrollo económico, mejorar el bienestar general de la población y alcanzar una distribución más equitativa del ingreso nacional. En algunos de los trabajos, por ejemplo los de Nicholas Kaldor y Rajanikant Desai, se detallaban las características de los sistemas tributarios de los "países en desarrollo" y se mencionaban algunos factores que influían en la capacidad fiscal de sus gobiernos. Entre esos factores Desai destacaba el ingreso nacional per cápita, la importancia de la economía no monetaria, la diversidad de fuentes tributarias accesibles y la capacidad e integridad de la administración pública.[23] Dicho de otro modo, no todo el fenómeno fiscal podía explicarse por la mera voluntad política, en una u otra dirección.

Sin embargo, la evidencia disponible muestra la importancia de la postura gubernamental en la configuración del sistema tributario mexicano. Las principales críticas y recomendaciones elaboradas en estos años en torno al sistema tributario mexicano se centraban en aspectos que fácilmente podían identificarse como del ámbito de la voluntad política. No había consideraciones sobre la pobreza general del país, la escasa monetarización de la economía, la falta de diversidad de bases imponibles e incluso sobre la escasa integridad moral de la SH. El punto clave eran las omisiones en el cobro del impuesto sobre la renta.

A fines de la década de 1950 y principios de la siguiente era lugar común decir que en México existía una carga fiscal extremadamente baja. Así lo señalaban economistas como Martínez de Navarrete, estudiosos extranjeros como Kaldor y autoridades como Ortiz Mena. Según este último, el sistema fiscal no sólo no aportaba recursos suficientes sino que era regresivo y favorecía la omisión y la evasión fiscal.[24] En el mismo sentido podría entenderse la afirmación de que "poco ha importado de dónde provienen los impuestos ni a quiénes afectan". Otro elemento del diagnóstico era la escasa flexibilidad de la estructura impositiva, puesto que ante un periodo de rápido crecimiento de la economía, el ingreso tributario no sólo no aumentaba al ritmo de la economía sino que decrecía.[25]

[23] Kaldor, "El papel de la tributación"; Desai, "La capacidad fiscal".

[24] Ortiz Mena, *Discursos*, I, 172. También Hansen, *La política*, 66; Reynolds, *La economía*, 321-328.

[25] Navarrete, *Política*, 84 y 96.

Pero lo cierto es que hubo intentos por elevar los ingresos gubernamentales. En una ponencia presentada en la OEA en septiembre de 1962, el secretario Ortiz Mena repetía que "la carga tributaria en México resultaba ser, en conjunto, una de las más bajas entre los países en vías de desarrollo". Según el funcionario el problema residía sobre todo en las omisiones del impuesto sobre la renta, entre ellas los intereses y rendimientos de valores financieros, las rentas de inmuebles y las ganancias de capital.[26]

A principios del gobierno de Adolfo López Mateos, la SH contrató a un asesor extranjero, como se había hecho en 1917, para hacer un nuevo diagnóstico sobre las finanzas mexicanas. El asesor, en este caso el famoso economista inglés Nicholas Kaldor, hizo suyo el lugar común acerca de la baja carga fiscal y recomendó medidas para aumentar la recaudación federal, especialmente en relación con la forma de gravar al capital, que gozaba de múltiples "omisiones y exenciones que no tienen paralelo en otros países con objetivos económicos y sociales tales como los de México".[27]

Pero a diferencia de la estrecha relación que puede apreciarse entre las recomendaciones de Henry Chandler de 1917 y el quehacer hacendario subsiguiente, en este caso el gobierno mexicano desoyó el consejo. Aunque el propio secretario Ortiz Mena insistía en la necesidad de aumentar la carga fiscal y a pesar de que en 1961 y 1964 hubo reformas al impuesto sobre la renta que en algo contribuyeron a mejorar la recaudación, lo cierto es que tales discursos y cambios no modificaron la situación.[28] Como se vio antes, la proporción de los fondos públicos respecto al PIB se estabilizó desde 1943.

Salvando el clima de desconfianza creado por la revolución cubana en el medio empresarial nacional y contando ya con el apoyo de los principales grupos económicos privados, a fines de 1961 el Congreso de la Unión

[26] Ortiz Mena, *Discursos*, I, 229: informe presentado por el secretario de Hacienda al secretario general de la OEA, José A. Mora, Washington, 20 sep 1962.

[27] Kaldor, "Las reformas", 265. Véase también Ortiz Mena, *El desarrollo*, 155-157; Izquierdo, *Política*, 26, 66-70; Reynolds, *La economía*, 327; Urquidi, "Nicholas Kaldor".

[28] En este punto es revelador el testimonio de Víctor Urquidi, uno de los involucrados en el estudio de Kaldor y en los trabajos subsiguientes que culminaron en las reformas al impuesto sobre la renta de 1961. Urquidi señala que con base en el documento entregado por el economista inglés se formó un grupo de trabajo que no tardó en dividirse en vista de los desacuerdos. De un lado se hallaban los economistas Rafael Urrutia, Agustín López, Ifigenia Navarrete, Ernesto Fernández Hurtado y el propio Urquidi, que proponían "reformas más radicales" al sistema tributario; de otro lado se ubicaban "los abogados tradicionalistas de la Secretaría [de Hacienda]". La propuesta de los economistas fue desechada y se adoptó una "iniciativa de reformas limitadas", basada en la postura de los abogados, que fue enviada por el ejecutivo federal al congreso a fines de 1961. Urquidi, "Nicholas Kaldor", 923.

aprobó varios cambios en la ley del impuesto sobre la renta.[29] Se incluían nuevas cédulas para gravar actividades exentas hasta entonces, correcciones a tasas, pero también diversos tipos de estímulos vía exenciones. La innovación más importante fue establecer el esquema de acumulación de ingresos en el impuesto sobre la renta, lo que en principio permitía aplicar de mejor manera el principio de progresividad. Eso lo distinguía del esquema cedular (que dispersaba los ingresos) adoptado en 1925.[30] Pero como contraparte, se suprimieron los impuestos sobre herencias y el de ganancias extraordinarias y se creó por primera vez el impuesto federal sobre uso de automóviles. También desapareció el sistema de calificación fiscal para dar paso al procedimiento vigente basado en las declaraciones de los causantes.[31] Estas reformas se inscribían en las recomendaciones derivadas de la reunión de Punta del Este, celebrada a mediados de 1961, y del programa norteamericano llamado Alianza para el Progreso. Quizá el propósito más importante, dado el impacto de la revolución cubana, tenía que ver con el esfuerzo por mejorar la distribución del ingreso en América Latina.[32] El gobierno mexicano podía argüir que ya había avanzado en la reforma agraria, pero poco podía decir ante la recomendación de impulsar el carácter progresivo del sistema fiscal. Por ello en 1962 se elaboró un plan trianual, que fue presentado a la

[29] En este ocasión la cámara de diputados debatió y aprobó por mayoría (con cinco votos en contra) los cambios referidos. DDD, 23 dic 1961, 46-59.

[30] En 1946 el secretario Eduardo Suárez recomendaba adoptar el impuesto global, "lo que permitirá que sin la elevación de cuotas los rendimientos [...] crezcan en forma más considerable y con respeto estricto al principio de capacidad contributiva". Señalaba que el esquema cedular impedía gravar debidamente las operaciones de bienes raíces y la venta de empresas o de participación en ellas. Suárez, *Comentarios*, 352. Pero los empresarios se opusieron. Así lo declararon por ejemplo al término de la tercera convención de causantes, en septiembre de 1950. Flores Zavala, *Elementos*, 369. En 1953 la SH intentó establecer esa modalidad, pero la oposición del sector privado lo impidió. "Yo fui —decía Antonio Carrillo Flores en 1971— el primer secretario de Hacienda que trató de establecer un impuesto global sobre la renta. Ello fue en 1953. Admito que fracasé entonces, pero ese fracaso no resultó estéril. Fueron pasos iniciales en un México que aún no tenía conciencia cívica suficiente para un avance de tal trascendencia". Núñez, "Puntos de vista", 73. Sobre ese intento, véase también Margáin, *La ley*, 12-13, donde se congratula del espíritu democrático mostrado por la SH al admitir el punto de vista de los empresarios que finalmente detuvo la reforma; asimismo, Rosas Figueroa y Santillán López, *Teoría general*, 117.

[31] Ortiz Mena, *Discursos*, I, 229-232.

[32] Una obra que resume la perspectiva del gobierno norteamericano sobre la cuestión fiscal en los países subdesarrollados latinoamericanos, a propósito de la Alianza por el Progreso, proyecto muy relacionado con el hecho de que Fidel Castro "¡Introdujo el comunismo a ciento cincuenta kilómetros de los límites continentales de los Estados Unidos!", es Sommerfeld, *La reforma*. La referencia a Castro en p. 2.

OEA, para dar cumplimiento a los acuerdos de la Alianza para el Progreso, en el que se proponía lograr que la carga tributaria del país creciera de 10.3% respecto al PIB en 1960, a 15.5% en 1965 y a 19.8% en 1970.[33]

¿Cuáles fueron los alcances de estos cambios fiscales? Según las cuentas de la SH, entre 1959 y 1963 los ingresos federales aumentaron en términos reales a una tasa de 8.7% al año, en comparación con el 2.3% del sexenio anterior. Ello permitió que la carga tributaria federal respecto al PIB aumentara de 7.8% en 1958 a 9% en 1963.[34]

Sin embargo, algunos estudiosos cuestionaron ese optimismo. Por lo pronto la meta de alcanzar el 19% del PIB nunca se logró. Según esta visión crítica, las reformas de 1961 y 1964 dejaron casi sin gravar los ingresos de los grandes capitales (intereses, dividendos, regalías, rentas) y prefirieron el cobro de las utilidades y sobre todo del trabajo. Prueba de ello es que durante la década de 1960 la recaudación del impuesto sobre productos del trabajo aumentó a una tasa media anual de 15%, seguida por la de utilidades con 10.7% y la de productos del capital con apenas 4% anual. La crítica primordial era que a final de cuentas el sistema fiscal seguía privilegiando el ahorro y la formación de capital. Así, el sistema fiscal era impotente para cumplir con el principio de la progresividad y cobrar cada vez más de acuerdo con la capacidad económica global de los causantes.[35] Según un experto, los dos propósitos fundamentales de la reforma fiscal de la década de 1960, la acumulación de ingresos y la extinción del anonimato, quedaron incumplidos. De hecho, la intención de acumular el ingreso de capital (dividendos pagados y los intereses por valores de renta fija) fue cancelada mediante un artículo transitorio de la (nueva) ley del impuesto sobre la renta aprobada en diciembre de 1964. Tal artículo, que eximía a dichos conceptos en la estimación del ingreso acumulado, fue elaborado "por los representantes del sector privado". Y así se mantuvo en los años sucesivos. En síntesis, el gobierno federal no sólo no obtuvo mayores ingresos sino que la presunta reforma fiscal "difícilmente pudo ser más regresiva".[36] Como se ve, la crítica

[33] Solís, *Intento*, 41.

[34] Ortiz Mena, *Discursos*, I, 385.

[35] Navarrete, "La evolución", 49-52; Izquierdo, *Política*, 66-67.

[36] Solís, *Intento*, 42-43, 45. En igual sentido pueden verse las declaraciones del investigador Julio Labastida Martín del Campo, en *Novedades*, 2 sep 1972. Este estudioso reproduce un párrafo del libro de Roger Hansen citado antes: "Ningún sistema político en América Latina ha apoyado a las nuevas élites industriales-comerciales y agrícolas como lo ha hecho el mexicano: los impuestos y los salarios han sido bajos, y los beneficios altos y los gastos del sector público en infraestructura han respondido a sus necesidades".

a la fiscalidad no provenía de sectores radicales o de la oposición sino de expertos vinculados de distintas maneras al gobierno federal y, más allá, a los proyectos norteamericanos surgidos a raíz de la revolución cubana.

Ese carácter regresivo también se apreciaba en el impuesto sobre ingresos mercantiles, el otro eslabón fundamental del esfuerzo federal. En los primeros años de la década de 1970 se reformó la ley de éste para elevar la tasa general de 3 a 4% y aplicar mayores tasas a ciertos productos. Como en el caso anterior, se argumentaba la necesidad de contrarrestar los efectos regresivos de una tasa generalizada.[37]

En 1972 el gobierno federal intentó eliminar el anonimato de las acciones para cobrar de mejor manera los ingresos acumulados en el impuesto sobre la renta. "Hay que impedir que los ricos se escondan en el anonimato" —había escrito Kaldor años antes. Era el segundo intento en esa dirección, pero como el de 1964, también falló por el temor a la fuga de capitales o porque se creía que podían obtenerse recursos, por ejemplo del exterior, sin necesidad de enfrentar un alto costo político en las relaciones con los empresarios.[38]

Estas referencias parecen confirmar que la aseveración del secretario de Hacienda Suárez de 1946 puede validarse para caracterizar en su totalidad el periodo de estudio: "México se decidió firmemente por la moderación en los gravámenes".[39] Mantener baja la carga fiscal fue entonces una decisión explícita del poder público para incentivar a la economía privada, confiando en que así se alcanzaría el progreso de la nación. A fines de la década de 1970, la opción petrolera, que aportó grandes recursos al erario, vino a salvar el esquema tributario que se ha intentado caracterizar en este trabajo.[40]

[37] La iniciativa en DDD, 17 dic 1970.

[38] Cárdenas, *La política*, 96; Tello, *La política económica*, 60-61; Maxfield, *Governing Capital*, 90-93; Elizondo, "In Search of Revenue", 171.

[39] Suárez, *Comentarios*, 334. En el mismo sentido puede entenderse la aseveración del secretario Margáin de fines de 1970: "Hemos permitido conscientemente, diría yo, que la carga fiscal no sea de las más exageradas o pesadas en el conjunto de las naciones, porque es un medio de aliento a la autocapitalización, al desarrollo de las ramas nuevas de la industria [...] Formamos parte de los países con cargas fiscales más bajas". En Tello, *La política económica*, 45.

[40] Es clara la disyuntiva que se planteaba el presidente José López Portillo acerca de la reforma fiscal. En el otoño de 1977 sopesaba la idea de impulsarla a fondo, pero ya en marzo siguiente decidía apostarle al petróleo. López Portillo, *Mis tiempos*, I, 643. El testimonio no tiene desperdicio: "Estoy realmente en el más grande dilema de mi gobierno. Hago una reforma a fondo, totalizando, globalizando todo ingreso mediante la anulación del anonimato [...] Hago una reforma a medias, fundamentalmente en el área de impuestos indirectos,

Lo más complicado es que la pobreza de la hacienda federal del siglo XX no era vista ni reconocida en los estados ni en los municipios, ni tampoco entre los sectores urbanos que con el paso de las décadas empezaron a conformar el mundo de los llamados causantes cautivos, cuyos descuentos "en la fuente", como dicen los expertos, eliminaban cualquier capacidad de maniobra frente al fisco, o bien entre grupos de pequeños comerciantes e industriales que difícilmente tenían acceso a los privilegios. Por decirlo de otro modo, la percepción de una poderosa hacienda federal, apreciable a la hora del gasto, era resultado de la precariedad de las haciendas locales, más que de la prosperidad de aquélla.

Lo que interesa aquí es comprender el corolario de la baja carga fiscal en términos de la formación del Estado nacional. Tal corolario consta de dos partes. La primera es de orden social. A largo plazo, la baja carga fiscal constituye el privilegio más palpable que otorga el poder público a la minoría de propietarios y empresarios. La decisión reiterada de cobrar pocos impuestos es acaso uno de los rasgos esenciales que definen la relación entre ambos sectores. Sin embargo, al lado del privilegio se establecieron excepciones a determinados grupos populares (los ejidatarios) que también contribuyeron a configurar este rasgo tributario. La segunda consideración es de orden político: mantener una baja carga fiscal en el nivel federal se tradujo en participaciones cada vez menos significativas a estados y municipios y por tanto en erarios locales cada vez más pequeños con respecto a la hacienda federal, que se nutría cada vez más de ingresos que quedaban fuera de los arreglos con los estados (deuda y organismos descentralizados). Esta debilidad de los gobiernos locales puede ayudar a entender la base fiscal del presidencialismo.

Este doble contenido de la hacienda pública puede aclararse si se revisa otro de sus rasgos definitorios, la concentración de los ingresos impositivos en manos federales.

El papel de la Ciudad de México

Hay por lo menos dos maneras de aproximarse a la concentración de los recursos fiscales en México. La primera es estimando la concentración de ingresos en el gobierno federal, cosa que se hizo en el primer apartado de este

el valor agregado, con efectos que golpearán a todos, pero particulamente y otra vez, a los más 'fregados'. O no hago nada y espero mejor ocasión que puede venir con el auge petrolero".

capítulo. La otra es revisando el peso fiscal de la Ciudad de México, que es lo que se expondrá a continuación.

Tal revisión busca relacionar el poderío federal con el entorno urbano donde se halla su sede, es decir, la capital de la república. Durante el siglo XIX se hicieron repetidos intentos por modificar el sistema fiscal para evitar la dependencia del comercio exterior y otorgar ingresos más firmes al erario mediante impuestos directos, por ejemplo los relativos a la propiedad territorial. La federación sólo podía cobrarlos en el Distrito Federal y en los territorios.[41] Un siglo después la situación era distinta, en parte por el desarrollo económico y en parte por los cambios fiscales, que dotaron al gobierno federal de impuestos directos (como el de la renta) y del monopolio fiscal de las principales actividades industriales, tales como minería, petróleo, electricidad. Pero también era distinta por la notable dinámica de la economía de la capital del país.

En efecto, lo visto hasta ahora no puede entenderse del todo si no se considera que durante el siglo XX la Ciudad de México se convirtió en una potencia económica de primer orden. A los atributos políticos, bancarios, comerciales, culturales y simbólicos de esta localidad, se sumó después de 1930 una vigorosa urbanización e industrialización, así como un notable crecimiento demográfico, que la hizo aportar una parte creciente del PIB a lo largo del periodo. La capital se hizo cada vez más importante ya que crecía mucho más que las otras concentraciones urbanas.[42] En un trabajo de 1976 se lee que

> la actual preeminencia de la Ciudad de México no se debe, como comúnmente se atribuye, al hecho de haber sido el centro del país "desde los aztecas y durante la colonia" sino que es un fenómeno relativamente reciente que se acentúa a partir de los gobiernos post-revolucionarios.[43]

Es difícil estimar la contribución de esta ciudad a la economía nacional. Los datos disponibles señalan un crecimiento sostenido de esa contribución entre 1940 y 1970: de 30.6 a 37.4%. En 1940 la Ciudad de México aportaba 34% del producto industrial, 67% de transportes y 41% del sector servicios. En 1970 había disminuciones en la aportación industrial y de

[41] Servín, "Apuntes", 12.

[42] Unikel *et al.*, *El desarrollo*, 56 y ss. Sobre los inicios de esta tendencia económica durante el porfiriato, véase Garza y Pescador, "La concentración".

[43] Garza, "Estructura", 61; véase también Bataillon y Rivière D'Arc, *La ciudad de México*, 20.

transportes, pero a cambio había un aumento en el sector servicios, que alcanzaba el 49% del total nacional.[44]

Vale subrayar que tal peso económico se acentuaba en materia tributaria. El índice tributario, por llamarlo de algún modo, era superior en la Ciudad de México al del resto del país. Los cuadros 1 y 3, al desagregar el peso del Distrito Federal, dejan ver su relevante papel en la distribución de los ingresos fiscales de la nación. En 1960, con 14% de la población nacional, la Ciudad de México aportaba más de un tercio del PIB y más de la mitad de los ingresos del gobierno federal. Así lo señalaba el secretario de Hacienda en 1960 y no por coincidencia ante un congreso local:

> si se considera que un 79% del gasto público se destina a los estados y territorios federales, no obstante que sólo un 44% de los ingresos provienen de ellos, y que la mayor parte del presupuesto se destina a comunicaciones, irrigación, fomento agrícola, promoción industrial, educación, salubridad, seguridad social, se verá que la acción del centro en todo el territorio nacional es de gran significación para crear los supuestos previos requeridos para un desarrollo regional. Y si a esto incluimos la inversión de los organismos y empresas descentralizados, podemos afirmar que del volumen de la inversión pública, hasta el momento, una gran proporción se ha destinado a obras en el interior del país. Así, se estima que en los últimos años, alrededor del 16% de la inversión pública se realiza en el Distrito Federal y el 84% en el resto de la república.[45]

Quizá en este argumento estribaba la fórmula más íntima del arreglo político nacional: una provincia que pagaba muy pocos impuestos a la federación (pero muchos más que a las tesorerías locales) y que a cambio recibía (en algunas partes más que en otras) una alta proporción del gasto público

[44] Garza, "Estructura", cuadro 6. Si se agrega el Estado de México, la participación de esta área metropolitana en el PIB pasa de 36% en 1940 a 43% en 1970. Unikel *et al.*, *El desarrollo*, 184. Hay que advertir las diferencias existentes en estas estimaciones según el método empleado. Por ejemplo, con base en INEGI, *Sistema*, cuadro 1, la aportación de la Ciudad de México al PIB de 1970 es de 27.56%, mientras que Unikel la estima en 37.4%; véase también Palacios, *La política*, 121 y ss. De cualquier modo, un estudioso señala que la preponderancia económica y política de la Ciudad de México en 1960 era similar a la de las 12 ciudades más importantes de Estados Unidos. Wilkie, *La revolución*, 420. Otra estimación sobre la concentración de las actividades industriales, comerciales y servicios entre 1960 y 1975, en Retchkiman, "Estado", cuadros I-VIII.

[45] Ortiz Mena, *Discursos*, I, 83-84: discurso pronunciado en Toluca el 5 sep 1960, como representante presidencial en el tercer informe del gobernador Gustavo Baz. Esa misma proporción aparece en el informe presidencial de 1960.

de esa instancia gubernamental. Si es así, esa especie de "perdón fiscal" por el lado de los ingresos resultaba funcional para el fortalecimiento del gobierno central, sobre todo por los "gestos" que podía hacer el ejecutivo federal por el lado de los egresos, especialmente en algunas zonas preferidas, como la Ciudad de México y varios de los estados norteños. Un estudioso norteamericano reparaba en esa preferencia respecto a la capital del país. En 1949 el gobierno del Distrito Federal había gastado casi el doble que todos los municipios del país juntos y el 42% de los gastos realizados por las entidades y territorios. Destacaba la inversión de 250 millones de pesos a lo largo de la década de 1940 en el sistema de abasto de agua potable mediante las obras del Alto Lerma.[46] Desde 1931, cuando el Distrito Federal rebasó por primera vez al conjunto de municipios en cuanto al monto de ingresos, la diferencia había ido ensanchándose hasta llegar al doble en 1950. Años después, en 1957, los ingresos de la capital del país superaron los ingresos el conjunto de entidades federativas, llegando a duplicarlos especialmente durante los primeros años de la década de 1960, en el sexenio de Adolfo López Mateos (véase la gráfica 5). Aunque esta tendencia se moderó en los años posteriores, no deja de ser significativa.

Para los años anteriores a 1960 no abunda la información publicada sobre el origen geográfico de la recaudación tributaria. Pero por datos aislados es posible señalar que en muchos sentidos la historia fiscal del siglo XX tuvo un sólido respaldo en la propia economía de la Ciudad de México.[47] En los dos primeros años de vigencia del impuesto sobre ingresos mercantiles la mayor parte de la recaudación se obtuvo en el propio Distrito Federal. En 1948 la recaudación total ascendió a 180.1 millones de pesos y la de esa entidad a 156.2, es decir, 88%. Al año siguiente, la recaudación total ascendió a 247.9 y la del Distrito Federal a 184.9, lo que significa una reducción a 76% del total.[48] Por lo visto la innovación fiscal empezaba en el propio centro político y económico del país, donde la cobranza era más sencilla y barata, y luego se extendía a las otras zonas industrializadas y más tarde al

[46] Clark Call, "De la revolución política", 75.

[47] Cuando un decreto presidencial creó las "oficinas federales de hacienda" en todo el país en 1926, se abrieron siete de ellas en la capital del país, "teniendo en cuenta la importancia de la recaudación, el número crecido de negocios que se ventilaban en la Principal del Timbre, las aglomeraciones y molestias que sufría el público y la necesidad de activar el despacho". *Memoria 1923-1925*, I, 118.

[48] El monto de la recaudación del impuesto sobre ingresos mercantiles se obtuvo como sigue: el de 1948, del concepto "ventas en general", en Beteta, *Tres años*, cuadro 8, y el de 1949, de SHCP, *Cuenta pública 1949*, "Estado analítico de ingresos".

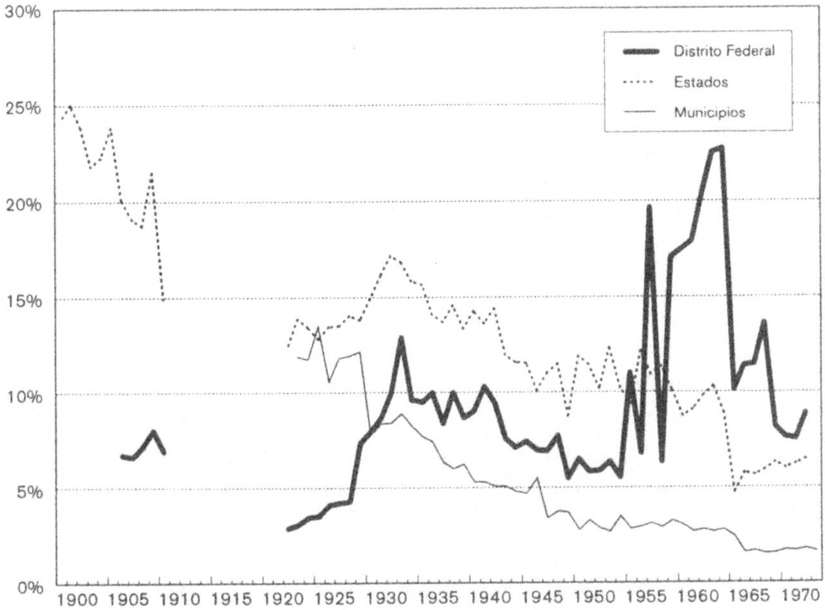

* Suma de los ingresos federales, estatales, Distrito Federal y municipales.
FUENTE: cuadro A4.

GRÁFICA 5
COMPORTAMIENTO DE LOS INGRESOS DEL DISTRITO FEDERAL
EN COMPARACIÓN CON LOS DE ESTADOS Y MUNICIPIOS, 1900-1972
*(Porcentaje de los ingresos brutos totales a nivel nacional)**

resto del territorio.[49] Otro indicio: en 1956 se estimaba que el Distrito Federal aportaba 57.5% de la recaudación total.[50] El centro parecía reafirmarse y confirmarse mediante la innovación fiscal. En 1952 un grupo de expertos señalaba ese rasgo de la hacienda federal:

> La importancia adquirida por la tributación directa y el mejoramiento de la administración fiscal se ha limitado casi por completo al gobierno federal. Los sis-

[49] Para 1975 la aportación del Distrito Federal a la recaudación nacional del impuesto sobre ingresos mercantiles había descendido a 38%. SHCP, *Indicadores 1980*, I, 29.

[50] En este cálculo se eliminaron los impuestos "privativos" del gobierno federal, tales como comercio exterior y migración. La aportación del Distrito Federal ascendía a poco más de 2 978 millones de pesos, y la de los estados a 2 201. Como contraparte, en las entidades el gobierno federal gastaba 2 960 millones de pesos en cuatro rubros: comunicaciones, educación, irrigación y salud. Yáñez Ruiz, *El problema*, V, 446-447.

temas fiscales de los estados y municipios siguen asentados sobre bases anticuadas y rígidas; sólo en el Distrito Federal y en cinco o seis estados se han hecho en los últimos años algunas reformas de importancia.[51]

Si para la SH una de las aristas de la recaudación era su costo, parece claro que el desarrollo industrial y de los servicios en la zona metropolitana resolvió por partida doble el problema fiscal del nuevo Estado, es decir, mayores recursos fiscales y a bajo costo de recaudación obtenidos en la misma localidad donde se hallaba la sede del gobierno federal. No en balde a principios de la década de 1950 se reconocía que en México el costo de la recaudación era "bastante bajo": 2.3% del total de impuestos en 1951 y 1953 y 1.1% de la recaudación del impuesto sobre la renta.[52] Eso contrasta con el costo general de recaudación de más de 4% que se estimaba en 1925.[53]

Ya se dijo que en 1960 Ortiz Mena señalaba que 56% del ingreso de la federación provenía del Distrito Federal. Catorce años después el presidente de la república repetía el argumento: "La provincia contribuye al financiamiento total del presupuesto de egresos con cerca del 50%, y recibe en cambio más del 80%".[54] En el caso del impuesto sobre la renta la aportación de la capital del país era aún mayor: 65% en 1961 y 61% en 1970.[55] Pero si a este monto se suma la recaudación de los estados de México, Jalisco y Nuevo León, que albergaban las tres zonas industriales y de servicios más importantes del país, el resultado llega a 79% entre 1961 y 1970.[56] Dicho de otro modo, el impuesto sobre la renta aparece como indicador de la modernización empresarial, laboral, tecnológica, urbana, cultural. Si el cambio económico hizo aumentar el peso de los impuestos internos sobre los del comercio exterior, es evidente que este esfuerzo recaudador tuvo sus principales escenarios en apenas tres zonas urbanas e industriales del país.[57] Una visión impresionista da la imagen de un país conformado por un centro po-

[51] Ortiz Mena *et al.*, *El desarrollo económico*, 368-369; detalles sobre estas mejoras organizativas y técnicas en la tesorería del Distrito Federal entre 1947 y 1949 se pueden ver en Alatriste, *Informe*.

[52] Navarrete, *Política*, 50.

[53] *Memoria 1923-1925*, I, 41, 59 y 83-84.

[54] SHCP/SP, *México*, 828.

[55] Sobre las reservas con que debe tomarse este indicador, véase la nota 61 de este capítulo.

[56] Wilkie, *La revolución*, apéndice N, 523-524; SHCP, *Indicadores 1980*, I, 27; SHCP, *Indicadores 1985*, 48.

[57] Sobre las ventajas que ofrece este tipo de localidades para la recaudación de impuestos, véase Unikel *et al.*, *El desarrollo*, 276.

deroso, apoyado en otras dos zonas y los tres integrados por un pequeño número de causantes.[58] Tal vez una de las condiciones básicas de la existencia de este esquema es el "perdón" fiscal a la provincia, o mejor dicho a las zonas del país no incluidas en las tres áreas económicas señaladas. En 1924, cuando el *income tax* daba sus primeros pasos, un funcionario de Hacienda señaló que no se esperaban grandes recaudaciones de la provincia. La razón eran los bajos salarios prevalecientes, mismos que quedaban exentos.[59] Los altos salarios se pagaban en esas tres o cuatro áreas del país y parece claro que los callistas ni de lejos pretendieron imponer un gravamen generalizado. Las protestas decimonónicas respecto a la capitación y al predial eran una lección atendible.

La geografía fiscal es indicio de la heterogeneidad y de la desigualdad social del país. La modernidad, entendida en este caso simplemente como los grandes conglomerados urbano-industriales que por su carácter tienden a la concentración en el espacio, contiene una dimensión fiscal más nítida. Una de las prioridades de las finanzas públicas referente a la búsqueda de mayores ingresos con menores costos de recaudación es corolario de tal heterogeneidad y desigualdad. Las escasas pero quizá elocuentes pruebas expuestas en este apartado apuntan en esa dirección. En 1923, a propósito del impuesto predial, se explicaba la relación entre el centro administrativo y el universo fiscal:

> a esto se debe que las cargas fiscales que reporta la propiedad vayan decreciendo en razón directa de las distancias de los predios a los centros administrativos, porque la acción eficaz de éstos va debilitándose también en razón del mejor o peor conocimiento que tiene de la materia imponible.[60]

En diciembre de 1933 se tomó una decisión que deja ver la concentración económica y política. Una reforma a la normatividad del impuesto so-

[58] En 1930, por ejemplo, se estimaba que sólo 1% de la población económicamente activa estaba empleada en la minería y el petróleo. Ese núcleo laboral mostraba una productividad media del trabajo 16 veces mayor que el promedio de la economía en su conjunto. Por ese tipo de indicios, el autor del que se han extraído esos datos recurre al término "enclave" para caracterizar esas ramas. Cárdenas, *La industrialización*, 16-20. Si se quiere, se podría reformular la frase anterior diciendo que se trata de un centro apoyado en enclaves mineros y petroleros. Con el desarrollo del modelo de sustitución de importaciones, Guadalajara y Monterrey remplazaron las áreas donde se realizaban aquellas actividades extractivas. Véase también Díaz Fuentes, *Crisis*, 175.

[59] *Excelsior*, 20 may 1924.

[60] SHCP, *Convención catastral*, 100.

bre la renta amplió la competencia de la junta central calificadora del Distrito Federal a todo el país, pero sólo para los causantes con ingresos mayores a 100 000 pesos, "es decir, de aquellos que influyen de manera determinante en las altas y bajas de la recaudación de este impuesto".[61] Las grandes fortunas y negocios se manejaban desde la capital y puede decirse que de manera creciente esas fortunas y negocios se concentraron en apenas unas cuantas zonas del país.

El auge económico de la Ciudad de México del siglo XX, de hecho una de las prioridades de la política económica del Estado mexicano durante buena parte del siglo XX, resolvió el problema de esta especie de "ley de la distancia fiscal". Era fácil conocer y manejar fiscalmente a la Ciudad de México, pero ese conocimiento gubernamental fallaba en las "zonas alejadas de los centros administrativos".[62] Y en esas zonas predominaban formas de organización social que distaban del modelo liberal nutrido de ciudadanos y consumidores, subyaciente a la formación del Estado nacional y al mercado interno.

A la luz de estos indicios cabe interrogarse si un ingrediente crucial de la política fiscal del periodo considerado aquí fue el fomento gubernamental, claro y abierto, al desarrollo económico de la Ciudad de México. No sólo ventajas comparativas y economías a escala sino una noción explícita de que la base fiscal del Estado debía ser un área de gran riqueza en la que el nuevo sistema tributario funcionara mejor que en ningún otro lado. De nuevo el peso cada vez mayor del Distrito Federal en la distribución de los ingre-

[61] SHCP, *La hacienda*, 37. Esta medida debe tomarse muy en cuenta a la hora de estimar la recaudación del Distrito Federal. No era nada remoto que tal recaudación fuera mayor por este tipo de disposiciones administrativas y no por corresponder realmente al tamaño de la actividad económica y a la eficacia de la recaudación fiscal. Pero la insistencia con que las máximas autoridades hacendarias argüían la baja aportación fiscal de la provincia sugiere que hablar de una captación tan preponderante de la capital del país no es del todo descabellado.

[62] Lo mismo se decía en materia de justicia. Según un estudio publicado en 1901, las largas distancias y las dificultades para establecer una comunicación fluida y constante entre la "civilización" y el resto del territorio, dominado por la "barbarie", eran elementos que explicaban la incidencia delictiva del país. Julio Guerrero, *Génesis del crimen en México: estudio de psiquiatría social* (México, 1901), 74-76, citado en Lopes, "Abigeos", 138. En 1941 el secretario de Gobernación señalaba que en la Ciudad de México se avanzaba a "grandes pasos" en la tarea de hacer realidad "todas las garantías y todos los derechos que se encuentran consignados en nuestras leyes" y que para que se cumplieran íntegramente hasta en la "última de las aldeas, cuyo conjunto compone la colectividad mexicana", se requería el mayor entusiasmo de las autoridades. *El problema*, 11.

sos fiscales es elocuente. Eso significaba que la capital del país fungiría como punto de partida de la nación, una suerte de ciudad-Estado.[63] Dicho de otro modo, el dominio efectivo sobre el territorio nacional y la población entera sólo era posible a partir de la base fiscal local de la sede de los poderes federales. No deja de llamar la atención el hecho de que durante la década de 1910 casi todos los gobiernos y grupos militares que ocuparon la capital del país aumentaran los impuestos en el Distrito Federal: Huerta, la Convención, Obregón y Carranza.[64] Visto a largo plazo esas decisiones tributarias eran herencia decimonónica, cuando el gobierno general sólo contaba con los impuestos territoriales del Distrito Federal. Dicho de otro modo, la práctica hacendaria de buena parte del siglo XX, como lo muestra la significativa recaudación alcanzada en la capital del país, se orientó hacia la consolidación de ese rasgo decimonónico como condición esencial de la edificación de la nación en el siglo XX.[65]

Sin embargo, existía una ruptura con respecto al siglo XIX. Como se verá en el capítulo siguiente, el comercio exterior mantuvo una importancia indiscutible en las rentas federales a lo largo del siglo XIX. Más de la mitad de esas rentas provenían de los derechos de importación y de éstos, al menos hasta 1870, la mayor parte provenían de una sola aduana, Veracruz. Matías Romero señalaba en ese año que la aduana marítima de ese puerto "por sí sola ha rendido casi siempre una cantidad igual o mayor que la producida por todas las demás aduanas de la República".[66] Lo que se leerá en seguida tiene que ver justamente con la ruptura que puede sintetizarse en el cambio de la base fiscal del gobierno general, de Veracruz hacia la capital del país. Al insistir en la necesaria reorientación de la recaudación tributaria para elevar el peso de las rentas interiores y disminuir la dependencia del comercio exterior, los nuevos gobernantes, montados sobre grandes transformaciones económicas y sociales, se esforzaron por lograr que la sede del poder político fuera al mismo tiempo el espacio tributario más significati-

[63] Esta aseveración parece coincidir con el argumento de un estudio reciente sobre la política local de la Ciudad de México: "En el periodo posrevolucionario inmediato, la estabilidad y la dirección ideológica de la política nacional dependieron en no poca medida de la política local, la dinámica administrativa y el desarrollo económico de la ciudad capital". Davis, *El Leviatán urbano*, 45.

[64] Zavala, "Los impuestos", 338, 341.

[65] No sorprende que en otras entidades ricas se tenga la misma impresión, por ejemplo en Nuevo León a fines del año 2000. Se dice que Nuevo León ha sido la "gallina de los huevos de oro que la federación ha maltratado a lo largo de la historia". *La Jornada*, 3 dic 2000, 14.

[66] *Memoria 1870*, 839.

vo del país. Por eso no extraña que más de un observador haya señalado como una de las causas del predominio presidencial en México "el gobierno directo de la región más importante, con mucho, del país, como lo es el Distrito Federal".[67] Ésa sería su carta de negociación frente a los estados y municipios y sobre todo frente a la diversidad de grupos sociales. Viendo las cifras expuestas en este apartado, puede decirse que en ese esfuerzo tuvieron un éxito por demás claro.

[67] Carpizo, *El presidencialismo*, 26.

2

FISCOS Y CAUSANTES, 1910-1950

En 1925 el secretario de Hacienda, Alberto Pani, señalaba que el nuevo régimen político enfrentaba un grave problema fiscal. De hecho era "uno de los mayores obstáculos" para dar paso a un "régimen económico mejor y más de acuerdo con los postulados contemporáneos", lo mismo que para "la creación de la unidad económica nacional cuya existencia es necesaria" y también para la "estabilización y desarrollo de un sistema eficaz para el aprovechamiento de nuestras riquezas naturales". Según este funcionario, los defectos del sistema fiscal originaban tres problemas principales: baja productividad de los impuestos, inequidades fiscales y obstáculos a la producción y circulación de la riqueza.[1] Un experto, Manuel Gómez Morín, iba más allá: el problema de los impuestos era uno de los más delicados de México; no modificar "el sistema que heredamos del porfirismo es incompatible con el propósito revolucionario y hará fracasar o detendrá largo tiempo todo intento puro de transformación en México y aun todo afán de engrandecimiento y de liberación nacionales".[2]

Pero ésta era apenas la percepción gubernamental. Hay que considerar también las posturas de los diversos grupos sociales en este ámbito. En general, la minoría conformada por propietarios, comerciantes e industriales se mostraba renuente al pago de sus contribuciones, recelaba de las innovaciones y buscaba la manera de eludir el pago de impuestos; no dudaban en protestar cuando se sentían oprimidos ni titubeaban a la hora de demandar la ratificación de antiguos privilegios. Para oponerse al pago de obligaciones fiscales, arguyeron entre otras cosas la inmoralidad y la escasa "cultura" de la sociedad mexicana. Por su parte, los sectores medios se quejaban de la inequidad de los impuestos, del carácter regresivo de muchos de ellos, del manejo discrecional de las exenciones, así como de los abusos de los empleados

[1] SHCP, *Primera convención*, 5.

[2] AMGM, Personal, Correspondencia Particular, Daniel Aguilar R. 1922-1934: carta de 22 may 1924 de Gómez Morín a Aguilar.

hacendarios, en particular de los inspectores. Quizá fueron los que menos pudieron zafarse de la obligación fiscal. Otros grupos modificaron sustancialmente su vinculación con el aparato fiscal a causa de la revolución de 1910, por ejemplo aquellos trabajadores rurales que se convirtieron en ejidatarios. Al igual que los más ricos, también se negaron a pagar.

¿De qué finanzas públicas hablaba Pani y qué relación guarda su percepción con las diversas posturas de los grupos sociales con respecto al manejo fiscal? Este segundo capítulo pretende dar una respuesta somera a esa pregunta, destacando los rasgos principales tanto de la hacienda federal como la de los estados y municipios. Asimismo busca identificar las ramas principales de la vida económica y los grupos sociales más directamente involucrados en la vida fiscal. Con ello este capítulo pretende mostrar el peso de las continuidades decimonónicas y las dificultades que enfrentaba el proyecto de modernización tributaria emprendido por la SH.

LA HACIENDA FEDERAL

En 1917 un experto norteamericano contratado por la SH elaboró un diagnóstico sobre las finanzas mexicanas y formuló varias recomendaciones para mejorarlas y aumentar los recursos del erario público. Henry Chandler, de la Universidad de Columbia, llegó a la conclusión de que el sistema hacendario, además de confuso y desorganizado, producía muy pocos ingresos. Buena parte de las actividades productivas estaba al margen de la acción fiscal y la carga tributaria recaía principalmente sobre las "clases trabajadoras", ya que gravaba mucho más al consumo que a la propiedad o la renta. Para combatir esos males, una de sus recomendaciones era la creación del *income tax*, un impuesto sobre ganancias y sueldos.[3]

Chandler no dijo nada que los gobernantes mexicanos no supieran de antemano. Así lo muestra el intento fallido de Rafael Nieto, uno de los secretarios de Hacienda del gobierno carrancista, por establecer un impues-

[3] Chandler, *Estudio*, 9-12; *Análisis*. Sobre la polémica que desató el arribo de Chandler y Edwin Kemmerer a la Ciudad de México en agosto de 1917, véase Uhthoff, *Las finanzas*, 173-176. Por lo visto la contratación de asesores extranjeros era cosa común en diversos países. En 1923 el francés Gaston Jèze realizó estudios sobre las finanzas públicas argentinas. Jèze, *Las finanzas*. En ese mismo año el gobierno ecuatoriano contrató al norteamericano John Hord y en 1926 al mismo Kemmerer, este último con experiencia como asesor en Egipto, India, México, Guatemala, Colombia, Alemania y Chile, entre otros; en 1937 Ecuador recurrió al mexicano Gómez Morín. Rodríguez, *The Search*, 133 y ss, 170.

to a las utilidades en 1918.[4] Pero lo que llama la atención es que el trabajo de la SH en las décadas sucesivas parece seguir de manera puntual los consejos de Chandler. Antes de mostrarlo, veamos algunos detalles de la hacienda federal.

En las primeras décadas del siglo XX la principal fuente de ingresos federales en México tenía que ver con el comercio exterior, en tiempos porfirianos por concepto de importaciones y desde el gobierno carrancista también por exportaciones.[5] La importancia de los impuestos al comercio exterior estaba fuera de duda y de hecho fue uno de los principales rasgos de la hacienda pública a lo largo del siglo XIX y hasta bien entrado el siglo XX. En 1870 por ejemplo Matías Romero señalaba que de los 15 millones que montaban en promedio las rentas federales al año, "ocho o nueve se forman de derechos de importación".[6] En el primer tercio del siglo XX, ese rubro mostraba una ligera tendencia a la baja: en 1906-1907 aportaba cerca de 37% del ingreso federal, mientras que en 1923 producía poco menos de una tercera parte. Sin embargo, la contribución del comercio exterior mantuvo este último nivel durante décadas (véase la gráfica 4).[7] Ello es muestra palpable de la continuidad de la economía pública del país.

El problema con esta fuente de ingreso era su inestabilidad, ya que dependía de fenómenos y acontecimientos internacionales sobre los que no se tenía control. De nuevo este diagnóstico no era nada nuevo: en 1870 Romero insistía en que "mientras los derechos sobre las importaciones asciendan a más de la mitad de las rentas federales, la nación se encuentra en un peligro inminente y constante de sufrir grandes perturbaciones y trastornos".[8] Un buen ejemplo de tales perturbaciones es la experiencia petrolera. Gracias a los impuestos creados entre 1912 y 1921, la explotación petrolera aportó crecientes sumas al erario federal, a tal punto que en 1922 representaba, como hoy día, la tercera parte del ingreso federal.[9] Pero en los años si-

[4] Nieto, *Más allá*, 275; Uhthoff, "¿Cómo resolver el problema económico?", 104.

[5] Cabrera, *La herencia*, 46. Según Cabrera, gravar las exportaciones fue uno de los logros más significativos de la política tributaria de ese gobierno. Agrega que lo hizo "contra el parecer de nuestros economistas de antiguo régimen", para quienes las exportaciones eran sagradas, como ocurría en los "países civilizados": Inglaterra, Estados Unidos, Francia y Alemania. Véase también Zavala, "Los impuestos", 341.

[6] *Memoria 1870*, 1006.

[7] Servín, "Apuntes", cuadro 2.

[8] *Memoria 1870*, 1006.

[9] En 1922 el impuesto petrolero aportó casi 63 millones de pesos. Meyer, *México*, 35. Sobre la importancia del sector exportador en la economía y en las finanzas públicas mexicanas en la década de 1920, véase Cárdenas, *La industrialización*, 18-28.

guientes su peso se redujo como resultado de movimientos en el mercado mundial y de maniobras de las compañías extranjeras. Se repetía así la historia del henequén, cuya aportación fiscal a la facción constitucionalista después de 1915 fue de gran valía en vista de los altos precios de la fibra, provocados por la primera guerra mundial.[10] Experiencias de este tipo llevaban a los gobernantes a buscar alternativas de ingreso que evitaran o al menos redujeran la dependencia respecto al mercado mundial. Es evidente que la depresión de 1929 confirmó la necesidad de reducir esa dependencia del exterior. El interior del país, como se sostenía desde tiempo atrás, era la opción.

El mercado interno era la otra fuente importante de ingresos federales, en especial la industria y el comercio. El avance de la mercantilización de la economía, acicateada por los ferrocarriles, abonó el terreno en este sentido. El impuesto del timbre era el componente fundamental del sistema tributario de estas ramas. En 1906-1907 ese impuesto contribuía con 28% del ingreso federal, pero en 1923 su peso porcentual había disminuido a poco menos de 20% y seguiría disminuyendo en los años sucesivos.[11] Era claro que en esos años la estructura de ingresos se había diversificado. La creación de nuevos impuestos, como el petrolero, comenzaba a marcar la diferencia.

Gracias al empeño de la SH a cargo de Matías Romero, la primera ley del timbre se expidió en diciembre de 1871, aunque entró en vigor hasta 1875. En un principio pretendía sustituir al papel sellado y por ello se limitaba a contratos, documentos contables y, con estampillas propias, al pago de la contribución federal, un gravamen establecido en 1861 del que se hablará extensamente a lo largo del trabajo. Pero más adelante nuevas leyes ampliaron el alcance de este procedimiento fiscal al utilizarse los timbres para gravar la producción y la compraventa. Desde 1880 el impuesto del timbre comenzó a ser aplicado para gravar la venta de un número cada vez mayor de mercancías hasta que en 1893 "casi todos los impuestos interiores se causan en ellas", incluyendo la industria y el comercio de artículos nacionales

[10] Joseph, *Revolución*, 196-198.

[11] Servín, "Apuntes", cuadro 2. El seguimiento estadístico del impuesto del timbre es complicado. Entre la última década porfiriana y la de 1920 hubo cambios en la manera de considerar los impuestos del timbre. Aunque continuaron cobrándose por medio de timbres, es decir, bajo ese mismo rubro legal, algunos impuestos comenzaron a distinguirse y a presentarse por separado, por ejemplo los petroleros, que no existían en la primera década del siglo. Por tal motivo, en la cifra de 1923 se consideran el timbre y el impuesto alcoholero y se deja de lado el impuesto sobre industrias extractivas. Al respecto, véase Sierra y Martínez Vera, *El papel sellado*, 75.

y extranjeros.[12] La ley de la renta federal del timbre de 1906, que estuvo vigente hasta 1931, es la culminación de este esfuerzo decimonónico.[13] Establecía tres clases de estampillas: comunes de la renta general, de la contribución federal y de impuestos especiales, lo que mostraba que en realidad la ley del timbre incluía un conjunto muy numeroso de gravámenes. Así por ejemplo los especiales eran los siguientes: anual sobre minas, oro y plata, hilaza y tejidos de algodón, tabacos labrados, bebidas alcohólicas destiladas, dinamitas y explosivos, patentes de invención, marcas y pesas y medidas. Lo único que los distintos gravámenes tenían en común era que requerían la exhibición de timbres adheridos a los documentos correspondientes. En lo que se refiere a la compraventa, uno de los rubros más importantes, el impuesto consistía en gravar por separado cada operación que excediera de 20 pesos, que pagaba 0.05 pesos por cada 10 pesos o fracción, y globalmente respecto de las operaciones menores de esa suma, gravadas con una tasa de 0.5%. La ley de 1931 mantuvo esta última pero fijó otra de 2% para la compraventa de bebidas alcohólicas. El pago se acreditaba mediante los timbres adheridos a las facturas individuales o globales.[14]

Las sucesivas ampliaciones del impuesto del timbre ocurridas durante el porfiriato deben verse como parte del esfuerzo federal por transformar y modernizar la fiscalidad del país, lo que implicaba reformular las relaciones entre la federación y los estados en ese ámbito.[15] Mediante el impuesto del timbre, que gravaba el consumo general de los habitantes, la federación intentaba imponer su presencia en todo el país, centralizando los impuestos para sustituir el sistema basado en las alcabalas, es decir, los gravámenes aplicados a la circulación de mercancías. Éstos constituían una de las principales entradas de los erarios locales. En 1883 se calculaba una aportación general de poco más de 32%, aunque variaba notoriamente: desde 68% en Puebla a 5% en Chiapas.[16]

Carmagnani señala que la federación fracasó en su intento por establecer una fiscalidad moderna, centralizada y uniforme, acorde con el ideal libe-

[12] Servín, "Nuestra política", 453.

[13] Esta ley, en Sierra y Martínez Vera, *El papel sellado*, 569-696.

[14] Sierra y Martínez Vera, *El papel sellado*, 708; Beteta, *Tres años*, 163-164. Un decreto de marzo de 1927 derogó el impuesto sobre compraventa al por menor. Sin embargo, como el tope de 20 pesos no se modificó, la depreciación de la moneda hizo que buena parte de las ventas al menudeo quedara obligada a cubrir el gravamen. Al respecto, véase Yáñez Ruiz, *El problema*, IV, 62, 66.

[15] Carmagnani, "El liberalismo".

[16] Servín, "Nuestra política", cuadro 7, 456.

ral. Si bien logró extender el impuesto del timbre y extinguir las alcabalas en 1896 e incluso aumentar cada vez más el monto de sus ingresos, no logró que los estados acataran el principio de crear un solo impuesto general al consumo, un impuesto federal por supuesto. Con ello los estados preservaron su propio sistema fiscal. Así, el impuesto del timbre de carácter federal tuvo que coexistir o concurrir con los gravámenes locales, establecidos por los estados.[17] Desde el centro era una fracaso, pero en la perspectiva de las autoridades locales era muestra de la vigencia de los calificativos "libre" y "soberano" que acompañaban el nombre oficial de las entidades federativas. Ya se verá la manera en que esta asignatura pendiente heredada del porfiriato fue enfrentada por las autoridades federales después de 1910.

En torno al impuesto del timbre surgió uno de los principales nudos de conflicto fiscal en México. Por principio de cuentas se mencionaban sus defectos, uno de ellos la complejidad. Al respecto Obregón señalaba en 1924 que la ley del timbre era un "complexo [*sic*] desorden de más de cien tasas".[18] Pero a la complejidad se sumaba otro defecto, quizá más grave. La ley facultaba a la autoridad hacendaria a revisar la documentación de los causantes para comprobar la veracidad de las operaciones reportadas. El control de este procedimiento estaba a cargo del servicio de inspección de la SH, un instrumento burocrático que había ido creciendo a lo largo del porfiriato. En enero de 1917, varios diputados del Constituyente propusieron, sin mayor éxito, la eliminación de este gravamen en lo referente a la compraventa, que era calificado de odioso, alcabalatorio y como la traba más formidable a la libertad de comercio.[19] Eran tales los abusos y corruptelas de este sistema de revisión, todavía vigente en la década de 1940, que un experto señalaba que en las agitaciones políticas de los últimos años del siglo XIX era común encontrar como una de sus principales demandas la derogación de este impuesto.[20]

Al decir de la propia SH, los males se acrecentaban en el caso de ventas al menudeo, cuyo monto se estimaba y recaudaba mediante un sistema de

[17] Carmagnani, "El liberalismo", 490-491. Incluso el artículo 66 de la ley de 1906, referente a ventas al por menor, señalaba que las manifestaciones estatales y federales debían coincidir.

[18] *Los presidentes*, III, 619: informe de 1 sep 1924.

[19] *Congreso Constituyente*, II, 1067-1068.

[20] Beteta, *Tres años*, 164. En 1933 dirigentes empresariales de Jalisco señalaban que el sistema de sanciones contra infractores de las leyes fiscales era "francamente odioso" y estaba encaminado "no a evitar sino a explotar las transgresiones de la ley". SHCP, *Segunda convención*, III, 423.

calificaciones a cargo de las administraciones del timbre. "Estas calificaciones, sin datos objetivos, son una vergonzosa fuente de inmoralidad e injusticias casi incorregibles, ya que la ley misma impulsa al fraude o a la omisión por parte de los causantes y permite la corrupción o la arbitrariedad de los funcionarios".[21]

Uno de los rubros enmarcados en la ley del timbre era la contribución federal, creada por un decreto juarista en 1861.[22] Al momento de nacer el impuesto, la contribución federal quedó incorporada con estampillas propias. El lector debe reparar en la elevación de 1893, que se explica por la transacción alcanzada entre la federación y los estados. La primera accedió a cancelar el gravamen de compraventa a varios artículos —y renunciar con ello a la pretensión de convertirlo en el único impuesto nacional— y a cambio obtuvo de los segundos su anuencia para acabar con las alcabalas y aumentar la contribución federal.[23] Durante el porfiriato, ese gravamen aportaba entre 13% (1878-1879) y 6% (1907-1913) de los ingresos federales. Es claro que se trataba de un rubro de ingresos en franco declive, fenómeno que continuó después de la revolución. Salvo la elevación de 1917, cuando con una tasa de 60% casi alcanzó 18% del total de la recaudación, la tendencia descendente se sostuvo hasta la década de 1940, cuando apenas contribuyó con 2 por ciento.[24]

La estructura de los ingresos federales se basaba en los gravámenes al comercio exterior y en el mercado interno mediante los impuestos al consumo. Esta última era la función del impuesto del timbre. Tal estructura era considerada por las autoridades del nuevo régimen como uno más de los

[21] *Memoria 1923-1925*, I, 331.

[22] El antecedente de este gravamen es el contingente, creado en agosto de 1824 como uno de los componentes del pacto federal. Su objetivo era asegurar un ingreso regular al gobierno general, que resultaba debilitado entre otros factores por la soberanía tributaria otorgada a las entidades federativas. En febrero de 1832 se abandonó la idea de proporcionalidad en la aportación local y se estableció una carga general de 30% sobre las rentas públicas de las entidades. Desde diciembre de 1861 tomó el nombre de contribución federal, como recargo adicional de 25% sobre todo entero que se hiciera en las oficinas recaudadoras de los estados, distritos y territorios federales y municipios. En 1893 la cuota subió a 30%, pero disminuyó a 25% según la ley de 1 de junio de 1906; en 1917 se elevó a 60% pero en 1920 se redujo a 20% y en 1921 volvió al original 25%. En 1929 disminuyó a 20%. Villa Patiño, "La contribución"; SHCP, *Primera convención*, 206-207; Servín, *Las finanzas*, 36-37; Beteta, *Tres años*, 402-403. Un acercamiento reciente a las vicisitudes de este gravamen en el periodo 1824-1861, en Castañeda Zavala, "El *contingente*".

[23] Carmagnani, "El liberalismo", 485-486.

[24] Villa Patiño, "La contribución", cuadro 1.

instrumentos de opresión de la dictadura porfiriana.[25] La riqueza de los terratenientes, las utilidades de los empresarios y los rendimientos del capital, quedaban prácticamente al margen del tesoro público. Los carrancistas fueron especialmente agudos en sus críticas al régimen fiscal porfiriano. Uno de ellos, Antonio Manero, llegó a afirmar que los grandes terratenientes pagaban de ocho a diez veces menos impuestos por sus propiedades de lo que les correspondía y que en esa defraudación al erario estribaba "el verdadero negocio de la gran propiedad, permitiendo su existencia misma".[26]

Hay que comparar argumentos. Para algunos, el del timbre era un impuesto flexible, de bajo costo de recaudación y que además era de gran utilidad para la federación en su lucha contra las alcabalas y en consecuencia para avanzar en la integración del mercado nacional. No en balde se decía que era el impuesto preferido del gobierno, no de los causantes.[27] Uno de sus atributos principales, la flexibilidad, tenía que ver con su capacidad de gravar a los pobres. Como decía un funcionario porfiriano:

> Los pobres forman la gran mayoría y ellos son los que pagan casi la totalidad del impuesto indirecto; ellos carecen de propiedades y de rentas; pero tienen sus dos manos que les aseguran un trabajo, y esto en economía política se llama capital, porque produce, y en el sistema financiero constituye una materia que puede gravarse porque es la fuente principal de la riqueza privada.[28]

Ése era el ideal liberal, generalizar la carga fiscal a la población en su conjunto con un gravamen uniforme, en este caso en la esfera del consumo.

Pero para otros las virtudes se veían empañadas por los defectos. Reco-

[25] Cabrera decía que el sistema fiscal "del general Díaz" podía definirse así: "El único contribuyente era el consumidor, tanto respecto a artículos de producción nacional como respecto de los importados; el timbre y los derechos de importación eran casi las dos únicas fuentes de ingreso. Las contribuciones directas eran aplicadas con gran injusticia para unos y gran favoritismo para otros. Las exenciones de contribuciones eran un sistema proteccionista admitido y aceptado como bueno". Cabrera, *La herencia*, 45. En un discurso de junio de 1926 Pani señalaba que "las tendencias hacendarias del régimen porfiriano eran marcadamente conservadoras y oligárquicas". *Memoria 1923-1925*, I, 119-120.

[26] Manero, *Por el honor*, 120-122.

[27] Servín, "Nuestra política", 450. En 1923-1925 el costo de recaudación del impuesto del timbre variaba entre 2.02 y 2.69% del ingreso, los aduaneros alcanzaban entre 7.26 y 8.25% y el costo general de la recaudación federal variaba entre 4.25 y 4.41%. *Memoria 1923-1925*, I, 41, 59 y 83-84.

[28] En Servín, "Nuestra política", 460-461.

giendo puntos de vista que expresaban estudiosos y autoridades hacendarias de diversos países, el secretario de Hacienda señalaba en 1926 que

> Los impuestos sobre el consumo —principalmente de artículos necesarios para la vida— son los que mejor realizan el desiderátum de la *generalidad* y por efecto de la aplicación de cuotas iguales a todos los causantes —principio de *uniformidad*— resulta que pagan lo mismo al Estado los pobres que consumen, para apenas vivir, todo lo que ganan, y los potentados que atesoran o despilfarran la casi totalidad de sus rentas [...] Como los impuestos en cuestión son de fácil productividad y no se ha tenido más punto de mira [...] que el de la recaudación máxima posible, el gobierno resbaló, al impulso de múltiples necesidades, por las líneas de menor resistencia, hasta llegar a constituir su sistema fiscal, casi exclusivamente —como estaba en 1923— por impuestos indirectos que gravitan sobre el consumo.[29]

Así como el comercio exterior, los impuestos internos al consumo se consideraban igualmente nocivos para el país. Las razones eran distintas. Gravar el consumo se consideraba inequitativo. Además eran impuestos que algunos llamaban "anestésicos", porque el que los paga "no se da cuenta de ello ya que, para él, se confunde el impuesto con el precio que paga por sus consumos".[30] En la mirada hacia el interior del país, las nuevas autoridades de Hacienda buscaron introducir cambios para hacer conciliable la viabilidad económica del Estado con la ideología revolucionaria.

A pesar de las críticas, la estructura fiscal porfiriana (en realidad decimonónica), basada en impuestos al consumo o indirectos y la existencia de dos soberanías tributarias, se conservó en general a lo largo del periodo de estudio. Ello no significa que no haya habido modificaciones, como se verá a lo largo de las siguientes páginas. Por lo pronto hay que mencionar los esfuerzos de los años que siguieron a 1910, que se tradujeron en la creación de nuevos impuestos federales. Los más importantes fueron los petroleros, que nacieron en 1912 con un gravamen a la producción y que en 1918 se ampliaron al uso o posesión de predios para la exploración y explotación petroleras y en 1921 a la exportación. Asimismo el gobierno federal introdujo nuevas cargas tributarias en materia de exportación de metales, electricidad, uso de aguas y tuvo la pretensión de establecer su propio impuesto predial. Además creó impuestos a nuevos rubros, como la gasolina y el de

29 Pani, *La política*, 36-37 (cursivas en el original).

30 Servín, "Apuntes", 3.

la renta en 1925, elevó gravámenes antiguos como el de 10% a los ingresos brutos ferrocarrileros en enero de 1923 o el adicional de 10% para el pago de la deuda en 1924. También recurrió a impuestos extraordinarios, como el del centenario en 1921 (considerado un antecedente del impuesto sobre la renta) y otro más en 1931.

En los años de 1910-1920 tales esfuerzos pueden entenderse como reacción a corto plazo, determinada por urgencias militares y aguda escasez de fondos, pero también como un deslinde de las políticas del régimen porfiriano. Era clara la intención del nuevo régimen de cobrar más impuestos a la sociedad y además de obtenerlos de fuentes más confiables, para depender menos del exterior y aumentar las entradas provenientes de fuentes internas más equitativas y elásticas, a saber, los impuestos directos.

Un aspecto que debe subrayarse es que en el afán por elevar los ingresos fiscales de la federación parecen pesar más las consideraciones generales en torno al papel del Estado respecto a la sociedad y a la economía (la justicia, el deslinde del porfiriato, la necesidad de reconstruir y fomentar la economía), que necesidades presupuestales urgentes, por ejemplo resultados deficitarios en la relación entre ingresos y egresos. En 27 de los 50 años del periodo 1922-1972 hubo déficit presupuestal, pero éste sólo en cinco de esos 27 años alcanzó y/o superó el 1% del PIB. Fueron los siguientes: 1923, 1929, 1944, 1945 y 1948. Las situaciones deficitarias más graves fueron las de 1923, cuando alcanzó casi un tercio de los ingresos federales, y la de 1948, que significó poco más de 22% de esos ingresos.[31] En todo caso, el déficit, por ejemplo el de 1923 y los de la década de 1940, constituía un elemento adicional que pesaba a la hora de tomar decisiones, en el primer caso para crear el *income tax* en 1924, y en el segundo, para emprender la reforma del gobierno alemanista, que incluyó de manera destacada la supresión del impuesto del timbre a la compraventa y su sustitución por el impuesto sobre ingresos mercantiles. Estas aseveraciones deben considerarse como hipótesis que contarán con mejores elementos de fundamentación a la hora de entrar a los detalles de cada coyuntura.[32] Lo que sí es claro es que, por lo menos

[31] Estimaciones elaboradas a partir de Nacional Financiera, *La economía*, 304-305, y Cárdenas, *La política*, cuadro A25. Hay que tomar en cuenta que a veces la inexistencia de déficit obedecía a una drástica reducción del gasto, como ocurrió en 1930-1931. Cárdenas, *La industrialización*, 91.

[32] Una estudiosa establece claramente la relación entre la crisis fiscal de 1923, producida por la caída de los ingresos petroleros y el creciente gasto militar destinado a aplacar la rebelión delahuertista, y el establecimiento del *income tax* en 1924. Véase Collado Herrera, *Empresarios*, 159-163.

en la década de 1920 y los primeros años de la década siguiente, el déficit presupuestal era un rasgo característico de las finanzas de la mayor parte de las entidades federativas.

Las finanzas locales

El experto Chandler hacía un diagnóstico muy similar sobre la situación de las finanzas locales en su conjunto. Sin entrar en detalles, señalaba que en las entidades prevalecía el desorden, la multiplicidad de gravámenes, la confusión de leyes, la baja productividad y las inequidades. Agregaba que las haciendas de los estados dependían en gran medida de unos cuantos impuestos. Los restantes, muy numerosos y mal administrados, resultaban onerosos para el causante y para el propio fisco. Era casi imposible saber cuánto se recaudaba y cuánto costaba la recaudación. En consecuencia, proponía eliminar los pequeños impuestos y aumentar cuotas y mejorar la administración de los dos o tres gravámenes más significativos.[33] Pero los estados no hicieron mucho caso.

Un rasgo contrastante de las haciendas locales respecto a la federal era que contaban con impuestos directos, que gravaban el patrimonio de los individuos. Según Carmagnani, este hecho era resultado de un arreglo político entre la federación y los estados. Desde mediados del siglo XIX se había llegado al acuerdo de que sólo los gobiernos estatales establecerían cargas sobre la riqueza de las oligarquías locales.[34] Como se verá, cuando la federación intentó establecer los impuestos a la propiedad raíz y el de la renta uno de los argumentos de los opositores fue precisamente que aquel acuerdo, expresado como una tradición constitucional mexicana, reservaba los impuestos directos a los estados y los indirectos a la federación.

En el periodo 1900-1925 cerca de 60% de los ingresos estatales provenían de dos rubros tributarios: el predial (urbano y rústico) y los de la industria y el comercio.[35] Un impuesto de gran importancia en el siglo XIX había sido el de capitación, que fijaba cuotas en efectivo a todos los varones entre 16 y 60 años. "No pocos [estados] —decía Pablo Macedo en 1901— conservan todavía el impuesto personal o de capitación, vestigio del anti-

[33] Chandler, *Estudio*, 11, 19.

[34] Carmagnani, "Finanzas", 303-304. Eso no significa que cobrar esa clase de impuestos en los estados fuera tarea fácil. Al respecto, véase Ibarra "Reforma", sobre Jalisco durante 1824-1835.

[35] Servín, *Las finanzas*, 21.

guo tributo de los tiempos precortesianos, que mantuvo en vigor el gobierno colonial". Fue derogado durante la década de 1910.[36]

El impuesto predial nació como una contribución del gobierno general de la república centralista, a mediados de 1836, pero pocos años después fue derogado. En 1857, con la expedición de una ley de clasificación de rentas, se estableció que este impuesto territorial quedaría en manos de los estados.[37] Con los años fue ganando importancia hasta convertirse en uno de los bastiones de las tesorerías locales. Era el impuesto directo por excelencia del siglo XIX, ya que gravaba la riqueza de los propietarios. No obstante los defectos de las calificaciones catastrales y los privilegios otorgados a los terratenientes en algunos lugares, en los últimos años del porfiriato, al parecer como respuesta local a la supresión de las alcabalas, los impuestos a la propiedad rústica y urbana se convirtieron en una de las principales fuentes de ingresos de los estados: entre 1900 y 1911 representaban en promedio 38% del total.[38] Había empero grandes variaciones entre unos estados y otros, lo que a su vez tenía que ver con la situación política de cada uno de ellos. En Tlaxcala las medidas de las décadas de 1890 y 1900 provocaron una amplia oposición de parte de los pequeños propietarios urbanos y rurales. La inequidad o lo regresivo de las tasas podía adoptar modalidades extremas, como ocurría con la ley de hacienda municipal de Chihuahua de 1904, que establecía mayores gravámenes a los pequeños negocios que a los grandes. En San Luis Potosí, como secuela de la labor de las deslindadoras, los integrantes de los condueñazgos de la Huasteca fueron obligados a pagar el impuesto predial, lo que creó fricciones y resentimientos.[39]

[36] Macedo, "La hacienda", 390; Riguzzi, "El difícil camino", 243. Este impuesto merece un estudio concienzudo. En el título tercero de la ley del timbre de 1906 se establecía la exención del pago de la contribución federal a todos aquellos impuestos de capitación que no excedieran la cuota de 25 centavos al mes y que tuvieran como base la edad, el sexo "u otra condición meramente personal de los contribuyentes, y no aquellos gravámenes en que exista cierta proporcionalidad entre su monto y el del capital, la renta, los salarios o en general los bienes o medios de subsistencia de los causantes". Sierra y Martínez Vera, *El papel sellado*, 668.

[37] SHCP, *Segunda convención*, III, 54-56 y 64.

[38] Servín, *Las finanzas*, 16. En Tlaxcala ese impuesto aportaba 34% en 1885 y 28% en 1907. Véase Rendón Garcini, *El prosperato*, 261. En el Estado de México, la aportación había aumentado de 31% en 1892-1893 a 35% en 1901-1902. Véase Riguzzi, "El difícil camino", 238. Sobre el aumento de la aportación del predial rústico en Querétaro después de la supresión de las alcabalas en 1896, véase Gutiérrez Grageda, "Penélope", 187-190, 196. En Yucatán no existía el impuesto predial rural: su creación tuvo que esperar a 1915. Joseph, *Revolución*, 172.

[39] Rendón Garcini, *El prosperato*, 19-40; Almada, *La revolución*, I, 82-83; Falcón, "Los orígenes", 207-208.

Una de las principales dificultades que entrañaba este impuesto era que requería un catastro más o menos preciso y funcional. Ello implicaba un esfuerzo técnico y administrativo que en muchos casos era obstaculizado por la influencia de los terratenientes. En una reunión de especialistas, celebrada a fines de 1923, salieron a la luz varios de esos problemas:

> Que las injusticias fiscales de que muchos propietarios se quejan, en gran parte con razón, así como la evasión de los impuestos prediales que existe actualmente en inmensa escala y los fraudes de que son víctimas los fiscos nacional, de las entidades federativas y de los municipios, tienen por causa principal y directa el vaguísimo conocimiento de los valores y de las condiciones reales de las fincas, sobre todo rústicas y de las alejadas de los centros administrativos, porque no existen, ya no catastros, pero ni simples padrones fidedignos de la propiedad raíz.[40]

Aunque después de la revolución algunos estados modificaron la estructura de este impuesto para gravar más a la gran propiedad, y favorecer así su fraccionamiento, en otros se mantuvo casi sin cambios.[41] En Zacatecas el impuesto predial "se ha mantenido casi inalterado desde principios del siglo, con una tasa muy alta en el rústico pero sin que se hayan modificado los valores catastrales, a pesar del aumento del precio comercial de la propiedad". El resultado fue que el monto del ingreso por este rubro en 1940 fue prácticamente similar al de 1907.[42]

[40] SHCP, *Convención catastral*, 99-100. Un trabajo sugerente que muestra el poder de las oligarquías terratenientes para inhibir la creación del catastro en España en el siglo XIX es el de Pro Ruiz, "El poder de la tierra". Ojalá tuviéramos un trabajo similar para México.

[41] Un panorama de los sistemas de imposición sobre la propiedad raíz existentes en algunas entidades en la década de 1920 se halla en SHCP, *Convención catastral*, 127-128. Ejemplo de modificaciones encaminadas a trasladar la carga fiscal a los grandes propietarios es la ley de ingresos de 1918 del Estado de México. Riguzzi, "El difícil camino", 244; el proyecto similar del gobernador Adalberto Tejeda en Veracruz de 1923, en *Informes Ver*, 5715. Una ley similar era la de Durango, según se ve en la primera referencia de esta nota. Con base en ideas cada vez favorables a introducir el criterio de progresividad en los impuestos directos, en Argentina se reformularon por estos mismos años las cuotas del impuesto territorial para gravar de modo creciente a las propiedades según su extensión. Trevisan, *Reforma*, 131. En España fracasó un intento en esa misma dirección en 1916. Comín Comín, *Hacienda*, II, 912.

[42] De la Peña, *Zacatecas*, 556-557. Tal vez atendiendo la recomendación de este estudioso, en 1945 el gobierno de Zacatecas duplicó el importe del impuesto predial a fincas y terrenos rústicos, que "estaba basado en cálculos admisibles para una época muy anterior", según justificaba el gobernador. AGN-MACA, exp.564.1/1128: carta de 3 abr 1945 del secretario particular del presidente de la república a la Liga de Comunidades Agrarias y Sindicatos

La segunda fuente importante de las haciendas locales eran los gravámenes que pesaban sobre la industria y el comercio, ámbito en el que existía un conjunto de normas relativas a giros mercantiles y derechos de patente. Abrir una tienda o una fábrica obligaba a pagar una cantidad periódica, de acuerdo con las leyes respectivas y de acuerdo con las calificaciones emitidas por organismos *ad hoc.* Según el estudioso ya citado, estas actividades aportaban en promedio 20% de los ingresos estatales en 1900-1911. Muy sensible a los trastornos de la década revolucionaria, este rubro disminuyó hasta 12% de la aportación total entre 1912 y 1925. Sin embargo, entre 1926 y 1942 volvió a recuperarse, hasta alcanzar una aportación media de 22% de los ingresos de los estados.[43] En 1939 una investigación de la SH señalaba que en las entidades federativas existían 74 impuestos y derechos distintos, sin incluir los municipales. En relación con la industria y el comercio se señalaba que los gravámenes eran indirectos "que recaen sobre la gran masa de la población menos capacitada económicamente para soportar cargas fiscales".[44]

Por otro lado, algunos estados también habían imitado a la federación, estableciendo en los hechos un impuesto equivalente al del timbre conocido como "impuestos de compra-venta", que según los diputados constituyentes ya citados, contaba con "su mismo infernal sistema de visitadores e inspectores", que fiscalizaba de una "manera cruel todos los actos de los comerciantes, agricultores o industriales".[45] Esta clase de impuestos era particularmente importante en materia agrícola y ganadera. Varios estados con áreas de cultivos comerciales obtenían fuertes ingresos de esta fuente, como Yucatán del henequén, Sonora del garbanzo y trigo, Nayarit del tabaco y maíz, Tabasco del plátano y así sucesivamente. Pero también había entidades que en los años 1927-1931 no contaban con esos impuestos, como Aguascalientes y el Distrito Norte de Baja California, o los tenían con tasas muy reducidas como Coahuila.[46]

Una situación común en las entidades era la que presentaba Tamaulipas. Un estudio de la SH señalaba que antes de la ley de hacienda de 1931, además de los municipales, los comerciantes e industriales soportaban cuatro

---

Campesinos, en la que se transcribe carta del gobernador zacatecano. La abreviatura AGN-MACA se refiere al Fondo Presidentes, Ramo Manuel Ávila Camacho. Para el resto de las abreviaturas de este ramo, véase la bibliografía.

43 Servín, *Las finanzas*, 16, 29, 44-45 y 76.

44 Gómez Tagle, "La contribución" [1], 19.

45 *Congreso Constituyente*, II, 1067.

46 SHCP, *Segunda convención*, III, 174, 176 y 281-282.

impuestos: el general de patente, el de derecho de patente, la contribución de escuelas y el de 3% de caminos. Para los causantes eso implicaba hacer cuatro pagos y el conocimiento de cuatro leyes distintas. El gobierno local tampoco se veía beneficiado, porque los gastos de control se cuadruplicaban y los rendimientos tampoco eran muy significativos.[47] En otros estados se reconocía la baja carga fiscal existente en este rubro. En 1938 el gobernador de Coahuila señalaba la falta de equidad fiscal prevaleciente y ponía de ejemplo a la industria local. No obstante estar valorada en 30 millones de pesos, sólo aportaba 50 000 pesos anuales al erario.[48]

La situación fiscal variaba según las características de cada entidad. Así, había estados cuyas finanzas mostraban una saludable diversificación ya que obtenían ingresos significativos de la propiedad territorial y de la industria y el comercio. Era el caso de los estados que podrían denominarse ricos por el simple monto de sus ingresos: Veracruz, Jalisco, México, Nuevo León, Guanajuato, Chihuahua, Tamaulipas y Coahuila. En cambio, era notable el contraste con entidades cuyos ingresos dependían de un número más reducido de ramos. El caso paradigmático eran dos de los estados con una situación hacendaria más comprometida, como Yucatán y Campeche. Entre 1927 y 1931 los impuestos sobre la agricultura constituían el 43 y el 48% respectivamente del ingreso total.[49]

En estos años surgió una nueva fuente de ingresos estatales, que muestra el cambio fiscal y político del país: las participaciones en impuestos federales. Aunque en otros capítulos se abundará sobre este componente, por ahora hay que decir que su existencia refleja el esfuerzo federal por acabar con la concurrencia sobre las mismas fuentes tributarias. Estas participaciones comenzaron a aportar cantidades significativas a ciertos estados, en especial a los petroleros como Veracruz desde 1922, y a los mineros a partir de 1926, como Hidalgo, Chihuahua y Sonora. En este último, la participación en el impuesto federal minero alcanzó 13% de los ingresos totales en 1929 y en Chihuahua ese mismo rubro alcanzó 18% en 1934-1935.[50] El principio era que a cambio de extinguir gravámenes locales, el gobierno federal otorgaba determinadas sumas provenientes de la recaudación del impuesto federal sobre la rama.

Un último rasgo destacado de las haciendas locales y municipales en este

[47] Gómez Tagle, "La contribución" [2], 22.

[48] *Informe Coah 1938*, 45-46.

[49] SHCP, *Segunda convención*, III, 179, 236. Sobre la contribución del henequén a la hacienda pública de Yucatán entre 1876 y 1917, véase Zuleta, "Las finanzas públicas".

[50] SHCP, *Segunda convención*, III, 223; *Informe Chih 1935*, 21.

periodo es la restauración de las alcabalas, un fenómeno muy poco atendido por los estudiosos. No obstante su "supresión radical" y su "destrucción para siempre" en 1896,[51] estos impuestos a la circulación de mercancías fueron restablecidos en las primeras décadas del siglo XX tanto por estados como por municipios. A fines de 1915 un decreto carrancista prohibía a los gobernadores la creación de alcabalas.[52] El origen de esta "desviación" no es del todo claro: el desorden revolucionario no sólo debilitó los arreglos hacendarios porfirianos e impuso la necesidad de crear opciones tributarias simples y rendidoras sino que la creciente debilidad de los municipios y gobiernos estatales, provocada entre otras razones por el fortalecimiento del gobierno federal, los obligó a recurrir a esos antiguos gravámenes como forma de compensación. Ya para 1933, según la documentación preparada para la segunda convención fiscal, esta clase de gravámenes había reaparecido en la mayor parte de las entidades federativas. Vincular la persistencia de las alcabalas con el fortalecimiento federal durante el siglo XX es una hipótesis de trabajo que ha sido expuesta en otro lado.[53]

Aunque algunas autoridades se ofendían cuando los causantes denunciaban este tipo de prácticas ante la opinión pública o ante el santón modernizador federal, lo cierto es que se puede hablar de una tendencia clara de reinstauración de estos gravámenes.[54] A tal grado que en 1947 se reconocía que salvo una entidad (Sonora) en el resto existían los impuestos alcabalatorios, con distintos nombres y formas, cuando en 1926 prácticamente ninguno los tenía.[55] Así que el afán modernizador del gobierno federal tuvo que lidiar no sólo con "antigüedades viejas" sino con antigüedades de origen muy reciente. En este sentido cabe destacar que por razones muy distintas, unos por pagar menos impuestos y otros en aras de la modernización, en los hechos sectores empresariales y autoridades federales se unieron en contra de esa práctica de las tesorerías estatales y municipales. No parece coincidencia que en los trabajos de la segunda convención fiscal de 1933 tanto la SH

[51] Limantour, *Apuntes*, 56.

[52] Uhthoff, *Las finanzas*, 129. Sobre esta reinstauración en el Estado de México durante la década de 1910, véase Riguzzi, "El difícil camino", 245-246. Para más detalles, véase el capítulo 11.

[53] Aboites Aguilar, "Alcabalas".

[54] Sobre esos ofendidos, véase SHCP, *Segunda convención*, I, 103.

[55] SHCP, *Tercera convención*, I, 30. La aseveración sobre 1926 puede confrontarse con una solicitud de los comerciantes al presidente Calles de noviembre de 1927 para hacer una "revisión de los impuestos que a continuación se enumeran y que existen en algunos estados de la república, constituyendo verdaderas alcabalas anti-constitucionales". AGN-OC, exp. 802-E-28: resumen de 10 nov 1927.

como la agrupación de comerciantes acompañaran sus ponencias con relaciones o listas de impuestos de esas características.[56]

Por último hay que tratar la hacienda municipal. Es la más compleja de todas primero porque se sabe muy poco de ella (lo que obliga a ser en extremo cuidadoso) y segundo porque se hallaba estrechamente vinculada con el dominio de recursos productivos. Eso hace que esta materia hacendaria se mezcle con la cuestión agraria en un periodo que se caracteriza precisamente por los intentos de modificación de las formas de apropiación de esos recursos, a saber, la desamortización en el siglo XIX y la reforma agraria en el XX. Un punto de partida que refleja bien esa complejidad es que la hacienda municipal de innumerables localidades rurales comenzó a configurarse a partir de disposiciones legales, por ejemplo en el Estado de México en 1824, que transformaron los bienes de comunidad de los pueblos de indios en bienes propios de los ayuntamientos, hecho que fue visto por algunos como despojo y que se convirtió en fuente de conflictos.[57] Un ejemplo es Autlán, Jalisco: en la década de 1870 el ayuntamiento disputaba con los indios de la localidad el derecho a percibir las cantidades que se recibirían por la venta de propios.[58] El traslado de los bienes de los pueblos hacia los ayuntamientos se vio reforzado por la decisión equivalente respecto a los bienes de las cofradías, que también debían pasar a manos del ayuntamiento. Sin embargo, desde la misma década de 1820, las legislaturas y los gobiernos locales, con mayor ímpetu en Jalisco y Michoacán y menor en el Estado de México, impulsaron la desvinculación de los recursos productivos en manos de las corporaciones, ya fueran pueblos o ayuntamientos. La ley Lerdo de 1856, de carácter federal, ratificó y reanimó esos esfuerzos locales previos. En esa misma dirección el fortalecimiento de las instancias superiores de gobierno (jefaturas políticas y gobiernos estatales) se tradujo en una restricción creciente del manejo local de la hacienda pública, mediante la prohibición de crear gravámenes o la limitación en torno al recurso de coacción sobre contribuyentes morosos y sobre todo en relación con los gastos, rubro en el que las autoridades superiores intentaron limitar las persistentes erogaciones en fiestas religiosas.[59]

[56] SHCP, *Segunda convención*, III, 357-398 y 497-509.

[57] Pacheco Chávez, "La hacienda", 250-254; Meyer, "La ley", 195-196; Menegus, "La desamortización", 288-289.

[58] Knowlton, "La individualización", 58-59.

[59] Ciertamente esas presiones no se originaron con la independencia. Así lo muestra el intento de las autoridades coloniales por llevar un control más cuidadoso de las cuentas

Los estudios disponibles muestran que las políticas desamortizadoras tuvieron un avance diferenciado en las distintas entidades federativas; en varios lugares las adjudicaciones y sus conflictos fueron más allá de 1910.[60] En esa tardanza resulta clave la oposición de autoridades municipales y de los mismos vecinos. De cualquier forma, es importante considerar con cuidado las modalidades que asumió el proceso desamortizador en las distintas zonas del país, distinguiendo a la vez entre los terrenos de común repartimiento y los propios, es decir, los antiguos bienes de comunidad. Por ejemplo Menegus, sin entrar en detalles, señala que en general fue más rápida la adjudicación de los propios que la de los terrenos de común repartimiento. Pero en Guadalajara todavía en la década de 1890 el ayuntamiento continuaba vendiendo propiedades llamadas "ejidos".[61] En el Estado de México la pérdida de propios fue compensada, al menos temporalmente, con ingresos derivados de censos o rentas que se establecieron sobre las propiedades que antes formaban parte de ese patrimonio.[62] Pero parece claro que si después de la independencia algunos ayuntamientos se hicieron de bienes, a lo largo del siglo XIX y sobre todo en las últimas décadas se agudizó la presión para que se deshicieran de ellos. No ha faltado quien se refiera a este proceso como la "despatrimonialización" de los municipios.[63]

A pesar de los intentos gubernamentales por desamortizar los propios y adjudicarlos a los arrendatarios, a los vecinos o a los ganadores de las subastas, los ayuntamientos lograron conservar el dominio sobre distintas porciones de esos bienes, ya fueran bosques, edificios, corrientes de agua e incluso tierras de labranza y pastoreo. Y con distintas modalidades y proporciones, los ayuntamientos llegaron al siglo XX contando todavía con propios, cosa que se reconoce al menos en las constituciones de los estados de México y Oaxaca, de 1917 y 1922 respectivamente.[64] Pero entonces se enfrentaron a

de los pueblos mediante la creación en 1766 de la Contaduría General de Propios, Arbitrios y Bienes de Comunidad. Véase Tanck de Estrada, *Pueblos*, 17-31.

[60] Knowlton, "La individualización" y "La división", 124-125; Menegus, "Ocoyoacac", 157; Schenk, "La desamortización", 20.

[61] Menegus, "Ocoyoacac", 153; Knowlton, "La individualización", 39. Sobre venta de terrenos de los propios de la Ciudad de México entre 1800 y 1855, véase Gamboa Ramírez, "Las finanzas", 33.

[62] Miño, "Fiscalidad", 85-86; Salinas Sandoval, *Política*, 64-67.

[63] SHCP, *Tercera convención*, III, 423.

[64] Véase fracción XII del artículo 90 de la constitución del Estado de México. En *Constitución Méx*; y fracción IX del artículo 81 y artículos 107 y 108, de la de Oaxaca. En Pérez Jiménez, *Las constituciones*.

una nueva política agraria también interesada en modificar las formas de apropiación de los recursos productivos y que al igual que la de los desamortizadores se oponía a la injerencia de los ayuntamientos en el control de esos recursos.

La situación hacendaria municipal es aún más complicada porque al fenómeno más bien territorial que acaba de exponerse, en el que deben atender con cuidado las variantes regionales y locales, se sumó la cuestión de los arbitrios. Como parte de una historia que está por hacerse, los ayuntamientos fueron perdiendo los rubros tributarios más significativos. En el Estado de México, incluso desde la década de 1820, perdieron los gravámenes que pesaban sobre el comercio y la producción en beneficio del gobierno estatal.[65] Más adelante, ocurrió cosa similar con el impuesto de capitación, creado en 1793. Entre 1867 y 1885 la tasa del impuesto predial en la Ciudad de México pasó de 2 a 12% del valor, pero la proporción asignada al municipio se mantuvo en 2% de la recaudación. En otros casos una aparente mejoría, como elevar la participación municipal de 28 a 40% en los derechos de portazgo de la Ciudad de México, se veía contrarrestada cuando la superioridad imponía una obligación por el lado de los egresos, en este caso para las obras del desagüe en 1885. Si bien el caso de la Ciudad de México es muy peculiar, por ser sede de los poderes federales, la afirmación de un regidor de ese ayuntamiento en 1885 tal vez exprese el carácter del fenómeno general: "Por condescendencia unas veces, por debilidad otras, los ayuntamientos se han ido dejando quitar una a una sus atribuciones".[66] La culminación de este fenómeno tuvo lugar en 1896, cuando la federación y los estados aprobaron la extinción de las alcabalas, un rubro importante de las haciendas municipales.

Un estudio sobre el periodo 1819-1890 en torno a las finanzas municipales de Puebla muestra la relación entre las dos fuentes de ingresos. Destaca por un lado la decadencia del ingreso proveniente de los propios y por el otro el aumento notable del ingreso originado por el cobro de impuestos (arbitrios) a la circulación de mercancías. Más que considerar la presión sobre los propios, los autores de este estudio argumentan que las autoridades locales mostraron gran interés por elevar la recaudación de arbitrios ante la imposibilidad de aumentar los ingresos derivados de la explotación de ranchos, ojos de agua, canteras, casas, edificios y demás bienes que conforma-

65 Pacheco Chávez, "La hacienda", 257-258; Miño, "Fiscalidad", 88.

66 Los ejemplos de la Ciudad de México, incluida la frase del regidor, en Rodríguez Kuri, *La experiencia olvidada*, 124-126.

ban los propios. En la primera mitad del siglo, 50% del ingreso municipal provenía de los propios, mientras que para 1890 esa aportación se había reducido a 21%. En 1890 en cambio 47% provenía de los arbitrios y, algo novedoso, 20% provenía del ramo de "ajenos", es decir, de participaciones en impuestos estatales y federales.[67]

Del impacto que trajo consigo la extinción de las alcabalas en 1896 en la hacienda municipal realmente no se sabe mucho.[68] Ya fuera que las alcabalas hubieran quedado en manos de los gobiernos estatales y que éstos entregaran una parte a los municipios o que los municipios hubieran conservado ciertas prerrogativas sobre ellas, lo cierto es que la desaparición de estos gravámenes tuvo efectos negativos en las finanzas municipales. Un ejemplo es el del ayuntamiento de la Ciudad de México: los derechos municipales, que "no eran otra cosa que la cuota que pagaban ciertos productos por ingresar a la jurisdicción de la Ciudad de México", significaban 40% del ingreso total entre 1868 y 1896. El ayuntamiento hizo malabarismos para resarcirse de semejante pérdida.[69] Según Guerra, esta decisión porfiriana trastocó la estabilidad fiscal de estados y municipios, ya de por sí afectada por la desamortización, que canceló entradas por la explotación directa o por el arrendamiento de diversos bienes productivos.[70] La reaparición de las alcabalas en el siglo XX no parece haber tenido el suficiente vigor como para compensar este deterioro secular.

No obstante estas pérdidas, la fortaleza de la hacienda municipal hacia 1910 se mostraba en la forma de distribución de las rentas públicas dentro de los estados. Como se vio en el capítulo anterior, en ese año los gobiernos estatales y municipales se repartían casi por igual esas rentas. Pero en el siglo XX los ayuntamientos vieron acrecentada la presión sobre sus dos fuentes de ingresos fiscales, tanto por el lado de los propios (dada la secuela de la nacionalización del territorio y del reparto agrario), como por el de los arbitrios (a través de la centralización tributaria). Ya se vio que el resultado estadístico de este fenómeno hacia 1970 es impresionante.

Al lado de las elecciones libres y la destrucción del latifundismo, una de

[67] Téllez Guerrero y Brito Martínez, "La hacienda municipal". Del trabajo de Gamboa Ramírez, "Las finanzas", 40 y cuadro 1, puede desprenderse una importancia casi similar de propios y arbitrios en la composición de los ingresos del ayuntamiento de la Ciudad de México entre 1820 y 1850. Sobre los discretos ingresos del ayuntamiento de Guadalajara por concepto de ejidos en 1864, véase Knowlton, "La individualización", 37.

[68] Rhi Sausi, "Breve historia", 122-123.

[69] Rodríguez Kuri, *La experiencia olvidada*, 119-121.

[70] Guerra, *México*, I, 307; también Yáñez Ruiz, *El problema*, V, 431.

las demandas principales de los grupos armados era la libertad municipal, que se refería principalmente a la eliminación de las instancias que mediaban entre el ejecutivo estatal y los municipios, es decir, las jefaturas políticas. Pero al lado de este eslabón de la organización política decimonónica, se buscaba eliminar las crecientes trabas que sobre todo durante el porfiriato los gobiernos estatales habían ido creando para controlar la hacienda municipal. Pero sorprende la polémica que causó en las sesiones del Constituyente de 1917 la propuesta de la comisión acerca de la fracción segunda del artículo 115, que se refería a la hacienda municipal: "Los municipios administrarán libremente su hacienda, recaudarán todos los impuestos y contribuirán a los gastos públicos del estado en la porción y término que señale la legislatura".[71] Tal polémica muestra, después de todo, las tensiones existentes entre las ideas favorables a la libertad municipal, muy vinculadas al radicalismo de algunos diputados (por ejemplo Heriberto Jara), y el pragmatismo de otros (como Manuel Cepeda Medrano), que alertaban sobre las limitaciones de los municipios para administrar las finanzas por su cuenta.

Una revisión rápida del comportamiento de los ingresos municipales a nivel nacional muestra su creciente debilidad. Desde 1910 el descenso de su importancia se aprecia tanto en las tasas de crecimiento como en la proporción que guardan respecto a los ingresos federales y sobre todo estatales. Como se verá en los siguientes capítulos, durante el periodo de estudio los municipios vieron reducirse sus ingresos fundamentalmente por dos razones: 1) la continua pérdida de ingresos provenientes de la explotación de los recursos productivos, derivada de la nacionalización del territorio establecida por el artículo 27 de la constitución de 1917 y 2) la pérdida de fuentes fiscales, especialmente en materia de impuestos a la industria, el comercio y la propiedad raíz, debido a la expansión estatal y federal.

Considerando la tensión en el Constituyente de 1917, puede decirse que la evolución de la hacienda pública en la época posrevolucionaria tendió no a minar su libertad formal (nunca se restituyeron las jefaturas políticas, o nunca se eliminó el adverbio "libremente" en el manejo hacendario, por ejemplo), sino a limitar sus ingresos por medio de las legislaturas o por mecanismos de menor rango como las juntas de mejoras materiales. En ese sentido, a final de cuentas, se impondría el pragmatismo, es decir, la continuidad

[71] *Congreso Constituyente*, II, 873, 1211. No hay que olvidar que la redacción final quedó como sigue: "Los municipios administrarán libremente su hacienda, la cual se formará de las contribuciones que señalen las legislaturas de los estados y que, en todo caso, serán las suficientes para atender a sus necesidades". Un resumen de la polémica, en Ochoa Campos, *La reforma*, 361-388.

de la actitud de clara desconfianza de las autoridades superiores en cuanto a la capacidad de los municipios de manejar su hacienda de manera libre. La otra fuente de debilidad fiscal de los municipios fue corolario de la expansión de la nación y del reformismo social en el medio rural, aspecto que se trata en el capítulo 7.

Una dimensión que no debe soslayarse en el análisis de las relaciones entre los distintos gobiernos con capacidad de tributación era la desconfianza, que permeaba el aparato burocrático entero. De entrada la SH desconfiaba de las autoridades estatales y éstas de aquélla y de los municipios. El secretario de Hacienda del largo periodo 1935-1946 señalaba que, por considerar que las tesorerías estatales distaban de ser "modelo de eficiencia en el manejo de los fondos públicos", había evitado organizar nuevas convenciones fiscales.[72] En 1935 la SH se vio obligada a llevar un registro minucioso de los convenios o contratos que suscribían los estados comprometiendo los fondos de las participaciones federales, en vista de que frecuentemente lo hacían con diversas personas.[73] En 1939 un estudio de la SH era más explícito, pues aludía a

> la práctica inmoral de celebrar contratos, otorgar concesiones o arrendar a particulares, el cobro y administración de los impuestos más productivos. Estas operaciones siempre se celebran o con parientes de los principales funcionarios de los gobiernos locales y de los municipios, o con interpósitas personas de estos funcionarios, para legalizar los despojos descarados que hacen del tesoro público de dichas entidades. En esta Secretaría se han conocido múltiples casos de éstos, en los que el estado o municipios, ***para poder cubrir compromisos urgentes e ineludibles***, remata, vende o arrienda sus derechos para cobrar y administrar un impuesto, hasta en la décima parte del producto regular del mismo.[74]

[72] Suárez, *Comentarios*, 104-105; Servín, *Las finanzas*, 73. Este rasgo no era singularidad mexicana. Siguiendo la experiencia de otros países, un francés recomendaba al gobierno argentino que la base del impuesto sobre la renta no debía ser determinada por las autoridades locales, porque "son demasiado sospechosas de parcialidad y sus conocimientos técnicos serían insuficientes. Esto debe corresponder a los agentes del fisco nacional". Jèze, *Las finanzas*, 155.

[73] DO, 4 jul 1935. La oficina de deuda pública de la SH tenía facultades para retener la entrega de esos fondos federales.

[74] Gómez Tagle, "La contribución" [2], 31 (cursivas en el original). No sobra mencionar aquí que el artículo 251 de la ley del timbre de 1906 contemplaba, para el pago de la contribución federal, aquellos casos "en que algún estado o municipio arriende o contrate cualquier de sus contribuciones o impuestos". Véase Sierra y Martínez Vera, *El papel sellado*, 666.

Tres ejemplos ilustran estos modos de las haciendas locales. En 1926 el gobernador de Zacatecas informaba que el congreso local había cancelado el contrato con una compañía explotadora de guayule, firmado por el gobierno del estado en 1921. Con no poca exageración el funcionario decía que tal contrato era uno de los factores que explicaban la bancarrota del erario, ya que eximía a dicha empresa del pago de unos 50 000 pesos al año.[75] En 1932 vecinos de San Cristóbal de las Casas se quejaban del cobro del impuesto de cuatro centavos por kilo de café, al que calificaban de alcabalatorio y por tanto anticonstitucional. Pero lo más grave era que ese impuesto se había otorgado, bajo el sistema de remate, a un español que a su vez era agente de una compañía alemana. Los quejosos agregaban que "como es natural teniendo como tienen que ingresar al erario una cantidad fija y buscar a la vez su participación o utilidad, lógico es suponer los abusos y extorsiones que tienen que establecer para sacar el mayor lucro posible".[76] En 1946 el gobernador del Estado de México Isidro Fabela anunció cambios en la ley de aguardientes y alcoholes a cuyo amparo se había arrendado este ramo a un particular. La supresión de esa concesión y el cobro directo por parte del gobierno había resultado en un aumento notable: de 120 000 pesos al año a poco más de 540 000.[77]

Pero a su vez, los funcionarios estatales desconfiaban de los munícipes en el manejo fiscal. En el Constituyente de 1917, un antiguo tesorero del gobierno coahuilense afirmaba que "los municipios, los ayuntamientos, desgraciadamente, se encuentran integrados, en su mayor parte, de gente ignorante; esta verdad es necesario decirla sin escrúpulos".[78] En San Luis Potosí el go-

[75] *Informe Zac 1926*, 17-18.

[76] AGN-AG, exp. 533.4/26: carta de 14 nov 1932 del subsecretario de Gobernación al gobernador de Chiapas en la que se transcribe la queja de los vecinos. Otro ejemplo: el ramo tributario de alcoholes en Nayarit y Guanajuato fue entregado a una Unión Alcoholera de Occidente S.A; véase este mismo acervo, exp. 533.4/686: extracto de 19 jul 1934.

[77] Marichal *et al.*, *Memorias*, 316. Sobre la cancelación de concesiones a particulares para el cobro de impuestos estatales, véase *Informe Col 1950*, 12.

[78] *Congreso Constituyente*, II, 891: sesión del 24 de enero de 1917. Un siglo antes se decía prácticamente lo mismo, por ejemplo el ilustre Mora o el gobernador del Estado de México Lorenzo de Zavala en 1829. Véase Hale, *El liberalismo*, 90; Miño, "Fiscalidad", 43. Y sobre el "doble cuidado y atención" que necesitaban los indios, "racionales de segunda especie", para evitar el "general desbarato con que manejan los bienes de comunidad" y sobre la necesidad de "contener los excesivos gastos con que se aniquilan las repúblicas de naturales", lo que obligaba a "sujetar" sus fondos "y a que no dispongan de ellos sin justificada necesidad y expresa licencia", según decía el visitador José de Gálvez en 1766, véase Tanck de Estrada, *Pueblos*, 20.

bernador señalaba que la situación de los municipios era peor que la del estado, de por sí grave, lo que se atribuía "principalmente a la lenidad que usan al cobrar sus ingresos y a la falta del espíritu de economía al manejar sus egresos". Pero a pesar de ello, agregaba que se habían suprimido algunas oficinas hacendarias improductivas, "dejando simples cobradores con un tanto por ciento sobre la recaudación para evitar desembolsos dispendiosos".[79] En Veracruz el gobernador Tejeda señalaba que las reformas a la ley de hacienda municipal de 1931 habían tenido que hacerse con base en facultades extraordinarias, "dada la premura de tiempo y la impreparación de las autoridades municipales para llevar a cabo una labor tan compleja", no obstante que entre 1929 y 1930 había procedido a la destitución de 77 ayuntamientos para colocar a personal afín y leal a su política radical.[80] Por su parte, alegando un principio de moralidad, el gobernador de Chihuahua tomó medidas a fines de 1939 para prohibir "terminantemente" a los ayuntamientos la celebración de "contratos con personas o instituciones para la explotación de los rastros u otros servicios públicos cuya administración les está encomendada por la ley".[81]

Las autoridades federales compartían la desconfianza en torno a los municipios. En 1930 un diputado oaxaqueño lo decía tal cual: "Entiendo igualmente compañeros que quizá la desconfianza a las autoridades municipales determinó la creación de estas juntas [de mejoras] [...] O tenemos confianza en las autoridades municipales o no la tenemos, para que cobren ellas la participación respectiva, o ideamos otro método".[82] En 1953 un diputado priísta señalaba que en la vida de los municipios podían apreciarse dos desviaciones: la primera era que habían quedado en manos de la "reacción", es decir, de los comerciantes más "honestos", de los profesionistas más "distinguidos" y de los hombres de mejor condición social. La segunda desviación eran los caciques, hombres que "violan la voluntad popular [y] mediante la violencia física o moral ejercen un dominio sobre los municipios". Y concluía:

> entre caciques al servicio de la reacción, no al servicio de la revolución y entre caciques producto de la reacción no producto de la revolución, y entre pseudodecentes, también al servicio de la reacción mexicana, hemos visto cómo nuestros municipios libres se han apartado de los principios de la revolución

[79] *Informe SLP 1921*, 12-13.
[80] *Informes Ver*, 6169-6170; Ginzberg, "Formación", 685; Terrones, "Veracruz".
[81] *Informe Chih 1940*, 22.
[82] Fragmento del debate de la cámara de diputados de la sesión del 29 de diciembre de 1930, en SHCP, *Memoria 1928-1934*, II, 150.

> y nos encontramos en la necesidad de fijar normas para que el municipio sea auténticamente popular, sea auténticamente democrático y sea auténticamente revolucionario.[83]

Como se verá, esta percepción de los municipios como nido de reaccionarios y caciques tuvo larga vida y dio motivos para fijar normas desde la Ciudad de México con el propósito de combatir a unos y a otros, muchas veces al margen de consideraciones ideológicas y de preceptos legales.

Por su parte, las autoridades municipales no se quedaban atrás en cuanto a la desconfianza, por ejemplo sobre la entrega puntual y precisa de las participaciones estatales y federales. Pero por ahora es importante destacar que cada instancia, desde la cúspide federal hasta la localidad, alimentaba un gran recelo en torno a la moralidad y eficiencia con que se manejaban los dineros públicos. El recelo no era exclusivo de las autoridades gubernamentales. Era puntualmente compartido por los causantes.

La renuencia de los causantes

> Es sentimiento nacional, es conocimiento que está en la calle [...], de todo el mundo, el hecho de que en México nadie paga los impuestos que está obligado a cubrir. Por razones históricas, por mala organización de los impuestos o por lo que ustedes quieran, es un hecho que en México no solamente no se paga [...] sino que las personas que evaden los impuestos se vanaglorian de hacerlo.[84]

La revolución de 1910 alimentó irritaciones, desconfianzas y abusos en la vida fiscal que venían de tiempo atrás. En ello no sólo influyeron las con-

[83] *DDD*, 10 dic 1956, 10.

[84] Beteta, *Tres años*, 277: discurso del secretario de Hacienda del 13 de agosto de 1947 ante los jefes de oficinas federales de Hacienda. Meses después la Confederación de Cámaras Nacionales de Comercio declaraba que "nunca ha sido popular en nuestro país el sistema tributario en uso. Desde tiempo inmemorial el 'deber' de todo ciudadano que se 'respete' ha sido en México burlar al fisco, eludir sus zarpazos, substraerse de su acción voraz, en tanto las autoridades fiscales han tenido la extraña noción de que su deber consistía en extorsionar a los contribuyentes". *El Universal*, 4 ene 1948.

fiscaciones y los préstamos forzosos aplicados por los bandos revolucionarios; también eran frecuentes las noticias sobre saqueos de las arcas públicas por parte de los propios empleados. Presionadas por exigencias militares y escasez presupuestal, durante la década de 1910 las autoridades tomaron decisiones que poco ayudaron a mejorar la confianza en las finanzas públicas. La emisión desordenada de circulante y el establecimiento de nuevos impuestos así como la elevación de las tarifas son ejemplos de ese tipo de medidas. También recurrieron al cobro adelantado de impuestos a las empresas más grandes y sólidas. Como contraparte, descuidaron obligaciones, como pagos a la burocracia y a los acreedores.[85] En algunos casos los gobiernos locales solicitaron préstamos al gobierno federal para sobrellevar la situación verdaderamente crítica.[86]

Expertos norteamericanos señalaban la irritación que provocaban las frecuentes injusticias cometidas por las autoridades hacendarias, sobre todo en relación con las infracciones pequeñas. Por ello sugerían que las autoridades debían mostrar un mayor sentido de justicia y comprensión, porque dar cabal cumplimiento a la legislación fiscal era una tarea en extremo difícil. Ciertamente las vejaciones de los inspectores no propiciaban la cooperación de los causantes. Además, el sistema de otorgar un porcentaje de las infracciones a esos inspectores propiciaba prácticas de corrupción.[87]

Los abusos no sólo ocurrían en el ámbito federal. En los estados el funcionamiento de las juntas calificadoras, que fijaban el monto de los pagos de impuestos como los de patente a comercios e industrias (con rangos de cuotas sumamente amplios), se prestaba a irregularidades, a tal grado que algunos veían con buenos ojos las iniciativas federales encaminadas a lograr una mayor injerencia en el manejo de las haciendas locales, cosa que no desmiente la oposición de otros a esa misma injerencia federal. En la convención catastral de 1923 el delegado chiapaneco se refería a esas irregularidades. Si

[85] Servín, *Las finanzas*, 23-24; Zavala, "Los impuestos".

[86] En su informe de 1921, Obregón señalaba que el gobierno federal había prestado más de seis millones de pesos a estados y municipios. *Los presidentes*, III, 443-444. En FAPEC-FT, PEC, exp.107, leg. 1, inv.1123, f. 12, hay un "Estado que manifiesta los adeudos que tienen con el gobierno federal los diversos gobiernos de los estados, desde el 1 de enero de 1915 hasta el 31 de diciembre de 1925". El adeudo era de 17.5 millones de pesos; los más endeudados eran Sonora con 2.8 y Chihuahua con 2.1 millones. La única entidad acreedora era Hidalgo, con poco más de 120 000 pesos.

[87] Sterrett y Davies, *The Economic and Fiscal Condition*, 41. El artículo 366 de la ley del timbre de 1906 establecía que 50% del ingreso por multas correspondía al erario federal; el restante 50% se repartiría como sigue: 30% al "descubridor" y 20% a la oficina que hiciera efectiva la multa. Véase Sierra y Martínez Vera, *El papel sellado*. 694.

bien señalaba que en los últimos tiempos había una "marcada tendencia" a restar facultades a los estados, lo que parecía ir encaminado a hacer resurgir la república central, reconocía las fallas hacendarias de las entidades federativas. Después de decir que en la provincia "la vida es muy distinta a la de la capital", agregaba que la información fiscal era deficiente, escaseaba el personal capacitado, reinaba el personalismo y las antipatías podían ser un elemento de peso en las calificaciones fiscales. Por eso era necesario que el "poder público de la federación trate de formar un catastro nacional". En esa misma ocasión uno de los delegados de la SH expresó su temor de que los nuevos impuestos pudieran ser manipulados por caciques y por autoridades "ignorantes, veniales" y hasta "indigestas de teorías socialistas y comunistas", pero también por autoridades "codiciosas y arbitrarias", "amables" con los amigos y políticos y "despiadadas" con los enemigos.[88] Las juntas calificadoras eran un elemento clave de este sistema tributario. En el otoño de 1923, cuando la SH pretendía hacer realidad el cobro de un impuesto predial federal, se integró una "junta catastral" en Pánuco, Veracruz. Las compañías petroleras se alarmaron ante esa nueva carga, pero encontraron algo de consuelo cuando conocieron los nombres de los integrantes del organismo tributario. Un directivo empresarial decía al respecto:

> Es, sin embargo, satisfactorio tomar en cuenta que las personas designadas para constituir la Junta Catastral son perfectamente conocidas como gentes de trabajo y de buenos antecedentes en Pánuco, pues tanto don Tomás C. Cruz, como don Demetrio Cortaza y como don Efrén Pazzi, que son los tres que conozco de los cinco, son personas que me parecen perfectamente conscientes, y como son gentes de dinero pueden tomar mayor empeño en que los propietarios no resulten perjudicados.[89]

Un resultado de la renuencia de los causantes eran los rezagos o adeudos que soportaban los gobiernos. Entre 1900 y 1912 los rezagos en la decreciente recaudación del impuesto de capitación en el Estado de México pasaron de 15 a 80% del ingreso total.[90] En 1927 el de San Luis Potosí reportaba ingresos totales por 1 293 504 pesos y adeudos por 1 364 559.

[88] SHCP, *Convención catastral*, 113, 174.

[89] AHP, Expropiaciones, caja 704, exp. 18361: oficio de 6 sep 1923 de M. Flores a H.H. Hallatt. En Oaxaca las cosas eran todavía más favorables a los causantes, ya que desde julio de 1937 hasta diciembre de 1946 la facultad de la calificación fiscal a los comercios quedó en manos de la cámara de comercio local. Véase Medina, *Civilismo*, 105-108.

[90] Riguzzi, "El difícil camino", 242.

Menos grave era la situación en Nuevo León en 1926: los rezagos significaban casi 30% del ingreso total.[91] Según un autor, la desorganización de los años revolucionarios provocó "hábitos morbosos" entre los causantes que buscaban a toda costa eludir el pago, ya sea buscando rebajas o condonaciones, como en San Luis Potosí en 1931, mostrando la inviabilidad de las medidas económicas coactivas, como en Oaxaca en 1933, o bien obligando a gobiernos como el de Jalisco a aceptar el pago en especie (maíz) de adeudos fiscales en 1934.[92] Años después, en la mismísima Ciudad de México se señalaba que en el impuesto del timbre se registraba un adeudo de 24 millones, cuando el nivel de la recaudación anual rondaba los 35.[93]

En la oposición de los causantes a cumplir sus obligaciones fiscales se pueden hallar distintas razones. Las había de principio, por ejemplo en materia petrolera. El esfuerzo gubernamental por cobrar más y más a esa industria, virtualmente exenta durante el porfiriato, se enfrentó a la férrea oposición por parte de las compañías. Al principio, en 1912, no se resistieron considerando el monto mínimo del impuesto, pero cuando en 1918 se creó el impuesto que gravaba la posesión de terrenos bajo exploración y/o explotación y en 1921 se fijó el de exportación, las compañías recurrieron a diversas medidas para evitar el pago. Según un estudioso, lo de menos eran las nuevas exigencias fiscales sino oponerse al artículo 27 constitucional y a la propiedad nacional del petróleo.[94] Las compañías mineras también se opusieron a pagar lo que consideraban obligaciones nuevas e injustificadas. Incluso llegaron a paralizar sus actividades para obligar al gobierno a dar marcha atrás en sus intenciones tributarias y de índole laboral o jurídica. Así ocurrió con la empresa propietaria de las minas de cobre de Cananea. Para enfrentar el alza en los impuestos sobre fundos mineros, importación de petróleo y dinamita y sobre exportaciones de cobre y metales preciosos, suspendió sus actividades en el segundo semestre de 1917.[95] Como es sabido, en esta

[91] *Informe SLP 1927*, 24-25. El rubro de adeudos más importante era el predial rústico, que ascendía a 814 000 pesos; *Informe NL 1926*, 17. En Zacatecas el adeudo fiscal de la propiedad rústica ascendía a 280 000 pesos en 1926, lo que significaba 56% de las entradas totales. *Informe Zac 1926*, 16.

[92] Servín, *Las finanzas*, 33-34. En 1923 el gobernador de Chihuahua decía que era difícil cobrar impuestos después de una década de no hacerlo; además afirmaba que la deshonestidad de funcionarios desanimaba a los contribuyentes. Enríquez, *Manifiesto*, 5.

[93] Beteta, *Tres años*, 195.

[94] Meyer, *México*, 132; Manterola, "Legislación", 3-6.

[95] Sariego, *Enclaves*, 52-54. Por su parte, las compañías petroleras suspendieron los embarques durante dos meses como respuesta al alza de impuestos decretada en junio de 1921 y despidieron a 20 000 obreros. Una vez que el gobierno mexicano aceptó una reduc-

oposición las empresas extranjeras contaron con el respaldo de sus gobiernos, particularmente el norteamericano. Además, estas compañías extranjeras recurrieron con frecuencia al amparo para obtener la protección judicial frente a los actos del ejecutivo.[96]

Otro método era la resistencia pasiva. Un empleado de una compañía petrolera explicaba que durante el periodo preconstitucional la única manera de enfrentar la "avalancha de decretos y disposiciones legales" había sido gestionar su derogación ante el primer jefe del ejército constitucionalista. Como a veces las gestiones no tenían mayor éxito,

> los habitantes de la república mexicana, en un movimiento de defensa instintivo, recurrieron en muchas ocasiones a lo que yo me permitiría denominar un "boycot" del gobierno, en el sentido de pasar absolutamente desapercibidas las disposiciones legales, de modo que nadie cumpliera con ellas, como un acto de resistencia pasiva y de protesta hacia los atropellos que esas disposiciones tenían.[97]

Según este mismo empleado petrolero, la resistencia pasiva, actitud que recomendaba ante el intento de la SH de crear un impuesto a la propiedad rústica y urbana, que se tratará en el próximo capítulo, era el mecanismo más idóneo para "hacer fracasar el propósito del gobierno". Ello era así porque éste no contaba con "elementos bastantes, ni pecuniarios ni materiales, para obligar a cada uno de los causantes renuentes a cumplir con las disposiciones de los decretos correspondientes".[98]

Pero también los causantes más pequeños se negaban a pagar, alegando estrechez económica, crisis y otras desgracias. Dos impuestos federales y otro local pueden servir de ejemplo. En julio de 1917 el gobierno carrancista emitió un decreto para fijar un impuesto sobre uso de aguas federales. La resistencia de los causantes fue tremenda. Ayudados por el profundo desconocimiento que mostraba el personal de las dependencias federales sobre

---

ción de 50 y 60% de dicho impuesto, las actividades fueron reanudadas. Meyer, *México*, 176-177.

[96] En 1919 por ejemplo las compañías petroleras tenían presentadas 80 demandas de amparo. Meyer, *México*, 126.

[97] AHP, Expropiaciones, caja 704, exp. 18361, ff. 64-67: oficio de 12 sep 1924 de M. Flores a H.H. Hallatt, ambos empleados de la compañía La Corona.

[98] Un acercamiento sistemático al fenómeno de la resistencia pasiva de los contribuyentes, en este caso de la Ciudad de México entre 1857 y 1867, se halla en Rhi Sausi Garavito, *Respuesta social*.

el universo de causantes, algunos se negaron a pagar. Para ello recurrieron a una gran variedad de recursos y argumentos. Uno de éstos, como en el caso petrolero, era la no retroactividad, es decir, que las concesiones otorgadas en el periodo porfiriano no podían verse sujetas a un gravamen establecido con posterioridad.[99] En otras ocasiones se esgrimieron daños provocados por el movimiento revolucionario, tales como "las incomparables depredaciones de las fatídicas hordas vandálicas que dirige y capitanea el monstruoso Francisco Villa", según afirmaban unos pequeños agricultores. Quizá el más gráfico sea el de los dueños del ingenio de Atencingo. Con espléndidas fotografías mostraron la destrucción del ingenio provocada por las huestes zapatistas en 1914, lo que era indicio de la imposibilidad de usar el agua para regar los cañaverales de dicha hacienda.[100]

El segundo ejemplo federal es el *income tax*. Así como las empresas extranjeras se opusieron a las nuevas cargas que los gobiernos federal y locales establecían sobre sus negociaciones petroleras y mineras, de la misma manera los empresarios nacionales se resistieron a la innovación tributaria. Como se verá en el capítulo 4, a lo largo del año de 1924 los comerciantes sostuvieron un duro enfrentamiento con el ejecutivo federal a propósito de ese nuevo impuesto. Pero no sólo se le enfrentaron los grandes comerciantes capitalinos. A fines de septiembre hubo desórdenes en Pachuca cuando las autoridades impidieron el embarque de productos hacia la Ciudad de México, entre ellos el pulque, por incumplimiento en el pago del nuevo impuesto sobre sueldos y utilidades.[101] Uno de los argumentos de los opositores era que el nuevo impuesto venía a sumarse a los existentes. Los opositores alegaban que en lugar de sustituir al odioso impuesto del timbre se creaba una nueva obligación, cosa por demás cierta.

Por lo que se refiere al impuesto local sobre la propiedad, es claro que la renuencia de los causantes obligaba a las autoridades a tomar iniciativas para cobrar ese gravamen. Los informes de gobierno son ilustrativos de los esfuerzos por lograr que los causantes se pusieran al corriente en el pago de adeudos. En 1927 el gobernador de San Luis Potosí hacía mención de las constantes solicitudes de "reavalúos" de las calificaciones fiscales de fincas rústicas o urbanas, alegando haber sido hechas con base en "papel moneda" y que por tan-

99 Okada, "El impacto", 121.

100 AHA, Aprovechamientos Superficiales, caja 30, exp. 344, f. 7: solicitud de condonación de impuestos de 24 jul 1920 de la comunidad Los Pelillos, Chihuahua. Algunas de las fotografías del ingenio de Atencingo se reproducen en el *Boletín del Archivo Histórico del Agua*, I:1 (may-ago 1994).

101 *Excelsior*, 26 sep y 6 oct 1924.

to era necesario fijarlas "a base de oro nacional". Pero los reavalúos sólo podían hacerse si el causante estaba al corriente del pago de ese mismo gravamen. El gobernador de Tamaulipas daba detalles de los resultados de la búsqueda de causantes "en ocultación", como decía en su informe de 1940.[102]

Problemas similares había en el cobro de otros impuestos. De nuevo en San Luis Potosí un gobernador hacía referencia a la "sistemática oposición e inconformidad de todos los contribuyentes" en relación con el monto de las cuotas fijadas en el impuesto de patente a los establecimientos mercantiles. En este sentido llama la atención que el congreso de esa entidad hubiera facultado al ejecutivo local a hacer exenciones de manera discrecional hasta por 2 000 pesos.[103] El poder para otorgar privilegios era legal, pero quién sabe si justo.

En otros casos las intenciones gubernamentales por innovar y mejorar la cobranza y en general la administración tributaria se topaban con la geografía escabrosa y con la no menos escabrosa heterogeneidad cultural del país. En 1932 el gobernador veracruzano informaba que en la nueva ley fiscal se había creado un impuesto sobre ventas de productos agrícolas que debían pagar los cosecheros. Pero también decía que se había retornado al viejo sistema que gravaba las operaciones de primera mano en el que los "acopiadores" eran quienes cubrían el impuesto correspondiente. La razón del retorno obedecía a la "poca educación social" de un sinnúmero de causantes que no podían cumplir con los "formulismos hacendarios" y a quienes no se podía "controlar por estar diseminados por todo el estado y algunos en lugares verdaderamente inaccesibles".[104] Por lo visto la acción fiscal prefería

[102] *Informe SLP 1927*, 20; *Informe Tamps 1940*, 18-19. Aquí mismo se detallan los avances: en el año anterior se habían detectado 1 418 de esos causantes "ocultos", lo que se había traducido en un aumento en la recaudación del impuesto predial: de 770 000 pesos en 1936 a poco más de un millón en 1940.

[103] *Informe SLP 1927*, 21; *Informe SLP 1926*, 17. La constitución del estado de Chihuahua de 1921 era todavía más liberal, pues la fracción XXV del artículo 92 facultaba al gobernador a "condonar adeudos por contribuciones, cuando lo considere justo y equitativo". En contraste la de Sinaloa era mucho más cauta: la fracción XXV del artículo 43 facultaba al congreso local, y no al gobernador, a condonar adeudos al estado en cantidades mayores de 500 pesos. Véase *Constitución Chih*, 35, y *Constitución Sin*, 16.

[104] *Informes Ver*, 6171-6172. En el Estado de México se recurrió en 1953 a un sistema mixto para el pago del impuesto local sobre ingresos mercantiles, lo que significaba que mientras unos lo pagarían con base en declaraciones mensuales, otros, los más modestos, lo harían sobre cuotas fijas. Tal decisión había sido tomada "en vista del estado cultural de un sector de causantes y de la falta de comunicaciones en algunas partes del estado". En Marichal *et al.*, *Memorias*, 347.

las grandes concentraciones urbanas y a la población "culta", que era una minoría. Pero incluso en lugares de ese tipo, como el Distrito Federal, la tesorería mostraba grandes deficiencias, al menos a mediados de la década de 1940: falta de padrones de causantes, rezagos por 66 millones de pesos, tres millones de boletas pendientes de cobro o depuración, grandes pérdidas por corrupción y falta de coordinación entre oficinas recuadadoras, son algunos de los aspectos mencionados en un informe especializado.[105]

Otro grupo renuente a pagar impuestos eran los ejidatarios. No obstante sus esfuerzos, los gobiernos locales tuvieron poco éxito a la hora de lograr que ese grupo cumpliera con la obligación ciudadana de pagar el predial. Las malas condiciones económicas eran argüidas de manera reiterada por los ejidatarios para justificar su conducta. Ante eso y ante el apoyo de la federación, algunos gobiernos estatales y municipales no tuvieron otra opción que suprimir deudas e incluso introducir en la legislación tasas diferenciales según el tipo de tenencia de la tierra. Pero estas medidas tuvieron lugar en un clima de gran tensión política. A fines de 1940 el presidente de la república ordenó una investigación acerca de la situación fiscal de los ejidos. El estudio concluyó señalando que "en la mayoría de las entidades federativas no se encuentran los ejidatarios en condiciones de cubrir sus impuestos".[106] En 1959 el gobernador veracruzano, argumentando la "condición humilde del campesinado" pero también su valiosa aportación productiva a la alimentación popular, ordenó reducir a la mitad las calificaciones fiscales de los ejidos que habían manifestado su inconformidad por el adeudo fiscal.[107] Como se verá en el capítulo 7, con este tipo de razonamientos se llegó a lo que sería uno de los componentes esenciales del sistema tributario del siglo XX: la excepción ejidal.

Para algunos, la moral, o mejor dicho la falta de moral, era un factor de gran peso en la vida fiscal, que influía en la falta de cumplimiento de las obligaciones ciudadanas. No eran raras las afirmaciones acerca de que la sociedad mexicana mostraba una escasa moralidad y convicción ciudadanas. Este argumento salió a relucir de distintas maneras en el marco de la amplia oposición que provocó la creación del *income tax* entre algunos sectores empresariales y de la opinión pública durante el año 1924.[108]

El 14 de junio, el diario capitalino *Excelsior* publicó un artículo de Carlos Díaz Dufoo en contra del impuesto alegando que "las contribuciones

105 Alatriste, *Informe*, 11-15.

106 Gómez Tagle, "La contribución" [2], 34.

107 *El Nacional*, 6 feb 1959.

108 Por ejemplo en las "objeciones" de los comerciantes al impuesto sobre sueldos y utilidades", de abril de 1924. Véase *Memoria 1923-1925*, II, 473-474.

son las resultantes de los hábitos, de las costumbres, de la etapa histórica de cada pueblo y aun de sus condiciones geográficas y raciales". Según este autor, tal dimensión era ignorada por algunos gobiernos latinoamericanos que habían establecido el referido impuesto. En términos abstractos, agregaba, ese impuesto "es irreprochable: sus fallas comienzan a sentirse cuando se trata de acomodarlo a la realidad".[109] En igual sentido se pronunciaban los comerciantes laguneros en 1924, cuando de plano llegaron a insinuar que las leyes debían ser acordes al atraso del país y que por ello había que cuidarse de las innovaciones: "Nos empeñamos en tener un derecho estéril y, si cabe la expresión, un derecho muerto, en lugar de vivificar nuestras leyes e impulsar nuestro progreso, adoptando legislaciones más imperfectas, si se quiere, pero que estén más en contacto con la vida real".[110]

El 23 de septiembre de 1924, el mismo diario reproducía una carta de un lector tapatío que afirmaba que la efectividad de ese impuesto dependía "del grado de cultura y moralidad de la sociedad [...] Hay que depender del mayor número para que contribuya voluntariamente, cualidades que nadie podrá afirmar que existen en el pueblo de México".

Años después, en 1929, un ingeniero minero escribía un párrafo que hacía aún más explícito este rasgo de la población del país en ese momento. Al criticar el impuesto sobre la renta, señalaba:

> En países como Estados Unidos, Inglaterra, Chile, etc., donde la mayoría de la población es productora debido al alto nivel económico social y aun étnico, cabe un sistema de tributación en relación con la capacidad productora de sus habitantes, pero en un país como el nuestro, donde la cultura de la mayor parte de ellos es casi nula, dado que sólo un pequeñísimo por ciento puede llamarse culto, donde la ocultación de las utilidades es tan grande a causa del nivel medio moral tan bajo, y donde más del 85% de la población constituye un verdadero lastre que pesa sobre la minoría, querer establecer esta forma de tributación que en otros países es muy científica, aquí es absolutamente injusto desde el punto de vista nacional, porque hace que unos cuantos carguen con el monto social de los impuestos, debido a que muchos nada pagan y otros eluden lo que deberían pagar.[111]

[109] Díaz Dufoo mantuvo esta actitud crítica a pesar de colaborar con la SH, con un sueldo de 33 pesos diarios, en la preparación de la memoria de Hacienda de 1923-1925. Véase SHCP, *Memoria 1927-1928*, 20.

[110] *Boletín Comercial*, 134, 15 ago 1924, 16-18.

[111] G.P. García, *La situación de la industria minera* (México, 1929), citado en Sariego *et al.*, *El Estado*, 73.

Según este profesionista, a lo sumo 15% de la población era culta y era la que en principio estaba en posibilidades reales de pagar impuestos. Pero tal minoría era todavía más pequeña porque algunos de sus integrantes eran inmorales que evadían al fisco. En consecuencia, el impuesto sobre la renta debía desecharse ya que insistía en gravar a la minoría que cargaba sobre sus espaldas por igual a inmorales e incultos. En el diagnóstico sobre la minoría que debía pagar el nuevo impuesto el ejecutivo federal estaba completamente de acuerdo, porque desde la primera ley se excluyó a los causantes de ingresos más bajos. Como decía Obregón en septiembre de 1924: "son muchos millones de personas las que quedan excluidas de los efectos de esta ley (desgraciadamente para ellos)". Según un observador, hábil en la ironía, el propio Obregón sería uno de esos desgraciados.[112] ¿Cómo separar al presidente del empresario?

El diagnóstico era grave. Los poderosos por inmorales y las mayorías por incultas se desentendían de la obligación fiscal, ocultando ingresos y utilidades.[113] Pero por lo pronto ya es un indicio firme que este rasgo de la relación entre la sociedad y el Estado en materia fiscal distaba de haberse resuelto o por lo menos de haber encontrado formas más suaves. En 1921, a cambio de retirar una propuesta tributaria en el ramo cervecero, la Cervecería Cuauhtémoc otorgó al gobernador neoleonés la concesión para distribuir cerveza en el mejor punto de venta: el puerto de Tampico. En 1932 el gobernador del Estado de México, Filiberto Gómez, parecía entender la combinación entre cultura e inmoralidad. Al referirse a la reciente creación de un impuesto sobre ausentismo, señalaba que éste era práctica común y de antaño en naciones de "reconocida cultura" como Francia, Inglaterra y Alemania. Pero la alta cultura se topaba con la oposición generada en torno al nuevo gravamen, que según el gobernador obedecía a la costumbre de "la mayoría de los componentes de las clases acomodadas a aprovechar toda oportunidad para eludir el cumplimiento de sus deberes en materia tributaria".[114] Otro

[112] *Excelsior*, 9 sep 1924. En AGN-OC, exp. 121-H-S-3, se halla el resumen de un mensaje anónimo que criticaba a Obregón diciendo que "imaginemos el desencanto del respetable ex-primer mandatario cuando sepa que no podrá ser tributario de significación" de este impuesto, ya que la ley excluía a los agricultores individuales. "Cuán amargamente se lamentará —continuaba— de no poder ser un tributario de consideración a pesar de que el balance de su empresa le dice que pudo haber sido, después de los petroleros, el primer contribuyente de la república".

[113] Los historiadores españoles han encontrado una sugerente veta de trabajo en el tema de la defraudación fiscal. Véase Comín Comín y Zafra Oteyza (eds.), *El fraude fiscal*.

[114] Saragoza, *The Monterrey Elite*, 127; lo referente al gobernador Gómez, en Marichal *et al.*, *Memorias*, 272.

ejemplo de maniobras de causantes poderosos es el arreglo que alcanzó la compañía hidroeléctrica del río Conchos, en Chihuahua. Con un pago de 100 000 pesos esta empresa anglocanadiense logró saldar un adeudo superior a los cinco millones de pesos con la tesorería local.[115] En 1933 la SH recibió una propuesta que no tardó en ser tildada de inmoral: un poderoso cacique de Tehuacán, el general Tiburcio Cuello, ofreció combatir la fabricación clandestina de bebidas alcohólicas en la zona de Teotitlán del Camino, incluso aportando hombres armados, a cambio de que se le permitiera continuar operando sus dos fábricas. Llama la atención que un funcionario menor, a pesar del calificativo de inmoral, no viera con tan malos ojos la propuesta.[116] En junio de 1941, cetemistas y el Partido de la Revolución Mexicana en Durango publicaron un desplegado atacando la "actitud insolente" de un norteamericano que se negaba a acatar la ley ganadera en su propósito de combatir el abigeato, insinuando que el ganadero participaba en ese ilícito.[117] En 1949, al enfrentar la oposición de la iniciativa privada en torno a la ley sobre utilidades excedentes, el secretario Beteta no dudaba en decir que los ataques a esas leyes provenían de "grupos privilegiados —los de mayor capacidad económica— que no tienen el concepto ciudadano de la obligación de contribuir según su capacidad a los gastos públicos y todo lo esperan del Estado".[118] En San Luis Potosí el gobierno no ocultaba su impotencia en su intento de establecer el *income tax* en el nivel local:

> Desgraciadamente —decía el gobernador Rafael Nieto— la tendencia de los comerciantes para no dejarse fiscalizar sus operaciones, ha constituido una barrera

[115] El arreglo parece más oneroso para la tesorería local si se toma en cuenta que en 1931 el presupuesto de egresos apenas superaba los 4.2 millones de pesos. Véase Almada, "Preliminares", 541; *Informe Chih 1932*, 12.

[116] FAPEC-FT, PEC, exp. 88, leg. 5, inv. 2400, f. 201: carta de 13 nov 1933 del jefe de Hacienda de Tehuacán al oficial mayor. Días después la propuesta fue desechada por el subsecretario Marte R. Gómez y por el secretario Plutarco Elías Calles. En ff. 211-213 de este mismo expediente se halla correspondencia entre Gómez y Calles, de noviembre de 1933, a propósito de las acusaciones contra el gobernador de Colima, Salvador Saucedo, y el jefe de la Zona Militar, Arturo Bernal, acerca de su involucramiento en la producción clandestina de alcohol, en particular en el ingenio de Quesería. "Por la categoría" de los acusados, el subsecretario pedía la autorización de Calles para actuar, cosa a la que éste accedió. En otro lado de este mismo acervo se halla una carta de 14 nov 1931 de Montes de Oca a Calles denunciando la participación de autoridades militares de Ciudad Juárez en el contrabando de cargamentos confiscados de alcohol con destino al vecino país. Véase exp. 1, leg. 5, inv. 3783, f. 248. Sobre el gobernador colimense, véase también Moncada, *¡Cayeron!*, 105-108.

[117] NAUS, 812.512/4097: manifiesto a la nación de junio de 1941.

[118] *Hoy*, 622, 22 ene 1949, 7.

que no ha permitido la implantación del impuesto sobre las ganancias, atribuyéndose también el obstáculo al afán de mantenerse dentro de sistemas económicos imperfectos, aun cuando generalmente sea reconocida su injusticia.[119]

Pero no sólo los poderosos incurrían en componendas. La moral precaria, por así decirlo, era un mal que algunos veían especialmente entre las grandes mayorías del país. En 1928 un exsecretario de Hacienda señalaba que en México durante años se había creído que la principal fuente de la riqueza eran los recursos naturales. Pero esa creencia era errónea porque "por encima de todos los problemas de México está el de la honradez". Se trataba de una cuestión compleja porque "la masa de nuestra población rural nació a la vida moderna bajo el sistema de irresponsabilidad que le creó la legislación de Indias. El indio era doblemente irresponsable por la propiedad comunal y por ser considerado menor de edad". Dirigido contra la reforma agraria, que despojaba al propietario y otorgaba gratuitamente la tierra a alguien que no había sabido ganarla, el argumento de Toribio Esquivel Obregón agregaba que con ese programa el gobierno coronaba "esta obra de destrucción del sentimiento de responsabilidad, es decir, de disminución del valor moral de nuestra población". Y luego señalaba que "a los ojos de nuestros impreparados estadistas", la estrecha relación entre valores morales y valores económicos era demasiado sutil.[120] Si esta interpretación era cierta, los ejidatarios eludían el pago de contribuciones no por pobres sino por deshonestos e irresponsables.

A propósito de la férrea oposición surgida a raíz del establecimiento del *income tax* en 1924, el secretario Pani no se andaba con rodeos y caracterizaba la vida fiscal del país vinculando el grado de civilización con el de la moralidad:

> Posiblemente con la sola excepción de los países que han alcanzado el más alto grado de civilización y moralidad, en el resto de ellos —que es la mayor parte de la humanidad a que pertenecemos— mientras no sea tan civilizado y moral como aquellos países, el fisco tratará de expoliar al causante —el poder se hizo para abusar de él— y el causante de defraudar al fisco.[121]

El argumento sobre minorías y mayorías aparecía de nuevo aunque a escala mundial: al igual que entre los mexicanos, sólo unos cuantos países

[119] *Informe SLP 1922*, 5.
[120] *Esquivel Obregón*, 285-286.
[121] En Córdova, *La ideología*, 354.

podían considerarse realmente civilizados. Lo grave era que a la escasa civilización correspondía una moral equivalente.[122] Pero eso no impedía que se le usara como justificación para tomar decisiones tributarias.

En ocasiones la moral era argumentada por el poder federal para tomar medidas que acababan por perjudicar a un estado. Así ocurrió en Chihuahua en 1921 cuando el presidente Obregón, alarmado por la bonanza de las casas de juego en Ciudad Juárez, presionó al gobierno local para prohibir dicha actividad. El problema era que tal ramo rendía cerca de dos millones de pesos al año, lo que significaba casi otro tanto del ingreso estatal. A cambio de la supresión, que fue acatada, Obregón ofreció aportaciones federales para la "reconstrucción del estado" por 150 000 pesos mensuales.[123]

En suma, se trataba de una fiscalidad conflictiva, llena de inconformidades y tensiones tanto en el aparato estatal como entre los diversos grupos sociales. Era evidente que ese problema debía ser modificado drástica y rápidamente. En ello se jugaba buena parte de la viabilidad de los nuevos gobiernos. Algo de eso se entrevé en la postura de los constituyentes sonorenses que demandaban la supresión del impuesto del timbre en lo referente a la compraventa: si se tomaba esa medida "el comercio florecerá y por ende la industria y la agricultura se acrecentarán y el gobierno se conquistará el amor, la adhesión y la confianza de sus gobernados".[124]

Más fríos, dos expertos norteamericanos sostenían que

> Una mejor administración que reduzca la evasión, que ajuste las tasas que ahora se antojan excesivas y que poco a poco extienda entre los contribuyentes la confianza en la justicia de las leyes fiscales y en la honestidad y capacidad de

[122] Jèze no estaría de acuerdo con esta frase, porque señalaba que la población latina, incluidos los "civilizados" franceses e italianos, no era muy dada a cumplir sus obligaciones fiscales. Los latinos, decía repitiendo a un ministro de Hacienda de Argentina, carecían del respeto fundado sobre la fe religiosa de los ingleses y de la costumbre de la obediencia estricta de los alemanes. Jèze, *Las finanzas*, 94, 155. En esta última página dice que "es sabido que en los países latinos el fraude fiscal no es ordinariamente considerado como una falta cívica grave".

[123] Enríquez, *Manifiesto*, 8. Pero la SH se tardó en cumplir. Todavía en 1925 el gobierno local buscaba hacer efectivas esas ayudas. Incluso contrató al abogado Miguel Collado, con la promesa de pagarle el 10% de lo que lograra cobrar. El profesionista hizo buen negocio porque ese mismo año cobró 150 000 pesos de adeudos federales. Véase *Memoria Chih*, 28.

[124] *Congreso Constituyente*, II, 1067. El diputado Calderón decía que si el jefe Carranza suprimía las gabelas, "todos los pueblos de la república le tributarán un aplauso [y] le levantarán una estatua". Véase página 904.

las autoridades administrativas, contribuirá a mejorar los ingresos sin incrementar la carga sobre los contribuyentes cumplidos.[125]

Las nuevas autoridades gubernamentales encararon esta dimensión de la vida nacional con particular ahínco. De la manera como lo hicieron se hablará en los capítulos siguientes. Tal vez no resolvieron el problema moral, como lo muestra la aguda polémica que desató la aprobación de una ley de defraudación fiscal en 1948 que se tratará en el capítulo 6. Pero lo cierto es que el nuevo Estado, el gobierno federal de manera destacada, logró introducir cambios en el sistema tributario de la hacienda pública y fortalecer con ello su dominio sobre la sociedad.

[125] Sterrett y Davies, *The Economic and Fiscal Condition*, 51.

SEGUNDA PARTE

CRONOLOGÍA FEDERAL, 1922-1949

3

EL PRIMER TRAMO O EL TIEMPO DE FRACASOS, 1922-1926

Esta segunda parte se centra en los esfuerzos federales encaminados a modernizar la hacienda pública, cuyos rasgos más generales se expusieron en los dos capítulos anteriores. Este tramo es el que más se apega a un orden cronológico, confiando en que puede ayudar a dar claridad al trabajo en su conjunto. Se intenta mostrar que en materia hacendaria "modernizar" significaba ante todo federalizar o centralizar los principales rubros impositivos en manos del gobierno nacional con sede en la Ciudad de México. Al mismo tiempo consistía en favorecer la imposición directa sobre la indirecta, fortalecer los mecanismos de fomento económico (industrial) y adecuar la normatividad en torno a los recursos naturales, en especial al petróleo. Esta segunda parte abarca el periodo 1922-1949; se inicia con una circular en materia petrolera y culmina con la federalización de los gravámenes cerveceros. La reconstrucción detallada de los esfuerzos federales así como de las objeciones de las autoridades y grupos locales es útil para entender mejor las razones de la concentración tributaria y la baja carga fiscal.

¿Cómo enfrentaron los vencedores de la revolución de 1910 el problema tributario del país? Esta pregunta lleva a adentrarse en la cuestión de la formación del centro político de la nación, porque en este ámbito resultó por demás clara la vinculación entre modernización y centralismo político. Sin embargo, los planes federales se toparon con diversos obstáculos que dificultaron enormemente la tarea de reformar el sistema tributario. Si las tendencias señaladas en los primeros dos capítulos dan la impresión de que el fortalecimiento de la hacienda federal avanzó velozmente, en gran medida porque era inevitable y hasta natural, a tono con las interpretaciones de algunos funcionarios de la SH, en las siguientes páginas se intentará ofrecer un panorama más complejo mediante el análisis de los fracasos que sufrió la SH entre 1923 y 1926. Un elemento parece suficiente para conectar las conclusiones del capítulo anterior con el contenido de éste: recuérdese que apenas en 1943 se modificó el patrón porfiriano de distribución de la riqueza tributaria entre la federación y los estados. Tal "tardanza" es uno de los indicios de la resistencia que enfrentó la federación.

Este capítulo tiene tres partes. En la primera se revisan algunas consideraciones de las autoridades federales para construir un nuevo sistema fiscal a tono con los tiempos modernos y de acuerdo con el objetivo de alcanzar la preeminencia de la nación, de la federación y del centro político del país con sede en la Ciudad de México. En segundo lugar se expone el fracaso de ese esfuerzo a propósito de la pretensión de la SH de crear un impuesto predial destinado a la formación de un catastro nacional. En el tercer apartado se expone otro fracaso de la federación, relativo a la iniciativa de reformas constitucionales de fines de 1926, que intentaba impulsar una rápida transformación del sistema fiscal del país.

Es importante tener presente el significado de la intentona relativa al predial y al impuesto sobre la renta que se verá en el próximo capítulo. Ambos gravámenes caen en la categoría de impuestos directos y éstos, como se vio, habían quedado reservados a las entidades federativas durante el siglo XIX. Dicho de otro modo, los esfuerzos federales en estos años deben entenderse como parte de un proyecto encaminado a hacerse de una nueva base fiscal, con un sentido territorial mucho más amplio, nacional precisamente, muy acorde al espíritu que se apreciaba en el artículo 27 constitucional, referente a la propiedad originaria de la nación del suelo y del subsuelo. Por consiguiente las posturas y las oposiciones locales no pueden dejar de lado esa dimensión.[1]

CONTRA UN PAÍS FRAGMENTADO, UN CENTRO PODEROSO: IDEAS SOBRE LA NECESIDAD DE UNA NUEVA HACIENDA PÚBLICA

En septiembre de 1922 el gobierno veracruzano, encabezado por Adalberto Tejeda, emitió dos decretos que fijaban impuestos locales a la actividad petrolera. Mostrando que el artículo 27 de la constitución de 1917 no fue entendido de manera automática como la federalización de ese ramo, el congreso local se dispuso a hacer partícipe al estado de Veracruz de la riqueza

[1] El impuesto sobre la renta debió haberse tratado en este capítulo, porque en términos cronológicos su creación se ubica entre la convención catastral de fines de 1923 y la iniciativa de reformas constitucionales de fines de 1926. Sin embargo, la complejidad de la innovación que significa dicho impuesto hizo preferible dedicarle un capítulo por separado, sacrificando el orden cronológico en aras de un mejor equilibrio entre las partes del trabajo.

generada por el petróleo, cuyo volumen de extracción alcanzaba cifras estratosféricas en ese año.[2] Se trataba de un impuesto de 2% a la producción y otro de 5 al millar sobre el valor de las refinerías. Por una comunicación entre empleados de la compañía holandesa La Corona se sabe que directivos de varias compañías telegrafiaron desde Nueva York al presidente Obregón quejándose de las nuevas cargas locales y recordándole el compromiso del secretario de Hacienda De la Huerta acerca de que no se crearían nuevos impuestos durante su administración. Uno de los empleados agregaba que

> En vista de lo anterior y después de varios cambios de impresiones, el señor presidente de la república de acuerdo con el señor secretario de Hacienda, convino en ceder un tanto por ciento de los impuestos que produzca al estado de Veracruz. Convino también en adelantarle, a cuenta de dicha participación, la cantidad de un millón de dólares, cantidad que será facilitada por las compañías al gobierno federal.[3]

Como era de esperarse, a cambio de ese millón de dólares los petroleros exigieron garantías, entre otras que la SH aclarara que el petróleo y sus derivados quedaban al margen de la legislación minera (base utilizada por el congreso veracruzano para fundamentar sus medidas tributarias sobre petróleo) y, algo más importante, que el gobierno federal prohibiera a los estados "de manera terminante legislar sobre petróleo y crear cualquier clase de impuestos sobre la industria petrolera". Los petroleros tuvieron éxito. La SH tomó medidas en diciembre de 1922, que recogían el deseo de los petroleros, es decir, todo trato fiscal quedaría en manos de la federación. Y ésta, ya como cosa interna, decidió mediante una circular conceder 5% del monto del impuesto a los estados productores y a aquellos que contaran con refinerías.[4] Una vez tomada esta decisión, el gobierno veracruzano quedó obligado a suprimir los impuestos en cuestión, cosa que hizo el 25 de enero siguiente. En su informe de mayo de 1923, el gobernador del estado daba indicios de la cuantía de los tributos petroleros: en cuatro meses la participación fe-

[2] Sobre los antecedentes de Tejeda en relación con las compañías petroleras, como representante del gobierno veracruzano en la Huasteca en 1916 y como senador, véase Falcón y García, *La semilla*, 94-99.

[3] AHP, Expropiaciones, caja 706, exp. 18377, ff. 63-64: oficio de 11 dic 1922 de Xavier Icaza a Luis Riba.

[4] La circular en *DO*, 3 ene 1923; véase también Yáñez Ruiz, *El problema*, V, 205-206; Astudillo Mora, *La distribución*, 18.

deral en el impuesto petrolero había arrojado 656 086 pesos al erario local, 14% de los ingresos presupuestados para 1922.[5]

Esta circular marca el nacimiento de uno de los componentes principales de la nueva estructura tributaria del país, a saber, el sistema de participaciones en impuestos federales a los gobiernos locales a cambio de que éstos suprimieran sus gravámenes. Entre este año de 1922 y 1949, cuando culmina la federalización de los impuestos cerveceros, la federación desplegó un conjunto de esfuerzos encaminados a modernizar la hacienda pública del país. Se ha dicho ya que "modernizar" tenía ante todo el significado de centralizar. En el caso petrolero parece claro que la federalización respondió a una exigencia empresarial. Pero ello no siempre fue así, es decir, que la federalización de las fuentes tributarias también obedeció a posturas ideológicas, a problemas específicos y a un pragmatismo de gran complejidad. Por ello conviene ubicar esa circular petrolera en un contexto más amplio: ¿Cuál era el diagnóstico que hacían las autoridades federales sobre la situación tributaria del país y cuáles los objetivos, instrumentos y justificaciones de sus medidas de política fiscal? A continuación se intentará dar respuesta a estas interrogantes, haciendo hincapié en los fracasos federales, que contrastan con la aparente suavidad con que se resolvió el asunto petrolero.

Durante la década de 1920 los nuevos gobernantes elaboraron una visión sobre la situación hacendaria del país que recurría insistentemente a la palabra "anarquía" pero también a la "inequidad". Ambos términos se referían a problemas cuya resolución era ineludible para esos gobernantes. El primero tenía que ver con el viejo propósito de construir un nuevo sistema fiscal que eliminara la concurrencia de soberanías, que se basara en las técnicas más modernas (y científicas) y que estableciera con claridad las reglas de los distintos impuestos así como los derechos y obligaciones de los causantes. Eso era indispensable para conformar el mercado libre, nacional, bastión de una economía sólida y por consecuencia de una nación igualmente poderosa y moderna.[6]

[5] Las garantías exigidas por las compañías petroleras aparecen en un anexo del oficio citado en la nota 3. Los impuestos que debían derogarse se hallaban en los decretos 376, 377, 374 y 375, de 13 sep 1922, así como el 140, de 14 dic 1921, que fijaba cuotas mensuales por derecho de patente a las compañías y refinerías. El anexo también señalaba la manera como la SH debía reintegrar el millón de dólares en un plazo de seis meses. Sobre la derogación de los impuestos locales, AHP, Expropiaciones, caja 706, exp. 18377, ff 49-50: carta de 25 ene 1923 de Xavier Icaza a Luis Riba; se anexa el decreto 117 del congreso veracruzano con tal disposición; f. 39: carta de 8 may 1923 de Icaza a Riba transcribiendo un párrafo del informe del gobernador. Tal párrafo se halla en *Informes Ver*, 5712-5713.

[6] En 1921 Obregón expresaba su preocupación por la falta de una "legislación hacendaria más adecuada a nuestras condiciones, más conforme con los fines del Estado moderno

Por su parte, el término inequidad parecía más vinculado a la crítica del régimen porfiriano. Había que distinguirse del viejo régimen buscando un reparto más equitativo de la carga fiscal entre las diversas clases sociales. Los impuestos al consumo basados en el timbre debían ordenarse y más adelante extinguirse. En lo sucesivo la hacienda pública debía nutrirse de manera preferente de los gravámenes sobre los ingresos de los agentes productivos, mediante el impuesto sobre la renta, cuyo principio de progresividad (y ya no sólo de generalidad y proporcionalidad) era coherente con los ideales revolucionarios: a mayor ingreso, mayor gravamen. Con ello, el fisco podía desempeñar una nueva función, acorde con el reformismo agrario y laboral: contribuir a la redistribución de la riqueza. Así, la adopción del impuesto sobre la renta era considerado como un logro de la revolución de 1910. Incluso no faltaba quien buscara demostrar que después de la revolución al menos en un punto habían ganado los mexicanos: en el nacimiento de ese impuesto.[7] El poder de la ideología era notable: el joven abogado que acabamos de citar no se preguntaba por ejemplo por qué el mismo impuesto había sido adoptado en otros países sin necesidad de una revolución. Tampoco se preguntaba por qué un profesor de economía de la Universidad de Columbia como Seligman escribía en 1910 párrafos tan parecidos a los de Pani y Calles en 1926, como el siguiente:

> Estudiando la situación actual, la demanda a favor de un impuesto sobre la renta toma una fuerza singular; si a esa consideración se agrega que el impuesto sobre la renta, además de contribuir a la destrucción de las desigualdades existentes hará posible una completa reforma de nuestro sistema de impuestos, los argumentos en pro de su adopción toman nuevo vigor y, en fin, si a todo ello se añade que el impuesto sobre la renta está enteramente de acuerdo con las tendencias modernas de todos los Estados civilizados y que ese impuesto evoluciona a la par que la democracia, en los lugares en que existe, tendremos que concluir en que la adopción del impuesto sobre la renta entre nosotros se presenta con caracteres de necesaria.[8]

y que conduzca a lograr el completo equilibrio de los integrantes fiscales de la federación, de los estados y de los municipios". *Los presidentes*, III, 446: informe de 1 sep 1921.

[7] Bustamante, "El impuesto", ii. Se trata de la tesis de licenciatura de este abogado, uno de los mejores cuadros de la SH en el periodo posterior a 1917. Dedicaba su trabajo entre otros a Manuel Gómez Morín y a Daniel Aguilar.

[8] Citado en Bustamante, "El impuesto", 19. La cita proviene de la versión francesa del trabajo del profesor Seligman, *L'impot sur le revenue*; al parecer ésta era más conocida entre estos personajes que la original de 1910 en inglés.

Lo que se consideraba como modernidad, en este caso la naturaleza del *income tax*, y el radicalismo revolucionario, parecían coincidir. El pensamiento fiscal de franceses y norteamericanos caía como anillo al dedo a las nuevas autoridades mexicanas. La crítica a los sistemas basados en impuestos indirectos era sistemática. Seligman en Estados Unidos y Jèze en Francia, entre otros, insistían en que había llegado la hora de los impuestos directos sobre los indirectos y también la hora del criterio de progresividad sobre el de proporcionalidad. "El que paga mil —decía un estudioso argentino haciéndose eco de este pensamiento— no debe [...] en justicia pagar diez veces más que el que paga cien, sino un porcentaje mayor".[9]

El secretario Pani estaba al día en materia fiscal. Así hay que leer los siguientes párrafos:

> la reforma trascendental no es la que tiende a corregir los defectos de mera forma, sino los de fondo, esto es, la que impulsa al ejecutivo a torcer la vieja ruta de los principios basados en el falso postulado de la Escuela Liberal y de la sola mira de obtener recursos, para seguir la que conduzca a una repartición más equitativa de la carga de los impuestos y a usar éstos como instrumentos para intervenir eficazmente en la resolución de altos problemas de índole social o moral.[10]

La distinción entre regímenes políticos tenía su correlato en la dimensión fiscal: "Para un gobierno despótico —decía Pani—, ningún tributo mejor que el indirecto; pero para un gobierno democrático, la contribución directa es un freno de la administración y un educador del pueblo".[11] Sin duda, Pani se tomaba muy en serio la aseveración de Seligman, quien afirmaba en diciembre de 1917 que "México se ha colocado ahora definitivamente en la lista de las democracias, y no puede permanecer sordo a las enseñanzas de la justicia democrática". Si Pani y otros anhelaban la modernización mexicana, otra aseveración de Seligman les debió haber calado hondo: "México peca mucho en ese sentido al retener tantas reliquias del viejo régimen. La reforma de los derechos indirectos sobre los artículos de consumo es lo que más se necesita".[12]

Sobre el comportamiento hacendario federal entre 1923 y 1925 el secretario Pani comentaba:

[9] Trevisan, *Reforma*, 35.
[10] *Memoria 1923-1925*, I, 335.
[11] *Memoria 1923-1925*, I, 142.
[12] Véase el prefacio de Edwin R.A. Seligman a Chandler, *Estudio*.

> Se observa la tendencia en el sentido de reducir la importancia proporcional de las contribuciones indirectas y de los impuestos sobre el comercio exterior, y en cambio el aumento proporcional de las contribuciones directas y de los impuestos sobre operaciones interiores. Esta transformación se debe, principalmente, al establecimiento del impuesto sobre la renta y a las modificaciones que se han introducido a la legislación fiscal. Los ingresos federales han adolecido siempre del grave defecto de estar basados, en gran parte, sobre las contribuciones indirectas, principalmente los de importación, que son muy sensibles a los cambios de las condiciones generales del país, y que son de naturaleza poco democrática, pues gravan más al pobre que al rico. Sin embargo, esta tendencia va poco a poco desapareciendo, y siendo substituida por una condición de equilibrio.[13]

Empecemos con la anarquía. En realidad, la anarquía era resultado de un problema más grave: la fragmentación del país. Un párrafo suscrito entre otros por Manuel Gómez Morín es elocuente en torno a la visión del país que construían estos personajes:

> La comisión se ha preocupado especialmente por no olvidar que la república entera es una unidad económica y que como tal debe ser considerada para el beneficio no sólo de los estados y municipios, sino para beneficio de toda la nación. Considerar a la república, como hasta ahora ha sucedido en la práctica, como un conjunto de naciones accidentalmente unidas y sin un estrecho vínculo que las presente como entidad única en el mundo entero, es condenar a México a seguir viviendo sobre la base de una riqueza inexplotada de fábula y sobre la realidad de una aterradora miseria. No sólo es proteccionista la república frente al exterior, sino que con la organización actual, cada estado es proteccionista frente a los otros estados y la república entera. Es imposible organizar un plan de desarrollo de la economía nacional, de explotación técnica de nuestros recursos naturales, de afirmación del crédito, de fácil y rápida circulación de los bienes y de una distribución equitativa de ellos, mientras subsista en la ideología y en la práctica la absurda desvinculación fiscal que hasta hoy ha reinado en México.[14]

[13] *Memoria 1923-1925*, I, 82-83.

[14] SHCP, *Primera convención*, 215-216. Compárese con un párrafo de 40 años atrás, escrito por los delegados Dublán, Aristi y Goycochea en la reunión sobre alcabalas, celebrada en octubre de 1883: "No puede consentirse por más tiempo que la división política convierta la inmensa extensión del territorio nacional en una especie de ajedrez en que cada unidad política sea una casilla que por su sistema de hacienda y sus variadas y numerosas medidas

Esta percepción de un país y un mercado fragmentados obligaba a buscar a toda costa la unidad nacional. En esto no había novedad con respecto a los múltiples señalamientos decimonónicos sino una clara continuidad del problema que el régimen porfiriano no había podido resolver, a saber, la subsistencia de ámbitos tributarios distintos, el federal y el estatal. Las autoridades del nuevo régimen argumentaron una y otra vez que la única instancia política que podía garantizar la unidad nacional plena era la federación.

La otra vertiente es la inequidad. El sistema fiscal vigente tendía a gravar más a las grandes mayorías del país. Eso era incompatible con el nuevo régimen y su atributo revolucionario. Las nuevas autoridades criticaban con severidad al sistema impositivo porfiriano, que era calificado de "marcadamente capitalista", ya que seguía muy de cerca la "escuela liberal". Tal escuela tenía como principios la generalidad y la uniformidad, lo que llevaba a gravar a todos sin excepción y a aplicar las mismas tasas. Pani señalaba que

> La base de nuestro sistema fiscal es el impuesto indirecto sobre consumos que, cuando no se corrige con otros impuestos, es considerado como un impuesto desproporcionado y poco técnico por las más fundadas doctrinas modernas, resulta en todas partes inversamente proporcional a la capacidad económica del contribuyente, y en México, por la situación peculiar del país, es absolutamente injustificado y perjudicial. El impuesto indirecto sobre consumos grava sobre todo, y especialmente en países como el nuestro, el consumo de los artículos más comunes y necesarios para la vida, recayendo en consecuencia sobre el contribuyente, no en proporción de su capacidad económica, sino en proporción del consumo, que es sensiblemente igual para el causante de gran capacidad económica y para el causante que ocupa una situación económica inferior.[15]

No es de extrañar la crecida suma que representaba esta clase de impuestos en el ingreso federal: más de 90% en 1923 (véase el cuadro 2). Luego de

---

fiscales esté cerrada a las comarcas vecinas e impida la libre corriente mercantil; que sea bastante el paso de un río, de una montaña o de cualquier línea imaginaria para que aun dentro de una misma unidad política el tráfico interior se encuentre con nuevo suelo, con otros derechos, y otras leyes y otras pesquisas, y otras formalidades que detienen la circulación y hacen imposible todo cálculo mercantil". En SHCP, *Tercera convención*, I, 26.

[15] SHCP, *Primera convención*, 5-6. Sobre Argentina, Jèze decía: "Los impuestos cargan pesadamente sobre las clases más pobres de la nación. Como los impuestos al consumo constituyen la partida esencial del régimen fiscal argentino, queda desconocido el principio constitucional fundamental de la igualdad de los ciudadanos ante las cargas públicas. Favorece a las clases más ricas y abruma a las clases poco afortunadas". Jèze, *Las finanzas*, 81.

dar esa cifra Obregón agregaba que era "el impuesto favorito de las clases acomodadas por ser la cuota regresiva en proporción a la renta".[16]

Acorde con estas ideas, la SH proponía reorganizar el sistema fiscal para producir el rendimiento máximo compatible con la potencialidad económica y distribuir de modo equitativo la carga de los impuestos entre la población.[17] Pero el nuevo Estado sería mucho más eficaz en el combate a la anarquía que a la inequidad.

Combatir la fragmentación del país y las desigualdades sociales llevaba a la necesidad de emprender un conjunto de reformas de acuerdo con las nuevas condiciones del país. En esa medida la decisión de centralizar no sólo era de carácter ideológico-político sino también resultado de una forma de percibir el desarrollo de la economía. A los ojos de estos hombres, el movimiento hacia la concentración económica imponía la concentración del poder político. En pocos textos puede hallarse tan nítidamente expuesta la relación entre el cambio económico y la centralización política como en la iniciativa de reforma constitucional de diciembre de 1926 del presidente Calles. Más adelante se describirán detalles de esa iniciativa.

Los argumentos en torno a la nación tenían como traducción práctica el fortalecimiento de la instancia gubernamental que monopolizaba su representación, es decir, el gobierno federal. De allí el cuidado con que se elaboraba la identificación de los intereses locales como simples partes del todo. Según esa perspectiva, la nación era el desenlace natural de la evolución de las sociedades modernas y México no podía ser la excepción. Más concretamente, y con base en las argumentaciones de Ortega y Gasset a propósito de la discusión de las autonomías regionales en las cortes constituyentes de la Tercera República española en 1931, se señalaba que

> la evolución general de la humanidad a la que en muchos aspectos responde el nacimiento y desarrollo de los estados federales, va creando continuamente nuevos intereses, nuevos propósitos y nuevos fines de interés general que en fuerza de serlo deben ser realizados por la federación, la que por ello debe ser investida de las facultades y atribuciones correspondientes [...] La historia del federalismo ha representado siempre una corriente de concentración y es en ese sentido un movimiento de relativa desautonomía.[18]

[16] *Los presidentes*, III, 620: informe de 1 de septiembre de 1924.

[17] Pani, *La política*, 9-10.

[18] SHCP, *Tercera convención*, I, 33-34: discurso del subsecretario de Hacienda, Bustamante. La frase que sigue a los corchetes fue extraída textualmente del discurso del ilustre pensador español. Véase Ortega y Gasset, *Obras*, XI, 394. Lo que no decía el funcionario me-

La unión nacional y en consecuencia el fortalecimiento del gobierno federal era condición de progreso en la marcha de la historia mexicana. En 1947 la SH sostenía que

> Si federar es unir, no debemos pensar que somos desleales uniendo o fomentando la unión. Si la federación implica la formación de un Estado Nacional, es volver atrás en la historia desunir o debilitar una unidad nacional que marcha en proceso ascendente de consolidación.[19]

Inspirados en innovaciones europeas y norteamericanas en cuanto a la técnica fiscal, los gobernantes mexicanos se dieron a la tarea de reorganizar el sistema hacendario argumentando en todo momento el supremo interés de la nación. Éste debía predominar sobre los intereses locales, tanto de los estados como de los municipios, y eso lo hacía una instancia política superior y más sólida. Como alguna vez lo señaló Lázaro Cárdenas, al insistir en torno al necesario carácter federal del impuesto sobre la renta, los intereses del gobierno nacional "son preferentes a los locales".[20]

Con esta clase argumentos el gobierno federal nutría su posición como principal motor de la modernización, entendida de dos maneras o con dos contenidos, uno de ruptura y otro de continuidad. Por un lado, como componente del nuevo régimen político en contraste con el viejo, el porfiriano, y por otro de continuidad, como condición para el progreso económico y la civilización, dimensión en la que había plena identificación con el porfiriato y en general con las ideas de los grupos gobernantes del siglo XIX.

Por ello, al hacer esta distinción resulta evidente que las críticas de estos hombres al porfiriato se referían en todo caso a la inequidad, no a la anarquía. En esta última materia, un análisis más detenido lleva a constatar que personajes como Calles, Pani, Cárdenas, Suárez, Alemán y Beteta tenían más coincidencias que discrepancias con los porfirianos e incluso con las propuestas de Matías Romero de 1870. El verdadero mal no era el porfiriato sino algo mucho más serio porque perduraba, a saber, la organización federal.

En realidad la anarquía fiscal no era responsabilidad del régimen porfiriano. Al contrario, Calles reconocía que ese gobierno había introducido algunas reformas "con el fin de remediar los más patentes vicios del sistema existente", por ejemplo en torno a las alcabalas. Desde esa perspectiva, se

---

xicano es que Ortega agregaba que "yo considero la organización federal como arcaica y perturbadora de los nuevos destinos españoles".

19 SHCP, *Tercera convención*, I, 36.

20 En Yáñez Ruiz, *El problema*, V, 230.

llegaba a la conclusión de que el régimen porfiriano no había sido tan negativo y que en consecuencia había que seguir sus mismas directrices para conformar una nación sólida. El problema de fondo era más delicado: "México —se leía en la iniciativa de Calles mencionada antes— ha vivido siempre, a partir de la Independencia, en medio de la desorganización creada por la concurrencia fiscal".[21] Según Pani, el Constituyente de 1857, siguiendo el modelo constitucional norteamericano, había establecido "el principio de autonomía de las entidades políticas que la forman, para crear sus propios regímenes de impuestos". Adjudicó al gobierno federal ciertos gravámenes pero permitió que "los poderes de la Unión y los poderes de los estados concurrieran sobre los mismos valores para el establecimiento de sus tributos". Así se configuraba la modalidad mexicana del problema de la concurrencia, un aspecto muy debatido entre los estudiosos de la cuestión fiscal en los países con organización federal.[22] Lo más grave, según este funcionario, era que la constitución de 1917 no había modificado este panorama, pues "ni siquiera" había precisado las jurisdicciones fiscales de cada una de las instancias gubernamentales con capacidad tributaria.[23] El resultado era la falta de planeación, coordinación y armonía en materia fiscal, por las "interferencias entre dichos sistemas, las invasiones injustificadas, las acumulaciones sin proporción, la irregularidad de los gravámenes, en una palabra, la anarquía fiscal".[24] Esto se traducía en una "extraordinaria complicación" del régimen fiscal, ya que sus cuotas, bases de imposición, reglamentaciones y las formas y épocas de pago se multiplicaban hasta crear un estado de confusión e incoherencia en la materia. En 1933, refiriéndose a los impuestos sobre comercio e industria, un diario gubernamental recogía esta clase de opiniones cuando señalaba en un editorial que "de las supervivencias coloniales, la materia fiscal, en muchos de sus aspectos, ha sido la más resistente a las innovaciones, favorecida por la soberanía de los estados".[25]

[21] En Pani, *La política*, 676-677.

[22] En Argentina se decía prácticamente lo mismo: el desorden fiscal "se ha agravado entre nosotros por las características del sistema federal [...] No habiendo un plan armónico y de conjunto, ocurre en determinadas ocasiones que algunas de esas entidades de gobierno invaden, para aplicar el impuesto, la jurisdicción de las demás, o lo que es peor, se superponen para la aplicación del mismo impuesto". Trevisan, *Reforma*, 38, y *Los impuestos*, 51-57.

[23] Un cambio que ayudó a aclarar el deslinde de atribuciones tributarias fue que la constitución de 1917, a diferencia de la de 1857, agregó la prohibición a los estados de emitir estampillas, reservándose así la federación el impuesto del timbre. Pero en este aspecto no se hizo otra cosa que retomar la reforma porfiriana del 26 de abril de 1896. Tena Ramírez, *Leyes*, 625, 711.

[24] Pani, *La política*, 40.

[25] *El Nacional*, 11 mar 1933.

No es casualidad que la postura de las autoridades posrevolucionarias en torno a la necesidad de construir un gobierno federal poderoso, basado entre otras cosas en una hacienda pública ordenada y solvente, llevara a percibir el siglo XIX de una manera muy similar a la de los críticos del federalismo de ese mismo siglo. En 1936 Lázaro Cárdenas tenía

> la creencia firme de que ha llegado el momento de que, sin destruir las facultades emanadas de la soberanía local para la organización financiera de los Estados, se modifiquen las bases de libre imposición, adoptados por copia inadaptable a México, de la Constitución Norteamericana porque si en los Estados Unidos de América era una realidad la existencia de entidades plenamente autónomas, con vida independiente y propia, y el problema que se ofrecía al crearse la Federación era el de hacer viable una Unión que se creía débil, en nuestro país, al contrario, en los días siguientes a la desaparición del Imperio de Iturbide el problema que debió plantearse y que ha sido el origen de muchas tragedias de la historia mexicana, fue el de inyectar vitalidad a las descentralizaciones estatales del territorio patrio, que adquirían soberanía e independencia interior después de un rudo centralismo colonial prolongado por cerca de tres siglos.[26]

El corolario era evidente: para evitar las "muchas tragedias" nada como lo opuesto a las llamadas descentralizaciones estatales, es decir, un centro fuerte como condición indispensable para formar la nación, muy a tono con lo que sostenían individuos como Lucas Alamán noventa años atrás. Cuando pasaba revista a lo que él juzgaba como inconvenientes del sistema federal, Alamán señalaba que "con 'estados libres, soberanos e independientes' no puede haber hacienda, ni ejército, y en suma, ni nación". Agregaba que "las autoridades generales [carecen] de medios para hacerse obedecer [...] habiendo las locales usurpado un poder absoluto".[27]

> Lo que es más grave aún —razonaba años después el presidente Cárdenas—, de estado a estado la legislación hacendaria varía, provocándose lamentablemente verdaderas guerras económicas entre uno y otro, destructoras del desarrollo de la nación, en vez de legislarse con la unidad de criterio que requiere el desenvolvimiento integral de la república.[28]

[26] En Yáñez Ruiz, *El problema*, V, 229.

[27] Alamán, *Historia*, V, 884.

[28] En Yáñez Ruiz, *El problema*, V, 228. Alamán decía que "por consecuencia de la facultad que los estados tienen de arreglar su hacienda, no hay sistema alguno general de ésta,

El combate a la anarquía fiscal permite fundamentar la noción de continuidad y coherencia entre el esfuerzo gubernamental decimonónico y porfiriano y el del periodo posterior a la revolución de 1910 que es el que interesa aquí, en el que además aparecían unidos por igual Carranza, Obregón, Calles, Cárdenas y más adelante Alemán y Ruiz Cortines.[29] El gobierno central fuerte, y lo fiscal como ingrediente fundamental de esa centralidad y de esa fortaleza, aparecía entonces como un proyecto de largo alcance que era impermeable a los conflictos y rupturas entre grupos y facciones políticas. Era un verdadero proyecto de Estado de largo plazo, inspirado en el interés nacional y éste nutrido del pensamiento europeo y norteamericano más reciente pero también de la herencia de la revolución de 1910.

A la anarquía, dispersión, heterogeneidad, complejidad, fragmentación, debían oponerse el orden, la unidad, uniformidad, simplificación, homogeneidad. Según el pensamiento de estos funcionarios públicos, ese esfuerzo, como ocurriría años después en ámbitos como el educativo, laboral e hidráulico, sólo podía estar a cargo de la federación, porque era la única instancia que miraba el conjunto y no sólo una de las partes. De acuerdo con el sentido de la argumentación federal, las partes no debían oponerse ni temer a esa instancia porque incluía de mejor manera sus intereses. Los profundos cambios en la economía hacían imprescindible a la nación y a un gobierno que la representara con todo vigor. El proteccionismo local era antagónico con esas ideas porque, como se vio antes, se oponía a lo que se consideraba una evolución natural e inevitable de las sociedades occidentales, cuyo sustento era el mercado libre.[30] Que luego el gobierno federal recurriera al proteccionismo para fomentar la industria nacional frente a la competencia extranjera era harina de otro costal y no desdecía para nada su esfuerzo contra los proteccionismos locales.

y los diversos y muchas veces opuestos principios adoptados en cada uno, son un obstáculo para que pueda haberlo". Véase *Historia*, V, 886.

[29] A esta lista habría que sumar el nombre de José Vasconcelos, cuyo plan de gobierno de 1929 repetía la necesidad de ordenar la hacienda pública, fijar la competencia fiscal de la federación, los estados y los municipios para desembocar en un sistema fiscal armónico y uniforme en la república, y evitar con ello la ruptura de la "unidad económica de la nación". En Skirius, *José Vasconcelos*, 216.

[30] Jèze iba más allá: en materia fiscal el "egoísmo provincial" no sólo era peligroso sino anacrónico; el sentimiento de la unidad nacional había ido desarrollándose junto con la idea democrática. En consecuencia, "el cuidado de asegurar la igualdad de los individuos ante las cargas públicas en su conjunto era más poderosa que nunca". Jèze, *Las finanzas*, 103. Como se ve, aquí y allá se imponía el interés nacional por encima de los intereses locales, al menos así lo creía este experto francés.

Sin embargo, llevar a cabo ese proyecto se topó con grandes escollos y dificultades, como se verá a continuación.

EL INTENTO DEL PREDIAL, 1923

De las intenciones a los hechos prácticos había un mundo de distancia. Así lo entendieron muy pronto las autoridades hacendarias cuando fallaron en su intento por hacer realidad el viejo proyecto carrancista de crear un impuesto predial federal. La revisión de este acontecimiento lleva a comprender mejor el carácter del esfuerzo centralizador.

Aunque algunos autores sostienen que el sometimiento de entidades federativas y municipios fue un proceso sostenido desde 1821 y que los gobiernos surgidos de la revolución de 1910 no hicieron más que continuarlo y consolidarlo,[31] esa explicación atendible no debe llevar a menospreciar las resistencias que opusieron los grupos políticos locales y que lleva a considerar que tal sometimiento no fue lineal ni sencillo. Parece hora de reconocer una mayor beligerancia a las autoridades locales frente al proceso de centralización política.

Como se vio, el gobierno centralista creó en la década de 1830 el primer impuesto territorial en la vida independiente. Más tarde, en 1857, se estableció como uno de los principales rubros de las haciendas estatales, lo que refleja bien la situación de la organización política del país en el siglo XIX. Como dice un autor, los propietarios de tierra y en general las élites provincianas se negaron a ser fiscalizados por el gobierno central, al que consideraban enemigo de sus intereses: "cualquier intento por introducir impuestos directos provocaba la caída de ministros y gobiernos. Obviamente la cuestión de impuestos directos era el corazón del problema fiscal".[32] En esta pugna se inscribe una noción perdurable en México y en otros países, como Estados Unidos, Alemania, Suiza y Argentina, referente a que a los estados les correspondían los impuestos directos, como los de la propiedad rústica y urbana, y a la federación los indirectos, como los del consumo.[33] En México se hacía mención de un incidente ocurrido durante los trabajos del Constituyente de 1857: en el proyecto que sirvió de base para las discusiones del congreso se incluía en el artículo 120 la frase siguiente: "Los estados, para formar su

[31] Galarza, *La industria*, 125 y ss.

[32] Hamnett, "Faccionalismo", 88.

[33] Jèze, *Las finanzas*, 87.

hacienda particular, sólo podrán establecer contribuciones directas. La federación sólo podrá establecer impuestos indirectos". Según algunos, el artículo con esa frase fue aprobado en la sesión de 14 de noviembre de 1856, pero, por un error achacable a los secretarios y a las prisas, no quedó en la versión definitiva del documento.[34] Otro argumento era que los artículos 117 y 118 de la constitución de 1917 prohibían a los estados imponer impuestos indirectos, lo que siguiendo un "método de eliminación" significaba que sólo la federación podía establecerlos; y a la inversa, siguiendo esa misma lógica podía deducirse que a los estados correspondía exclusivamente la creación, si les parecía conveniente, de impuestos directos.[35]

Pero siempre quedó entre los proyectos federales la idea de tener injerencia en ese ramo, o por lo menos de contribuir a mejorar su cobranza con el fin de combatir inequidades, evasiones y demás irregularidades. Por lo escandaloso de los privilegios fiscales en el impuesto predial en algunas entidades federativas, el primer jefe de las fuerzas constitucionalistas expresó, en un decreto de septiembre de 1914, la necesidad de formar un catastro nacional para que el gobierno general y los gobiernos estatales conocieran "exactamente la verdadera riqueza del país" y se repartieran "racional y equitativamente" los impuestos que pudiera generar. Un ejemplo clásico de estos privilegios porfirianos eran las propiedades de Luis Terrazas en Chihuahua. El gobernador maderista, Abraham González, estimaba que el valor de esas propiedades fluctuaba entre 50 y 100 millones de pesos. Pero la calificación vigente en 1912 era de 1.7 millones. González intentó cobrar más impuestos y las calificó en 9.1 millones.[36]

Entre octubre de 1914 y diciembre de 1915 tanto la jefatura constitucionalista como el gobierno de la Convención emitieron decretos para urgir la entrega de manifestaciones de parte de los propietarios. Dada la difícil situación imperante en el país el proyecto del catastro no llegó a cristalizar.

[34] Gómez Morín aludía a este asunto diciendo que el error era de orden tipográfico, ya que en el libro de Zarco sobre el Constituyente de 1857 debió decir que el artículo 120, con esa redacción, fue "reprobado" y no "aprobado". Véase SHCP, *Primera convención*, 240. En una edición de 1957 del libro de Zarco se lee que el artículo en cuestión fue "reprobado" por 55 votos a 24. Véase Zarco, *Crónica*, 763.

[35] Este argumento de los gobiernos estatales y de algunos sectores privados se aprecia tanto en SHCP, *Convención catastral*, 90-91 y 210-213, como en *Memoria 1923-1925*, I, 465-466, en este último caso como parte de la oposición de los comerciantes al *income tax*.

[36] El decreto de Carranza, en Yáñez Ruiz, *El problema*, III, 14-16. Sobre Terrazas, véase Katz, *Pancho Villa*, I, 157. De hecho González había planeado establecer un impuesto progresivo a la propiedad rural, con el fin de hacer imposible la viabilidad de predios mayores de 15 000 hectáreas.

El siguiente episodio fue el decreto presidencial de 11 de octubre de 1922 que estableció un impuesto federal sobre la propiedad raíz, de uno al millar anual sobre el valor de los predios, sin incluir las construcciones. El decreto fue emitido con base en las facultades extraordinarias otorgadas por el Congreso de la Unión. Más de 60 telegramas llegaron a la oficina presidencial, pidiendo la rectificación gubernamental y que se abstuviera de "lanzar diariamente nuevos impuestos sobre los pobres contribuyentes", como señalaba una queja de la Cámara Agrícola Nacional de Durango.[37] Las cosas no pasaron a mayores porque el decreto condicionaba la vigencia del impuesto a la publicación del reglamento, cosa que ocurrió el 30 de mayo de 1923.[38] Entonces la reacción aumentó. Como en el caso de los terrenos baldíos y del agua durante el porfiriato, en los estados tal impuesto fue percibido como una intromisión ilegal del centro que vulneraba la soberanía estatal. Funcionarios y abogados de una compañía petrolera holandesa, La Corona, discutieron qué postura tomar ante esa nueva ley. No deja de llamar la atención que uno de los abogados afirmara que el impuesto era "inconstitucional" porque violaba la soberanía tributaria de los estados; sugería además recurrir a lo que llamaba "resistencia pasiva" frente al afán tributario federal. Ya para mediados de noviembre de 1923 confiaban en que el nuevo impuesto no llegaría a cobrarse.[39]

Ante esa reacción, el gobierno federal se inclinó por abrir la discusión. Así, a principios de octubre de 1923 la SH envió una circular a los gobernadores y a las legislaturas locales en la que, además de anunciar la prórroga en la aplicación del impuesto, invitaba a celebrar una convención destinada a debatir lo que según esa dependencia era el problema de fondo, a saber, "la formación de un catastro uniforme, nacional, fiscal de la propiedad raíz". La circular hacía alusión a la oposición generada por el impuesto: se trataba de atenuar las "inevitables fricciones" entre el fisco y los causantes. Los propietarios habían solicitado de manera insistente la suspensión del decreto de

[37] AGN-OC, exp. 721-N-2.

[38] El decreto y el reglamento se hallan, respectivamente, en *DO*, 26 oct 1922 y 11 jun 1923; sobre la oposición al nuevo impuesto, véase Collado Herrera, *Empresarios*, 173-174.

[39] AHP, Expropiaciones, caja 704, exp. 18361, ff. 46-48: oficio de 28 sep 1923 de M. Flores a H. Cancino; ff 59-61: oficio de 26 sep 1923 de F. Diez Barroso (?) a M. Flores. Finalmente se impuso la postura de hacer las declaraciones de dicho impuesto aunque con una protesta que rezaba así: "La compañía manifestante hace constar expresamente que no reconoce eficacia legal al decreto que creó el impuesto a que esta manifestación se refiere y que si presenta esta última es únicamente para evitar se le apliquen las penas que el propio decreto impone y las cuales la compañía se verá obligada a objetar por la vía de amparo, la cual reserva todos sus derechos para el caso de que se le pretenda hacer efectivo el cobro del impuesto".

octubre de 1922, ofreciendo a cambio su cooperación para formar el nuevo catastro. Pero la SH respondía diciendo que el objetivo del impuesto, más que recaudatorio, era formar el catastro y que deseaba recibir la cooperación de los gobiernos de los estados en esa tarea, así como en la definición de la mejor forma de gravar la propiedad raíz. Tales debían ser los propósitos de la convención.[40]

La convención se realizó entre el 3 y el 10 de diciembre de 1923, justo cuando estallaba la rebelión delahuertista. En su alocución inaugural, el subsecretario de Hacienda León Salinas no se anduvo por las ramas. Reiteró que el objetivo del módico impuesto era formar un catastro nacional para conocer el valor de la propiedad raíz de la república. No había la intención de "menoscabar los ingresos de los estados", pero argumentaba que la ley de ingresos para 1923 ya había incluido y por tanto sancionado la vigencia de ese impuesto. Además de criticar los sistemas impositivos de los estados, expuso que

> El ejecutivo federal cree que por tratarse de un asunto de interés nacional y por los elementos con que cuenta, está más capacitado que los Estados de la república, considerados separadamente, para la formación del catastro; pero comprende que los intereses de los mismos están vinculados con el de la federación.[41]

En suma, se trataba de uniformar los impuestos sobre la propiedad rústica y urbana. El funcionario agregaba que tal catastro era de "particular interés para la federación" con vistas a la aplicación del artículo 27 constitucional y para conocer la verdadera riqueza del país, "dato que se relacionará muy directamente con su crédito en el exterior".

La convención se inició con malos augurios por la negativa de los delegados a otorgar voz y voto a los representantes de las cámaras agrícolas y de propietarios. El 4 de diciembre el diario capitalino *Excelsior* publicaba una nota significativa: "Solamente los representantes de los gobernadores y las legislaturas, es decir, el elemento oficial, es el que va a decidir el importante problema del catastro fiscal". Se refería a los "graves incidentes" provoca-

[40] SHCP, *Convención catastral*, 5-9. En algún momento de las deliberaciones (véase página 57) se citaron estudios de la SH que estimaban el valor de la propiedad rústica y urbana en el país en 800 millones de pesos, lo que significaba que el producto del impuesto de uno al millar sólo produciría 800 000 pesos, una cantidad poco significativa para el erario federal.

[41] El discurso, en SHCP, *Convención catastral*, 49-52.

dos por el rechazo a la participación de los representantes de las cámaras agrícolas y de propietarios, entre ellos el Sindicato Nacional de Agricultura.

Pero dentro del "elemento oficial" las divergencias eran claras. La más importante era la férrea oposición de los delegados estatales a la iniciativa federal.[42] Su vocero, José Treviño de Nuevo León, respondió diciendo que la variedad de métodos impositivos obedecía a la diversidad natural y social que caracterizaba a la república y que era evidente "que nadie mejor que los propios estados" para valorar la propiedad comprendida en sus territorios.[43] Agregaba que en su entidad la convocatoria a la convención se había recibido con beneplácito no tanto por el catastro sino porque abría la oportunidad de debatir algo todavía más importante: la legalidad constitucional del impuesto, ya que se consideraba que "tal impuesto directo sobre la tierra de parte de la federación invade la soberanía de los estados". Así, según Treviño, la convención debía resolver "ante todo lo que ahora se estima como secundario, esto es, el impuesto del uno al millar opinando si debe o no subsistir".[44] Otro delegado opositor fue el tesorero del gobierno veracruzano, Victorio E. Góngora, hombre de todas las confianzas del gobernador Tejeda. En la primera sesión hizo hincapié en dos puntos: que en realidad la federación pretendía hacer el catastro por su cuenta, a lo que se oponía el gobierno veracruzano pues cada estado debía hacer el suyo. El segundo era que creía que el único objetivo del esfuerzo encaminado a formar el catastro era "proporcionar mayores entradas al gobierno federal y que a éste no le importaban los sistemas y procedimientos que puedan emplearse para allegarse de recursos". La desconfianza hacia la SH era más que evidente. Otro delegado citó dos ejemplos para tomar precauciones sobre la viabilidad del catastro: en Francia se habían gastado crecidas sumas durante 60 años para hacer un catastro que en 1890 se consideró incompleto y que propiciaba que sólo la ciudad de París dejara de percibir millones por concepto de impuestos. Igual había ocurrido en una municipalidad del Distrito Federal que había erogado más de 25 millones de pesos en esa labor. Otro más, el delegado de Aguascalientes, esgrimió un argumento muy socorrido por los opositores al

[42] También hubo desaires. Jalisco no envió delegado porque, según el gobernador Zuno, no había recursos para sostener a una delegación que trataría un asunto que no era de "tanta importancia". SHCP, *Convención catastral*, 98.

[43] Los delegados subrayaban la diversidad regional. Por ejemplo uno de ellos señalaba que "Nuevo León no podría resistir el gravamen que aplica Colima sobre la propiedad raíz, ni su gobierno tiene necesidad de aplicarlo, porque el estado es muy rico". SHCP, *Convención catastral*, 116.

[44] SHCP, *Convención catastral*, 53-54.

fortalecimiento fiscal de la federación en estos años: calificó de "muy cuestionables" las facultades extraordinarias aludidas por el decreto de creación del impuesto.[45] En la discusión sobre el *income tax* aparece también este argumento.

Las posturas estaban encontradas. Había tal desconfianza que el presidente de la convención, de la SH, se vio obligado a recomendar

> a los señores delegados que cuiden de no emitir conceptos que hagan renacer la tendencia a dividirnos en dos campos, ya que no se trata más que de un estudio en favor de México, de un asunto netamente mexicano y hecho por mexicanos [...] Hablar sistemáticamente de nosotros los representantes de Hacienda y de ustedes los representantes de los estados tiende a crear un abismo que no hay ni puede haber aquí y que llevaría como finalidad única hacer creer que hay gato encerrado [...] con objeto de cubrir con barniz de legalidad un decreto muy discutido del ejecutivo federal.[46]

Incluso en la tensa sesión del último día el delegado por el territorio de Baja California llamó a los delegados de los estados a abstenerse de discutir la constitucionalidad del impuesto del uno al millar alegando la inoportunidad política. En vista del levantamiento delahuertista

> éstos son los instantes menos apropiados para lanzar a la república declaraciones en el sentido de que cualquiera ley vigente sea lesiva de la soberanía de los estados. Nos exponemos a que cualquiera de ellos levante esas declaraciones como bandera para movimientos que turben la paz pública y, ya no al viejo grito de "Religión y Fueros", sino el pendón formado por nosotros de "Viva la Soberanía Federal".[47]

Finalmente los "barruntos de tempestad" con que se habían iniciado los trabajos y que amenazaban con "desencadenar el rayo producido por el choque de dos elementos", lograron disiparse. Pero los resultados de la convención no favorecieron al gobierno federal. En un primer balance la frase anterior es incorrecta. La SH logró que la convención hiciera suya la urgencia por formar un catastro nacional uniforme y de carácter fiscal.[48] También

[45] SHCP, *Convención catastral*, 56, 59, 79.

[46] SHCP, *Convención catastral*, 89.

[47] SHCP, *Convención catastral*, 227.

[48] El objetivo de uniformar el catastro obedecía a la gran diversidad de criterios utilizados en los estados para cobrar este impuesto. Y de lo que se trataba era justamente de evitar

hubo acuerdos sobre la manera de levantar el catastro mediante juntas distritales, estatales y una junta superior, integradas por representantes federales, de los gobiernos de los estados y de los propietarios. Se acordó también establecer un solo sistema impositivo, basado en el valor comercial de la propiedad, determinado en función de la renta o producto normales. Los estados quedaban en libertad para fijar la tasa del impuesto que debía ser progresiva. En la determinación del valor comercial se descontarían los créditos hipotecarios, que tendrían un impuesto aparte. Además se cobraría un impuesto, con participación a municipios, estados y federación, sobre lo que se denominaba el incremento no ganado del valor de la propiedad, que se refería al aumento de valor debido a factores sociales y no a la actividad del propietario. Al establecerse este impuesto, debía suprimirse el que gravaba las traslaciones de dominio.[49]

Sin embargo, la SH no logró lo sustancial: convencer a los delegados estatales de dejar de lado la cuestión de la legalidad constitucional del impuesto federal. Desde el primer día aquéllos impusieron cambios en la agenda formulada por la SH e incluyeron dos puntos que les preocupaban: los medios para formar el catastro y sobre todo la "constitucionalidad o inconstitucionalidad del impuesto federal". Tanto en el pleno como en las comisiones los delegados estatales no cejaron. Se enfrentaron a los argumentos de personeros federales como el delegado por Baja California, Arturo Beteta. El argumento central de los opositores al impuesto federal provenía de la interpretación ya referida de los artículos 117, 118 y 124 de la constitución, que según ellos prohibían al ejecutivo federal gravar la propiedad raíz por ser un impuesto directo. Beteta argumentaba en contra diciendo que para empezar era difícil distinguir "científicamente" entre los impuestos directos y los indirectos y que los citados artículos constitucionales no reservaban en modo alguno la fijación de impuestos directos a los estados. Según él, en esa rama de la riqueza concurrían por igual facultades federales y estatales.[50]

Pero los delegados no hicieron caso de las doctas tesis de derecho constitucional. Insistieron y lograron que el documento final incluyera cuatro

---

que la carga fiscal se convirtiera en un elemento de "competencia artificial" en el mercado de productos agrícolas. Dicho de otro modo, se trataba de uniformar no sólo los impuestos sino los precios agrícolas. SHCP, *Convención catastral*, 128-129.

[49] SHCP, *Convención catastral*, 263-264.

[50] SHCP, *Convención catastral*, 84, 231-236. En una sesión anterior, un delegado había descalificado a Beteta: "el señor Beteta tiene poder limitado por el territorio que representa, mientras que nosotros, que somos representantes de los estados libres e independientes, tenemos facultades absolutas".

acuerdos referentes al debatido asunto. El primero señalaba sin rodeos que el famoso impuesto, por ser directo, carecía de base constitucional. El segundo expresaba que el impuesto no debía ser exigido "para el pasado ni para el futuro". El tercero tenía que ver con el procedimiento subsiguiente: ya que era ilegal no bastaba una "simple derogación que sólo produciría efectos para el futuro, sino que debe reconocerse como inexistente". El último acuerdo recomendaba a la federación y a los estados, "si se persuaden de la necesidad de la formación de un catastro nacional", que estudiaran la manera de hacerse de los medios para alcanzar esa meta, procurando que esos medios no se tradujeran en una pesada carga sobre los contribuyentes.[51]

Aunque el presidente de la convención, Fernando de la Fuente, jefe del departamento de Crédito de la SH, se esmeró por rendir buenas cuentas a sus superiores ("estima el suscrito que la delegación [...] llevó a buen término su cometido, una vez que la convención aprobó todos sus puntos de vista"), lo cierto es que los delegados estatales también podían alegar que por esta vez habían logrado detener la acometida del centro.

En abril de 1924 el gobierno federal empezó la retirada: un decreto condonó cualquier adeudo por concepto de contribuciones, recargos y multas de los causantes de este impuesto.[52] En agosto siguiente emitió un decreto que señalaba que conforme avanzara el reconocimiento de la propiedad rústica, esta labor sería transferida a "las autoridades de las poblaciones que directamente reciban el beneficio de las operaciones catastrales". Se alegaba que el catastro era una responsabilidad local que resultaba en extremo onerosa para el gobierno central. No obstante la lentitud de los trabajos realizados por la SH, se informaba que se habían "descubierto propiedades ocultas por un valor total de más de cuarenta y siete millones de pesos en las municipalidades formadas, propiedades que naturalmente no pagaban al fisco contribución alguna".[53]

Pero lo más importante se había definido desde antes, en diciembre de 1923, cuando la SH excluyó este rubro de la ley de ingresos para 1924, lo que significaba renunciar a esa entrada.[54] En los trabajos de la primera convención fiscal, celebrada en agosto de 1925, el impuesto federal a la propiedad raíz pasó inadvertido, no obstante que una de las comisiones se dedicó de lleno a elaborar una propuesta encaminada a uniformar ese impuesto local. En uno de los dictámenes, aprobados incluso por la delegación federal, se

[51] SHCP, *Convención catastral*, 264-266.
[52] *Memoria 1923-1925*, I, 127.
[53] Pani, *La política*, 17.
[54] La ley, en *DO*, 5 ene 1924; *Memoria 1923-1925*, I, 127.

decía que el impuesto era un "ejemplo típico y consagrado por la historia" de los impuestos que debían manejarse de manera descentralizada. Una de las propuestas finales afirmaba que "es facultad privativa de las autoridades locales establecer y percibir impuestos sobre la propiedad territorial".[55]

En la iniciativa de reforma constitucional enviada por el presidente Calles a la cámara de diputados, se reconocía que el impuesto a la propiedad territorial quedaba reservado a los estados. Sin embargo, y esto es importante, la iniciativa insistía en que, dado que la inversión federal contribuía de manera mucho más eficaz que los estados a la formación de la renta de la tierra o al así llamado "incremento no ganado", la federación debía tener la facultad exclusiva para legislar sobre ese impuesto, estableciendo participación a estados y municipios.[56] Esta iniciativa, que refleja bien el pensamiento de un autor muy considerado en estos años, Henry George, nunca llegó a discutirse y por tanto la federación no obtuvo jurisdicción fiscal alguna sobre el rubro.[57]

Pero la federación no bajó la guardia. Todavía en la segunda convención fiscal, celebrada en 1933, insistió en establecer un impuesto extraordinario de uno al millar, aplicable a la propiedad rústica y urbana de todo el país, para formar el catastro. Los delegados estatales volvieron a rechazar la iniciativa. En la sesión del 2 de marzo de 1933 la conclusión de la comisión que proponía dicho gravamen fue derrotada por 18 votos en contra y sólo 10 a favor, incluido el voto de la SH. La salida, quizá para guardar las formas y disimular la nueva derrota federal, fue acordar un mecanismo de colaboración en el que la federación aportaría recursos financieros y técnicos a las entidades federativas con el fin de que éstas formaran sus respectivos catastros.[58]

El reforzamiento de la administración gubernamental prometía proveer recursos fiscales por demás considerables. Si los ejidos debilitaban los ingresos locales, un catastro mejorado podría resarcir esas pérdidas. Es difícil saber si en algún momento se relacionó de este modo la cobranza catastral con la secuela fiscal del reparto agrario. El catastro y en consecuencia los impuestos sobre propiedad rústica y urbana nunca salieron del ámbito local. Pero al menos durante el gobierno obregonista parece clara la intención federal de tener alguna participación en esa fuente tributaria.

[55] SHCP, *Primera convención*, 213, 218.

[56] Pani, *La política*, 668.

[57] Una aproximación a las ideas de George respecto al impuesto territorial, en SHCP, *Segunda convención*, III, 126-131. Sobre la relación entre las ideas de este autor y el partido norteamericano de los *single-taxers*, véase Jèze, *Las finanzas*, 91-92, y Brownlee, *Federal Taxation*, 35.

[58] SHCP, *Segunda convención*, I, 69, 158, 167-168.

Aunque la intención de sustraer el impuesto sobre la propiedad territorial del dominio de los estados era calificada por Cárdenas de "tendencia torpemente centralizadora", el michoacano señalaba en 1936 que en la constitución no existía obstáculo para que el Congreso de la Unión legislara al respecto, es decir, que el gobierno federal podía en un momento dado cobrar tal impuesto.[59] ¿Qué significaba? ¿Acaso una mal disimulada resignación federal?

Pero este fracaso catastral no detuvo a la federación, que dedicaría sus mejores esfuerzos durante 1924 al *income tax*. En contraste, la derogación del impuesto predial "seguramente hizo renacer la confianza del conjunto de la élite económica sobre su capacidad de presión en política tributaria". Los empresarios y propietarios nunca habían obtenido un logro similar, al menos en tiempos de Obregón.[60]

OTRO FRACASO: LA INICIATIVA DE REFORMAS CONSTITUCIONALES DE 1926

Visto en perspectiva, el incidente catastral no fue más que un anticipo de la tremenda oposición que provocó el impuesto sobre sueldos y utilidades, expedido en febrero de 1924. Era el antecedente del impuesto sobre la renta y como tal, componente del esfuerzo general de la federación encaminado a formar una nueva hacienda pública. A diferencia del impuesto predial, la SH se anotó un éxito al imponer a toda costa el impuesto sobre la renta. Y tal vez por ese éxito la SH consideró que estaban las condiciones dadas para modificar el sistema hacendario en su conjunto y de una vez por todas. Para ello envió una iniciativa de reformas constitucionales a fines de 1926. Si en otros aspectos los funcionarios mexicanos atendían las enseñanzas forá-

59 En Yáñez Ruiz, *El problema*, V, 234. Sobre las facultades "amplísimas" e "ilimitadas" que otorgaron las constituciones de 1857 y 1917 al Congreso de la Unión y por tanto a la federación en materia fiscal, mismas que respaldan la aseveración del presidente Cárdenas, véase por ejemplo Farías, "Aspectos", 93, y Gil Valdivia, "El federalismo", 71-72. Este último hace énfasis en la tesis de Ignacio Vallarta de 1879 sobre la negativa de un amparo promovido contra un impuesto federal en materia textil, que tuvo gran influencia en la postura subsiguiente de la Suprema Corte de Justicia respecto a lo que Gil Valdivia denomina "coincidencia impositiva", término con el que Farías no está de acuerdo y por ello propone el de "facultades simultáneas". Pero lo importante, como dice Gil Valdivia, es que "en virtud de esta interpretación jurisprudencial se legitimó la ampliación del poder tributario federal coadyuvando al proceso de centralización".

60 Collado Herrera, *Empresarios*, 174.

neas, en este caso desoyeron la cautela recomendada por los expertos para promover el cambio fiscal.[61] Y así les fue.

Esa iniciativa se desprendía de un plan de trabajo diseñado desde los primeros meses de 1925, en la que se incluía de manera preponderante la celebración de la primera convención fiscal. La correspondencia de Manuel Gómez Morín es elocuente acerca de los intensos trabajos llevados a cabo para preparar dicha convención. Y aunque este personaje solicitó posponer el encuentro, las altas autoridades de la SH insistieron en que debía celebrarse en agosto de ese mismo 1925, porque el presidente de la república deseaba apurar el procedimiento de la reforma constitucional.[62]

La convención fiscal dividió sus trabajos en varias comisiones. La que interesa aquí es la de concurrencia fiscal y reforma constitucional. En dicha comisión, formada por Gómez Morín y por los delegados de Michoacán y Coahuila (Ignacio García Téllez y Vicente Santos Guajardo respectivamente), se aprobó la propuesta de la SH de hacer una redistribución de los campos de tributación entre la federación, estados y municipios. Esa propuesta fue llevada al pleno y aprobada en medio de grandes impugnaciones de varios delegados estatales. Por ejemplo el delegado de Puebla, el senador Francisco Trejo, solicitó el retiro del dictamen de la comisión, alegando que "a primera vista nos parece absorbente la distribución hecha de los impuestos".[63] La propuesta poblana por poco hace fracasar la estrategia federal: un voto fue la diferencia. La SH creyó que con la aprobación de la convención se allegaba de suficientes elementos de legimitación. Pero no fue así.

No obstante la prisa presidencial, la SH no envió la iniciativa al Congreso de la Unión sino hasta noviembre de 1926. Es un documento espléndido por claridoso. Para los fines de este trabajo un aspecto fundamental es

[61] Por ejemplo Jèze, *Las finanzas*, 25-26. En 1923 decía que "conviene ser prudente y moderado en las reformas financieras y no hacerlas demasiado aprisa: es lo que se denomina en hacienda el método de las aproximaciones sucesivas". En 1927 un experto español, Flores de Lemus, señalaba que "es de elemental prudencia abstenerse de reformas radicales cuyo éxito favorable es no ya inseguro sino racionalmente imposible". En Comín Comín, *Hacienda*, II, 942.

[62] AMGM, Personal, Correspondencia Particular, Daniel Aguilar R. 1922-1934. Véanse las cartas de Gómez Morín a Daniel Aguilar de 2 jul y 8 ago 1925, en las que es clara la importancia de la convención para preparar la iniciativa de reformas constitucionales. En la última carta referida Gómez Morín señala que no fue posible posponer la convención "porque el presidente desea tener oportunidad de presentar al congreso y a las legislaturas de los estados las conclusiones de la convención a fin de que, si es posible, se eleven a categoría de reformas constitucionales".

[63] SHCP, *Primera convención*, 227.

la manera como se teje el argumento entre el desarrollo de la economía y la necesidad de un centro político. Dicho de otro modo, los argumentos vistos en el primer apartado de este capítulo se veían reforzados por las tendencias más recientes de la economía. Veamos:

> Los progresos de la técnica durante el siglo XIX, al crear la gran industria, concentrándola, y el gran comercio, complicando las relaciones económicas, han acrecentado fabulosamente el volumen de éstas, por efecto de la supresión de las distancias a través del telégrafo y de la rapidez de transportación mediante los ferrocarriles, el automovilismo y la aviación; las bolsas comerciales procuran un ajuste entre la producción y el consumo y el crédito, y la organización jurídica y financiera revisten formas complejas y de enorme desarrollo. Dentro de tal situación, cada país, en concurrencia con las otras naciones, aspira a constituirse en una sola unidad económica y a que, en consecuencia, una norma única se establezca dentro de su jurisdicción.
>
> Ante los fenómenos expuestos, la uniformidad en los sistemas de tributación no es solamente el problema de esta época de reajuste de valores morales y económicos, sino también el postulado que emana de la corriente de la historia, a cuyo margen el derecho de cada época, condicionado por las circunstancias especiales de su tiempo, sólo representa una etapa que habrá de ceder el paso a la etapa siguiente. Y así, el régimen de la concurrencia de poderes legislativos en los campos de imposición, implantada antes de la continuada serie de inventos y de transformaciones económicas del siglo XIX, ha menester urgentemente de reformas radicales, para que la nueva organización se adapte a las exigencias de lo presente, cuyo primer imperativo exige no abatir con el desorden y la anarquía las fuentes de producción en que debe residir la fuerza de la unidad económica nacional.[64]

En la misma iniciativa se leía que

> Cada nación ha de constituir dentro del concierto internacional un solo mercado económico y tal constitución interesa particularmente a la república mexicana, frente a la expansión de los Estados Unidos de América. El logro de la unidad nacional es tanto más difícil de conseguirse cuanto mayor sea la diversidad de legislaciones fiscales que, pesando sobre el comercio y la industria, alteren las condiciones de esta fuente de riqueza y hagan diversos los costos de

[64] En Pani, *La política*, 661-662. Esta obra incluye el texto completo de la iniciativa, véase 657-692.

> producción para un solo artículo. La atribución a los estados de los impuestos sobre el comercio y la industria implica el peligro de dislocar la política que el poder ejecutivo federal siga en materia arancelaria o la producción en él de algunas clases de artículos por la visión de las nuevas cargas que supongan los desiguales impuestos de los estados, desaliento que redundaría en perjuicio de nuestra balanza comercial.[65]

Las industrias que se desenvolvían "en varios estados y que por tanto afectan los intereses generales de la economía nacional", eran las de azúcares, textil, tabacos, alcohol; las monopólicas como el ferrocarril y otras "que pesan grandemente en los destinos del país", como la petrolera.

De nuevo, esta línea de argumentación reproducía las ideas por ejemplo de Seligman, quien distinguía entre impuestos de "base amplia" y aquellos de "base estrecha", o bien del italiano Einaudi quien subrayaba las transformaciones económicas del siglo XIX, entre otras los nuevos medios de comunicación, para explicar el tránsito de los sistemas tributarios basados en los impuestos reales (sobre cosas) a los sistemas que descansaban en los impuestos personales.[66]

El objetivo de esa iniciativa presidencial era establecer de golpe una organización centralizada de la hacienda pública, como vía para acabar con la anarquía que subsistía en la vida fiscal no a causa del liberalismo porfiriano sino de la organización federal creada en 1824. La iniciativa definía los campos de tributación de la federación, estados y municipios y buscaba elevar a rango constitucional el mecanismo de las convenciones fiscales. Éstas se ocuparían de proponer los cambios en materia fiscal de la nación, que debían ser aprobados por el Congreso de la Unión y la mayoría de las legislaturas locales.[67] Para ello proponía un conjunto de drásticas reformas a diversos artículos de la constitución, en particular al 74, en el que se definían las facultades del Congreso de la Unión, pero también en otros como el 117 y el 118, así como el 131 en los que se especificaban, respectivamente, las prohibiciones a los estados en materia tributaria y el mecanismo de la convención fiscal.

La iniciativa formulaba una nueva distribución de los campos tributarios de cada una de las instancias gubernamentales. Sólo un elemento basta

[65] En Pani, *La política*, 663-664.

[66] La referencia de Seligman, de su *L'impot sur le revenue* (1913), en Trevisan, *Reforma*, 238; Einaudi, *Principios*, 135.

[67] Según la iniciativa, las convenciones debían integrarse con representantes federales y de los estados y debían reunirse cada cuatro años en la Ciudad de México.

para mostrar el espíritu centralista, muy porfiriano por lo demás, de esa pretensión. A los ramos federales tradicionales (comercio exterior y el timbre) y los de nueva creación (sobre la renta), la iniciativa otorgaba a la federación otros dos fundamentales que hasta entonces permanecían en manos estatales y municipales: el comercio interior y la industria.[68] El lector debe recordar bien esta inclusión a lo largo del trabajo. El argumento para asignar esas ramas al gobierno federal no era otro que lo que llamaban la economía moderna: un rasgo en común de ambas actividades era que rebasaban "más notoriamente" que otras los linderos de las jurisdicciones locales, tan reforzadas desde la independencia. Pero entonces parecía que la nueva economía no era del todo compatible con la organización política existente y por ello era menester reformar la constitución para establecer el predominio fiscal del centro.

Por razones no del todo claras, la iniciativa de Calles nunca fue discutida por la cámara de diputados.[69] A fines de 1931 la SH decidió retirarla con el fin de revisarla y modificarla, pero por lo visto jamás regresó al congreso.[70] Más adelante se retomará este hecho que por ahora aparece como muestra de la incapacidad federal para imponer una reforma constitucional de tamaña repercusión fiscal y política. Esta postura de los diputados federales puede inscribirse en lo que un estudioso ha caracterizado como el fracaso legislativo de los presidentes de la república entre 1917 y 1928,[71] pero a la

[68] En la convención fiscal de agosto de 1925 Gómez Morín había señalado: "Los impuestos sobre el comercio y la industria tienen la base de tributación más amplia. Cada acto de comercio no es sino eslabón de toda una cadena de operaciones cuya iniciación comenzó en la fábrica, en la tierra o en [el] exterior. Sería incontrolable este impuesto por estados y municipios. De hecho las autoridades locales son defraudadas en esta materia, mientras que la autoridad federal tiene mayor capacidad, mayor competencia, puesto que controla todas las entradas de la república. Es por esta razón de eficacia y por la absoluta necesidad en que México está de formar una unidad económica, unidad que en ninguna forma se traduce mejor que en la actividad comercial, por lo que la comisión optó por reservar este impuesto a la federación". SHCP, *Primera convención*, 242-243.

[69] En su informe de 1928 Calles se refería a esa omisión de los legisladores. En 1932, en la convocatoria a la segunda convención fiscal, Pani criticaba a los diputados, porque "ni siquiera habían considerado" la iniciativa. SHCP, *Segunda convención*, I, 9. En 1933 se hablaba de la necesidad de "dar cima a la reforma constitucional que conduza a la unificación del régimen nacional fiscal [y a] la delimitación del campo impositivo de la Federación, de los Estados y de los Municipios". FAPEC-FT, PEC, exp. 88, leg. 2, inv. 2400, f. 74: "Puntos de vista de la SH en materia de plan sexenal". En 1953 se señalaba que una de las razones que explicaban la suerte de esta iniciativa era "tal vez [...] el temor de que pudiera ser un pretexto para que atentara contra la soberanía de los estados". Servín, *Las finanzas*, 34-35.

[70] SHCP, *Segunda convención*, III, 287.

[71] Weldon, "El crecimiento", 11-13.

vez debe verse como un anticipo de las dificultades que enfrentó la federación, en distintos ámbitos y no sólo en el poder legislativo, para llevar a cabo su proyecto de modernización fiscal. En los años sucesivos la federación insistió en incorporar a la constitución el reparto de fuentes tributarias, con resultados que se alejan bastante de la pretensión de Calles de 1926.

Pero de cualquier modo la organización constitucional no podía ignorarse y no sólo por los formalismos sino por la densa composición política y los intereses creados en las entidades y los municipios. Por ello había que conciliar o por lo menos llegar a acuerdos mínimos con esas otras instancias gubernamentales para poder avanzar. De allí la idea de las convenciones, que fue impulsada por Calles, durante el maximato y por Alemán. Sin duda se trata de una forma por demás singular de manejar el delicado tema del federalismo. Por lo pronto hay que decir que constituía un espacio de deliberaciones que no existía en la estructura política formal del país. En más de una ocasión se intentó abrir un espacio formal a la deliberación y la toma de decisiones en materia fiscal. Se decía que era un asunto demasiado delicado para dejarlo en manos de los representantes populares que integraban el poder legislativo. Más adelante se abundará sobre este proyecto encaminado a despojar al legislativo de sus funciones en materia fiscal.

El repaso de los trabajos de una pequeña convención fiscal de 1926, referente a la cuestión minera, puede iluminar el carácter de las impugnaciones a los planes federales así como la perspectiva de los grupos políticos locales. Tal vez ayude a entender el fracaso de la iniciativa de reformas constitucionales.

Uno de los aspectos más impugnados por los grupos locales era el argumento que identificaba a la nación con la federación. La convención minera fue organizada por la SH para discutir con los estados la nueva ley, de mayo de 1926. El asunto era peliagudo porque dicha ley establecía la federalización plena de esa importante actividad, incluyendo por supuesto el asunto fiscal. En particular, la oposición de los estados se centraba en el artículo 168, que prohibía a las entidades establecer cualquier tipo de gravamen sobre la minería y la metalurgia. El artículo en cuestión empezaba con una frase que resultaba inaceptable para varios delegados: "Como las substancias minerales son del dominio directo de la nación, y las industrias minerales son de exclusiva jurisdicción federal, los estados no gravarán [...]". En un documento de los opositores se señalaba que dicho artículo

> parece confundir lastimosamente [...] los conceptos de nación y federación, creyéndolos perfectamente sinónimos, cuando entre ambos existe la diferen-

cia misma que va del ser a la manera de ser, y de allí el error en que parece incurrir, pues la nación ha existido, existe y existirá, cualquiera que sea la forma política que para nuestra organización adoptemos. Así vemos que el término nación ha sido empleado indistintamente bajo los regímenes que sucesivamente han llegado a tomar las riendas del poder en México, puesto que los dos imperios y la república centralista hanlo empleado.[72]

El delegado chihuahuense, Miguel Collado, insistía en criticar la primera frase del artículo 168: "¿Qué quiere decir la ley por medio del párrafo transcrito? ¿Acaso que la nación es la federación?". Y se respondía: si eso quiere decir, la ley parte de un "supuesto falso", porque la nación "no es más que el estado políticamente organizado y la federación, o mejor dicho, los poderes federales, no vienen a ser más que uno de los órganos por medio de los cuales la nación se manifiesta". Además, si eso quería decir, desmentía al artículo 40 de la constitución vigente que señalaba que la nación "se compone de estados libres y soberanos en cuanto a su régimen interior, pero unidos en una federación". Una ley, por último, no podía prevalecer por encima de la ley fundamental, es decir, la constitución.[73]

Los delegados estatales no dudaban en apoyar al gobierno federal en su esfuerzo por modernizar el sistema hacendario, en particular en el combate a la "anarquía". Pero no parecían comulgar con la idea de que extinguir la anarquía fiscal llevara a violar el pacto federal y la soberanía de los estados. Dicho de otro modo, a los ojos de las autoridades estatales había alternativas para acabar con la anarquía fiscal, pero el gobierno federal, no obstante sus tropiezos, se siguió de frente en medio de grandes impugnaciones. El nacimiento del *income tax* abre la posibilidad de asomarse a esas impugnaciones que muestran, además, la renuencia de ciertos sectores de causantes a la innovación fiscal.

[72] *Excelsior,* 22 jun 1926.
[73] *Excelsior,* 23 jun 1926.

4

EL IMPUESTO SOBRE LA RENTA, 1924-1925

> Limantour procedió atinadamente, de acuerdo con lo que el régimen porfirista quería y necesitaba. Hizo una Secretaría de Hacienda que fue un instrumento eficaz para la oligarquía [...] La política de Limantour era, más o menos, de estilo francés; algunos secretarios de Hacienda revolucionarios, le rasuraron las patillas al fantasma de Limantour y lo hicieron vestir trajes americanos. Con esto creyeron hacer una política hacendaria moderna y se creó el *income tax.*[1]

Ya se dijo que en las décadas que siguieron a la caída del régimen porfiriano las autoridades federales crearon nuevas fuentes de tributación. Sin embargo, hay un impuesto nuevo que destaca tanto por su contenido político e ideológico como por su aportación recaudatoria. Se trata del impuesto sobre la renta. Su jerarquía se explica por varias razones. Primero, porque era un impuesto que se consideraba "moderno" ya que gravaba el ingreso de los individuos y las utilidades de las empresas y en ese sentido era un impuesto directo.[2] Segundo, porque establecía el principio de progresividad, es decir, a mayor riqueza mayor tasa de tributación.[3] Tercero, porque era un impuesto

[1] Alvarado, "El extraño caso", 166.

[2] En un estudio de la SH, el modernismo de este impuesto era expresado de la siguiente manera: "se considera en el mundo civilizado como el fundamental en un sistema científico de impuestos [...]; es la expresión más completa del espíritu de justicia y democracia en la tributación". Servín, "Apuntes históricos", 3. Uno de los voceros de ese mundo civilizado, Jèze, se hacía la siguiente pregunta: "¿Por qué motivos se recurre al impuesto sobre la renta en los Estados modernos? [...] Para procurar al Estado 'más entradas' y entradas 'más elásticas'; para procurar al contribuyente 'mayor justicia'", Jèze, *Las finanzas,* 143.

[3] Este rasgo lo distinguía tanto del tributo colonial como de los impuestos de capitación que se implantaron durante el siglo XIX. El tributo sólo pesaba sobre los indios y su

al que se le atribuía una gran capacidad de generación de recursos para el erario (en cálculos preliminares hasta un tercio del total) y que permitiría, ya que cobraba más a los ricos que a los pobres, hacer de las finanzas públicas un instrumento de redistribución de la riqueza, una innovación notable en la historia fiscal del país. Y cuarto, porque era un impuesto nacional que en principio vinculaba a todos los mexicanos en edad productiva y a sus empresas al centro político del país por medio de la hacienda federal.[4] Por estas consideraciones es de hecho el principal impuesto nuevo del régimen político surgido después de 1910.

La vida de este impuesto comienza con la ley de ingresos para 1924 que introdujo dos conceptos nuevos, mismos que gravaban los ingresos por sueldos, salarios y emolumentos y las utilidades de las sociedades y empresas. Desde entonces creó un clima de aprensión entre algunos sectores.[5] Más adelante, en febrero de 1924 se expidió una ley para especificar la manera de cobrar esos nuevos impuestos.[6] En septiembre de 1924, Obregón se refería al *income tax* diciendo que "por su excelencia técnica, podrá constituir el núcleo de formación del futuro sistema". Además se le concedían otras virtudes: "será capaz —según el mismo Obregón— de sanar completamente nuestro anticuado y defectuoso sistema fiscal y realizar, por la vía pacífica, una reforma más valiosa que muchas de las que han sido escritas con sangre en nuestra Historia".[7] Como se ve, este gravamen era fuente inagotable de discursos radicales.

---

cuota era general, aunque con grandes variantes. En los de capitación, aplicables a todos los "ciudadanos", era frecuente que se establecieran rangos, con cierto sentido de proporcionalidad, mas no de progresividad. En el caso de los impuestos de capitación o de contribución directa también se exentaba a los de menores ingresos. Sobre estos impuestos en el Estado de México, véase Miño, "Fiscalidad", 39; Riguzzi, "El difícil camino", 230.

[4] En ese sentido se distingue de la propuesta de Rafael Nieto de 1918. Aunque señalaba que el impuesto sobre ganancias "debiera ser primordialmente federal", perfilaba otra manera de establecerlo: de los estados hacia la federación. "Es de esperarse —decía— que en un futuro próximo, generalizado ya el impuesto en la mayoría de los estados, se llegue a un plan por el que la federación y los locales combinadamente, apliquen el nuevo sistema". Nieto, *Más allá*, 275. Como se verá, Obregón y Calles invirtieron la estrategia.

[5] NAUS, 812.512/3106: nota de 17 ene 1924 de Thomas D. Bowman, del consulado general en México, al Departamento de Estado.

[6] *DO*, 5 ene y 26 feb 1924.

[7] *Los presidentes*, III, 620: informe de 1 sep 1924. Un año después, en su primer informe, el presidente Calles se refería a este gravamen diciendo que "puesto que alcanza hasta las más grandes fortunas y exime a los desheredados", tiene una "alta función redentora" puesto que traslada las cargas que han pesado sobre los pobres, a las recias espaldas de los ricos. Véase página 670.

Pero allí mismo Obregón daba cuenta de la amplia oposición que había generado su iniciativa. Los opositores habían llegado al "punto de proponer que se derogue y que [...] estarían dispuestos a pagar, duplicados, todos los impuestos del timbre".[8] Obregón no aludía a una de las principales razones esgrimidas por los inconformes: que el *income tax* se había establecido por decreto, gracias a las facultades extraordinarias de que gozaba el ejecutivo federal. Desde el 8 de mayo de 1917 el presidente de la república contaba con esas facultades en el ramo de hacienda, lo que le permitía expedir disposiciones de gran importancia, como las leyes anuales de ingresos y egresos y por supuesto las relativas a la creación de nuevos conceptos de ingreso. Estas facultades habían sido ratificadas en los años sucesivos y durante el periodo 1917-1946 se concretaron de modo mayoritario (92%) en disposiciones del ramo hacendario.[9]

Oposición de los comerciantes

Diversos sectores expresaron su inconformidad y hasta puede decirse que organizaron un frente de resistencia contra la medida gubernamental. Uno de los argumentos de la oposición eran las características que, según algunos, definían a un país compuesto en los hechos por una pequeñísima minoría. Quizá la forma más elaborada de esa postura sea la del ingeniero García, de 1929, reproducida en el capítulo anterior.

Ahora hay que ver detalles de esa nutrida inconformidad. Para ello se recurre al diario *Excelsior*, de la Ciudad de México, que dio cabida a diversas ma-

[8] Uno de los grupos que propuso un aumento transitorio de las tarifas del impuesto del timbre, en lugar del "ambiguo y desquiciador" impuesto sobre sueldos y utilidades, fue el de los comerciantes laguneros. Véase *Boletín Comercial*, 129, 31 may 1924, 6.

[9] Weldon, "El crecimiento", 24-25. El decreto de 1917 fue confirmado en diciembre de 1918 y más tarde en diciembre de 1922, aunque en esta ocasión se limitó a materia de ingresos; los egresos quedaron fuera de tales facultades. Véase DDD, 9 ene y 24 nov 1924. Ahora bien, el 8 de diciembre de 1923, en vista del levantamiento delahuertista, el ejecutivo federal obtuvo facultades extraordinarias en materia de Guerra, Gobernación y Hacienda, en este último caso sólo en materia de ingresos. Véase DDD, 8 dic 1923. En enero de 1924 Obregón solicitó declinar las facultades de Guerra y Gobernación, pero insistió en el "uso amplio" de facultades extraordinarias en el ramo de Hacienda. DDD, 9 ene 1924. Tal poder fue declinado por el ejecutivo federal en 1928. *Los presidentes*, III, 825: informe de 1 sep 1928. Allí Calles resalta las benéficas consecuencias de esa declinación en cuanto al orden y la disciplina fiscal, lo que podría ser un aliciente para los inversionistas. Más adelante, el ejecutivo volvió a obtenerlas.

nifestaciones de oposición a lo largo de 1924.[10] El 3 de marzo un editorial apuntaba que en México no podía establecerse dicho impuesto debido a la corrupción de la SH y de los propios causantes. Los impuestos ya eran excesivos y éste sería uno más, puesto que no derogaba ningún otro. Un "prominente hombre de negocios" declaró al día siguiente que el *income tax*, como se le nombraba, era copia del norteamericano pero sin contar con el principio de equidad que tanto había servido en aquel país. La ley era injusta e inequitativa: lo mismo pagaría un padre de familia que un soltero. Ante el rumor de fuga de capitales con motivo del impuesto, la SH se apresuró a informar acerca de sus bondades, según se leía el 8 de marzo. El plan oficial era derogar poco a poco los impuestos indirectos como el del timbre, cuya vigencia se extendería hasta que el "pueblo esté educado al pago de este nuevo impuesto". Como se ve, el nuevo régimen político se consideraba a sí mismo como agente capaz de sacar del letargo a una sociedad que era considerada conservadora en extremo. El día 9 las cámaras de comercio e industria aclaraban que no pedían la derogación del *income tax* sino sólo algunos ajustes. Pero no dejaban de manifestar su oposición considerando que, como repetían los enemigos de este impuesto en otros países, implicaba sacar a la luz los datos secretos de la contabilidad mercantil.[11] Exhortaban al gobierno a escuchar la voz de la "opinión pública" para transformar una ley "odiosa" en una ley "simpática". El 15 los comerciantes anunciaron que preparaban un estudio para mostrar que en lugar de utilidades habían tenido pérdidas, por lo que no pagarían el nuevo impuesto.

La Orden Mexicana de Abogados calificó el nuevo impuesto de anticonstitucional, antieconómico, perjudicial y ambiguo; al igual que algunos delegados a la convención catastral, cuestionaba además las facultades extraordinarias como base legítima del decreto en cuestión.[12] El 6 de abril si-

[10] Una reconstrucción detallada de este episodio de protesta tributaria se halla en Collado Herrera, *Empresarios*, 174-199.

[11] Según el artículo 33 del decreto de febrero de 1924, los causantes estaban obligados a presentar los "documentos o libros de contabilidad, que deben estar disponibles en los establecimientos [...] a fin de comprobar la exactitud de las manifestaciones". No en balde un experto señalaba en 1923 que este impuesto era muy "delicado" y "difícil de aplicar". Y añadía: "Para determinar las rentas reales de los contribuyentes, no hay más remedio que exigirles declaraciones y someterlos a la constatación por la administración, estableciendo severas sanciones para las falsas declaraciones y mostrándose implacable en la represión". Si el personal no es hábil, íntegro y prudente, el impuesto podía volverse "vejatorio y hacernos caer en la inquisición fiscal". Jèze, *Las finanzas*, 146-147.

[12] *Excelsior*, 1 abr 1924. En la edición del 8 de abril se reproduce el estudio del abogado Gonzalo Amparo, miembro de esa agrupación profesional. Califica de "teorías inicuas" las que sustentan la necesidad de impuestos progresivos.

guiente el mismo diario publicaba la postura de la que aparece como la fuerza opositora más destacada: los comerciantes organizados. Centraban su argumento en lo que llamaban la anticonstitucionalidad de las facultades extraordinarias otorgadas al presidente Carranza en mayo de 1917. Según los comerciantes, el artículo 49 de la constitución prohibía depositar el poder legislativo en una sola persona y que las facultades extraordinarias no podían transmitirse de un funcionario a otro. También alegaba que el impuesto recaería sobre una minoría "sin capital". Repetía el argumento sobre que el *income tax* ponía en peligro el secreto industrial y comercial, el crédito y violaba por ello los códigos de comercio y el penal.[13]

Además de combatir las facultades extraordinarias y de insistir en que la federación no podía crear impuestos directos, el dictamen de los comerciantes señalaba que ese impuesto, puesto que rebasaba el ámbito fiscal y era un "elemento de acción económico-social", podía llegar a transformar completamente el régimen de propiedad y llevarlo a su socialización, es decir, al "sistema de propiedad comunista o al de la propiedad del Estado". Eso iba en contra del individualismo, "el eje máximo sobre el cual ha girado y se ha engrandecido la humanidad, que llegó, gracias al individualismo, hasta el prodigioso grado de desarrollo en que se encontró en las postrimerías del siglo XIX y los albores del siglo XX".[14] Otro argumento era la injusticia del nuevo gravamen porque "no es ni puede ser de aplicación general". En el dictamen se estimaba que "el verdadero número de contribuyentes no pasará de 25 000, cuando hay en la nación millones de personas que obtienen utilidades". Y luego agregaba que la "ley se da en perjuicio de un número muy reducido de los habitantes de la nación".[15] El argumento sobre la minoría volvía a aparecer.

El 11 de abril un editorial del diario citado alegaba que las autoridades

[13] Por lo visto los comerciantes consideraron prudente dar a conocer el estudio primero a la prensa que a la propia SH. Se dice lo anterior porque el 7 de abril, es decir, un día después de haber sido publicado en la prensa, el presidente de la organización de comerciantes Pafnuncio Padilla y el secretario Pedro Gurrola M., enviaron el extenso dictamen a la SH. El documento, de 8 de marzo de 1924, se reproduce en *Memoria 1923-1925*, II, 458-477. Los editores de esta memoria lo titularon "Objeciones de la Confederación de Cámaras de Comercio de los Estados Unidos Mexicanos a la ley del impuesto sobre la renta", lo que es inexacto porque en 1924 se hablaba del impuesto sobre sueldos y utilidades.

[14] *Memoria 1923-1925*, II, 474-475. Este tipo de acusaciones a los promotores del impuesto, es decir, tildarlos de socialistas y de enemigos de la propiedad, también se apreciaba entre los sectores de derecha de los países mediterráneos y de algunos grupos en Estados Unidos. Véase Comín Comín, *Hacienda*, II, 950; Jèze, *Las finanzas*, 142.

[15] En *Memoria 1923-1925*, II, 473-474.

despreciaban a la opinión pública que se había manifestado en contra del nuevo impuesto. A fines de mayo la SH dio a conocer un documento que descalificaba las objeciones expresadas por distintos sectores, especialmente por los comerciantes de la Ciudad de México y Puebla. Con base en ese dictamen, que decía refutar una a una las observaciones de los comerciantes, el presidente de la república ratificó su postura: el impuesto seguiría vigente.[16]

De la respuesta gubernamental cabe destacar dos aspectos. El primero tenía que ver con la crítica al uso de la constitución de 1857 para impugnar un impuesto que no existía en año tan lejano. Por ello se afirmaba que el dictamen de los comerciantes "no es otra cosa que una serie de interpretaciones dogmáticas de la constitución de 1857". El segundo es la referencia a que "la mayor parte de las naciones cuenta ya con sistemas progresivos en sus impuestos", al margen de las críticas acerca de las presuntas implicaciones socializantes o favorables al comunismo. En ese sentido se subrayaba el alejamiento del viejo pensamiento liberal: "tratar igual a los desiguales es inicuo. Dar o exigir lo mismo a los iguales; tratar de diverso modo a los diferentes, esto es lo que dice la fórmula de la justicia. Y esto es lo que cumple el impuesto progresivo con la exención de gravamen para un mínimum de existencia (lo indispensable para cubrir las necesidades de la vida), con la tarifa graduada en forma ascendente (progresiva) que grava más al que gana más y menos al que percibe menos". En suma, no había sorpresas, porque "los defensores del sistema progresivo nunca han estado entre la burguesía, a quienes los impuestos indirectos, generalmente regresivos (gravan menos al que gana más), favorecen".[17]

Pero no obstante la postura federal la oposición continuó. El 12 de junio de 1924 la Confederación de Cámaras de Comercio ratificó su postura contraria al impuesto, insistiendo en la ilegalidad de los actos legislativos del ejecutivo. El 14 de junio el periodista Carlos Díaz Dufoo, luego de explicar la diferencia entre un impuesto proporcional y otro progresivo, concluía diciendo que los adversarios del *income tax* alegaban que cobrar tasas mayores a las grandes negociaciones industriales "es sencillamente poner trabas a la expansión económica de una nación".[18]

[16] *Excelsior*, 29 may 1924. El estudio de la SH fue elaborado por Ricardo Olivares y revisado por expertos como Manuel Gómez Morín y Pascual Luna y Parra, este último "miembro de esa Confederación de Cámaras de Comercio". Se halla en *Memoria 1923-1925*, II, 477-486.

[17] En *Memoria 1923-1925*, II, 484.

[18] Otro artículo de este fino opositor al impuesto aparece el 18 de julio. Allí lo califica de "pseudosocialista". Sobre el papel de Díaz Dufoo en esta polémica, véase Collado Herrera,

A principios de julio, quizá con la intención de dividir a los opositores, la SH daba cuenta del avance de las recaudaciones. El 4 de julio se informaba que en Tampico la recaudación ascendía a 16 000 pesos mensuales, suma aportada principalmente no por casualidad por las compañías petroleras, uno de los "enclaves modernos" de la economía mexicana, según se mencionó en el primer capítulo. Pero no dejaba de señalarse que en su mayor parte esa cantidad provenía de descuentos a sueldos. La existencia de grandes empresas con numeroso personal en nóminas probaba la viabilidad de esta nueva forma de tributación. Además de insistir en la derogación del nuevo impuesto, los comerciantes buscaban una entrevista con el presidente de la república al tiempo que promovían el recurso del amparo contra la medida del ejecutivo federal.[19] Día a día el periódico citado mencionaba nuevas cámaras inconformes, como la lagunera el 11 de julio, las de Tampico y del estado de Nuevo León el 21 de julio, la de la ciudad de Guanajuato el 26, la de Guadalajara el 28 de agosto y el 29 las de León, Celaya y Pénjamo. En un comentario crítico, que se refería incluso a la línea tildada de "conservadora" del diario *Excelsior*, publicado el 12 de julio, el autor de una columna señalaba que el rechazo de los comerciantes era natural, porque el nuevo impuesto los obligaba a pagar un impuesto que antes trasladaban al consumidor.

La división entre los empresarios se hizo patente a fines de julio. Mientras los comerciantes preparaban una magna asamblea para unificar posturas, la Confederación de Cámaras Industriales solicitó una prórroga en el plazo que vencía el 31 de julio para cubrir el impuesto. Además, en la edición del 30 de julio un redactor hacía cuentas por demás sugerentes: los industriales son como cinco y los comerciantes como mil, mientras que en importancia económica "son como mil a mil". Y agregaba: "se deduce que el gobierno puede aplicar a los industriales las sanciones que establece la misma ley con una facilidad que guarda la proporción inversa, es decir, 200 veces mayor que a los comerciantes, y obtener de esa aplicación iguales resultados económicos que si se detuviera a ejecutarla a cada uno de los comerciantes reacios". Dicho de otro modo, los industriales, cuyo número era muy inferior al de comerciantes, tenían menos posibilidades de oponerse al nuevo impuesto, pues el gobierno podía vigilarlos con mayor rigor. Además, la aportación industrial era tan significativa como la de los comerciantes. Si ello

Empresarios, 186. Esta autora lo llama "notable intelectual y destacado ideólogo de la élite económica".

[19] Varios de estos amparos se hallan en AGN-OC, exp. 121-H-S-3, por ejemplo el de la sociedad mercantil Melchers Sucesores, de Mazatlán, y el del "árabe" Jorge Gutiérrez Adi, apoderado de Adi Hermanos, ambos de septiembre de 1924.

era cierto, es claro que la SH obtuvo una ventaja al contar con la tácita aprobación o al menos con la "moderada disidencia" de los industriales, como dice una estudiosa.[20]

El último día del mes la SH aceptó ampliar el plazo para cubrir el gravamen, hasta el 30 de agosto. Con ello accedía a la petición de la cámara de industriales.[21] El 1 de agosto la SH anunció que las compañías petroleras habían empezado a pagar el *income tax*: una de ellas había entregado 250 000 pesos por el periodo marzo-agosto. Con este tipo de noticias la SH fortalecía su postura. El 2 de agosto el diario informaba que los organismos de comerciantes habían entregado un memorial al presidente de la república, destacando entre otros asuntos la violación de lo que llamaban el "secreto comercial", pues la "fiscalización que establece [...] traerá la imposibilidad de guardar reserva sobre muchos detalles que necesita el comerciante conservar en secreto, dependiendo de éste el éxito de los negocios". También alegaban la injusticia del impuesto, pues no era de aplicación general sino que se dirigía "cuando mucho" a 10% de la población nacional, "lo cual nos parece una gran falta de equidad". El 4 de agosto se informaba que el día anterior se había realizado finalmente la reunión con Obregón. Algunos se mostraban optimistas y confiaban en que el presidente acataría el reclamo de la "opinión pública".

Un sector poco beligerante en este asunto, el bancario, expresó su inconformidad por el hecho de que la ley del *income tax* excluía a los bancos con concesión federal y obligaba a los bancos particulares, según se leía el 13 de agosto.[22] El 29 de agosto, entre amenazas de los comerciantes de no presentar sus manifestaciones fiscales en el plazo prorrogado al 30 de agosto, el presidente Obregón expresó su postura en una carta dirigida a la cámara de comercio de Monterrey. Dijo que acceder a la demanda de derogación implicaría "desvirtuar su autoridad". Si se accedía ahora, en lo sucesivo ninguna ley fiscal podría promulgarse "sin que antes resolvieran los afectados su disposición o no con ella".

Era un asunto de poder. No por otra razón el 31 de agosto el diario comentaba que "esta ley no correría la misma suerte que la que ordenaba se pagara el impuesto del 1 al millar", refiriéndose al fracaso catastral visto en el capítulo anterior.

[20] Collado Herrera, *Empresarios*, 180, 192, 197.

[21] Debe decirse sin embargo que no todos los industriales estaban de acuerdo con el impuesto. Un Centro Industrial Mexicano, que agrupaba a los industriales de Puebla y Tlaxcala, se deslindaba de la postura de la Confederación de Cámaras Industriales. *Excelsior*, 13 ago 1924.

[22] Sobre esa distinción, véase *Memoria 1923-1925*, II, 454: circular 151 de 3 dic 1924.

La tensión aumentó conforme se acercaba el final de la prórroga concedida. Los comerciantes amenazaban con abstenerse de presentar sus manifestaciones y con cerrar sus establecimientos; algunos sectores obreros se manifestaban en contra de los descuentos de sus sueldos; algunos comerciantes extranjeros temían ser deportados por su oposición al impuesto.[23] Así se leía en las ediciones del 29 y 30 de agosto.

La SH no perdía tiempo. El último día de agosto señalaba que había largas filas de causantes pagando el impuesto. Pero los comerciantes no cejaban. A pesar de la desazón causada por la postura presidencial de fines de agosto, el 1 de septiembre se informaba que los comerciantes de Torreón, Puebla, Guadalajara, Toluca, San Luis Potosí y Monterrey habían acordado no acatar la ley del *income tax* y ampararse. Se informaba también que la Cervecería Cuauhtémoc, la Fundidora de Fierro y Acero y el Banco Mercantil, tres de las empresas más grandes del país, ya habían recurrido al amparo contra dicha ley. Anunciaban la posibilidad de un cierre de comercios en toda la república.

En una carta dirigida a los comerciantes laguneros, hecha pública el 2 de septiembre, Obregón contradecía los argumentos de los comerciantes en rebeldía. Primero rechazaba el así llamado "clamor público" contra el impuesto. Después advertía que si algunos comerciantes cerraban sus negocios, ya vendrían otros con "criterio más amplio y con menos prejuicios" a sustituirlos.[24] Ese mismo día se vertían declaraciones del secretario de Hacienda diciendo que el impuesto tan sólo sería reformado. También se incluían las advertencias de los "obreros rojos" referentes a su intención de abrir por la fuerza los establecimientos cerrados por los dueños opositores al *income tax*.

El 9 de septiembre el diario publicaba la respuesta dada por Obregón a la enésima solicitud de derogar el impuesto. Expresaba que su decisión de mantener el nuevo gravamen no era un asunto de amor propio sino resultado de la convicción de que era una medida correcta. Además, decía tener "conciencia plena" de que "no existe el verdadero sentir de la nación entera". Y luego desafiaba: "Si ustedes me convencen de que asciende a un 20% el número

[23] A mediados de octubre el presidente Obregón ordenó la expulsión del país de ocho comerciantes extranjeros residentes en Puebla que se destacaban por su militancia contra el *income tax*. Pero la intervención del cuerpo diplomático evitó la aplicación de la medida. Collado Herrera, *Empresarios*, 197-198.

[24] En respuesta, la agrupación lagunera afirmó que "nunca ha sido tan uniforme la reprobación nacional contra una disposición gubernativa". Calificaba de caprichoso el "afán lamentable [del presidente Obregón] de hacer pesar su voluntad, tuerta o derecha". *Boletín Comercial*, 136, 15 sep 1924, 3.

de habitantes afectados por la ley, estaré diligente en apoyar su derogación". Como se ve, Obregón cuestionaba la presunta capacidad de los comerciantes en cuanto a la representación de la nación o por lo menos de la opinión pública. Era un asunto entre gobernantes y comerciantes, cuyo crecido número no era suficiente para dejar de ser, después de todo, una minoría.

El gobierno federal estaba empeñado en la modernización, aun a costa de la oposición de los comerciantes. En una circular enviada a varios gobernadores, publicada el 12 de septiembre, Obregón ofrecía derogar lo más pronto posible el viejo sistema de tributación, para remplazarlo por el de la renta. Se refería en particular al "odioso e irracional" impuesto del timbre que pesaba sobre las ventas, lo mismo que la contribución federal. La circular pedía apoyo a los gobiernos locales en el esfuerzo por aplicar el nuevo gravamen. Al día siguiente, el día 13, los comerciantes anunciaron nuevas medidas, entre ellas la de imprimir 50 000 formas de solicitud de amparos. No daban mayor crédito a la oferta presidencial de derogar el impuesto del timbre, cosa que veían muy lejana. En eso tenían razón porque el impuesto del timbre a la compraventa no se derogó sino hasta 1948.

El mismo 13 de septiembre un dirigente de comerciantes de Matamoros aludía a un aspecto poco discutido: la "ingeniosa argucia" de Obregón de "obsequiar" 10% de la recaudación del impuesto en cuestión a los estados y otro tanto a los municipios, con el fin de obtener su apoyo. El dirigente no andaba tan errado porque dos años después esa medida sería derogada. Pero en su momento pareció funcionar. Ese día *Excelsior* informaba que todas las dependencias federales serían auxiliares de la SH en el cobro del impuesto y que 10 gobernadores habían brindado su apoyo al ejecutivo federal.[25]

El 14 de septiembre se informó de un nuevo frente en esta confrontación. Los comerciantes de Chihuahua habían solicitado a la legislatura local que se pronunciara contra el *income tax*, retomando el argumento, ya expuesto durante la convención catastral, de que dicho impuesto atacaba la soberanía del estado en virtud de que sólo a los gobiernos locales les competía establecer impuestos directos. En caso de que las legislaturas adoptaran la postura de los comerciantes, decía el redactor, el conflicto tomaría un cariz mucho más grave. El 19 de septiembre el gobierno federal endureció su posición: instruyó a magistrados, jueces penales y correccionales, notarios, procuradores de justicia, policías, alcaides para no atender a los morosos en el pago del impuesto en cuestión. Todavía más: el gobierno del Distrito Fe-

[25] Eran los gobernadores de Michoacán, Jalisco, Puebla, Coahuila, Nayarit, Sonora, Yucatán, México, Querétaro y Chihuahua.

deral ordenó a los tribunales no aceptar juicios de abogados que no hubieran cubierto el impuesto. Por supuesto que la Barra de Abogados se pronunció contra esa medida, calificándola de atentatoria de las garantías individuales. Pero extrañanamente al día siguiente, el 20 de septiembre, los notarios dieron un giro de 180 grados y acataron la resolución del gobierno capitalino. Los comerciantes se empezaban a quedar solos. El 22 de septiembre, a la vez que se aludía al primer amparo otorgado contra el nuevo impuesto en Puebla, se sabía también que la federación intensificaba la presión: los funcionarios del timbre de Saltillo no aceptaban facturas de exportación emitidas por comerciantes incumplidos.[26] A Obregón le debió haber dolido que la Cámara del Río Mayo anunciara su postura favorable a los comerciantes. El 23 de septiembre se leía que los comerciantes habían recurrido al Congreso de la Unión para solicitar la revisión de las facultades extraordinarias así como la derogación del impuesto. Aunque la movilización de los opositores era intensa, según la atención que le brindaba *Excelsior*, lo cierto es que también había signos de agotamiento: el 23 de septiembre por ejemplo se informaba que dos comerciantes de la ciudad de Puebla habían sido expulsados de la cámara por haber accedido a pagar el gravamen. Ese mismo día se anunció que a partir de octubre los cónsules mexicanos rehusarían "cualquier visamiento" de facturas de importadores radicados en México que no hubieran cumplido con esa ley.

El 24 de septiembre los opositores ganaron un punto importante: un juez federal de Monterrey amparó a la Cervecería Cuauhtémoc contra el impuesto. Al día siguiente, empero, se informó que el gobierno federal se había negado a pagar a sus proveedores incumplidos, además de que cualquier trámite ante ese gobierno requería una constancia de pago. Insistía la SH en que era crecido el número de contribuyentes que sí habían cubierto sus pagos, destacadamente las compañías norteamericanas cuyo pago en México las eximía del pago en su país. El 26 de septiembre se informó que las autoridades habían impedido el embarque de productos desde Pachuca, entre ellos pulque, por incumplimiento en el pago de este impuesto.

Desde el 15 de septiembre el *Diario Oficial* había publicado una circular de la SH en la que se establecía que todas las dependencias federales se convertían en auxiliares "para lograr la efectividad del pago del impuesto". Esta medida se hizo necesaria, según Pani, "para contrarrestar la violenta oposición desarrollada contra el impuesto y la resistencia pasiva que el mis-

[26] Queja similar, de 30 sep 1924, era la de los comerciantes de Santa Ana, Tlaxcala. AGN-OC, exp. 121-H-S-3.

mo encontrara".[27] Esa medida explica las notas sobre la administración del timbre en Saltillo, la de los cónsules, la de los notarios capitalinos, la de los proveedores y la de los pulqueros de Pachuca.

Además de cubrir los desórdenes ocurridos en Pachuca a propósito de la oposición al nuevo impuesto, en su edición del 6 de octubre el diario reproducía un memorial dirigido por los comerciantes al Congreso de la Unión, con el propósito de "estimular la actividad del poder legislativo a fin de que, con la preponderante fuerza moral de que dispone, por tratarse de los representantes del pueblo y con toda la fuerza política que le da el hecho de ser uno de los más altos poderes públicos", promoviera la derogación del impuesto. Quizá lamentaban ya que en México no hubiera un poder legislativo sólido, o al menos lo intuían. Se pronunciaban contra la "dictadura fiscal" prevaleciente durante los siete años anteriores, dadas las facultades extraordinarias del ejecutivo federal, y pedían que el congreso recuperara sus funciones y aprobara cada año las leyes de ingresos y egresos. Agregaban, en tono duro, que el *income tax* violaba la soberanía de los estados y convertía a los funcionarios locales en "humildes agentes subalternos de la administración fiscal federal"; además obligaba a los patrones y pagadores particulares a desempeñar "el generalmente odiado papel de publicanos". Señalaban que las facultades extraordinarias en el ramo de Hacienda, otorgadas al presidente en ocasión del levantamiento delahuertista, eran ilegales porque el senado no las había aprobado. Por último, pedían que en la ley de ingresos para 1925 el Congreso de la Unión excluyera al famoso impuesto. En suma, cuestionaban la medida federal apelando al federalismo. Cualquier argumento era bueno. Incluso en noviembre, cuando la tormenta había amainado, los comerciantes de Coahuila, en un memorial entregado a los diputados federales por esa entidad, aludían al contenido fiscal de la inconformidad de las 13 colonias inglesas en América que desembocó en la independencia de Estados Unidos y lo mismo decían del estallido de la revolución francesa. Así se leía en la edición del 7 de noviembre.

Pero la inconformidad decrecía. La inminente sucesión presidencial cambiaba las condiciones de la contienda. El 17 de noviembre se informaba que los congresos de Chihuahua e Hidalgo se habían pronunciado en contra de la vigencia del impuesto a las utilidades y sueldos en sus entidades. El de Chihuahua pedía el apoyo del resto de las legislaturas locales ya que iba de por medio la soberanía estatal y "por consiguiente, las instituciones políticas de la república". Poco después, el día 23, se aclaró que en el caso

[27] Véase *Memoria 1923-1925*, I, 147; también DO, 27 sep 1924.

chihuahuense la postura contraria al impuesto provenía de la iniciativa suscrita por un solo diputado, de apellido Ramírez, misma que había sido desechada por la mayoría, apelando a los intereses populares. El 18 de noviembre los comerciantes dirigieron fuertes críticas a la comisión de Hacienda de la cámara de diputados porque en un dictamen se cuestionaba la honorabilidad de ese grupo de hombres de negocios.

Diciembre no fue muy prolijo en noticias al respecto. Y las que hubo fueron desfavorables a la causa de los comerciantes. Sin duda el primer dato adverso fue la ratificación de Pani, el mejor impulsor del nuevo gravamen, como secretario de Hacienda; el segundo fue que los diputados federales ratificaron las facultades extraordinarias al ejecutivo en materia hacendaria, y el tercero apareció el 31 de diciembre, cuando se informó de la aprobación de la ley de ingresos, expedida con base en facultades extraordinarias y en la que por supuesto aparecía el impuesto sobre sueldos y utilidades.

El balance

Si se sigue con atención el diario *Excelsior*, puede decirse que la oposición se diluyó en los primeros meses de gestión del nuevo gobierno. Era claro que el gobierno federal no daría marcha atrás. Incluso el 16 de febrero de 1925, en una entrevista, Pani manifestó que posiblemente se tomaría la decisión de reducir las tasas en el impuesto del timbre, en vista de que el nuevo impuesto "está dando muchos mejores resultados de los que esperábamos".

La memoria de Hacienda se explaya sobre la inconformidad generada por el *income tax*. Primero señala que "pocas veces se ha manifestado un esfuerzo colectivo más bien organizado" como el que se generó en contra del nuevo impuesto. Luego de destacar el carácter agresivo de la oposición así como las "manifestaciones de pasiva resistencia o de algo semejante a lo que pudiera llamarse 'huelga de brazos caídos' ", agregaba

> Fenómeno interesante —y revelador de la profunda corrupción que ha existido entre nosotros en punto de administración fiscal— es el de que la oposición al impuesto no versara sobre sus cuotas ni sobre el sacrificio que el mismo significara. Era la idea la combatida, y no el sacrificio pecuniario.

Si los opositores se resistían a pagar el nuevo impuesto y para ello ofrecían pagar lo doble del impuesto del timbre era por "la facilidad de eludir su pago". El impuesto del timbre "ha adolecido siempre del vicio resultante de una pugna entre el fisco y los causantes". Para rehuir el pago, los causantes recurrían a diversos artificios. A su vez, como respuesta a esa corruptela, el fisco respondía elevando o creando nuevos impuestos. En esa carrera sin fin, el causante honrado era la víctima, pues debía pagar tributos con base no en su capacidad de pago, "sino en el concepto medio de la moralidad —mejor dicho de la inmoralidad— de la mayoría de los contribuyentes". Por ello, el pago de impuestos dependía no de la aptitud económica del causante sino de su habilidad para engañar al fisco. El impuesto sobre la renta pondría fin a "todas esas corruptelas", concluía con optimismo Pani.[28]

Se conoce también la opinión de Gómez Morín, expresada a mediados de 1924, respecto a la oposición de los comerciantes. Aunque no dejaba de reconocer ciertas deficiencias en el nuevo impuesto, señalaba enfáticamente que "toda la agitación que se ha promovido en torno del impuesto progresivo sobre sueldos y utilidades carece absolutamente de justificación política y no puede encontrar, tampoco, en términos generales, fundamento técnico alguno". Era un impuesto justiciero, rectificador y que cumplía con todos los requisitos técnicos, rasgo éste al que Gómez Morín atribuía gran importancia. Alegar la inconstitucionalidad del impuesto era "pueril": "ni en México ni fuera de México se ha llegado a establecer constitucionalmente, que yo sepa, una división precisa" sobre la competencia federal y la de los estados. Era más justificada la razón de inconstitucionalidad bajo el argumento de la falta de facultades del ejecutivo. Pero era absurdo aceptarla porque implicaba "la negación de la vida jurídica del gobierno nacional en un lapso, por lo menos, de 14 años". Lo que sí concedía Gómez Morín era la inoportunidad del nuevo impuesto, pero no por las razones esgrimidas por los comerciantes. Era inoportuno porque era un "parche de tela nueva en un traje raído", es decir, que implicaba la coexistencia de dos sistemas tributarios "inspirados en técnicas y en propósitos diversos".[29]

En este caso, como se vio, el gobierno federal sí se salió con la suya, dando un claro mentís a aquel empleado petrolero que en 1923 recomendaba la resistencia pasiva para enfrentar los decretos federales, considerando que el gobierno carecía de elementos pecuniarios y materiales para imponer nuevos impuestos. Y cabe preguntarse por qué en este caso la federación sí logró imponerse. La información disponible parece indicar que la oposición al

[28] *Memoria 1923-1925*, I, 143-144.

[29] AMGM, Personal, Correspondencia Particular, Daniel Aguilar R. 1922-1934: carta de 22 may 1924 de Gómez Morín a Aguilar. Krauze señala que Gómez Morín participó después en el diseño definitivo del impuesto sobre la renta. Véase *Caudillos*, 230.

income tax provino sobre todo del poderoso núcleo de comerciantes organizados, que sin embargo falló a la hora de atraer a su causa a los principales industriales, a los gobiernos estatales y al Congreso de la Unión.[30] En contraste, la oposición al impuesto predial tenía un cariz mucho más político, sin minimizar la oposición de los propietarios. Puede pensarse que los delegados de la convención catastral, en su calidad de representantes de los gobiernos de los estados, expresaron opiniones que recogían de cerca las posturas de los grupos políticos locales y sobre todo de los terratenientes. Además, esa convención se celebró en un momento político muy complicado, por el estallido de la rebelión delahuertista. De poco servía a la federación ganarse la animadversión de los gobiernos estatales en ese momento. Otro factor en contra del impuesto predial era que su promotor era ni más ni menos que el antiguo secretario de Hacienda, el entonces rebelde Adolfo de la Huerta. Pero de cualquier modo parece claro que en ese momento no era lo mismo enfrentarse a los estados que a un grupo empresarial, así fuera tan poderoso e influyente como el de los comerciantes. La aseveración de los comerciantes laguneros de 1924 sobre que, a diferencia de 1914, la "revolución tiene muchas limitaciones y la sociedad de México no se encuentra tan aturdida ni desorientada [y que] las autoridades son menos fuertes y los ciudadanos menos débiles", no había sido del todo cierta.[31]

Una vez diluida la oposición, la SH se siguió de frente. En marzo de 1925 se expidió la ley del impuesto sobre la renta, que hasta entonces comenzó a llamarse así , que derogaba los decretos del año anterior y que introducía varias innovaciones.[32] Pero también había continuidades, especialmente en materia de exenciones al rango inferior de ingresos (cuyo monto variaba según la cédula) y las deducciones, que en el caso de las empresas incluían las

[30] A los propios comerciantes les extrañaba su postura a favor de la soberanía estatal, defensa que como ellos mismos señalaban correspondía a los propios gobernadores. Así se lee en las "objeciones" ya citadas. *Memoria 1923-1925*, II, 463. Pero el mundo da vueltas: más adelante veremos a los comerciantes sumándose a la SH en contra de los estados a propósito de las alcabalas. Y ya antes se vio a los petroleros defendiendo la soberanía estatal con motivo del intento del predial federal y más adelante los veremos exigiendo a gritos la federalización de los impuestos a esa industria. Sin duda, el federalismo es un elemento retórico de gran elasticidad.

[31] *Boletín Comercial*, 137, 30 sep 1924, 7.

[32] El decreto es de 18 de marzo de 1925 y apareció publicado en DO, 2 abr 1925. Derogaba la ley de 21 de febrero de 1924 y los decretos que la reformaron. Una de esas reformas fue la supresión de la exención fijada por la ley de febrero de 1924 para los sueldos del presidente de la república, magistrados de la Suprema Corte de Justicia, diputados y senadores y demás funcionarios de elección popular. Pani, *La política*, 215.

amortizaciones, referidas exclusivamente a aquellos gastos "destinados a los fines del negocio"; una vez hechas estas deducciones se obtenía la ganancia gravable. En la cédula referente a sueldos, las deducciones consistían en restar una cantidad por cada dependiente del causante, hasta el tope de cuatro.

A diferencia de la ley de febrero de 1924, el decreto de 1925 establecía siete cédulas para gravar otras tantas actividades: 1. comercio, 2. industria, 3. agricultura, 4. créditos, 5. concesiones, 6. sueldos y salarios y 7. profesionistas liberales y artesanos. Además de dejar fuera a los ingresos más bajos, la tasa variaba según la actividad. Así por ejemplo los causantes de la cédula primera (comercio) pagaban entre 2 y 8%, mientras que a aquellos de la cédula sexta, sueldos y salarios, se les cobraba entre 1 y 4%. La tasa más alta era de 10% que correspondía a la cédula quinta (concesiones sobre explotación del subsuelo) y a los deportistas. Vale llamar la atención sobre el hecho de que en las cédulas sexta y séptima la ley establecía dos tarifas, la A y la B. Esta última se aplicaba a los causantes residentes en las localidades de donde se esperaba mayor recaudación: Distrito Federal, las ciudades fronterizas con Estados Unidos, Tampico, Tuxpan, Progreso y Mérida. Y esa tarifa, alegando el mayor costo de la vida, era más benévola, tanto porque aumentaba el tope del ingreso exento como porque aplicaba tasas menores en los primeros 11 rangos de ingreso. Por otro lado, los causantes que tuvieran ingresos por varios conceptos debían pagar los impuestos de manera separada. Eso lo distinguía del modelo adoptado en Estados Unidos, Francia y Bélgica que contemplaba la acumulación de ingresos provenientes de distintas actividades.[33] Como se vio, en México hubo que esperar hasta la década de 1960 para adoptar el procedimiento de gravar los ingresos acumulados.

No deben dejarse de lado las participaciones a las haciendas locales. El artículo 4 establecía que del producto del impuesto, 10% correspondía al estado y otro 10% al municipio "donde se cause". Tal participación empero estaba condicionada a la supresión de las mismas fuentes de ingreso o bien a la reducción de tarifas de tal modo que la recaudación se redujera en una cantidad aproximada al 10% que esta ley les otorgaba. Pero esta participación fue un verdadero problema porque era muy difícil calcular el monto correspondiente a cada estado y municipio en la recaudación de impuestos cobrados a grandes empresas cuyas instalaciones y actividades involucraban a varias de esas entidades políticas.[34] Por esas dificultades, en la ley de ingresos fede-

[33] Jèze, *Las finanzas*, 152.

[34] SHCP, *Segunda convención*, I, 173-174. Al parecer, la oferta de entregar participaciones en este impuesto generó grandes expectativas. En septiembre de 1925 el presidente municipal de Tampico, alegando la pésima situación económica por la pérdida "hace largos años"

rales de 1926 se dio marcha atrás en el sistema de participaciones. Como resultado, los estados tuvieron razones para establecer sus impuestos sobre este rubro de la riqueza pública, nutriendo así la concurrencia fiscal, pero también tuvieron evidencias de que los ofrecimientos y acuerdos con la federación eran frágiles en extremo. Así lo expresó uno de los delegados a la convención minera de 1926, que no ocultaba su insatisfacción por el mecanismo de las participaciones fijados en la ley minera: "cuando la federación quiera, puede derogar la ley que se estaba discutiendo y los estados quedarán sin esa participación, como sucedió con la del *income tax*".[35]

México se sumaba así a la ya considerable lista de países que antes de 1924 habían creado este impuesto: Inglaterra, Suiza, Prusia, Austria, Estados Unidos, Canadá, Francia, el imperio alemán, Italia, Bélgica y pocos años después Argentina, España y Brasil. Quizá los funcionarios mexicanos conocían más de cerca la experiencia norteamericana cuya hacienda federal, previa enmienda constitucional, lo había adoptado en 1913, o la de Francia, que lo había creado en plena guerra mundial.[36] Era un indicio más de la concepción prevaleciente en varios países occidentales acerca de las bondades del impuesto directo y progresivo: "el impuesto sobre la renta goza en el momento actual en el mundo entero de gran popularidad."[37] Como se dijo, las autoridades hacendarias mexicanas estaban muy atentas a esas innovaciones. No en balde se le conocía por su nombre en inglés y estaban familiarizados con el intento del ministro Pitt que lo propuso al parlamento inglés en 1798, los intentos alemanes después de la revolución de 1848, su contribución a la formación de la república italiana después de la guerra civil, su vigencia durante la guerra civil norteamericana, la dificultosa experiencia francesa y la adopción definitiva en el ámbito federal en Estados Unidos en 1913.[38]

de la participación aduanal, solicitaba un anticipo de 100 000 pesos a cuenta de las participaciones en el impuesto sobre la renta. FAPEC-FT, PEC, exp. 45, leg. 1, inv. 4322, ff. 93-94: telegrama de 23 sep 1925 de F. Martínez Rojas a Calles.

[35] *Excelsior*, 25 jun 1926. En la edición del 30 de junio siguiente apareció la solicitud suscrita por los delegados estatales a la convención minera solicitando la reinstauración de la participación en el *income tax* y su liquidación inmediata. Solicitaban incluso organizar otra convención para reglamentar la ley del impuesto sobre la renta, "sobre bases de equidad y cooperación".

[36] Gómez Morín *et al.*, *Taxation*, 5; Nieto, *Más allá*, 272.

[37] Jèze, *Las finanzas*, 141.

[38] Por ejemplo, Nieto, *Más allá*, 271-272. Una obra que muestra las dificultades para establecer el principio de progresividad en el *income tax* de Gran Bretaña es la de Shehab, *Progressive Taxation*.

La importancia del impuesto sobre la renta no sólo se explica por su criterio de progresividad, que en general es lo que se subraya una y otra vez. Si bien no puede dejarse de lado ese rasgo, es quizá más significativo el hecho de que el gobierno federal logró por primera vez establecer un impuesto directo, válido a lo largo y ancho del territorio nacional, y no sólo en distritos o territoriales federales, como ocurría en el siglo XIX. En ese sentido modificó drásticamente uno de los acuerdos fundamentales del arreglo político vigente hasta entonces, expresado en el principio no establecido en la constitución pero sí en los discursos de las autoridades locales de que a los estados les correspondían los impuestos directos y a la federación los indirectos. En adelante, ésta tendría facultades para inmiscuirse en los intereses de las oligarquías locales, tan reacias a lo largo del siglo XIX a aceptar ese trato con el gobierno general.[39] En otro sentido, con el *income tax* todos los "mexicanos", al menos formalmente, pasaban a ser contribuyentes de la federación, lo que representaba un mecanismo de unificación nacional y de fortalecimiento del sentido de nacionalidad. Uno de los problemas, empero, era que los causantes de ese impuesto, a diferencia de los que pagaban el tributo colonial, eran una auténtica minoría, formada acaso por los verdaderos ciudadanos. En eso no había singularidad mexicana. En Estados Unidos, hasta la segunda guerra mundial, el impuesto sobre la renta pesó también sobre una minoría.

Conviene revisar este aspecto más de cerca. Según una investigación norteamericana de 1928, el gobierno mexicano estimaba que en el futuro la aportación del impuesto sobre la renta alcanzaría entre 30 y 35% del ingreso, estimación que sería rebasada años más tarde (véase el cuadro 2). El gravamen obtuvo rápidos resultados, pues su aportación pasó de 3.7 a 17.4 millones de pesos de 1924 a 1927, es decir, de 0.9 a 6% del ingreso federal total de esos mismos años. Ya en 1927 había 133 339 causantes, la mayor parte de ellos (61%) comerciantes y banqueros, aunque los más importantes en cuanto al monto de su aportación eran los industriales, con 41% del total.[40] Sin embargo, el nivel de recaudación alcanzado en el periodo callista se vio reducido en los años sucesivos, hasta 1933, por efecto de la depresión mundial, pero no sólo por ello sino porque el nuevo gravamen no se escapó de los usos y costumbres prevalecientes en torno al manejo de la tributación en el país. Esto último debe explicarse con detalle.

[39] Carmagnani, "El liberalismo", 485. La decisión de la SH de diciembre de 1933, mencionada en el capítulo 1, acerca de que los principales causantes del país debían ser atendidos por las oficinas de la Ciudad de México, podría verse como una expresión administrativa de este nuevo arreglo.

[40] Sterrett y Davies, *The Economic and Fiscal Condition*, 42-43, 50.

A fines de 1930 el ejecutivo federal volvió a solicitar facultades extraordinarias en materia de hacienda para introducir modificaciones a diversas leyes fiscales, entre ellas la del impuesto sobre la renta. La cámara de diputados aprobó esas facultades por unanimidad (de 88 votos) el mismo día en que se presentó la solicitud. Con ese respaldo legal, la SH estableció un mecanismo para determinar automáticamente el monto de los ingresos brutos del comercio, la industria y la agricultura, según las declaraciones correspondientes a 1930 o del primer semestre de 1931.[41]

Esas reformas provocaron diversas protestas. En el informe presidencial de 1931 se señalaba que la oposición de industriales, comerciantes, agricultores y mineros se expresó en una nueva convención cuyo objetivo era solicitar la derogación de esas modificaciones. La cámara de comercio de Jalisco, por ejemplo, señalaba que "no es razonable ni equitativo suponer un coeficiente forzoso de utilidades sobre determinado capital invertido y establecer sobre ellas un impuesto que indebidamente continúa llamándose 'sobre la renta' ". Según esa opinión, las reformas de diciembre de 1930 lo habían convertido en un impuesto sobre el capital. Pero el gobierno federal no cambió de opinión.[42]

Y no es que el gobierno federal estuviera satisfecho con la trayectoria del impuesto en cuestión. En 1933 la SH, en voz del subsecretario Marte R. Gómez, hacía notar que su aplicación "ha venido pervirtiéndose y aproximándose al inconveniente sistema de impuesto del timbre".[43] Para otros, dicho impuesto se había transformado en realidad en una carga sobre los trabajadores, según se desprende de la demanda del Partido Nacional Revolucionario. En el plan sexenal de 1934 se podía leer que

> El impuesto sobre la renta, que ha venido desvirtuándose hasta convertirse en un gravamen que tiene por fuente principal la renta del trabajo asalariado, por ser los causantes relativos los únicos que no pueden evadirlo, y que en lo que respecta al comercio, la industria y la agricultura, ha llegado a semejarse a los impuestos de patente, debe ser reorganizado, tanto para corregir estas desviaciones, cuanto para eliminar los defectos que desde su implantación en nuestro país ha presentado. En consecuencia, se procurará que grave la renta real; que alcance a utilidades y beneficios que actualmente escapan, y afecte las rentas

[41] *DDD*, 29 dic 1930, 6, y 1 sep 1931, 18-19.

[42] *Los presidentes*, III, 1060-1061: informe presidencial de 1 sep 1931. La queja jalisciense en SHCP, *Segunda convención*, III, 422.

[43] FAPEC-FT, PEC, exp. 88, leg. 2, inv. 2400, f. 74: "Puntos de vista de la SH en materia del plan sexenal", de 10 oct 1933.

provenientes del capital, en proporción mayor que las derivadas del capital y del trabajo y las de este último en proporción todavía menor.[44]

Las quejas sobre la preponderancia de la aportación de los trabajadores y empleados al impuesto sobre la renta han tenido larga vida. Una nota aparecida apenas unos días después de haber entrado en vigor, daba cuenta del avance de la recaudación. El 15 de marzo de 1924, *Excelsior* informaba que ya había noticias de la primeras recaudaciones del *income tax* en el rubro de salarios, en contraste con las dificultades habidas para captar pagos por concepto de utilidades. Una denuncia de 1929 señalaba que el impuesto en cuestión sólo se cobraba a los que "trabajan en las grandes negociaciones organizadas y en los que tienen vigilancia directa los agentes del gobierno". Y se agregaba que "la mayoría de los causantes [...] están fuera de la acción fiscal del gobierno".[45]

Estos indicios dejan ver un rasgo constante en la historia de este impuesto en México, a saber, de cómo su cobranza podía llegar a depender del empeño de los funcionarios de la SH. Vale la pena exponer dos ejemplos contrastantes. El primero es el siguiente: a mediados de 1934 el secretario de Hacienda Gómez escribía al general Calles para exponerle la situación fiscal de la compañía ferrocarrilera del Sud-Pacífico, "que se trata de uno de los muchos casos en que el manejo del impuesto sobre la renta se llevó al régimen de tarde, mal y nunca". Dicha compañía había omitido la retención de una parte del impuesto pagado en Estados Unidos por alquiler de equipo, lo que constituía una falta. Pero luego el secretario añadía que "la negligencia es imputable a nuestro personal y que los recargos que podían ser lo verdaderamente alarmante para la empresa se los despacharemos en una forma satisfactoria". Este trato "satisfactorio" tal vez se aclare con el siguiente párrafo de la misiva: "De un modo general y para terminar, quiero asegurarle a usted que veremos a la empresa del Sud-Pacífico bajo el prisma que usted nos la presentó de negociación preocupada por ayudar al desenvolvimiento del país y por cooperar con las autoridades facilitándoles su misión". Cabe preguntarse por lo menos por qué la negligencia era adjudicada a la SH y no a la empresa y qué significaba el "prisma" con que la SH "vería" a una compañía que por lo visto guardaba muy buenas relaciones con el general Calles. El segundo ejemplo proviene de las memorias de un secretario de Hacienda,

[44] *Plan sexenal*, 102. Desde "En consecuencia" el texto sigue muy de cerca la redacción del documento del subsecretario Gómez citado en la nota anterior.

[45] AGN-EPG, exp. 1/923: recorte de 11 ago 1929 de *El Universal Gráfico*.

Suárez. Dice que durante 1935 sostuvo negociaciones con las compañías petroleras para aumentar el cobro del impuesto sobre la renta, haciendo el cálculo del ingreso gravable no sobre contratos, sino sobre precios de mercado. La SH se impuso y logró incrementos sustanciales en los ingresos, a tal punto que al término de ese año se había alcanzado un superávit de más de 30 millones de pesos.[46] A fines de 1948 en una revista especializada se señalaba que era "tiempo ya de que el gobierno de México reoriente su política fiscal con fines más sociales y en forma más progresiva. Es una tragedia nacional el que individuos de altísimos ingresos no paguen casi ningún impuesto a la renta [...] Esta condición de la política fiscal no encaja de ninguna manera dentro de los postulados sociales de la revolución mexicana [...] La carga impositiva federal es harto regresiva".[47] En la década de 1970 una estudiosa que buscaba caracterizar la política fiscal del gobierno federal en las décadas anteriores argumentaba precisamente las desiguales aportaciones de los diversos tipos de causantes de este impuesto.[48] Y esto es importante porque la recaudación rebasó las expectativas de sus creadores, como lo afirmaba Pani a principios de 1925.[49]

Estas referencias parecen mostrar que, no obstante sus principios pro-

[46] FAPEC-FT, PEC, exp. 88, leg. 9, inv. 2400, f. 450: carta de 11 jun 1934 de Gómez a Calles; Suárez, *Comentarios*, 104-105. Tal vez en el empeño de Suárez influyó la división entre las empresas petroleras. El Águila, de capital británico, siempre se mostró más dispuesta a cubrir sus impuestos. Véase Brown, "Empresa y política", 330-331. Por otro lado, el trato benévolo de la SH a la compañía ferroviaria contrasta con la firmeza con que esa dependencia trataba a otros causantes, por lo menos a la compañía azucarera Almada de Sinaloa en 1931, que era obligada a cubrir sus adeudos fiscales so pena de rematar sus bienes, y a la compañía cigarrera El Buen Tono, de la Ciudad de México, que había desobedecido el decreto que prohibía la producción de cajetillas de más de 16 cigarros y que por ello se había ganado una multa de 39 000 pesos. Como en otras ocasiones, estos obreros tabacaleros intercedieron por su patrón. FAPEC-FT, PEC, exp. 1, leg. 5, inv. 3783, ff. 253-254: telegrama de 7 dic 1931 de Calles a Montes de Oca, y exp. 88, leg. 7, inv. 2400, ff. 309-310: carta de 6 ene 1934 de Gómez a Calles.

[47] Editorial de la *Revista de Economía*, XI:10 (15 oct 1948), 18. En el número de 15 de enero siguiente, la revista comentaba las reformas recientes a la ley del impuesto sobre la renta que habían suprimido la "nobleza privilegiada de los causantes": las instituciones crediticias y de seguros.

[48] Navarrete, "La evolución", 49-52; también, Izquierdo, *Política*.

[49] Los mejores años de este impuesto fueron 1969 y 1976, cuando aportó 44% del ingreso total por impuestos federales. Cálculo basado en *EHM*, II, 650. Además era un impuesto barato: en 1925 el personal que atendía la oficina respectiva sumaba 51 empleados, con un presupuesto anual de 142 168 pesos; en 1950, cuando la recaudación superaba los 700 millones de pesos, el personal había crecido a 821 y el presupuesto a poco más de dos millones de pesos. *Memoria 1953*, II, 111 y 114.

gresistas y el tono subido de las declaraciones de Obregón y Calles, este impuesto se convirtió en los hechos en un nuevo espacio de negociación entre la SH y los diversos tipos de causantes, es decir, se recreó el principio de la negociación que iba en contra de los ideales liberales referentes a la igualdad, equidad y generalidad del régimen tributario. Por ejemplo, y a reserva de que futuras investigaciones lo confirmen, no parece casual que la aportación de este impuesto al ingreso tributario federal haya aumentado de casi 7% entre 1928 y 1930 y de 6% en los peores años de la depresión mundial (1931 y 1932), a más de 11% durante el gobierno cardenista, que quizá fue más empeñoso en su cobranza.[50] Por lo mismo, puede pensarse que en ese ámbito persistía la consideración sobre el poderío y la jerarquía de los diversos tipos de causantes.[51] Se trata del ámbito íntimo de la relación entre poderosos que por ahora sólo puede deducirse y que sin duda la revisión acuciosa de archivos permitirá reconstruir con todo detalle. Como parecen sugerirlo estos indicios, la SH fue más exigente con los causantes por sueldos y emolumentos que con los del capital.

No obstante estas deficiencias, la singularidad de la experiencia mexicana en esta materia debe resaltarse. Si en Inglaterra se creó y se extinguió en diversas ocasiones y en una de ellas el parlamento ordenó quemar todos los archivos correspondientes para no perpetuar su memoria; si en Estados Unidos el establecimiento de este impuesto obligó a hacer una enmienda a la constitución, y si en Francia se requirieron 60 años y una guerra mundial para imponerlo, puede decirse que en México el nacimiento de este nuevo impuesto fue relativamente simple. En México nació por decreto presidencial, con base en las facultades extraordinarias otorgadas por el poder legislativo. En Argentina se estableció también por decreto de un gobierno provisional en 1932. Un estudioso decía al respecto:

> La cuestión relacionada con el establecimiento de nuevos impuestos es una de las más delicadas dentro de la organización institucional en un país que, como el nuestro, han adoptado las formas democráticas de gobierno. Las cargas impo-

[50] Cálculos basados en *EHM*, II, 650.

[51] Esta aseveración se relaciona estrechamente con la conclusión de un estudioso: "El fraude es pues un poderoso instrumento de estructuración social, en la medida en que no todos los individuos tienen las mismas posibilidades de ejercerlo: según la clase social a la que pertenecen y según la red de relaciones sociales en la que se hallan inmersos, defraudan o no defraudan, lo hacen en mayor o menor medida, en un sentido o en otro. Y al hacerlo ponen a prueba su poder, su riqueza, sus vínculos y su influencia". Pro Ruiz, "El poder de la tierra", 199.

> sitivas no pueden ser establecidas allí sino mediante el consenso general de la población. Y cuando esa voluntad general no se manifiesta en forma directa, como ocurre en determinados y limitados cantones o estados extranjeros, es el representante directo de esa voluntad popular —entre nosotros, el parlamento— quien debe resolver sobre el establecimiento de nuevas cargas impositivas o la modificación de las existentes. No se justifica entonces cómo un gobierno de hecho ha podido crear por decreto todo un sistema rentístico destinado a tener honda repercusión en la economía del país. Debe hacerse notar que la opinión pública no ha sido consultada para nada, contrariando las prácticas de uso en todo país democrático en que las reformas legales son precedidas de una amplia discusión pública, periodística, parlamentaria, etc. [...] Felizmente el nuevo gobierno legal se ha encauzado por el camino que corresponde sometiendo al congreso la consideración del plan impositivo.[52]

Las semejanzas con el caso mexicano son notables, pero también las diferencias. Un aspecto subrayado por el estudioso argentino, lo democrático de la participación del congreso en la definición del sistema rentístico, sirve para aclarar las ideas. Gómez Morín decía en 1924 que el gobierno mexicano llevaba 14 años funcionando al margen de algo que pudiera denominarse "normalidad democrática", cosa que a personajes como al secretario Pani no parecía importarles demasiado. La democracia mexicana, diría Pani apoyándose en Seligman, se demostraba con la vigencia del impuesto sobre la renta, mismo que repudiaban los déspotas. Ya Bustamante se sumaría a esta peculiar noción de modernidad y civilización diciendo en 1926, como se vio, que ese impuesto era quizá la única ganancia que había logrado la revolución de 1910 hasta entonces.

[52] Trevisan, *Reforma*, 216-217. Sobre el establecimiento de este gravamen en España, en diciembre de 1932, véase Comín Comín, *Hacienda*, II, 938-966; sobre el contexto de su creación en Brasil en 1934, véase Murilo de Carvalho, "El federalismo", 45-48.

5

LA GRAN DEPRESIÓN, INNOVACIONES FISCALES Y AFANES CENTRALISTAS, 1929-1942

En la secuencia de fracasos, indiferencias, inconformidades, escollos y logros que pueden apreciarse en los primeros años de este proyecto modernizador, el gobierno federal buscó otros caminos para avanzar en la resolución del problema fiscal. Ante la renuencia de los estados y del Congreso de la Unión a aceptar las propuestas de la SH, ésta recurrió a la manipulación de sus recursos tributarios. Esta vertiente también arrancó en tiempos de Calles y continuaría en los años siguientes.

En 1928 el presidente Calles explicaba que el "desorden fiscal es cada vez más grave en el país" y que por ello se había autorizado a la SH a crear impuestos federales y a dar a los estados una participación en ellos, mediante la firma de convenios, "para lograr una armonía en la tributación".[1] Eso entrañaba un drástico cambio de rumbo en el quehacer de la federación. Al fracasar la opción de las reformas constitucionales, derivada de la primera convención fiscal, la SH decidió impulsar de manera gradual la federalización de diversas fuentes tributarias. Desde 1928 ese esfuerzo se realizó sin contar con facultades extraordinarias en el ramo, salvo las otorgadas en 1931 para equilibrar las finanzas ante el impacto de la crisis mundial. Aunque hubo intentos para realizar una segunda convención, ésta sólo pudo celebrarse hasta marzo de 1933, ya con Pani nuevamente al frente de la SH.[2] La realización de esta convención no modificó la estrategia general. En lo sucesivo, los cambios se harían en corto, rama por rama. Quedaba atrás la pretensión de reformar la constitución para resolver de golpe el problema fiscal de la república. Sólo hasta después de la segunda guerra mundial habría un intento más o menos similar al de 1926.

[1] *Los presidentes*, III, 829-830: informe de 1 sep 1928.

[2] El secretario Luis Montes de Oca (1926-1932) intentó organizar una segunda convención a fines de 1930, con el propósito de conocer los efectos que había tenido la primera, pero se ignora por qué no se realizó. AMGM, Personal, Correspondencia Particular, Daniel Aguilar 1922-1934: carta de 7 oct 1930 de Aguilar a Gómez Morín.

Este capítulo trata esta otra vertiente del proyecto de modernización fiscal, luego del intento de 1926. En el primer apartado se detalla el esfuerzo realizado por medio de la contribución federal. En el segundo se describen los cambios en materia de gran industria, lo que en la jerga especializada se conoce como "impuestos especiales". Y en el tercero se discute la fiscalidad en torno a la explotación de los recursos naturales y el impacto de la expropiación petrolera. Esta última medida reforzó la jurisdicción federal en el rubro y la dotó de nuevos atributos.

En términos cronológicos la exposición de esta vertiente del quehacer hacendario federal lleva a mostrar una continuidad desde fines del periodo callista hasta los primeros años del gobierno de Manuel Ávila Camacho. Un corolario de tal continuidad es que en el terreno tributario los periodos presidenciales no parecen tener sentido. La permanencia de Montes de Oca al frente de la SH desde 1927 hasta principios de 1932, lapso en el que hubo tres presidentes, y de Eduardo Suárez entre 1935 y 1946, años en los que aparte de haber dos presidentes hubo una ruptura notable en el rumbo de la política general del Estado mexicano, son indicios que refuerzan esa aseveración.

El manejo de la contribución federal

Al igual que en la década de 1890, cuando la SH ofreció restringir el alcance del impuesto del timbre sobre el consumo de algunos artículos para acabar con las alcabalas, a fines de la década de 1920 el gobierno federal hizo uso de sus recursos fiscales para avanzar en la modernización del sistema tributario de la nación. En esta ocasión la SH decidió manipular la contribución federal, es decir, el sucesor del contingente establecido en 1824 en la primera república federal para apuntalar la hacienda del gobierno general y que obligaba a estados y municipios a entregar un porcentaje de sus entradas a la federación. Como se vio, desde 1861 llevaba el nombre de contribución federal y el porcentaje había variado en numerosas ocasiones, hasta llegar a un máximo de 60% en tiempos carrancistas. Ya se verán algunas de las implicaciones de la vigencia de este gravamen decimonónico hasta bien entrado el siglo XX.

En 1930 el presidente de la república explicaba el sentido de la manipulación de la contribución federal:

> La convicción acerca de la existencia de una verdadera anarquía fiscal en los estados y municipios determinó al ejecutivo a seguir su política de exenciones par-

ciales de la contribución federal del 20% a las entidades federativas que han venido coordinando su legislación fiscal con la federal.[3]

En este caso, la modernización de la hacienda pública se refería esencialmente a la "racionalización" de las haciendas locales. En ese intento el gobierno central enfrentó diversas dificultades para irradiar sus luces modernizadoras a las entidades federativas, lo que habla quizá de una debilidad de la federación más acentuada de lo que generalmente se reconoce.

La ley de ingresos para 1929 introdujo el enésimo cambio en la tasa de la contribución federal, que bajó de 25 a 20%. Pero más importante que esa reducción fue el inicio de un programa de exenciones a aquellos estados que "modificaran sus sistemas hacendarios de acuerdo con la orientación que fijara la SH". ¿Qué significaba esa orientación?

La manipulación de la contribución federal tenía varios antecedentes porfirianos. Pero había otro mucho más reciente: entre 1925 y 1927 la SH había derogado el pago de la contribución federal a los impuestos estatales relativos a las industrias de hilados y tejidos, minería y tabacos, que duplicaban los impuestos federales sobre las mismas industrias. También eliminó dicha carga a los impuestos locales destinados a la educación y a caminos. Sin embargo, los resultados no fueron los más idóneos. Primero porque los estados se apresuraron a aprovechar esas rebajas para elevar sus propios gravámenes y aumentar así sus ingresos, y segundo porque la SH vio disminuida su recaudación. Alarmada por esa baja, la SH modificó su política: canceló las exenciones mencionadas y como se dijo redujo la tasa general de la contribución federal de 25 a 20% y decidió emprender al mismo tiempo un programa de subsidios a los estados con base en ese gravamen. El autor del estudio que sirve de base para este párrafo no duda en afirmar que este último cambio de rumbo de la política fiscal se hizo sin "una meditación seria de las consecuencias".[4] Más aún, a juicio de este funcionario de la SH, el gobierno federal "demostraba en esa forma su indecisión en lo que se refiere a la manera de solucionar los problemas fiscales del país". Según este autor, los estados se resistían a perder los ingresos resultantes de las exenciones federales y por ello "gestionaron" ante el Congreso de la Unión la aprobación de un

[3] *Los presidentes*, III, 984: informe de 1 sep 1930.

[4] La fuente de este párrafo es la ponencia elaborada por Eduardo Bustamante, miembro de la delegación federal a la segunda convención fiscal, relativa al "impuesto sobre el comercio y la industria". SHCP, *Segunda convención*, III, 279-356; véase también *El Universal*, 18 ene 1929.

mecanismo que permitiera al ejecutivo federal eximir a algunos impuestos locales de dicha carga.[5]

A cambio de exenciones en la contribución federal, los estados debían adoptar las políticas federales que en resumen se referían a lo siguiente: a) derogar los impuestos prohibidos a los estados por el artículo 117 de la constitución, es decir, los gravámenes a la circulación de mercancías (alcabalas) e impuestos de contenido proteccionista frente a productos provenientes de otras entidades; b) cancelar franquicias fiscales a personas o negociaciones que favorecieran a determinados causantes, y c) cancelar contratos o arrendamientos con personas o corporaciones para efectos de recaudación fiscal.[6] Gómez Tagle agrega que "la oportunidad no podía ser más propicia" para lograr la "racionalización" de los sistemas fiscales de estados y municipios. Prueba del interés de los estados por obtener ese privilegio es el hecho de que todos lo solicitaron, salvo el territorio de Baja California Sur y San Luis Potosí.

Pero el intento de alcanzar el descuento significaba que los estados aceptaban una revisión acuciosa del aparato fiscal local por parte de la SH.

Como resultado de esos trabajos, en Tamaulipas se encontraron innumerables defectos y prácticas alejadas del modelo modernizador. La carencia de una ley anual de ingresos, inequidad en la imposición y desproporción tributaria con respecto a las características de la economía local, eran algunos de ellos. Además se carecía de catastro, el impuesto de patentes se destinaba a educación pública, lo que contradecía la moderna técnica fiscal; el impuesto sobre profesiones y ejercicios lucrativos invadía el federal sobre la renta y así sucesivamente. El otorgamiento de la exención parcial a esta entidad por parte de la SH obligó a las autoridades tamaulipecas a adoptar reformas legales y hasta constitucionales.[7] En el mismo sentido, en Veracruz fue necesario elaborar una nueva ley fiscal, expedida en septiembre de 1931, para sustituir a la de 1926 que no era más que una compilación formada por ordenamientos originados en su mayor parte en 1886.[8]

Entre 1929 y 1931, 13 estados obtuvieron exenciones de distinto tipo. Hidalgo, Michoacán, Nuevo León, Oaxaca y Sinaloa alcanzaron la exención total en impuestos estatales y municipales; Coahuila, Nayarit, Querétaro, Sonora y Tamaulipas, sólo en impuestos estatales, y los estados de México,

[5] SHCP, *Segunda convención*, III, 294.

[6] Así se leía en una circular de 10 de enero de 1929, citada en Gómez Tagle, "La contribución" [2], 17.

[7] Gómez Tagle, "La contribución" [2], 20-23.

[8] *Informes Ver*, 6169.

Puebla y Veracruz, sólo en algunos impuestos estatales.[9] Para Hidalgo, tal exención significó un ahorro de 200 000 pesos anuales en el presupuesto local, alrededor de 7% de sus ingresos brutos de 1930. El gobernador no dudaba en informar que ese logro había sido resultado de sus gestiones.[10]

¿Cuáles fueron los resultados de esta política federal? Destaca el caso de Nuevo León cuyo gobierno, encabezado desde 1927 por Aarón Sáenz, fue pionero en adoptar las recomendaciones de la SH, que a su vez se originaban en los resultados de la primera convención fiscal. En 1929 se introdujeron cambios en el cobro del impuesto predial y en los impuestos sobre ventas. En este último caso se reprodujo en el nivel estatal el esquema de las participaciones federales, pues el gobierno estatal otorgó participaciones en los impuestos al comercio a los municipios, a cambio de que éstos suprimieran sus impuestos sobre ventas. En apariencia los resultados fueron espectaculares: el ingreso estatal pasó de 947 000 pesos en 1927 a casi dos millones y medio en 1930. Sin embargo, en otras entidades que optaron por atender las sugerencias de la SH, como Sinaloa, Tabasco y Nayarit, las reformas se tradujeron en bajas en la recaudación general.[11] En Tamaulipas también disminuyeron los ingresos estatales, pero el fenómeno fue achacado al impacto de la crisis mundial.[12] Así, las medidas no eran benéficas ni para los estados ni para el gobierno federal. De hecho éste vio que el sacrificio fiscal realizado por medio de las exenciones en la contribución federal resultaba demasiado oneroso. No en balde, desde fines de 1931 la SH comenzó a ser mucho más exigente a la hora de otorgar exenciones en este rubro, maltratando en los hechos a entidades como Veracruz que habían cumplido cabalmente con los requisitos exigidos y que todavía a fines de 1932 no recibía los beneficios de la exención total.[13] Además, muy pronto se vio que en las entidades

[9] SHCP, *La hacienda*, 43.

[10] *Memoria Hgo*, s.p.

[11] Servín, *Las finanzas*, 34-40. Este autor señala que el aumento de ingresos en Nuevo León tuvo su origen en el crecimiento económico de la entidad y no en la reforma fiscal. Esta anotación contrasta con el manejo propagandístico que hizo un funcionario de la SH en 1933 acerca del "éxito" de la reforma fiscal en Nuevo León, que había permitido un aumento de 50% de los ingresos entre 1927 y 1928. Véase SHCP, *Segunda convención*, III, 294. Sobre la orientación proempresarial del gobierno de Sáenz y sus ligas con los industriales de Monterrey y con el jefe de operaciones militares Juan Andrew Almazán, véase Saragoza, *The Monterrey Elite*, 124-125.

[12] Gómez Tagle, "La contribución" [2], 23-24.

[13] Así lo declaraba el gobernador Adalberto Tejeda en su informe de septiembre de 1932. *Informes Ver*, 6169-6170. Entre los cambios introducidos en el sistema tributario local destacaban la determinación técnica de valores catastrales; la sustitución del impuesto de

beneficiadas con la exención, como Tamaulipas, las autoridades locales retomaban antiguas prácticas o bien aprovechaban las disminuciones federales para elevar cuotas o crear nuevos impuestos, fenómeno que no era nuevo.[14] Ejemplo de ello era que en materia de industria y comercio se había abandonado el impuesto progresivo para volver a las cuotas únicas, sin importar el monto del ingreso del causante. Como resultado, la SH suspendió la exención.[15] La conclusión de este estudio es contundente: el sacrificio fiscal hubiera valido la pena si hubiera redundado en una mejoría en el sistema tributario local. Pero ello no ocurrió. Los estados parecían más interesados en aumentar sus ingresos que en reorganizar sus finanzas de acuerdo con las directrices de la SH.

Por otro lado, las medidas federales crearon una situación de clara inequidad, pues algunas entidades quedaron exentas y otras no. Éste fue el reclamo de la delegación chihuahuense en la segunda convención fiscal, celebrada en marzo de 1933. Tal reclamo, que incluía la demanda de la derogación inmediata de la contribución federal, logró el apoyo de todas las delegaciones, salvo la federal:

> Consideramos que el impuesto del 20% de contribución federal sobre los impuestos de los estados y de los municipios, es antieconómico porque grava actividades que de antemano fueron gravadas con otros impuestos federales, y es anticonstitucional porque trece estados de la federación que se han ajustado a las prescripciones de la SH, están gozando de la exención de ese impuesto y está vigente en las demás entidades. Es injusta esta desigualdad porque las entidades exencionadas están mejor capacitadas para que dentro de sus territorios se desarrollen actividades al amparo de la exención con perjuicio de las entidades que no la tienen.[16]

A fines de 1933 la SH sostenía esa misma postura. Según el subsecretario Marte R. Gómez, era necesario que las entidades beneficiadas con la exen-

---

patente por otro de siete tarifas fijas; el cálculo por unidad de producción para gravar la producción de alcohol, azúcar y cerveza; la creación del impuesto sobre profesiones, artes y oficios, y la expedición de una nueva ley de hacienda municipal.

[14] Servín, "Nuestra política", 438, se refiere a la ley de 30 de mayo de 1868, expedida por el congreso general, que suprimió varios derechos que pesaban sobre la minería. Pero "desgraciadamente todos esos derechos fueron desde luego restablecidos por los estados para sus erarios particulares".

[15] Gómez Tagle, "La contribución" [2], 23.

[16] SHCP, *Segunda convención*, I, 275-276.

ción volvieran a cubrir dicha contribución de manera paulatina, al tiempo que debía reducirse el porcentaje del gravamen.[17] En la ley de ingresos para 1934 se dio marcha atrás en las medidas referentes a la contribución federal, entre otras razones por la drástica baja en la recaudación, que coincidía con la baja generalizada de los ingresos federales a consecuencia de la depresión económica (véase el cuadro 5).[18] Si bien se redujo la tasa general de 20 a 15% a los estados que no habían recibido exenciones, el impuesto se reinstauró con una tasa de 5% en los 13 estados mencionados antes, con lo que se violaba el acuerdo previo con ellos y se sostenía la desigualdad de tasas entre diversos estados. Además, la decisión federal de 1934 puso en aprietos a algunos estados que habían aprovechado la rebaja en la contribución federal para aumentar las tasas y cuotas de sus impuestos.[19] Como era de esperarse, los cambios introducidos por la SH alimentaban los recelos y la desconfianza de los funcionarios locales respecto a la federación.

Pero de nuevo los resultados no fueron halagüeños: la recaudación no mostró signos de mejoría y tampoco se corrigió la inequidad fiscal entre entidades federativas. Como se ve, en este caso la anarquía fiscal era resultado de las propias medidas modernizadoras. Tal estado de cosas se prolongó hasta el periodo alemanista.

Parece clara la manera en que el gobierno federal intentó hacer uso de sus recursos fiscales para hacer realidad la uniformidad de los impuestos en el país. En la segunda convención fiscal el asunto no fue objeto de mayores comentarios, salvo la inequidad fiscal ya referida y el reclamo prácticamente unánime de los estados referente a la supresión del gravamen.

Lo que los convencionistas manifestaron con especial empeño fue su interés por lograr que la reorganización tributaria se realizara de común acuerdo entre la federación y los estados. En ese sentido expresaban una velada crítica a la política seguida por la SH en torno al manejo de la contribución federal. Ese interés de las entidades se refleja en uno de los acuerdos de la segunda convención, relativo a la formalización del mecanismo para impul-

[17] FAPEC-FT, PEC, exp. 88, leg. 2, inv. 2400, f. 74: "Puntos de vista de la SH en materia de plan sexenal", 10 oct 1933.

[18] Años después la pérdida federal en el rubro se estimaba en siete u ocho millones de pesos anuales, lo que significaba más de 36% de la recaudación de 1928 en este mismo gravamen. Gómez Tagle, "La contribución" [2], 19, 26.

[19] Beteta, *Tres años*, 146; Servín, *Las finanzas*, 37-38. En 1941 el gobernador de Durango solicitaba el apoyo presidencial para conservar el monto de la contribución federal, o bien otorgarle la tasa de 5% en dicha contribución, como a la vecina Coahuila, lo que "beneficiará grandemente la economía de este estado". AGN-MACA, exp. 564.1/327: carta de 4 jul 1941.

CUADRO 5

APORTACIÓN DE LA CONTRIBUCIÓN FEDERAL AL INGRESO TRIBUTARIO FEDERAL, 1922-1948

(Millones de pesos corrientes)

	Total	*Estados*	*Municipios*	*Total / ingreso tributario federal*
1922	21			7.9
1923	20			9.5
1924	19			8.2
1925	23			9.4
1926	22			9.0
1927	22			9.6
1928	20			8.6
1929	20			8.7
1930	18			7.7
1931	13			6.9
1932	13			8.4
1933	13			8.0
1934	12			5.4
1935	12			4.7
1936	13			4.3
1937	14	11	3	3.8
1938	16	13	3	4.4
1939	16	13	3	3.7
1940	17	14	3	3.6
1941	20	16	4	3.6
1942	23	19	4	3.7
1943	26	22	4	2.8
1944	30	25	5	2.7
1945	34	28	6	2.8
1946	39	32	7	2.4
1947	45	37	8	2.5
1948	43	35	8	2.3

FUENTE: 1922-1924: Villa Patiño, "La contribución", cuadro 1; 1925-1948: SHCP, *Cuenta pública*, "Analisis de los ingresos"; los ingresos tributarios de 1925-1948, en cuadro A1. El porcentaje de 1922 debe tomarse con reserva porque está calculado sobre el total de ingresos federales y no, como en el resto del periodo, sobre ingresos tributarios. Las cifras se refieren a la suma de ingreso causado e ingreso pendiente.

sar las reformas fiscales. Tal acuerdo se refería a la propuesta de dar existencia constitucional a una comisión permanente integrada por representantes federales y estatales que se encargaría de estudiar e impulsar los cambios en las leyes federales y estatales.[20] En ese mismo sentido se puede entender la postura de los convencionistas en torno a los impuestos al comercio y a la industria. A diferencia de la primera convención de 1925 y de la iniciativa presidencial de 1926, los convencionistas de 1933 se pronunciaron por mantener los impuestos al comercio y a la industria en manos de los estados y proceder a la necesaria uniformización de común acuerdo con la federación.[21]

El lector debe estar atento a esta propuesta. Aunque no tuvo eco, perfilaba otra manera de encarar la anarquía fiscal, una vía en la que los estados tenían mayor participación. De cualquier modo, esa iniciativa nunca llegó a cristalizar y puede pensarse que ello obedeció al desinterés federal. El ejecutivo no parecía dispuesto a discutir cada cambio fiscal con los estados. Era preferible discutirlo o simular hacerlo con el Congreso de la Unión y también, en el caso de reformas constitucionales, con las legislaturas de los estados.

En contraste con esta postura, los delegados a la segunda convención no objetaron la insistencia de la delegación de la SH en la necesidad de uniformar o centralizar los llamados impuestos especiales, es decir, aquellos que gravaban las grandes ramas industriales, incluyendo la explotación de los recursos naturales. En este caso había consenso de que eran esencialmente materia federal, aunque debía otorgarse participación a los estados y municipios. De esto último se ocupa el siguiente apartado.

Unificación de la industria

Más exitoso para la federación que el breve esfuerzo centrado en la contribución federal de 1928-1934 fue la unificación de impuestos a la gran industria, que comienza con la ley minera de julio de 1926 y culmina con una

20 SHCP, *Segunda convención*, I, 244.

21 El acuerdo era el siguiente: "a) La legislación se expedirá y modificará por el H. Congreso de la Unión, a iniciativa que presentarán de común acuerdo la federación y la mayoría de los estados, b) la determinación del impuesto se hará por juntas mixtas en las que ambas autoridades (federación y estados) estarán representadas, c) la recaudación corresponderá a los estados, d) el rendimiento se repartirá entre la federación, los estados y municipios, en la proporción que las autoridades federales y locales acuerden, y en relación con el rendimiento de los impuestos que actualmente tienen establecidos cada uno de ellos sobre esas actividades". SHCP, *Segunda convención*, I, 248.

reforma constitucional de 1949 que "federalizaba" los impuestos a la cerveza. Aunque se trata de impuestos aplicados a ramas muy distintas y de medidas que se tomaron en fechas igualmente diferentes, es posible distinguir un proceso general que configura un esfuerzo organizado a más largo plazo y en ese sentido, distinto del proyecto basado en la contribución federal.

El punto de partida era el diagnóstico sobre la anarquía fiscal ya visto en páginas anteriores, es decir, la concurrencia de los diversos sistemas tributarios sobre una misma fuente de riqueza, por ejemplo el comercio y la industria. Hacia 1930 un inventario señalaba que esos ramos soportaban 313 impuestos locales, 71 de ellos de imposición general y 242 de imposición especial sobre determinados productos.[22] La creciente importancia que se otorgaba a la actividad industrial hacía más urgente poner remedio. Con el comercio y con otras ramas industriales ocurría cosa similar, agravada por un hecho todavía más antagónico con el proyecto de las nuevas autoridades hacendarias: el renacimiento de las alcabalas. Pero queda claro que la federación prefirió empezar por las grandes ramas industriales y dejar para otro momento la regulación de las transacciones mercantiles. ¿Por qué tal preferencia? Puede responderse aludiendo a tres razones: a) por la mayor facilidad de imponer gravámenes en vista de la natural concentración de la actividad en un número pequeño de empresas e instalaciones; b) por la urgencia de promover el desarrollo industrial, sobre todo después de la depresión de 1929, y c) porque en este rubro la federación no enfrentaba tantas resistencias de parte de las entidades federativas, según puede verse en las convenciones fiscales de 1925 y 1933.[23]

En el proyecto de reformas constitucionales que el presidente Cárdenas hizo circular entre los gobernadores de los estados en 1936, se abunda sobre la necesidad de contar con una política industrial. En ella la fiscalidad era importante no sólo para cobrar más sino para simplificar, uniformar y por supuesto para tener el poder de subsidiar y dispensar el pago.[24] El meollo eran los famosos impuestos especiales a diversas ramas industriales, "que por su importancia se localiza[n] en varias entidades federativas, lo que requiere una legislación homogénea". Así, sólo el Congreso de la Unión debía establecer normas generales

[22] SHCP, *Segunda convención*, I, 171.

[23] SHCP, *Primera convención*, 149, 250 y SHCP, *Segunda convención*, I, 208-211.

[24] El fomento al desarrollo industrial incluía varias exenciones fiscales. En la ley de industrias nuevas de 1941, se contemplaba la exención del impuesto sobre la renta durante cinco años, lo mismo que en el del superprovecho, derechos de importación, exportación, timbre, contribución federal y adicionales sobre comercio exterior. *DO*, 13 may 1941.

para impedir que la industria quede más gravada en unos estados que en otros, lo que origina una emigración artificial de los primeros hacia los segundos, en ocasiones contrariamente a lo que aconsejaría una prudente política industrial, interesada en acercar los centros productores a los de consumo o a las regiones en que la materia prima puede obtenerse con menos costo, o en buscar favorables condiciones climatéricas, o en una palabra, en hacer más barato y mejor el producto.[25]

El factor político, es decir, el mayor consenso en torno a la asignación al gobierno federal de los impuestos especiales que gravaban esas ramas industriales, no debe menospreciarse, sobre todo si se considera el rechazo a la iniciativa presidencial de 1926 y la oposición existente en las entidades federativas a la pretensión de la federación de adjudicarse los impuestos aplicados a otros sectores industriales y al comercio.

Pero en este mismo terreno político había una dimensión adicional, referida a la necesidad de establecer nuevas relaciones con los dueños del capital industrial, muchos de ellos extranjeros, para restarles espacios a la negociación con las débiles autoridades de los estados, como eran percibidas desde la Ciudad de México. Se requería un poder federal capaz de enfrentarse a los inversionistas, especialmente a los extranjeros, pero también a los nacionales, por ejemplo cuando Obregón y Calles resistieron la oposición al *income tax* o cuando Cárdenas acudió a Monterrey en febrero de 1936 a imponer las nuevas reglas en materia laboral.

El objetivo de unificar el mercado interno, que exigía entre otras cosas igualar lo más posible los costos de producción, aparecía con más vigor que antes. Pero hay que ir a los detalles, mismos que se expondrán en general con un criterio cronológico. Como ya se dijo, la unificación de impuestos industriales empezó con la minería.

En mayo de 1926 una nueva ley de industrias mineras, expedida por el presidente Calles con base en facultades extraordinarias, adjudicó al gobierno federal el monopolio fiscal sobre esta importante actividad, incluido obviamente el impuesto principal que cobraban las entidades, el de 2% al valor de la producción. Expresando bien el pensamiento de la burocracia federal, el artículo 168, como se dijo, señalaba que "como las substancias minerales son del dominio directo de la nación, y las industrias minerales son de exclusiva jurisdicción federal", se prohibía a los estados gravar esas industrias

[25] En Yáñez Ruiz, *El problema*, V, 232-233. El texto completo de esta iniciativa se halla en el volumen III, 354-372, de esta misma obra.

con impuestos directos e indirectos. A cambio, la ley establecía el derecho de estados y municipios a recibir una participación en la recaudación federal.[26] Ya se vio en un capítulo anterior que la expedición generó gran inconformidad entre las autoridades estatales. Ante ello, Pani decidió organizar una nueva convención, en este caso referida exclusivamente a la ley minera.[27]

La convención se celebró a mediados de junio de 1926. La prensa dio cuenta de las grandes diferencias existentes entre los delegados estatales y la SH. Según nota de *Excelsior* del 22 de junio, un acuerdo inicial, cuyos términos se desconocen, fue echado abajo por la oposición de varios gobernadores, encabezados por el de Chihuahua, Jesús Almeida.

La SH no tuvo más remedio que negociar. Aunque hizo caso omiso del reclamo sobre el pago de las participaciones del impuesto sobre la renta, otra de las exigencias estatales, sí aceptó derogar el artículo 168 para admitir primero que los estados recaudarían el impuesto federal y segundo para otorgar el derecho de los estados a establecer un gravamen, cuyo tope era 5 al millar anual, sobre el valor de la finca y maquinaria de las plantas de beneficio y establecimientos metalúrgicos de cualquier clase que se hallaran en sus respectivos territorios. Así se lee en el artículo 33 de la ley de impuestos a la minería, publicada meses después.[28] Sin embargo, el cambio de fondo se sostenía: los estados no podían gravar la extracción, producción, beneficio o utilidades de las minas, plantas de beneficio o establecimientos metalúrgicos; tampoco los capitales invertidos en ellos, ni las acciones y títulos mineros y traslación de dominio de las propiedades mineras o de los establecimientos metalúrgicos, expedición de títulos o acciones u operaciones relativas a ellos, y demás trámites para el establecimiento, adquisición o explotación de propiedades mineras o metalúrgicas.

El secretario Pani no dudó en calificar de exitosa la convención ni tampoco dejó pasar el hecho de que "fue la segunda celebrada entre los representantes de los estados y de la federación con el objeto de estudiar los problemas fiscales".[29]

Como parte del esfuerzo federal y de la renuencia de los estados, la ley de agosto de 1926 adoptó una variante del sistema de participaciones que se había establecido a fines de 1922 en materia petrolera. Al igual que éste, la participación otorgada a los estados estaba condicionada a que los gobiernos locales suprimieran sus gravámenes. En ese sentido se trataba de

[26] DO, 3 may 1926.

[27] *Memoria 1923-1925*, I, 135.

[28] DO, 2 ago 1926.

[29] *Memoria 1923-1925*, I, 135.

participaciones que podrían llamarse "monopólicas", porque se otorgaban a cambio de permitir la existencia de un solo impuesto federal. Por ello eran distintas de las participaciones que la federación otorgaba en algunos rubros fiscales, como en aduanas, cuyo origen puede remontarse incluso al año de 1834.[30] Estas participaciones antiguas pueden llamarse "inhibitorias", porque, como dicen dos expertos, buscaban "evitar que las autoridades locales gravaran la entrada o tránsito de efectos extranjeros en esos lugares".[31] Ciertamente el nuevo tipo de participaciones fue imponiéndose de manera gradual y no sin problemas. Ya se verá al gobierno de Veracruz impugnando en 1929 el monopolio federal en torno a los impuestos al petróleo.

En la ley minera de agosto de 1926, la participación de los estados se estableció en forma de una tasa adicional a razón de 2% sobre el valor del oro y la plata, y de la mitad de esa tasa para los demás metales y compuestos. Los estados cobrarían directamente esa tasa adicional a los productores, pero a cambio quedaban obligados a suprimir las cargas locales y abstenerse de establecer otras.

En Chihuahua, de fuerte tradición minera, el gobernador aseveró que esas medidas ponían "en peligro la vida económica del estado".[32] Además, la ley recibió furibundos ataques de las compañías mineras que obligaron al gobierno callista y a los sucesivos a dar marcha atrás en algunas de sus disposiciones en cuanto a la reducción de rubros y tarifas.[33] Pero en lo que no se retrocedió fue en lo referente a la federalización tributaria de la rama.

Esta ley se nutría al menos de dos vertientes. La primera, la más antigua, era la paulatina injerencia federal, iniciada en 1887, cuando una ley federal estableció que el impuesto local a la producción minera no podía superar el 2% del valor de los metales ni más del 6% del valor de las hacien-

[30] El 18 de enero de ese año se estableció por 10 años una contribución municipal de un real por cada tercio de importación marítima realizada en el puerto de Veracruz. Yáñez Ruiz, *El problema*, V, 347. En octubre de 1842 se otorgó al puerto de Acapulco un derecho municipal de un real por cada tercio o barril de procedencia extranjera que se introdujera al país por aquel puerto; tal concesión fue prorrogada por 10 años más en marzo de 1853. *Memoria 1870*, 397.

[31] Sierra y Martínez Vera, *Historia y legislación*, 205. Tal afirmación se hace en relación con la ordenanza aduanera de 1887 que "por primera vez" otorgó una participación de 1.25% en la recaudación a los municipios en que estuvieren establecidas las aduanas.

[32] *Memoria Chih*, 61. En 1930 esa fuente representaba más de un tercio de los ingresos del estado de Chihuahua. Véase *Informe Chih* 1930, 11. Era la misma proporción que en 1849. De la Peña, *Chihuahua*, III, 146.

[33] Bernstein, *The Mexican Mining Industry*, 167.

das de beneficio.[34] En 1921 otra disposición definió el impuesto a la producción como el único que los estados podían gravar. Pero había una gran distancia entre establecer desde el centro un tope fiscal a los estados y apropiarse por entero del ramo tributario en cuestión. Sin duda tal contraste expresa la naturaleza de las relaciones entre los estados y la federación en uno y otro momento. La segunda vertiente, más reciente, tenía que ver con los esfuerzos de los gobiernos de Obregón y Calles por implantar un control más vigoroso sobre la minería, lo que incluía no sólo un sistema fiscal más exigente que le permitiera ampliar su participación en los beneficios de la renta minera sino que también abriera paso a una mayor regulación, por ejemplo en materia laboral.[35]

El proceder federal en este ramo contaba con respaldo constitucional. La fracción X del artículo 73 de la constitución de 1917 establecía la facultad privativa del Congreso de la Unión para legislar sobre esta actividad.[36] Sin embargo, al igual que en el caso del banco central, la facultad no se había ejercido de inmediato.

En 1932 llegó el turno de la electricidad. Un aspecto que enriquece esta exposición es que, a diferencia de la minería, la electricidad no estaba contemplada en el texto constitucional de 1917. Por tanto el procedimiento seguido fue distinto.

La cuestión fiscal de la industria eléctrica es sinuosa, porque empezó como una actividad pequeña y dispersa que fue fiscalizada por los estados y más tarde por el gobierno federal. En cuanto a este último, el año clave es 1917, cuando estableció dos impuestos. El primero se creó en junio y gravaba el consumo de luz y fuerza, a razón de 10% del importe, pero tuvo corta vida pues se derogó en septiembre de 1921.[37] El segundo, de julio de 1917, tiene que ver con la federalización de las principales corrientes de agua, elemento fundamental si se considera que durante las primeras cuatro o cinco décadas de la historia de la electricidad en México la mayor parte de la energía provenía de hidroeléctricas. Como parte de la tendencia hacia la centralización del manejo hidráulico, en esa fecha el gobierno federal creó un impuesto por el uso de las aguas federales. En 1929 el cobro se limitó a las empresas eléctricas que hacían uso de las aguas federales para la generación de fuerza. Este gravamen, relativo a la explotación de recursos naturales, era de poca

[34] Macedo, "La hacienda", 390.

[35] Sariego *et al.*, *El Estado*, 68.

[36] Tena Ramírez, *Leyes*, 904. Estas atribuciones originales se referían también al comercio, instituciones de crédito y al establecimiento del banco de emisión único.

[37] Yáñez Ruiz, *El problema*, IV, 221.

monta.[38] Una ley de diciembre de 1931 restableció el impuesto federal a los productores e importadores de energía, con una cuota de 0.0023 pesos por cada kilowatt-hora. Su aportación, aunque más alta que la del gravamen anterior, tampoco era muy significativa: entre 1931 y 1935, cuando el ingreso total que recibía la federación por concepto de impuestos rondaba los 240 millones de pesos, la recaudación fluctuó entre dos y tres millones. En la referida ley de 1931 se permitía a los estados fijar un impuesto de 0.0012 por kilowatt consumido en su territorio, a cambio de acatar la prohibición de establecer cualquier otro tipo de gravamen.[39] Sin embargo, esa facultad otorgada a las haciendas locales fue derogada mediante una reforma constitucional y en su lugar se concedió una participación de 40% del ingreso bruto a los estados (10% en producción y 30% en consumo) en la recaudación del impuesto federal único, distribuida a prorrata según el consumo de cada entidad.[40]

Cabe destacar la reforma constitucional que se acaba de mencionar.[41] En diciembre de 1932 el ejecutivo federal envió una iniciativa de reformas para agregar la electricidad a la fracción X del artículo 73, que como se dijo ya otorgaba facultades privativas al Congreso de la Unión para legislar sobre impuestos a la minería, comercio, instituciones de crédito y trabajo. En las consideraciones se argumentaba que una industria tan importante para el desarrollo nacional debía contar con una legislación fiscal uniforme. Tal uniformidad era vista como "requisito indispensable para acelerar en el futuro la industrialización del país". De hecho, los estados habían ido haciendo suya tal necesidad al aceptar el código nacional eléctrico y su reglamento, expedidos entre 1926 y 1928. Pero quedaba todavía un asunto pendiente: extinguir las "situaciones de privilegio de región a región", cosa que prohibía el artículo 28 constitucional y que constituía quizá el meollo del asunto. Está por hacerse la historia de la densa relación entre las empresas eléctricas y los gobiernos estatales, que parece estar llena de tratos informales, corruptelas y demás mecanismos que en el mejor de los casos se traducían en cuantiosos ingresos fiscales de fácil acceso pero cuyos montos distaban de ser aquellos que fijaban las normas. No obstante la resistencia inicial del Congreso de la Unión, que será comentada más adelante, la reforma constitucional fue aprobada a fines de 1933.[42]

38 Durante 1931-1935 la recaudación de este impuesto varió entre 230 000 pesos en el primer año y 385 000 en el segundo. SHCP, *La hacienda*, 60.

39 Yáñez Ruiz, *El problema*, IV, 221-222.

40 SHCP, *La hacienda*, 21.

41 Lo que sigue está basado en Yáñez Ruiz, *El problema*, IV, 220-222.

42 *DO*, 18 ene 1934.

Ciertamente el afán recaudador y la anhelada uniformidad fiscal no eran los únicos objetivos de estos cambios legales. La atención federal sobre esta industria, que incluía por supuesto la extinción de impuestos locales, tuvo mucho que ver con la renuencia de las dos grandes compañías extranjeras que dominaban el ramo, la Mexican Light and Power y The Electric Bond and Share, a invertir en la ampliación de la capacidad productiva. En este punto se ve claramente la necesidad de un gobierno federal poderoso, lo que se hizo más patente en la década de 1930, cuando crecieron las exigencias de los trabajadores del sector y las quejas de los consumidores, lo mismo que la demanda de fluido.[43]

Según un testimonio, la creciente injerencia federal en el ramo obedecía a las tensas relaciones de las empresas eléctricas con los trabajadores y con la Secretaría de Economía, que se negaba a autorizar aumentos en las tarifas, atendiendo quizá las inconformidades de los usuarios, algunos de ellos con alto grado de organización. En vista de esa tensión a partir de 1937 el gobierno cardenista se vio obligado a iniciar su participación en la producción eléctrica, y ya no sólo en su regulación. La Comisión Federal de Electricidad (CFE), dice el mismo testimonio,

> se financió originalmente con el producto de un impuesto especial al consumo de energía eléctrica al que se agregaron fondos de distintas procedencias, inclusive unos bonos de producción de energía, y las propias utilidades de la misma empresa, que se puso bajo la administración de la Secretaría de Economía.[44]

El impuesto al consumo que menciona Suárez se creó en diciembre de 1938 y era un ejemplo típico de los impuestos indirectos de claro signo regresivo, según la técnica fiscal, pero progresivo en relación con el afianzamiento federal. Tenía una tasa general de 10%. A diferencia de otros que incluían participación a los estados, esta nueva carga estaba destinada exclusivamente a proporcionar recursos al gobierno federal, en este caso a la CFE.[45] Muy pronto se convirtió en el principal impuesto eléctrico. En 1940 se señalaba que los 9.2 millones de pesos que se estimaban recaudar por ese concepto serían destinados a la construcción de plantas eléctricas.[46]

Contemporáneo del impuesto sobre la renta es el de la gasolina. Fue establecido con base en las facultades extraordinarias de que gozaba el ejecutivo

[43] Galarza, *La industria*, 96-106.
[44] Suárez, *Comentarios*, 121.
[45] Yáñez Ruiz, *El problema*, IV, 223.
[46] *Los presidentes*, IV, 125: informe de 1 sep 1940.

mediante un decreto de 30 de marzo de 1925, con el fin de obtener recursos para la construcción de carreteras. Su cuota era de tres centavos por litro. A fines de 1927 había generado ya la considerable suma de 15.5 millones de pesos.[47] Aunque era menor que la recaudación del impuesto sobre la renta, de cualquier manera la cifra era muy significativa comparada con el tamaño de los ingresos de los estados. Pero éstos también fijaron impuestos sobre consumo de gasolina, creándose así la doble tributación y con ello otra manifestación del problema de la concurrencia. Por ejemplo en 1928 el gobernador de Chihuahua anunciaba la creación del impuesto local a la venta de gasolina.[48]

El impuesto federal era cubierto por las compañías refinadoras aunque se trasladaba al consumidor. Su monto fue incrementado a seis centavos en 1931 y a ocho, según una ley de 29 de diciembre de 1932. Sin embargo, a partir de la ley de ingresos de 1932 se establecieron las participaciones a aquellos estados que derogaran los impuestos locales. Así, cuatro centavos iban a la federación y dos a los estados, territorios y Distrito Federal. Al aumentar a ocho centavos, la repartición fue de cuatro y medio a la federación y tres y medio a las entidades, en proporción a su consumo.[49] La SH tenía que aumentar la oferta para convencer a los gobiernos locales de la necesidad de suprimir gravámenes equivalentes. Además, estos ingresos por participaciones no causaban contribución federal.

La ley de 1932 es importante porque introdujo disposiciones encaminadas a federalizar la carga fiscal de este ramo. Los tres y medio centavos por litro concedidos a los estados eran en realidad un impuesto adicional y como tal estaba dividido en dos cuotas. La primera de dos centavos era de carácter general y sustituía todos los impuestos locales sobre introducción, venta y consumo de gasolina, salvo los impuestos de comercio e industria que podían cobrarse a los expendios de gasolina. La segunda cuota de centavo y medio estaba destinada a sustituir los impuestos locales que directa o indirectamente pesaran sobre la circulación de vehículos de motor (licencias, tarjetas, sellos, placas y demás) y cuyo monto no podía ser mayor de 10 pesos anuales. Este tope fue elevándose con el tiempo, hasta llegar a 50 en 1953.[50] El es-

[47] Sherwell, *Mexico's Capacity to Pay*, 98. Este "fin especial" del impuesto a la gasolina y la injerencia de la Comisión Nacional de Caminos en el manejo de esta fuente tributaria persistieron hasta diciembre de 1929. Véase Manterola, "Legislación", 15.

[48] *Informe Chih 1928*, 39.

[49] SHCP, *La hacienda*, 12, 22. Desde 1934 se otorgaron franquicias a zonas fronterizas norteñas y sureñas que reducían a la mitad el monto del impuesto.

[50] Yáñez Ruiz, *El problema*, IV, 211, 214.

quema era claro: a cambio de participaciones federales, los estados debían suprimir y/o ajustar sus impuestos hasta cierto límite. En esta ocasión la oferta federal tuvo buena acogida, ya que entre enero y mayo de 1933 todas las entidades se sumaron a los términos de la ley del 29 de diciembre anterior.[51]

Si en materia de consumo de gasolina la federalización tributaria fue bastante expedita, en el ramo cervecero la historia fue muy distinta. Un decreto presidencial de 21 de febrero de 1924 estableció un impuesto federal a los productores de cerveza de elaboración nacional. Era una impuesto de derrama cuyo monto para el año de 1924 se fijó en 3.5 millones de pesos. Esta cantidad debía "derramarse" o ser aportada por todos los productores por medio de estampillas. Constaba de dos cuotas distintas según la presentación (barril o botella), que se fijaron en 0.045 centavos por litro en el primer caso y 0.125 en el segundo. Cada año la SH fijaba el monto del impuesto y de las cuotas.[52]

Pero éste era un impuesto federal que se sumaba a aquellos que cobraban los gobiernos estatales. El esfuerzo uniformador se inició cuatro años después, por medio de la creación de un impuesto adicional a la producción cervecera, según decreto de principios de 1928.[53] Las cuotas de este segundo impuesto eran menores: 0.0075 por litro de cerveza en barril y 0.015 por litro en botella. A diferencia del anterior, el rendimiento de este impuesto federal se repartiría entre los estados, territorios y Distrito Federal, que lo cobrarían directamente a los causantes. Sin embargo, cobrar este nuevo gravamen requería que las entidades suprimieran sus impuestos sobre producción y venta de primera mano de la bebida, y que se abstuvieran de fijar otros nuevos, independientemente del nombre que les asignaran. Dos estados ricos, que además contaban con importantes compañías cerveceras, Nuevo León y Veracruz, fueron los primeros en acceder a la oferta federal y en derogar sus impuestos, cosa que hicieron en el mismo mes de enero de 1928.[54] El primero se hizo merecedor de la gracia federal al haber derogado todos sus impuestos locales según decreto de 31 de diciembre de 1927, y en el caso del segundo, la SH otorgó la gracia considerando la circular de 28 de enero

[51] Manterola, "Legislación", 16.

[52] Salvo aclaración en contrario, lo referente a este impuesto se basa en Yáñez Ruiz, *El problema*, V, 5-65.

[53] *DO*, 16 ene 1928.

[54] Martínez Almazán, *Las relaciones*, 33. En el informe de 1928 el gobernador de Veracruz señalaba las ventajas del arreglo con la SH: el estado no sólo se ahorraba el costo de recaudación sino que los rendimientos se habían duplicado. *Informes Ver*, 6027.

de 1928. En julio de 1930 la SH incluyó a Sinaloa en esa lista de estados, al considerar satisfactorios los términos del decreto 207 de 12 de abril de 1930 del gobierno de dicha entidad.

A partir de julio de 1933 los impuestos a la cerveza prescindieron de la forma de presentación para fijar las cuotas. El impuesto federal se fijó en 0.04 centavos por litro y el adicional en 0.0075.[55] Esta forma doble de tributación federal se sostuvo hasta enero de 1939, cuando entró en vigor una nueva ley, aprobada en 1937, así como su reglamento, expedido en diciembre de 1938. Con esas nuevas disposiciones se derogó el impuesto adicional creado en 1928 y se estableció una sola cuota de 0.0475 centavos por litro, de la cual se entregarían participaciones a los estados que derogaran sus impuestos, con un monto de 0.0075 centavos por litro de cerveza que se produjera en su jurisdicción, es decir, la misma cuota del antiguo impuesto adicional. A diferencia del impuesto minero de 1926, que como se dijo contaba con el respaldo constitucional, las nuevas normas no hacían obligatorio a los estados su incorporación. Incluso señalaban que las entidades que se mantuvieran al margen de esta arreglo sólo podrían cobrar un máximo de 0.04 centavos por litro.

Sin embargo, el esfuerzo uniformador de la SH se vio complementado mediante una disposición de la ley de ingresos de 1939, que en resumidas cuentas abría otra vía de participación a los estados en la recaudación obtenida por el gobierno federal en este rubro. Esa vía consistía en otorgar 0.01 centavos por litro producido y 0.15 por litro consumido en las entidades. Pero de nuevo, los estados sólo podían participar de este arreglo "si no decretaban ni mantenían los impuestos sobre producción o venta de cerveza". Un reglamento aprobado en diciembre de 1939 estableció el procedimiento para la entrega de participaciones a los estados, que se haría mediante depósitos en el Banco de México.

Varias entidades aceptaron la oferta federal. Durante 1939 lo hicieron los tres territorios, los dos bajacalifornianos y Quintana Roo, así como los estados de Veracruz, Tamaulipas, Chihuahua, Durango, Coahuila y Nuevo León y también el Distrito Federal. En 1940 se sumaron Guerrero, Puebla, Tlaxcala, Querétaro, Michoacán, Oaxaca, Zacatecas, Hidalgo y Aguascalientes. En total 19 entidades. Después el fervor comenzó a disminuir, ya que entre 1941 y 1946 sólo se incorporaron tres: Guanajuato, San Luis Potosí y Jalisco. Pero vale decir que desde 1940 algunos estados se retiraron del acuerdo y restablecieron sus impuestos locales. Michoacán lo hizo el mismo año de

[55] SHCP, *La hacienda*, 29.

1940 (aunque luego se reincorporó en 1942), lo mismo que Oaxaca (que en 1941 volvió al carril). Aguascalientes se retiró en 1941 y volvió en 1945. Chihuahua reinstauró sus impuestos en 1941, lo mismo que Tlaxcala, aunque este último retornó en 1943. Durango se retiró en 1941 y regresó en 1946, Guerrero desconoció el compromiso en 1945 pero volvió en 1947. ¿Qué ocurría? Por lo visto el arreglo no era del todo satisfactorio, es decir, que los impuestos locales eran más rendidores que las participaciones federales. Así explicaba el gobernador tlaxcalteca al presidente Ávila Camacho la decisión de la legislatura estatal para reimponer impuestos locales a la cerveza y tabacos y separarse con ello de los acuerdos con la SH. Las razones eran tres: la primera eran los escasos rendimientos, apenas un promedio de 1 200 pesos mensuales por ambos conceptos; al restablecerse los impuestos locales, "aun a sabiendas de lo defectuoso del sistema de contratar el impuesto", la recaudación aumentó a 2 350 pesos. La segunda era el retraso en el pago de las liquidaciones, de hasta cuatro meses. Y la última era que el estado no tenía control alguno sobre las participaciones, ni contaba con datos para hacer aclaraciones con la SH y para saber siquiera el "consumo real de esos artículos de vicio".[56] En el capítulo siguiente se verá el desenlace de la federalización de este rubro tributario, ocurrida en 1949.

Además del nuevo impuesto eléctrico y la labor en torno a la producción cervecera, el régimen cardenista impulsó la unificación o federalización de los impuestos a los tabacos labrados, cosa que se logró en 1939 mediante reformas a una fracción del artículo 73 de la constitución.[57] Este impuesto arrojaba un ingreso significativo. Entre 1930 y 1935 la recaudación varió entre 8.8 millones el primer año y 13.1 en el último. Con base en una ley de 24 de diciembre de 1930 se cobraban impuestos a la industria cigarrera con cuotas que tomaban en cuenta tanto la clase del producto (puro, tabaco labrado, cernido, de hebra, mascar y rapé) como el precio de fábrica. En 1936 las cuotas iban de 1.125 centavos en la cajetilla de tres centavos hasta seis centavos en aquellos con valor de 15 centavos la cajetilla. El aumento en la recaudación no sólo se explicaba por la moda (jóvenes y mujeres que fuma-

[56] AGN-MACA, exp. 564.1/756: carta de 10 nov 1942 del gobernador de Tlaxcala al presidente de la república. En exp. 564.1/327 se halla una carta de 29 oct 1942 del gobernador de Durango al presidente de la república en la que pedía aclaraciones sobre el monto de la participación al estado por concepto de expendios de bebidas alcohólicas de septiembre anterior, correspondiente a la región norte de la entidad, manejada por la oficina de la SH con sede en Parral, Chihuahua. El monto, realmente irrisorio, era de un peso con ochenta centavos.

[57] *Los presidentes*, IV, 122.

ban cada vez más, según explicaba la SH) sino por los aumentos en la producción y en la concentración industrial. En efecto, en 1935 cuatro entidades (Distrito Federal, Guanajuato, Nuevo León y México) aportaban 91% del valor de la producción nacional; pero todavía más significativo era que las dos primeras aportaban 78%. En ese sentido, era un impuesto de fácil cobranza (por lo menos en lo que se refiere a la producción), ya que esta actividad se llevaba a cabo en un número cada vez menor de establecimientos.[58]

Una ley de mediados de 1938 concedía una participación de 2% de la recaudación general a las entidades federativas, misma que fue aumentada a 15% por un decreto de 29 de agosto de 1940.[59] En este caso, la participación consistía en 2% a las entidades productores y 13% a las consumidoras. Quizá con este aumento se convenció a la mayoría de las entidades sobre las ventajas de los convenios que proponía la SH. Para ese año, 26 entidades, incluidos el Distrito Federal y los tres territorios federales, se habían incorporado al convenio. Pero había una condición: un artículo transitorio del decreto de agosto de 1940 señalaba que éste sólo podía entrar en vigor si antes se aprobaba una reforma que sumaba el ramo tabacalero a aquellos que la fracción X del artículo 73 de la constitución reservaba al Congreso de la Unión en materia legislativa. El desenlace de este asunto se verá en el próximo apartado.

En 1940 hubo una propuesta de los legisladores para acelerar el proceso de federalización del sistema tributario nacional, consistente en incorporar a la constitución una frase que otorgara facultades exclusivas al Congreso de la Unión para legislar sobre "industria y comercio". Pero la propuesta fue desechada ¡por el ejecutivo federal! Ya bastante se había avanzado en el ámbito de las grandes industrias, es decir, en los impuestos especiales. El comercio quedaba como asignatura pendiente. En este caso la historia sería mucho más complicada. Después de todo los intereses locales vinculados a la cobranza de impuestos a las transacciones mercantiles eran mucho más densos que en el caso de la electricidad, petróleo, minería y demás. Lo anterior se desprende de una oposición local mucho más potente a ceder este ramo a las manos modernizadoras de la federación. Pero esto es materia de los siguientes capítulos. Ahora conviene cerrar el argumento sobre la gran industria.

[58] SHCP, *La hacienda*, 26; también Vázquez, "La industria", 29 y ss. Allí se anota que entre 1901 y 1936 el número de establecimientos de esta industria había disminuido de 740 a 167.

[59] *DO*, 9 jun 1938 y 24 sep 1940; Yáñez Ruiz, *El problema*, V, 301-303.

Recursos naturales y reformas a la constitución

Es lugar común decir que uno de los rasgos preponderantes de la historia político-jurídica del siglo XX en México es la propiedad originaria de la nación del suelo y del subsuelo, tal y como lo señala el artículo 27 de la constitución de 1917. Ese rasgo ha sido estudiado principalmente desde dos ópticas: por un lado, en relación con las reformas sociales y, por otro, con respecto a la reivindicación de la soberanía nacional frente al capital extranjero. Como se intentará mostrar, la cuestión fiscal permite esbozar una nueva perspectiva de análisis que hace énfasis en las relaciones entre el centro federal, los estados y los municipios.

En torno a la industria petrolera confluyeron por igual el esfuerzo federal de modernización fiscal y la reivindicación nacional frente a la abusiva actuación de las compañías extranjeras. Al vincular ambos procesos se trata de ver cómo desembocan en el fortalecimiento federal. De esa manera el episodio expropiatorio puede enriquecer el argumento general del trabajo.

Antes de entrar al petróleo hay que hacer una pequeña digresión referente a la cuestión forestal para tener una visión más completa acerca de los "recursos naturales". En párrafos anteriores se mencionaron dos ramos de la explotación de recursos naturales que quedaron sujetos al dominio fiscal de la federación, el agua y la minería. En ambos el argumento federal descansaba en el artículo 27 constitucional. No puede decirse lo mismo de la cuestión forestal. En este caso, el referente esencial era el simple programa modernizador que apuntaba hacia la uniformidad fiscal. Veamos.

En los considerandos de la iniciativa de ley enviada por el presidente Cárdenas al Congreso de la Unión a mediados de diciembre de 1935, se lee que nunca antes había existido en México un impuesto federal a la explotación forestal y que sólo algunos estados gravaban la actividad (Campeche, Chiapas, Durango, Michoacán, Morelos, San Luis Potosí, Tlaxcala y Veracruz).[60] Pero éstos habían procedido "en la forma anárquica y deshilvanada que se observa siempre que se estudia comparativamente cualquiera de los tributos locales en todas las entidades federativas". Esta situación tenía dos serios inconvenientes: primero, que los impuestos no eran útiles para orientar la explotación a las áreas más idóneas y, segundo, que los industriales que requerían esa materia prima sufrían "oscilaciones caprichosas" en su precio, derivadas de tributos locales "zigzagueantes y desordenados". De nue-

[60] DDD, 20 dic 1935, 5-7. Antecedentes de este impuesto en Yáñez Ruiz, *El problema*, V, 67-74.

vo, era necesario poner orden y eso según la SH sólo podía hacerlo la federación. Por esa razón proponía crear un impuesto único. Sin embargo, había una traba legal: a los estados no se les podía prohibir el establecimiento de impuestos en el ramo, ya que la constitución no otorgaba facultades privativas al Congreso de la Unión para el efecto. Esos gravámenes —decía la iniciativa— se hallaban "dentro de la regla general de la facultad concurrente de la federación y de los estados".

El ejecutivo federal pudo haber optado, como en el caso de la electricidad, por reformar la constitución y agregar ese nuevo ramo. Pero prefirió otro camino: lograr que de "manera espontánea" las legislaturas locales derogaran los impuestos forestales. Para animar tal espontaneidad, la iniciativa otorgaba una participación de 30% a los estados y 20% a los municipios en el rendimiento del impuesto federal, "si no mantienen impuestos análogos". Ello obligaba a establecer acuerdos con cada una de las entidades para hacer válido el impuesto federal. Este procedimiento tenía el inconveniente de que dejaba a la federación sin capacidad legal para imponer el impuesto a algún estado renuente y por ello podía subsistir el desorden aludido. El congreso se esmeró en aprobar la iniciativa presidencial en diciembre de 1935 y apareció publicada en el *Diario Oficial* del último día de ese mes.

Sin embargo, esta opción duró pocos años. Una reforma constitucional de 1942 incorporó la explotación forestal a la constitución como una más de las actividades económicas que sólo podían ser gravadas mediante leyes expedidas por el Congreso de la Unión.[61] Eso significaba que en adelante el ejecutivo federal era la única instancia con capacidad tributaria sobre la explotación forestal del país. Puesto que el mecanismo de reforma constitucional requería la aprobación de la mayoría de las legislaturas locales, ningún estado podía rehusarse a acatar el ordenamiento.

La incorporación del ramo forestal a la constitución formó parte de una intensa labor legislativa que modificó sustancialmente el artículo 73 de la ley suprema y que formalizó el esfuerzo modernizador reseñado en páginas anteriores. Tal labor tuvo lugar entre 1940 y 1942 y puede dividirse en dos partes: por un lado, la inclusión de diversos ramos económicos, como el forestal, gasolina y tabaco, a la lista de actividades que sólo podían ser gravadas por el Congreso de la Unión, y por otro, la adecuación constitucional y legal a propósito de la expropiación petrolera.

Como se dijo, sumar la actividad forestal al artículo 73 no fue un hecho aislado sino que corrió paralelo al trabajo previo en materia de tabaco que

[61] Flores Zavala, *Elementos*, 324.

se expuso en el apartado anterior. Contando con la aprobación tácita de las 22 legislaturas de los estados ya incorporados al convenio fiscal en el ramo del tabaco, la iniciativa presidencial de reformas a la constitución en esta materia (presentada en julio de 1940) fue aprobada dos años después, pero no en la forma original.[62]

La actitud de los congresistas ilustra el grado de aceptación que tenía la centralización de las finanzas públicas entre los miembros de ese cuerpo legislativo. En su deseo por apoyar a la SH y avanzar lo más rápidamente posible en la uniformización de los impuestos referidos a la industria, los legisladores creyeron conveniente buscar un mejor acomodo al creciente poderío federal. Así se lee en el dictamen de la comisión de diputados en la sesión de 28 de agosto de 1940. La fracción X del artículo 73 no era el lugar más idóneo porque se refería a la facultad de legislar en lo general sobre determinados ramos, lo que se refería al asunto fiscal pero no de manera exclusiva. Esta fracción era aquélla en la que se había incluido la electricidad en 1933 y en la que el presidente Cárdenas proponía agregar el tabaco.

Es claro el vínculo entre la iniciativa de Calles de 1926 y el argumento de los legisladores de 1940. Por lo pronto en éste se retomaba la idea callista referente a declarar que los "impuestos al comercio y a la industria deben ser decretados exclusivamente por la federación, con exclusión de los estados". Con ello se alejaban de los acuerdos de la segunda convención fiscal y de la iniciativa de Cárdenas recién citada. Pero los legisladores de 1940 consideraban que una modificación de tamaña envergadura correspondía "a administraciones que sucedan al actual gobierno", como en efecto ocurrió. No

[62] Hay que considerar el hecho de que en 1936 el presidente Cárdenas envió a los gobernadores una propuesta de iniciativa de reformas constitucionales, que se centraba en los artículos 131 y 115. En el primero de éstos se establecía la delimitación de facultades impositivas de la federación, los estados y los municipios, y en el segundo se incorporaban las participaciones federales como parte de la hacienda municipal. En ese reparto la federación se hacía de facultades privativas para establecer contribuciones sobre la renta, explotación de recursos naturales comprendidos en las fracciones cuarta y quinta del artículo 27 constitucional y especiales sobre electricidad, gasolina, ferrocarriles, hilados y tejidos, azúcar, cerillos y fósforos, tabacos, alcoholes y aguardientes, aguamiel, cerveza y además sobre juegos, loterías y rifas y maderas y bosques. Los estados, territorios y municipios tendrían participación sobre todos esos gravámenes, con excepción del de ferrocarriles. La iniciativa tomaba muy en cuenta los resultados de la segunda convención fiscal, en especial el papel de su comisión permanente como órgano de estudio y deliberación en esta materia. Sobre esta iniciativa por desgracia sólo se cuenta con el texto de la iniciativa, pero se ignora por qué no llegó al Congreso de la Unión. Yáñez Ruiz, *El problema*, III, 354-372. Como se verá, el desenlace del esfuerzo cardenista se introdujo en el artículo 73 y no en el 131 ni en el 115.

obstante esa imposibilidad, insistían, como lo hacía la iniciativa de 1926, en "adicionar la constitución, en obsequio a la claridad de sus mandamientos, con un precepto en el que se establezcan cuáles son los impuestos que únicamente la federación puede decretar". Si no se podía hacer una reforma constitucional que incluyera los impuestos al comercio como ramo exclusivo de la federación, al menos se podían consolidar los avances logrados en diversas materias.

Así, la propuesta de la comisión, que finalmente fue la que se aprobó, consistió en abrir una nueva fracción XXIX del artículo 73, en la que se señalaban los rubros en los que sólo el Congreso de la Unión podría establecer impuestos, lo que significaba especificar los rubros tributarios federales. Los ramos incorporados son aquellos que se han venido tratando en páginas anteriores: electricidad, tabaco, gasolina, explotación forestal, además de otros menores como cerillos y fósforos y aguamiel y productos de su fermentación.[63]

En cierto modo, esta nueva fracción era un remedo de la iniciativa de Calles de 1926 y de la de Cárdenas de 1936. Pero como decían los legisladores, se trataba de incorporar a la constitución "aquellas normas cuya vigencia ha sido autorizada ya por la práctica cotidiana". Dicho de otro modo, la reforma miraba hacia atrás, no hacia delante como proponía Calles. El propio presidente Cárdenas calificaba ese trabajo legislativo como una solución "parcial y precaria" al problema de la "asignación precisa de los tributos exclusivos del poder central y de las soberanías descentralizadas".[64] Esta reforma constitucional fue aprobada dos años después.[65]

Así, la centralización gradual del sistema tributario se vio reflejada en las sucesivas ampliaciones de la fracción X y sobre todo en la nueva redacción de la fracción XXIX del artículo 73 constitucional. Según un experto, el señalamiento de rubros tributarios en esa última fracción

> obedeció al deseo de limitar las facultades [...] de los estados en determinadas materias impositivas que por el desarrollo alcanzado por las industrias, su ramificación en varios estados, o [por] la importancia de los capitales invertidos ameritaban uniformidad en la legislación, reservándose al Congreso de la Unión y únicamente al pago de impuestos federales con participación a las entidades.[66]

[63] *DDD*, 28 ago 1940, 18-21.

[64] *DDD*, 29 oct 1940, 2-4: iniciativa de ley sobre el pago de participaciones en impuestos federales.

[65] *DO*, 24 oct 1942; Tena Ramírez, *Leyes*, 847-849, 904-909; Yáñez Ruiz, *El problema*, V, 248-249.

[66] Yáñez Ruiz, *El problema*, V, 251.

Sin embargo, el poderío federal se reforzó de otro modo. Como secuela de la expropiación petrolera, el Congreso de la Unión se dio a la tarea de definir un nuevo marco legal para normar el desarrollo futuro de esta industria. No era lo mismo que la federación regulara y fiscalizara una industria privada a que la federación operara la industria por medio de una empresa suya.

Como se ha visto, antes de la expropiación la jurisdicción federal en la materia no estaba tan claramente definida. De ello habla el intento veracruzano de establecer gravámenes en 1922 y que dio lugar al surgimiento del nuevo sistema de participaciones. Pero los grupos políticos de esa entidad, en particular el gobernador Adalberto Tejeda, no cejaron en su intento por quedarse con una parte de la renta petrolera. Nuevamente a cargo del gobierno local desde diciembre de 1928, Tejeda promovió medidas encaminadas a mejorar las finanzas estatales.[67] En enero de 1929 el congreso local aprobó varios decretos, entre ellos el de la ley 47 que estableció un impuesto de 15% sobre las rentas, regalías y cualquier otra participación que proviniera de terrenos que hubieran sido contratados antes del 1 de mayo de 1917, para la exploración y explotación petroleras.[68] En julio de 1932 el administrador de rentas del gobierno veracruzano en Amatlán procedió a embargar el pozo número 1 de Los Naranjos, para obligar a la compañía El Águila a pagar un adeudo de 48 000 pesos por el traspaso del predio en que se hallaba dicho pozo, según la ley número 48 de enero de 1929. A pesar de la baja producción del pozo, la compañía no dudó en solicitar un amparo y quejarse ante las secretarías de Hacienda y de Industria, Comercio y Trabajo, así como ante la asociación de productores de petróleo en México. Con decepción los funcionarios de la compañía notaron que la Secretaría de Gobernación se limitaba a enviar sus quejas al gobierno de aquella entidad. En los alegatos de los petroleros se destacaba, como en 1922, la jurisdicción federal sobre el ramo, cosa que los gobernantes veracruzanos no acataban del

[67] Sobre la crítica situación fiscal del gobierno veracruzano durante el segundo periodo tejedista, véase Falcón y García, *La semilla*, 303-306.

[68] *Semanario Judicial de la Federación*, V Época, tomo XLVI, 947. El texto de la ley 47 en AHP, Expropiaciones, caja 688, exp. 18198, ff. 11-15: memorándum de 21 ene 1929 de A.J. Amstrong dirigido a los miembros de la Association of Producers of Petroleum in Mexico. En 1932 el gobernador Tejeda señalaba que el impuesto creado por la ley 47, y de hecho otro muy similar establecido en la misma fecha por la ley 48, "casi no han sido recaudados, pues los que más pingües rentas perciben se han opuesto sistemáticamente al pago, agotando todos los recursos legales". Allí mismo expresaba su esperanza de que la Suprema Corte de Justicia fallara a favor de la entidad. *Informes Ver*, 6168-6169.

todo.[69] Sin embargo, por lo visto la insistencia veracruzana no era un problema grave para las principales compañías petroleras. En 1931 el gobierno federal les solicitó un anticipo de 7.5 millones de dólares, cuyo plazo de amortización era tan largo que más bien parecía un préstamo. Los petroleros argumentaban que podrían acceder siempre y cuando el gobierno mexicano les otorgara garantías para mejorar su actividad, entre ellas una rebaja de impuestos. El asunto veracruzano no aparecía entre las condiciones exigidas.[70]

Años después, una Compañía Mexicana de Bienes Inmuebles solicitó garantías a la Suprema Corte de Justicia para eludir ese gravamen local. En octubre de 1935, la segunda sala de la máxima instancia judicial se pronunció en contra de la ley veracruzana. Basada en disposiciones constitucionales (artículos 27 y 73) y legales (ley reglamentaria del artículo 27 en materia petrolera), la corte concluyó diciendo que dichas disposiciones "demuestran, sin lugar a duda, que la industria petrolera es de exclusiva jurisdicción federal y, por lo mismo, la facultad de gravar esa industria, sólo corresponde al Congreso de la Unión".[71]

Aunque en un primer momento señaló la constitucionalidad de la ley, más tarde modificó su postura y declaró que

> Los impuestos sobre petróleo que establece la ley número 47 del estado de Veracruz son anticonstitucionales, toda vez que la Constitución Federal faculta sólo al Congreso de la Unión para legislar sobre materia de petróleo, inclusive para fijar los impuestos relativos, y el estado de Veracruz no puede, cons-

[69] AHP, Expropiaciones, caja 1143, exp. 30890, f. 12: carta de 29 jul 1932 del secretario de El Águila, P.J. Jonker, al secretario de Industria; f. 32-35: memorándum de 28 jul 1932 del departamento de terrenos de la compañía, en el que se dice que "afortunadamente" las autoridades hacendarias ignoraban el verdadero monto de las operaciones de compraventa; y ff. 45-64: solicitud de amparo de 29 jul 1932 contra actos de la tesorería veracruzana. En esta última el abogado de la empresa argumentaba entre otras cosas que como el petróleo quedaba incluido en el rubro de la minería debía considerarse de exclusiva jurisdicción federal, de acuerdo con la fracción X del artículo 73. Lo curioso es que 10 años antes, en su pleito contra otros impuestos veracruzanos al petróleo, los abogados de las empresas argumentaban exactamente lo contrario, es decir, que el petróleo no debía considerarse como recurso minero. Véase también Falcón y García, *La semilla*, 306.

[70] FAPEC-FT, PEC, exp. 1, leg. 4, inv. 3783, ff. 178-182: memorándum de 13 abr 1931 de El Águila, Huasteca Petroleum y Pierce Oil.

[71] Ya antes, en 1927, el pleno de la Suprema Corte había esgrimido un argumento equivalente al momento de deliberar en torno a un amparo solicitado por la Pierce Oil Co. en contra de gravámenes de patente aplicables a la industria petrolera. *Semanario Judicial de la Federación*, V Época, tomo XX, 1288.

titucionalmente, hacer lo mismo a menos de invadir la esfera de la autoridad federal.[72]

Pero tal resolución no resolvió del todo el problema de la renta petrolera. Incluso después de marzo de 1938 el gobierno veracruzano mantuvo una postura crítica respecto a la forma de distribución de esos ingresos tributarios. Tal actitud estuvo estrechamente relacionada con las reformas legales que se promovieron después de la expropiación.

Los principales cambios legislativos fueron: a) la ley del impuesto sobre productos de petróleo y sus derivados, de diciembre de 1940; b) la ley reglamentaria del artículo 27 en materia petrolera, de junio de 1941, y c) la reforma a la fracción X del artículo 73 constitucional, de noviembre de 1942.[73]

De acuerdo con el propósito de este trabajo, el problema medular era definir claramente que, una vez que la nación hubiera recuperado el petróleo y formado empresas para explotarlo y refinarlo, sólo el gobierno federal tendría jurisdicción fiscal sobre el ramo. Hay que revisar este asunto con cuidado.

En un artículo publicado en la revista de la SH en diciembre de 1938, un abogado planteaba el problema de la siguiente manera:

> La expropiación de los bienes de algunas compañías petroleras ha provocado una cuestión de suyo interesante: la posibilidad legal de que los estados cobren a Petróleos Mexicanos y a Distribuidora de Petróleos Mexicanos, organismos públicos federales con personalidad jurídica, los impuestos locales de carácter territorial y los locales y municipales que gravan en general la industria y el comercio y en particular el consumo de petróleo y sus derivados.[74]

El artículo es una docta disertación que se oponía tajantemente a esa posibilidad. El argumento central era que las nuevas empresas petroleras gubernamentales no colocaban al "estado federal en la situación que antes guardaban las empresas expropiadas". Al contrario,

> produjeron, entre otros, el efecto jurídico de que, destruido el derecho de los particulares por el dominio directo de la nación, ésta asumiera en determinados casos el aprovechamiento de sus riquezas naturales en ejercicio de su so-

[72] *Semanario Judicial de la Federación*, V Época, tomo XLV, 2042-2065; Flores Zavala, *Elementos*, 326.

[73] DO, 31 dic 1940, 18 jun 1941 y 18 nov 1942.

[74] Cárdenas, "El problema del petróleo", 10.

beranía y en cumplimiento de la alta misión de velar por la independencia económica de la colectividad federal.[75]

Esta misma tesis subyacía en el texto del artículo segundo de la ley petrolera de junio de 1941 que decía: "la industria petrolera es de la exclusiva jurisdicción federal. En consecuencia, únicamente el gobierno federal puede dictar las disposiciones técnicas o reglamentarias que la rijan, y establecer los impuestos que graven cualquiera de sus aspectos".[76] Esta norma se basaba en el espíritu del artículo 27 constitucional, pero en sentido estricto carecía de un respaldo explícito en la ley suprema. Por ello se explica la reforma constitucional, de noviembre de 1942, encaminada a incluir los hidrocarburos en la fracción X del artículo 73, es decir, un procedimiento similar al de 1933 referente a la electricidad. Pero ahora debe decirse que en la reforma constitucional que reformuló la fracción XXIX de ese mismo artículo, de octubre de 1942, se había incluido la facultad del Congreso de la Unión de establecer de manera privativa gravámenes "sobre el aprovechamiento y explotación de los recursos naturales comprendidos en los párrafos 4o. y 5o. del artículo 27", es decir, petróleo y aguas.

Como se ve, la lógica de estas innovaciones legislativas era adjudicar facultades generales en la fracción X y además fijar facultades fiscales en la fracción XXIX. Por esas dos vías la nación buscaba establecer su pleno dominio sobre el petróleo. A cambio se mantenían las participaciones para los estados y municipios. En la ley petrolera de diciembre de 1940 se ratificaban los decretos de 1926 que habían elevado la cuota de 5% de 1922 a 10% y de éste 9% a los estados y 1% a municipios.[77] Un detalle importante de la ley de 1940 es el señalamiento de que el monto de esa participación sería "proporcional al valor oficial producido dentro de la jurisdicción de cada estado y municipio". Los artículos 3o. y 4o. facultaban a la SH a fijar mensualmente ese "valor oficial" del petróleo, como base para calcular el pago de impuestos y de las participaciones. Ya se verán las repercusiones de este procedimiento en las tesorerías de los estados petroleros.

Quizá a estas alturas el lector esté mareado con tanta referencia legal y constitucional. Pero con ánimo de darle sentido a este repaso hay que señalar

[75] Cárdenas, "El problema del petróleo", 10.

[76] La primera parte del artículo, referida a la jurisdicción exclusiva del gobierno federal, se halla de distintas maneras en las leyes anteriores, tales como la reglamentaria del artículo 27 en materia petrolera de diciembre de 1925 y en la de noviembre de 1940. La innovación de 1941 es la agregación de la tercera frase del artículo.

[77] *DO*, 3 ene 1923; los decretos de 1926, en Yáñez Ruiz, *El problema*, IV, 199.

que este cuerpo legal se constituyó en otro instrumento de fortalecimiento de la soberanía nacional, pero también del gobierno federal, que a su vez se tradujo en un debilitamiento de las haciendas de los estados y en particular de aquellos que se destacaban por su producción petrolera.

Una repercusión general de la ley reglamentaria del artículo 27 en materia petrolera de 1941 fue la pérdida para los estados de un rubro de creciente importancia: los impuestos sobre comercio e industria a los expendios de gasolina. Una ley anterior, de 1932, permitía esa posibilidad, misma que se cerró en 1941. En torno a este asunto la SH tuvo que recurrir al amparo de la justicia federal para eludir dicho gravamen. Pero que el asunto no era tanto legal como de voluntad política lo prueba el hecho de que el gobierno federal dio marcha atrás pero hasta 1955, con un decreto que devolvió a los estados el derecho de cobrar hasta 2% sobre ventas de gasolina.[78] Como se ve, la argumentación acerca de la diferencia que implicaba la explotación nacional respecto a la antigua explotación privada, no sirvió para imponer la prohibición a los estados. A final de cuentas, aunque con unos 15 años de retraso, la federación dio su brazo a torcer y devolvió el rubro a las tesorerías estatales.

Pero una repercusión más compleja y profunda se desprendió de la ley sobre producción de petróleo, de diciembre de 1940, que afectó sobre todo a los estados petroleros, en especial a Veracruz. En ese sentido, debería escribirse la historia de la expropiación petrolera desde el punto de vista del gobierno veracruzano. Si se escribiera, seguramente incluiría el episodio visto antes acerca de los impuestos locales de 1922, del decreto de 1929 que llegó a la Suprema Corte de Justicia, y también el que se describe en seguida. En ambos queda clara la intención local de apropiarse de una parte de la riqueza fiscal generada por esa industria.[79]

[78] Yáñez Ruiz, *El problema*, IV, 215. *DO*, 11 mar 1955: reglamento del artículo 21 de la ley del impuesto sobre consumo de gasolina. Poco antes, y de acuerdo con el artículo 21 de esa ley federal, el gobierno de Hidalgo había expedido una ley del impuesto sobre ventas de gasolina, vigente a partir de mayo de 1954. Pero Pemex, "que acostumbraba liquidar limitadas cuotas al erario local, sin cumplir con las obligaciones que le impone nuestro régimen fiscal del estado, se manifestó en contra de la ley local y recurrió al amparo de la justicia federal". El gobernador acudió al presidente Ruiz Cortines para aplacar a la empresa petrolera, que aceptó "cumplir con las obligaciones que le corresponden" con el estado de Hidalgo. Se ignora si el cambio en la postura de Pemex llevó a derogar la ley local sobre gasolina. Rueda Villagrán, *La obra* [1953], 10.

[79] En el libro *El petróleo en Veracruz* publicado por Pemex no hay mención a este asunto, aunque sí al intento del gobierno de Adalberto Tejeda de constituir una Compañía Petrolera Veracruzana, aprobado por el congreso local en diciembre de 1930. El ejecutivo quedaba

A partir de la expedición de la nueva ley del impuesto sobre producción petrolera, el gobierno de Veracruz mantuvo un reclamo constante ante la SH a causa de la disminución de las participaciones que le correspondían en ese rubro.

Es importante detenerse en el contexto en el que se inscribe esta ley, que era parte de un conjunto de medidas del gobierno federal encaminadas a fortalecer a Pemex ante las adversidades provocadas por la expropiación así como por el estallido de la guerra mundial y la consecuente caída de las exportaciones. La mala situación financiera de la empresa la obligó incluso a recurrir a la Junta Federal de Conciliación para imponer drásticos ajustes a sus compromisos laborales, por ejemplo reducción de sueldos y supresión de diversas prestaciones. Por su parte, la SH apoyó a Pemex por diversas vías: dejó de exigir el pago inmediato de impuestos, otorgó recursos frescos en septiembre de 1940, suprimió el impuesto de 12% a la exportación petrolera e incluso absorbió la crecida suma de 60 millones de pesos que Pemex había invertido en obras capitalizables desde 1938. Pero además el presidente envió una iniciativa de ley al Congreso de la Unión para modificar la ley del impuesto a la producción de petróleo, que es la que interesa aquí.

El objetivo no era otro que reducir los impuestos —y por consiguiente las participaciones— que Pemex debía cubrir a la SH, pero también a los estados y municipios.[80] El asunto medular era fijar los impuestos de acuerdo con el valor real del petróleo en el mercado del petróleo mexicano, y no con respecto a cierto tipo de petróleo ("bunker") cuyo precio era cada vez más teórico e inaccesible. Como Pemex había perdido mercados por la labor insidiosa de las compañías expropiadas y a causa de la guerra, se había visto obligado a vender a precios más bajos que las cotizaciones del mercado del Golfo de México. La cámara de diputados recibió la iniciativa el 15 de noviembre y el 30 de diciembre siguiente la aprobó sin cambios y por unanimidad de 98 votos.[81] Como resultado, Pemex pagaría los impuestos y las participaciones de acuerdo con el precio efectivo de venta, que fijaría mensualmente.

El primer reclamo fue del gobernador Jorge Cerdán, por cierto delegado veracruzano ante la segunda convención fiscal. En su informe de septiembre de 1941 aludía a un hecho que ya era del dominio público:

---

facultado para aportar a dicha compañía "los derechos que tiene el mismo estado al subsuelo de predios petrolíferos [y], sus derechos de superficiario". Santos Llorente, "Los gobernadores", 54; Falcón y García, *La semilla*, 306.

80 Pemex, *Los veinte años*, 50.

81 DDD, 15 nov 1940, 4-7; 30 dic 1940, 46 y 48.

> Me refiero concretamente a la ley federal de 31 de enero último [*sic*], en virtud de la cual fue disminuido considerablemente el precio del petróleo mexicano, para los efectos del pago del impuesto de producción y como consecuencia de cuya rebaja, el fisco veracruzano ha dejado de percibir, únicamente en los cinco meses de febrero a junio, la cuantiosa suma de quinientos mil pesos, sin contar con la pérdida sufrida por los municipios de la zona petrolera.[82]

Con los años las malas cuentas se acumularon. Según una estimación, el cambio en la manera de fijar el valor del petróleo había provocado entre 1941 y 1946 una pérdida al erario veracruzano de nueve millones de pesos.[83] Un estudioso señalaba que a causa de la reducción del precio oficial del petróleo, el erario veracruzano había perdido las tres cuartas partes de sus participaciones, entre 500 000 y 600 000 pesos en relación con lo que obtenía antes de la expropiación. El ingreso por ese concepto en 1945 fue semejante al de 1925. Y además el mismo estudioso picaba la cresta: cómo, si no por descuido veracruzano, era posible que Chihuahua recibiera dos millones de pesos por participaciones mineras y Veracruz sólo 500 000 pesos anuales por la explotación petrolera.[84]

En contraste, los impuestos pagados por Pemex a la SH habían aumentado, en ese mismo lapso, de 100 a 191 millones de pesos corrientes, aportación que sin embargo significaba un porcentaje menor en el monto del ingreso tributario federal: 18% en el primer año y 12% en el segundo (cuadro 6). Quizá allí iban los nueve millones que peleaba el gobernador Ruiz Cortines y quizá allí veamos el inicio de la actual función primordial de Pemex en las finanzas federales.

Al problema de las participaciones se sumaba la negativa de Pemex a pagar el impuesto predial a los estados, alegando que sus bienes eran de la federación y que estaban destinados a prestar un servicio público. Pero los estados de Puebla, Tamaulipas, Guanajuato, Nuevo León, Sonora y por supuesto Veracruz insistían en cobrar dicho impuesto. Entre los argumentos veracruzanos pueden destacarse tres: 1) por qué el gobierno federal sí cobraba impuestos a

[82] *Informes Ver*, 6907-6908.

[83] SHCP, *Tercera convención*, II, 156. El autor de esa estimación no era ningún antipatriota, era el gobernador del estado, Adolfo Ruiz Cortines, quien sería presidente de la república a partir de diciembre de 1952.

[84] De la Peña, *Veracruz*, II, 487-488. En otro lado (página 486) este autor califica las participaciones petroleras de "pequeñas y francamente irrisorias". Aquí señala que el estado de Veracruz recibía 2.5 millones de pesos al año en 1940. No sobra decir que esta obra de De la Peña fue editada por el gobierno veracruzano y prologada por el gobernador Ruiz Cortines.

CUADRO 6

APORTACIÓN DE IMPUESTOS DE LA INDUSTRIA PETROLERA AL FISCO FEDERAL, 1936-1951

(Millones de pesos corrientes)

		Porcentaje del ingreso tributario federal
1936	44	14.6
1937	52	14.1
1938	55	15.2
1939	64	13.4
1940	97	20.5
1941	100	17.9
1942	86	13.8
1943	122	13.2
1944	94	8.4
1945	124	10.2
1946	191	11.8
1947	253	14.3
1948	317	16.9
1949	336	13.5
1950	430	14.7
1951	473	14.8

FUENTES: Pemex, *Los veinte años*, 207 y 299; ingreso tributario federal, cuadro A1.

Pemex y exigía a los estados un régimen de exención a dicha empresa; 2) de acuerdo con el artículo 132 constitucional, la legislatura local no había otorgado su consentimiento para que esos bienes fueran considerados como federales, y 3) que los inmuebles de Pemex, si bien habían sido expropiados por utilidad pública, no eran de servicio público. Esto último era lo más preocupante para las autoridades veracruzanas, ya que podría generalizarse a otras ramas en manos privadas (agricultura, industria azucarera, abasto de agua) que podrían alegar lo mismo que Pemex, es decir, que por prestar un servicio público se creerían merecedoras del privilegio fiscal. Y tal cosa iba en contra de los gobiernos de los estados, porque los privaba de una "fuente de ingresos que ha venido figurando constante e ininterrumpidamente en sus presupuestos", y más aún, sería "profundamente injusto y antisocial".[85]

[85] AGN-MACA, exp. 564.1/724: memorándum de "agosto de 1942" del gobernador Jorge Cerdán al presidente de la república. Otras controversias entre Pemex y los siguientes estados a causa del impuesto predial se hallan en *Semanario Judicial de la Federación*: Veracruz, tomos LXXV, 6385 y 6405 (1943), LXXVII, 1623, 1904 y 4499 (1943), LXXIX, 2313 (1944), LXXX, 1384 (1944); Distrito Federal, LXXXI, 2921 (1944); Guanajuato, LXXXVIII, 2792 (1946); Nuevo León, LXXXVIII, 2790 (1946).

Pemex había promovido juicio de garantías ante la Suprema Corte de Justicia para enfrentar la exigencia de esos estados. Pero en 1945, el gobernador veracruzano, Ruiz Cortines, lamentaba la "desconcertante actitud de Pemex", como rezaba un subtítulo de su informe de gobierno, respecto al asunto del predial. Como resultado de una "infortunada controversia" de esa empresa con el gobierno de Veracruz

> acerca del derecho —que yo estimo indiscutible— a cobrar impuestos prediales de sus propiedades, [Pemex] ha dejado de pagar al Estado y a sus municipios, durante los cuatro últimos años, más de $500 000.00 con todas las consecuencias que advertirá esta H. Asamblea.

Los problemas con la empresa que había hecho realidad el sueño expropiatorio y la reivindicación de la soberanía nacional provocaban una situación de "irritante injusticia" y, más allá, una situación

> que no sufrió Veracruz —el estado productor por excelencia y el más celoso defensor de la expropiación petrolera— ni en los aciagos días de las compañías imperialistas, que siempre pagaron sus impuestos al erario local.[86]

Si se sigue el razonamiento del abogado Cárdenas señalado líneas arriba, puede decirse que los mandatarios veraruzanos confundían a Pemex con una compañía privada. Pero lo cierto es que, con confusión o sin ella, la repercusión en la tesorería de esa entidad había sido considerable. La nación tenía que fortalecer a la empresa que enfrentaba los innumerables escollos provocados por la expropiación y su secuela legal. Si ello llevaba a sacrificar el erario de algunos estados, el interés de la nación, el sujeto predilecto de la modernización fiscal, lo merecía con creces. Así lo decía el director de Pemex, Antonio Bermúdez, en su informe de 18 de marzo de 1947:

> La institución [...] es de carácter eminentemente nacional. De ella dependen en gran parte el bienestar y prosperidad del país. Nadie tiene derecho a ponerla en peligro por intransigencias, descuidos, o actividades egoístas. Implica un interés superior e inviolable, que es el de la Patria misma. Y a ella deben subordinarse las pasiones, los apetitos y, cuando sea necesario, hasta los intereses legítimos.[87]

[86] *Informes Ver*, 7308.

[87] Pemex, *Los veinte años*, 184. A fines de 1948 el gobernador de Veracruz, Ángel Carvajal, solicitaba al secretario de Hacienda un aumento de "cuando menos" 100% en las parti-

Tal vez los intereses del erario veracruzano cabían en la última frase: no obstante la legitimidad, su reclamo debía subordinarse a la nación, en este caso a Pemex y a la SH.[88] Cabe preguntarse, de cualquier modo, si había otra opción para manejar la industria petrolera, por ejemplo dejar a los estados en libertad de organizar sus propias empresas en el ramo o bien la facultad de crear gravámenes locales a empresas privadas o públicas. ¿Podríamos imaginar al presidente de la república haciendo antesala ante el gobernador de Veracruz para obtener la tercera parte del presupuesto federal?

---

cipaciones por concepto de petróleo, considerando que la producción veracruzana "cubre aproximadamente el 97%" del total nacional y "que en consecuencia, el estado de Veracruz contribuye de manera eficaz al desenvolvimiento de la economía del país". AGN-MA, exp. 564.1/134: carta de 13 dic 1948.

[88] El conflicto con Veracruz no aparece en los informes del director de Pemex, pero sí el que sostenía la empresa con particulares por el asunto de las regalías que pagaban las compañías expropiadas a los dueños de los terrenos dedicados a la exploración y explotación petroleras. En el informe de 1948 se señalaba que, más por equidad que por legalidad, Pemex había accedido a pagar poco más de dos millones de pesos por concepto de regalías, cosa que prohibía la ley reglamentaria del artículo 27 constitucional de junio de 1941. Pemex, *Los veinte años*, 207.

6

LA SEGUNDA GUERRA Y EL ALEMANISMO, 1943-1949

> El hecho que se produce en esta situación es fatal: la federación porque tiene las manos más grandes, porque las mete primero y puede meter las dos a la vez, se lleva la mejor parte del contenido de la canasta y los estados tienen que repartirse el resto.[1]

La parte final de la reorganización fiscal del Estado mexicano en el siglo XX tuvo lugar en el marco de la segunda guerra y de la depresión posbélica, al inicio del así llamado "milagro mexicano". El momento clave es 1943, año que es considerado aquí como el parteaguas de las finanzas públicas del México contemporáneo. En el primer capítulo se intentó mostrar que el esfuerzo modernizador emprendido desde tiempos de Obregón hasta los primeros años del gobierno de Ávila Camacho no había modificado el patrón porfiriano de distribución de los ingresos entre la federación y los estados. En términos de las cuentas más agregadas, el principal cambio en este periodo tiene que ver con la debacle municipal, pero al lado de este cambio se aprecia una continuidad, pues todavía en 1942 la federación absorbía una proporción de los ingresos públicos muy similar a la de 1910. Este panorama de la estructura fiscal, como ya se dijo, se modificó drásticamente ante el impacto de la segunda guerra mundial, en particular en el año de 1943, cuando los ingresos federales crecieron de manera notable.

Este capítulo tiene tres apartados. El primero expone, a la luz del impacto de la guerra mundial en la economía mexicana, el razonamiento del gobierno alemanista para introducir cambios en la organización tributaria del país, destacando los trabajos de la tercera convención fiscal de 1947. El segundo revisa un eslabón crucial de esos cambios que buscaban consolidar

[1] Fragmento de un discurso del subsecretario de Hacienda, Eduardo Bustamante, en 1947. SHCP, *Tercera convención*, II, 35.

la modernización fiscal en la nación: el impuesto sobre ingresos mercantiles. El tercer apartado se refiere a la culminación del esfuerzo federal por controlar el ramo cervecero, que ameritó la última reforma constitucional del periodo en materia tributaria. Por esta razón constituye el cierre de esta segunda parte del ensayo.

Los esfuerzos federales de la posguerra

> Las instituciones de crédito gozan, dentro de la naturaleza cedular del impuesto sobre la renta, de una situación de excepción —no de privilegio— porque no obstante que el volumen más importante de sus operaciones corresponde a las que la ley del impuesto sobre la renta grava en la cédula II, ellas tributan en cédula I.[2]

Al final del gobierno de Manuel Ávila Camacho, en 1946, el secretario de Hacienda ofrecía un balance positivo del estado de las finanzas públicas. Los ingresos federales dependían cada vez menos del comercio exterior, de las industrias extractivas y de los impuestos indirectos. En contraste, los impuestos sobre la renta y la industria eran cada vez más importantes.[3]

El lector debe atender el aumento realmente impresionante de la recaudación del impuesto sobre la renta después de 1940. De acuerdo con las cifras del cuadro 2, tal aumento fue de 57 millones de pesos corrientes en 1940 a 766 en 1950, lo que hizo ascender su contribución de 12 a 26% del ingreso tributario federal. Un factor que explica ese comportamiento, además del movimiento económico general a causa del conflicto bélico, fue la elevación significativa de las tasas del impuesto. La nueva ley del impuesto sobre la renta de fines de 1941, a la vez que suprimió el impuesto del superprovecho creado en 1939, elevó las tarifas de las distintas cédulas: en comercio, industria y agricultura se pasó del rango de 2-8% de 1925 al de 3.3-20%; en la explotación del subsuelo, de 10 a 16-33%, y en sueldos y salarios, de 1-4%

[2] Beteta, *Tres años*, 177. Para entender la diferencia entre excepción y privilegio cabe hacer la siguiente aclaración: mientras que las personas que recibían ingresos derivados de operaciones de préstamos causaban el impuesto sobre la renta sobre la totalidad de sus ingresos sin deducción alguna, las instituciones de crédito tenían derecho a deducir todos los gastos normales y propios de su negocio.

[3] Suárez, *Comentarios*, 350-351.

al rango de 1.3-7.6%.[4] Dos años después, a principios de 1943, las tarifas volvieron a elevarse de manera considerable. El rango de la cédula I (comercio, industria y agricultura) aumentó a 3.8-30%, el de la cédula II (créditos e intereses) a 10-33.1% y el de la cédula III (subsuelo) se incrementó a 18.7-41.2%.[5] Un equipo de especialistas hacía hincapié en el vertiginoso incremento de la recaudación de este impuesto entre 1939 y 1950, mayor al de "cualquier otro gravamen y a un ritmo más acelerado que el ingreso nacional". Según ellos, el fenómeno obedecía por un lado al carácter progresivo del impuesto y a la ampliación del universo de causantes "conforme han crecido los ingresos monetarios; por otro, al mayor peso de las utilidades en el ingreso nacional y a algunas reformas introducidas en la administración del impuesto, sobre todo el establecimiento del sistema de anticipos en 1943". En su informe de 1944 el presidente de la república señalaba que el sistema de anticipos, "posible por la situación de bonanza de los negocios", aportó recursos adicionales "sin los cuales no habría podido realizar el propósito de financiar su programa de obras sin auxilio del crédito".[6]

En el capítulo inicial se hizo énfasis en el parteaguas que significó el año de 1943 en el comportamiento de los ingresos públicos. Ahora debe decirse que el notable incremento de la recaudación federal obedeció principalmente al impuesto sobre la renta: a precios corrientes la aportación de tal gravamen pasó de 78 millones de pesos en 1942 a 218 millones en 1943, casi tres veces más. Más llamativo todavía fue que ese aumento recayera sobre las utilidades de las empresas, cuya aportación se triplicó al pasar de 54 a 151 millones entre 1942 y 1943, y sobre el capital, de 10 a 49 millones, es decir, casi cinco veces más. En contraste, el aumento registrado en la cédula referente al trabajo asalariado fue mucho más modesto: de 12 a 17 millones de pesos.[7] El proyecto modernizador comenzaba a rendir frutos y a marcar la diferencia entre una época definida por la preponderancia de los impuestos al comercio exterior y otra nueva caracterizada por la importancia de este nuevo impuesto directo y progresivo. Ése era, quizá, el origen del optimismo del secretario Suárez.

Sin embargo, tal diagnóstico no era compartido del todo por el nuevo gobierno encabezado por Miguel Alemán. Después de dos décadas y media

[4] DO, 31 dic 1941. Sobre elevación de tarifas y otros ajustes de la base legal y reglamentaria del impuesto entre 1931 y 1933, véase SHCP, *La hacienda*, 36; Margáin, *Compilación*, XXVIII-XXIX.

[5] Margáin, *Compilación*, 484-490.

[6] Ortiz Mena *et al.*, *El desarrollo*, 347, 368; *Los presidentes*, IV, 283-284.

[7] Cifras a precios corrientes. Navarrete, *Política*, 106.

de esfuerzo los problemas no parecían resueltos del todo, e incluso daba la impresión que se habían agravado. En la agenda fiscal de 1947 estaba ni más ni menos que "la delimitación de los campos de acción de la federación, los estados y municipios en materia tributaria y [...] la estructuración de un verdadero sistema nacional de tributación que incluya los arbitrios locales y municipales".[8] Si se recuerda, son casi las mismas palabras utilizadas por los funcionarios callistas años atrás.

¿Qué había ocurrido? Simplemente que el esfuerzo de la modernización fiscal estaba incompleto si no se obligaba a los estados y municipios a ceñirse a una estructura nacional de impuestos. El punto medular eran los gravámenes a las transacciones mercantiles. Pero más importante tal vez era que el derecho de gravar ese rubro, aunque con rendimientos decrecientes para los estados, era visto como una de las principales bases de la soberanía estatal. A los ojos de las autoridades alemanistas, como a los de Cárdenas y Calles, el corolario de la soberanía de los estados era la anarquía fiscal.

Ahora hay que ver la manera como la administración alemanista enfrentó este escenario. De entrada debe decirse que el nuevo secretario de Hacienda, Ramón Beteta, reconocía que el programa alemanista no ofrecía "ninguna novedad" con respecto al de los "gobiernos revolucionarios" que le habían antecedido. Señalaba que las tareas del nuevo gobierno "pueden estimarse iniciadas" desde tiempos del presidente Calles con el establecimiento del impuesto sobre la renta, la celebración de la primera convención fiscal y la creación en 1928 del Departamento del Presupuesto en la SH.[9] En otro signo de continuidad, al menos con el callismo, Beteta retomó el mecanismo de las convenciones para discutir el problema.

En efecto, una de las primeras medidas del gobierno alemanista fue organizar la tercera convención nacional fiscal. En la convocatoria, suscrita por el presidente Alemán, se ofrece un panorama que vale la pena seguir de cerca.[10] Comenzaba diciendo que la primera convención de 1925 había discutido casi a ciegas, en vista de la carencia de estudios que "orientaran las decisiones de la asamblea". Sus conclusiones fueron muy generales y la iniciativa de reformas constitucionales con la que Calles intentó llevarla a la práctica había sido ignorada por la cámara de diputados. Quizá el único logro fue el "reconocimiento unánime por parte de los gobiernos de los estados de la existencia de los defectos que el ejecutivo federal señaló en la convocatoria; la

[8] *Los presidentes*, IV, 366: informe de 1 sep 1947.

[9] Beteta, *Tres años*, 128; también Astudillo Moya, *La distribución*, 27.

[10] SHCP, *Tercera convención*, I, 3-7: convocatoria de 4 oct 1947 del presidente Alemán dirigida a los gobernadores de los estados.

urgencia de corregirlos y la posibilidad de lograr esa finalidad mediante la colaboración continuada de las autoridades hacendarias locales y federales". La segunda convención, de 1933, había alcanzado logros más específicos y precisos, en vista de que para entonces se contaba con mayores elementos de juicio. Sin embargo, según esta versión, la convención fue inoportuna porque "se celebró en los momentos en que estaba por concluir un ejercicio presidencial y por esa causa no pudieron dictarse desde luego medidas de carácter legislativo que condujeran a la realización de sus conclusiones".

Después el país vivió una etapa en la que los problemas "de carácter político y social asumieron gran importancia y demandaron para su resolución prácticamente toda la atención y todo el esfuerzo del ejecutivo".[11] Con esta desganada frase se resumía el cardenismo visto desde las finanzas públicas. Pero según este juicio, lo más importante fue el episodio siguiente, la segunda guerra mundial, que tuvo notables secuelas en la cuestión fiscal mexicana. Tal conflagración, agregaba el presidente Alemán,

> dio lugar a un auge transitorio en las actividades económicas conectadas con el esfuerzo público y relegó a segundo plano los problemas hacendarios, no porque éstos se hubieran solucionado automáticamente sino porque precisamente como consecuencia de ese fenómeno económico, tanto la federación como los estados y los municipios vieron crecer progresiva y continuadamente los rendimientos de sus impuestos, sin necesidad de que ellos se tomaran mayores esfuerzos para lograrlo.

Según Alemán, este auge económico se había traducido en un renacimiento de la anarquía fiscal. En el marco de la economía de guerra, muchas actividades privadas se desarrollaron vertiginosamente, lo que llevó a los diversos gobiernos a crear nuevos impuestos con el propósito de participar en la creciente prosperidad privada. El problema fue que en esa vorágine se dejaron de lado las recomendaciones de las dos convenciones fiscales. Lo que antes era apremiante, por ejemplo acabar con la anarquía fiscal, quedó relegado ante la anormalidad económica.

Después del festín vino la cruda realidad. Concluida la euforia provocada por la guerra, el país se enfrentaba de nuevo a su antiguo problema:

[11] En el informe de Lázaro Cárdenas de septiembre de 1936 hay una alusión al interés de la SH por organizar la tercera convención fiscal. Agrega que se habían realizado diversas convenciones fiscales estatales "para la delimitación de competencia tributaria y uniformidad de los sistemas fiscales". *Los presidentes*, IV, 49. El asunto no vuelve a tratarse en los informes posteriores.

> el mismo que se presentaba en 1925 en sus antecedentes, con sus manifestaciones generales y en sus inconvenientes prácticos, pero agravado enormemente como consecuencia de 22 años más de vida de un régimen que ya en 1925 se calificó de complicado, antieconómico e injusto; que por no haberse corregido sino al contrario empeorado como resultado de la creación de nuevos impuestos tanto por la federación como por los estados y los municipios, es ya insostenible; hay más impuestos, éstos son más complicados en sí mismos y más faltos de armonía en el conjunto.[12]

Cabe resaltar la continuidad de la soberanía estatal en materia fiscal. La centralización, apreciable en diversos aspectos de la vida política y social del país, distaba de tener un avance equivalente en esta materia. Lejos de la visión de una plena y rápida centralización política del país, la cuestión fiscal muestra otra cara. En 1947 un alto funcionario de la SH señalaba que

> en la actualidad no sólo seguimos en la misma situación que prevalecía en 1926 sino que ésta ha empeorado, pues mientras en 1926 eran varios los estados que habían suprimido las alcabalas, ahora, probablemente con la única excepción de Sonora, en todos ellos y en los municipios, existen impuestos que gravan la entrada o salida de toda clase de efectos, principalmente de artículos de primera necesidad.[13]

Este desorden se traducía en numerosos impuestos. Por ejemplo en 1940 había 250; de ellos 57 eran federales, 131 estatales y 62 municipales. Destacaban la industria y el comercio que soportaban 80 impuestos distintos: 19 federales, 40 estatales y 21 municipales. La agricultura no tenía impuestos federales pero a cambio tenía 28 estatales y 20 municipales. Según un experto, tal diversidad significaba que los impuestos principales no rendían lo necesario y que entonces se optaba por crear nuevas cargas en lugar de mejorar las existentes.[14] Otro agravante era la repercusión de estos gravámenes en el aumento de los precios de las mercancías, problema que se hizo particularmente grave durante los años de la guerra. Un ejemplo eran los hilados y tejidos, rama en la que podían contarse ocho intermediarios entre el productor y el consumidor. Al final de la cadena, el consumidor pagaba "un impuesto que, por muy bajo que sea en sí mismo, resulta multi-

[12] SHCP, *Tercera convención*, I, 7.
[13] SHCP, *Tercera convención*, I, 30.
[14] Servín, *Las finanzas*, 54.

plicado por un número igual de intermediarios que intervinieron en la operación".[15]

Al igual que veinte años antes, uno de los ingredientes de ese diagnóstico era la cuestión moral, en este caso el desprestigio del poder público en vista de la corrupción tan extendida en la vida fiscal del país. En la convocatoria a la tercera convención, Alemán señalaba que se había "generalizado más el fraude y la ocultación que desprestigian al fisco y corrompen a los contribuyentes, y a pesar de tanta carga y tanta molestia para el causante, ni la federación, ni los estados, ni los municipios cuentan con recursos bastantes para prestar adecuadamente los servicios públicos que el país reclama".[16] Más adelante, en términos de una política de "borrón y cuenta nueva", el ejecutivo federal logró que el Congreso de la Unión otorgara facultades a la SH para establecer convenios para la liquidación de adeudos acumulados hasta el 31 de diciembre de 1947. Uno de los razonamientos de Alemán aludía a la moral:

> debe reconocerse que, dentro del régimen tributario que hasta ahora ha regido en el país, el fraude fiscal ha sido provocado en algunos casos por la complicación de las leyes fiscales y por su falta de adaptación al medio y circunstancia en que han debido aplicarse, y que en no pocas ocasiones ha sido alentado por autoridades poco escrupulosas cuando no inmorales.[17]

Desde esta perspectiva hay que revisar el quehacer alemanista, aunque el componente discursivo es insuficiente. Otra dimensión que aclara este proyecto es la intención gubernamental por restañar heridas y lograr un acercamiento con los empresarios. El gobierno como se vio ofreció tratos de "borrón y cuenta nueva" en materia fiscal y una mejor disposición para atender las opiniones y propuestas de ese sector.[18] Este interés oficial se tradujo en la celebración de la primera convención nacional de causantes, efectuada entre el 10 de junio y el 4 de julio de 1947, en la Ciudad de México, y que había sido convocada por la Cámara Nacional de Comercio pero a iniciativa de la SH.[19] Beteta se esmeraba en hablar de un nuevo trato con

[15] En Yáñez Ruiz, *El problema*, IV, 342: discurso del subsecretario de la SH, Bustamante.

[16] SHCP, *Tercera convención*, I, 7.

[17] En Beteta, *Tres años*, 134. La ley del "borrón y cuenta nueva" en *DO*, 31 dic 1947.

[18] Shafer, *Mexican Business*, 171-172; Llinás Álvarez, *Vida y obra*, 63-65. Otra visión, que destaca la manipulación federal de las organizaciones patronales en el periodo, se halla en Medin, *El sexenio alemanista*, 94-95.

[19] A diferencia de las convenciones nacionales fiscales, que reunían a representantes de los estados, en esta convención de causantes sólo participaron dirigentes empresariales.

la iniciativa privada, basado en la confianza mutua. Un ingrediente crucial de ese nuevo trato fue la supresión del controvertido sistema de inspección del timbre, ordenada por el presidente Alemán a partir de enero de 1947.[20]

En ese contexto, la tercera convención nacional fiscal se llevó a cabo en la Ciudad de México, entre el 10 y el 28 de noviembre de 1947. Al igual que las dos anteriores, fue convocada por la SH, pero a diferencia de ellas incluyó a un representante de los municipios de cada entidad y a un experto fiscalista. Otra innovación fue la participación de una delegación de empresarios, que fue fruto de la convención de causantes mencionada antes.[21]

En los trabajos de esta tercera convención campeaba el mismo discurso oficial de veinte años atrás, en particular el argumento que relacionaba la necesidad del ordenamiento fiscal con el desarrollo de la economía nacional y el progreso de la nación entera y todo ello como circunstancia *natural* que propiciaba la centralización creciente. El punto era cómo convencer a los estados de que esa centralización era benéfica para todas y cada una de las partes de la nación y que en consecuencia debían apoyarla sin reparos. Las fricciones surgían porque a los ojos de los funcionarios alemanistas, como antes los callistas o cardenistas, el ordenamiento fiscal sólo podía hacerse mediante la ampliación de las facultades federales. Decían que así lo exigía el interés nacional.

El proyecto de la SH debía entenderse de este último modo porque la nación y el gobierno que expresaba su interés, es decir, la federación, incluía todas las entidades y todos los municipios. En la memoria de esta tercera convención fiscal abundan los llamados a alcanzar la prosperidad nacional. Por ejemplo los empresarios afirmaban que la discusión fiscal ponía de manifiesto el "vínculo estrecho, necesario, patriótico que siempre o indispensablemente debe existir entre el gobierno y los gobernados, entre los representantes de la autoridad y el pueblo, entre el estado y la nación",[22] o bien que "el país debe constituir una unidad económica, que es necesario robustecer [...]; que

[20] Beteta, *Tres años*, 129, 136-138, 164-165. *El Siglo de Torreón*, 6 ene 1947, celebraba esa decisión señalando que "cualquier causante estará conforme en el impuesto que se le fije a cambio de quitarle la plaga de inspectores".

[21] La delegación empresarial (de causantes) estuvo integrada por Eustaquio Escandón, presidente de la Confederación Nacional de Cámaras de Comercio; Mariano Suárez, presidente de la Coparmex; Aníbal de Iturbide, presidente de la Asociación de Banqueros de México; Pedro A. Chapa, presidente de la Confederación Nacional de Cámaras Industriales, y los abogados Joaquín B. Ortega y Ernesto Flores Zavala. Véase Flores Zavala, *Elementos*, 339.

[22] SHCP, *Tercera convención*, I, 23: fragmento del discurso de Eustaquio Escandón, presidente de la delegación de causantes.

la unidad del proceso económico debe asegurarse mediante la supresión de las barreras de cualquier clase que tiendan a limitar la libertad de comercio, que el impuesto debe ser un elemento constante y uniforme del costo de producción y distribución y por ningún motivo un factor favorable o desfavorable en la competencia mercantil".[23] La coincidencia entre la SH y los empresarios era evidente, al menos en el plano declarativo. Uno de los ingredientes principales de esa coincidencia tenía que ver, como en 1933, con el combate a las alcabalas. En este asunto los causantes casi pronunciaban las mismas palabras que la SH acerca del desorden fiscal, agravado por el auge económico. Pero más importante era la coincidencia en torno al papel preponderante que debía tener el gobierno federal. En su ponencia los causantes organizados afirmaban que

> el remedio contra los impuestos alcabalatorios no será nunca el amparo de la justicia federal contra las leyes que los establezcan, ni menos aún pedir el castigo de quienes las promulguen, publiquen y apliquen, sino la federalización, simplificación y justa distribución de los impuestos [...] de manera que tanto la federación como los estados y los municipios puedan realizar sus fines sin acudir a medios que están al margen de la ley.[24]

En esa misma lógica, la SH sostenía que la soberanía de los estados

> no debía considerarse restringida o vulnerada por la delegación de determinadas facultades que los estados hicieran en favor de la federación, o por la limitación que los propios estados y la federación se impusieron en el pacto federal de ejercer otras facultades en forma coordinada, porque la federación debe entenderse como una unión permanente basada en libre comunión de intereses y al servicio del fin común de autoconservación de todos los miembros [...] La delegación federal cuidó de demostrar que su tesis jurídica no implica en forma alguna una tendencia política o económica de debilitar a los estados sino, muy por el contrario, trataba de establecer bases firmes para su desarrollo armónico con el desarrollo general.[25]

23 Flores Zavala, *Elementos*, 356.

24 SHCP, *Tercera convención*, III, 257. Pero más adelante, además de la derogación de todas las alcabalas, los empresarios exigían fincar "responsabilidades a las legislaturas y a los gobernadores de los estados que expidan, promulguen o publiquen leyes o decretos creando impuestos alcabalatorios".

25 Beteta, *Tres años*, 152; la misma idea y casi el mismo texto en SHCP, *Tercera convención*, I, 35.

Si la medida para calificar esta tercera convención fiscal es el inicio del ordenamiento tributario en materia de compraventa, debe decirse que la convención fue un éxito para la SH. En cambio, si la medida es el interés de la SH por reformar la constitución para establecer en ella los instrumentos de la política tributaria en general, puede decirse que la convención fue un sonado fracaso, equiparable al que sufrió el presidente Calles en 1926. Veamos estos aspectos con mayor detenimiento, primero el de los impuestos a la compraventa y luego el de las reformas a la constitución.

La convención hizo suya la postura de la SH referente a la necesidad de ordenar el régimen fiscal, particularmente en materia de transacciones mercantiles. Acorde con lo anterior aprobó la iniciativa de la SH encaminada a elaborar un plan nacional de arbitrios, que más que delimitar los campos de tributación de las tres entidades gubernamentales como se entendía en las primeras dos convenciones, establecía conceptos y reglas para asegurar la distribución de recursos entre esas entidades en proporción a las necesidades locales. Si el lector recuerda el epígrafe de este capítulo, cabe decir ahora que ese plan significaba, siguiendo la metáfora del subsecretario Bustamante,

> antes de que nadie meta mano, [que] se destape la canasta para que bien sea haya dentro varias piezas de pan o un pastel completo, el contenido tenga que repartirse a la vista de todos, bajo la responsabilidad de todos y sabiendo todos que cada quien tiene derecho a una parte.[26]

La propuesta federal, que fue aprobada por la convención, distinguía entre los ingresos privativos, los de participación y los de legislación concurrente. Los primeros se referían a aquellos rubros exclusivos de cada entidad gubernativa. En cuanto a la federal se establecían por ejemplo los impuestos al comercio exterior y el de la renta, más los derechos por servicios públicos y aprovechamientos. Para los estados, se enumeraban los impuestos a la propiedad raíz, agricultura y ganadería, traslación de dominio de bienes inmuebles, comercio al menudeo y los derechos, productos y aprovechamientos que le fueran propios. Y por último, a los municipios se les asignaban los impuestos sobre diversiones, mercados, degüello, comercio ambulante, y sus derechos por servicios públicos, licencias y demás. Entre los ingresos que implicaban participación se contaban los de ventas mercantiles que establecería el gobierno federal y el de explotación de recursos naturales. Y por último, los concurrentes, que debían tender a la uniformidad, se referían

[26] SHCP, *Tercera convención*, II, 35.

a los del comercio y la industria y a los impuestos especiales sobre hilados y tejidos, elaboración y compraventa de azúcar, alcohol, cerveza y aguas envasadas.[27]

El acuerdo de "derogar el impuesto del timbre sobre compraventa y sustituirlo por un impuesto en función de las ventas comerciales" dio paso al impuesto sobre ingresos mercantiles, al que se le dedica el siguiente apartado. Pero por ahora debe decirse que era un espaldarazo a la combinación predilecta de estos hombres: impulsar la libre circulación de mercancías y fortalecer las finanzas federales. Otros acuerdos de la tercera convención fueron la supresión de la contribución federal y el otorgamiento de participaciones a los estados en la recaudación del impuesto sobre la renta. El ejecutivo federal accedió a lo primero pero no a lo segundo.

Ahora hay que tratar el segundo aspecto, el de las reformas constitucionales. Debe subrayarse que la SH no sólo pretendía que la convención hiciera suya la idea de ordenar el sistema tributario mediante el plan de arbitrios sino que éste fuera elevado a rango constitucional. Para ello contaba con el apoyo de los dirigentes empresariales reunidos en la convención de causantes. Pero esa pretensión fue rechazada por los delegados estatales. Si para la SH la convención era un ámbito propicio para conocer reacciones y posturas de los diversos grupos de interés, es claro que la reunión logró tal objetivo y en algunos casos como en éste mostró las diferencias de los delegados de los estados respecto a las propuestas federales. No obstante que en los primeros ocho meses del sexenio alemanista seis gobernadores desafectos al nuevo presidente habían caído, la propuesta de incorporar el plan de arbitrios a la constitución general, enfrentó la oposición de ocho delegaciones estatales: Coahuila, Colima, Chihuahua, Durango, Guerrero, Jalisco, Nayarit y Sonora.[28]

¿Cuál era la propuesta de reformas constitucionales de la SH de 1947? Era la vieja idea, ya expresada por algunos en la convención de 1925, en la iniciativa de Calles de 1926 o en los trabajos de los legisladores de 1940, de modificar la constitución para establecer los campos específicos de tributación de las tres instancias gubernamentales. Según el subsecretario Bustamante, el punto medular era que el necesario "régimen de uniformidad, de coordinación y colaboración" difería del que establecía la constitución. La "eco-

[27] Beteta, *Tres años*, 157-158.

[28] SHCP, *Tercera convención*, II, 306. Detalles sobre la remoción de los gobernadores de Baja California, Jalisco, Tamaulipas, Chiapas, Oaxaca, Durango, Coahuila y Sonora se hallan en Medina, *Civilismo*, 95-110. En el capítulo 10 volveremos a encontrar a estos mismos estados, salvo Durango, en una prolongada pugna con el gobierno federal.

nomía general del país" y los "fines esenciales de la nación" exigían entonces una reforma constitucional.[29]

La iniciativa de 1947 iba mucho más lejos que las anteriores propuestas federales, tan lejos que parece un artificio para establecer mejores condiciones de negociación sobre todo con los delegados estatales. Una descripción de la iniciativa puede convalidar esta apreciación. Constaba de siete bases y tres transitorios y perfilaba una ampliación notable de las facultades del ejecutivo federal a costa no sólo de estados y municipios, cosa nada novedosa, sino del poder legislativo y en cierto modo del poder judicial.[30]

La primera base otorgaba al ejecutivo federal las atribuciones del Congreso de la Unión para combatir "las restricciones en el comercio de estado a estado". La segunda proponía modificar el artículo 115 para establecer las bases de organización de la hacienda pública municipal y otorgar a los ayuntamientos la facultad de sujetarse a la ley nacional de arbitrios en materia de impuestos y contribuciones. La tercera prohibía a la federación establecer en el distrito y territorios federales los impuestos prohibidos a los estados en materia de libre comercio. La cuarta, quizá la más importante, señalaba que la ley nacional de arbitrios formaría parte de la constitución general. Con base en esa ley, cada seis años se determinarían los impuestos o derechos de la federación, estados y municipios. Para consolidar el fortalecimiento federal, en esta cuarta base la iniciativa proponía otorgar facultades legislativas al ejecutivo federal en el ramo:

> Para que con carácter permanente figure una de las bases del nuevo sistema tributario, dispóngase en la constitución que en la ley nacional de arbitrios podrá establecerse que la facultad de legislar sobre ciertos impuestos o derechos corresponda exclusivamente a la federación y que el gobierno federal otorgará a los estados y a los municipios las participaciones que la propia ley fije.

La quinta base formaba el órgano encargado del ordenamiento fiscal: la comisión nacional de arbitrios. Estaba integrada por dos representantres de la federación, dos de los estados nombrados por mayoría absoluta de las entidades, y uno designado por los territorios y el Distrito Federal. La sexta base detallaba las facultades de esa comisión, cuyas semejanzas con las ideas de los convencionistas de 1925 y de 1933 no pueden soslayarse. En lugar de que los asuntos fiscales se trataran en el Congreso de la Unión y en los con-

[29] SHCP, *Tercera convención*, I, 32.
[30] La iniciativa, en Yáñez Ruiz, *El problema*, V, 281-283.

gresos locales, la discusión se trasladaría a una asamblea integrada por representantes de la federación, de los estados y los territorios y del Distrito Federal que se reuniría cada tres años. Como se ve, era el mecanismo de las convenciones fiscales elevado a rango constitucional. Y por ello tenía sus mismas limitaciones: era órgano de consulta y encargado de formular "estudios preparatorios" que luego se presentarían al ejecutivo federal. Otra de sus facultades involucraba a la Suprema Corte de Justicia de la Nación: la comisión nacional de arbitrios podía promover ante ella la declaración de nulidad de leyes tributarias federales, locales y municipales que fueran contrarias a la constitución y a la ley nacional de arbitrios. Luego se obligaba a la máxima instancia judicial a decretar la suspensión de la vigencia de la ley tributaria en cuestión. La comisión también podía *proponer*, según el subrayado del original, al ejecutivo federal la inclusión de subsidios a estados y municipios. La séptima y última base era el colofón de esta obra centralizadora: suprimía la fracción XXIX del artículo 73 de la constitución, es decir, aquella que recogía los esfuerzos de la SH realizados entre 1933 y 1942, según se vio en el capítulo anterior. En adelante, la única facultad que tendría el Congreso de la Unión en esta materia sería aprobar cada seis años la ley nacional de arbitrios, según establecía el primer transitorio. En resumidas cuentas, la iniciativa iba encaminada a otorgar amplias facultades al ejecutivo federal de tal modo que durante su sexenio cada presidente de la república pudiera diseñar la política fiscal no sólo en el nivel federal, sino también en los estados y municipios, siempre y cuando el Congreso de la Unión aprobara la respectiva ley nacional de arbitrios. Ni Díaz, Carranza, Calles o Cárdenas soñaron quizá con semejante posibilidad.[31]

Pero el sueño de Alemán no prosperó. El intento de consolidar su reforma fiscal de la manera prevista, es decir, elevándola a rango constitucional, fracasó El gobierno alemanista estableció y suprimió impuestos, diseñó nuevas formas de reparto de participaciones y hasta logró impulsar el plan de arbitrios como mecanismo de regulación de la vida fiscal del país. Pero todo esto quedó fuera de la constitución, lo que dejaba sin capacidad de coerción a la federación sobre los estados. ¿Qué había ocurrido? En el acta de la sesión de clausura de la tercera convención fiscal se dice escuetamente que "no hubo

[31] Cabe recordar que en la iniciativa de Calles de 1926, que recogía las conclusiones de la primera convención fiscal, los acuerdos del órgano correspondiente tenían que ser aprobados no sólo por el Congreso de la Unión sino por la mayoría de las legislaturas estatales. Lo mismo proponía la iniciativa de reformas constitucionales de 1936. Véase Yáñez Ruiz, *El problema*, III, 360-361.

tiempo" para discutir las reformas constitucionales. Fue la única comisión que no elaboró dictamen.[32]

Esta maniobra no alcanzó a ocultar que en esta vertiente de la reforma fiscal, el gobierno alemanista se topó de nuevo con una fuerte oposición local. Años después, el que fuera ponente principal de la delegación federal en esta temática, Armando Servín, señalaba que el proyecto de reformas constitucionales "encontró tal oposición que simplemente fue ignorado en las proposiciones aprobadas sobre el particular".[33]

Algunas de las razones de la oposición se aprecian en un documento que se incluye como anexo de la memoria de la tercera convención fiscal. Se trata de la ponencia conjunta de los gobiernos de Hidalgo, México, Morelos y Puebla, es decir, los estados colindantes con el Distrito Federal y otros de estrecha relación con la capital del país.[34] En ella se señala que los estados nunca se habían opuesto a coordinarse con la SH, por lo menos desde la segunda convención de 1933. Más bien reprochaban a la SH su escaso interés por trabajar de cerca con las autoridades locales para reformar las leyes fiscales. Los estados habían esperado inútilmente los resultados de los estudios técnicos sobre el impuesto predial y sobre tasas y cuotas para gravar la industria y el comercio. Agregaban que las recomendaciones de la SH sobre la uniformización de impuestos especiales (tabacos, bosques, aguamiel) habían sido acatadas sin mayores dificultades. Un dato adicional era que la comisión fiscal permanente, derivada de la segunda convención, no había cumplido su función especializada en el estudio a profundidad de los sistemas tributarios de los distintos niveles de gobierno, incluso no se le habían otorgado los recursos económicos suficientes. Todo ello apuntaba hacia el argumento de fondo: la uniformidad fiscal era posible "aun dentro de los moldes constitucionales actuales". El problema fiscal no debía resolverse con cambios legales y menos constitucionales sino con estudios que demostraran la viabilidad de las reformas. Señalaban también que la situación del país no ameritaba una reforma constitucional de esa magnitud. Por lo tanto proponían avanzar en la necesaria unificación y uniformización de la estructura tributaria del país mediante acuerdos específicos entre la federación y los estados. En ese sentido retomaban el acuerdo de la segunda convención de 1933 referente a la manera como debía procederse al momento de crear y modificar los impuestos al comercio y la industria: si bien la legislación pro-

[32] SHCP, *Tercera convención*, II, 425.

[33] Servín, *Las finanzas*, 50.

[34] Esta ponencia, en SHCP, *Tercera convención*, III, 68-122.

vendría del Congreso de la Unión, las iniciativas debían ser presentadas de común acuerdo entre la federación y la mayoría de los estados.[35]

Después de ese argumento no era de extrañar una reivindicación federalista. Según los cuatro delegados a la tercera convención,

> nuestro régimen u organización constitucional es el de una república federal; es decir, de estados unidos por un pacto federativo; y el sistema contributivo que se propone es opuesto a esa organización constitucional, ya que priva a los estados de la libertad indispensable para proveer a sus más vitales necesidades; y a ello no pueden renunciar.[36]

Palabras más, palabras menos se habían expresado en las últimas décadas del siglo XIX, por ejemplo en la conferencia de 1883 a propósito de la supresión de las alcabalas.[37] Era clara la postura crítica de estas delegaciones con respecto al rumbo de la política centralizadora que se había venido desarrollando desde tiempos callistas. Y la crítica era más bien de orden político, no de índole técnica, porque los estados no cuestionaban, al menos en términos discursivos, la necesidad de hacer homogénea la estructura fiscal para favorecer la libre circulación de mercancías y la igualación de los costos de producción, es decir, no se oponían a la modernización fiscal. A lo que se oponían era a la creencia federal de que tal modernización sólo podía hacerse centralizando, es decir, ampliando las facultades legislativas del Congreso de la Unión y del mismo ejecutivo federal, como se perfilaba en la iniciativa de reformas constitucionales de 1947. En ese sentido hacían suyo el argumento del delegado de Veracruz a la segunda convención fiscal de 1933 cuando señalaba que "la unificación puede lograrse sin necesidad de delegar en la federación la facultad de legislar".[38] Lo que también cuestionaban estos delegados en 1947 era que la federación hubiera preferido uniformar centralizando en lugar de uniformar de común acuerdo con los estados. Es evidente que en este ámbito de la organización política del país había opciones, no tendencias inevitables.

[35] SHCP, *Segunda convención*, I, 248. No debe olvidarse además que en esa ocasión se acordó que los impuestos a la industria y al comercio debían ser estatales, con participación a la federación. Incluso así se había incorporado al Plan Sexenal del Partido Nacional Revolucionario. Véase *Plan Sexenal*, 103, en donde también se dice que "deben desaparecer en definitiva los impuestos alcabalatorios".

[36] SHCP, *Tercera convención*, III, 112.

[37] Carmagnani, "El liberalismo", 485.

[38] SHCP, *Segunda convención*, I, 58.

Por ese rechazo, la convención hizo una recomendación que es clave en el desenlace de esta historia y que a la vez despierta varias preguntas: la federación debía celebrar "arreglos o concordatos" con los estados para lograr la "uniformidad que es indispensable en la imposición al comercio y a la industria, como base para lograr, inicialmente, el establecimiento en toda la república de un solo impuesto sobre los ingresos en función de las ventas comerciales y más adelante, cuando sea posible, la implantación del impuesto sobre ventas al consumo".[39] Las preguntas surgen si se recuerda que la redacción original de la fracción X del artículo 73 constitucional incluía el comercio como ámbito privativo del Congreso de la Unión, es decir, de la federación. ¿Acaso el poder federal no estaba tan maduro como para proceder al establecimiento de un solo impuesto mercantil en toda la nación? Por lo visto no. Tal recomendación creó grandes problemas en los estados, dada la importancia que representaba esa fuente tributaria para las haciendas locales. Pero cabe preguntarse ¿por qué no se impuso la facultad constitucional si esos impuestos incluían gravámenes a la circulación de mercancías que muy bien podrían calificarse de alcabalatorios, uno de los estigmas predilectos de estos modernizadores?

Pese al fallido intento de reformas constitucionales, puede decirse que al gobierno alemanista no le fue nada mal en su esfuerzo, primero porque la federación se benefició de una mayor proporción de la riqueza fiscal y segundo porque consolidó el esfuerzo emprendido en las dos décadas anteriores. Con la creación del impuesto sobre ingresos mercantiles, puede decirse también que Alemán terminó la obra iniciada ya con plena fuerza por Obregón en 1924: el país contaba con una nueva hacienda pública. Pero esta nueva hacienda no sólo fue resultado de la voluntad federal, porque los estados opusieron resistencia a las propuestas del ejecutivo. Aunque no alcanzaron a detener la tendencia hacia la centralización, sí lograron matizarla y con ello ayudaron a configurar el sistema que prevalecería a lo largo de la segunda mitad del siglo XX. Si bien el gobierno alemanista no logró vencer la resistencia de las entidades en materia de comercio en ese momento, sí estableció las bases para imponerla gradualmente. Ahora hay que entrar a los detalles.

El nacimiento del impuesto sobre ingresos mercantiles

El objetivo del gobierno alemanista no eran ya las principales ramas industriales, porque eso ya estaba en gran medida resuelto. El objetivo eran ahora

[39] Beteta, *Tres años*, 159.

las transacciones mercantiles que todavía eran gravadas con desorden por los tres niveles de gobierno. Hasta allí no había llegado la mano ordenadora-centralizadora de la federación y en el nivel federal continuaba vigente el legado de Matías Romero, el creador del impuesto del timbre, y el fracaso porfiriano por generalizarlo, según se vio en páginas anteriores. En particular, destacaba la vigencia de gravámenes locales de fuerte contenido alcabalatorio que dificultaban la formación del mercado nacional y que contribuían al alza de precios de las mercancías. Además, persistía con toda su fuerza el problema de la fragilidad del erario federal. En su informe de 1948 el presidente de la república aludía a la "desproporción que se observa en nuestro país entre el ingreso nacional y las cargas fiscales, ya que éstas son proporcionalmente menores que las que soporta la mayor parte de los otros países de América".[40]

Conviene situar la postura alemanista en esta materia a la luz de algunos antecedentes. En la iniciativa de Calles de 1926 se incluían el comercio y la industria como actividades que sólo debían ser gravadas por el gobierno federal, mientras que en las recomendaciones de la segunda convención fiscal de 1933 y en la iniciativa de Cárdenas de 1936 se señalaba que el nuevo impuesto general al comercio y a la industria "ha de corresponder privativamente a los estados en sustitución de los defectuosos impuestos llamados de patente". Y más allá, la iniciativa de 1936 proponía a los estados un intercambio de altos vuelos: a cambio de obtener participaciones en la recaudación del impuesto estatal al comercio, la federación ofrecía primero derogar el impuesto del timbre a la compraventa y segundo otorgar participaciones en el impuesto sobre la renta.[41] Por lo visto el secretario Suárez mantuvo esta misma postura durante el sexenio de Ávila Camacho. Es claro que Beteta seguía los pasos de Pani y por ello se apartaba de Suárez en la idea de dejar este impuesto en manos de los estados, estableciendo mecanismos para garantizar la uniformidad.

En la iniciativa de ley que proponía la creación del impuesto sobre ingresos mercantiles y que suprimía el impuesto del timbre en lo referente a la compraventa, abundaban las referencias a la inoperancia de este último. El del timbre había sido funcional en el siglo XIX. Pero a mediados del siglo XX, ante lo que se percibía como la fuerza de la economía moderna, era imprescindible sustituirlo por otro más simple y eficaz.

Según esta visión, el acelerado crecimiento económico de las décadas anteriores hizo más gravoso, ineficaz e improductivo este impuesto. El del

[40] *Los presidentes*, IV, 395: informe de 1 sep 1948.

[41] Pani, *La política*, 663; Yáñez Ruiz, *El problema*, III, 357, 360.

timbre era un impuesto ideal 100 años atrás, pero por la "evolución" en los transportes y las comunicaciones el comercio tendía a abandonar formas o procedimientos escritos, que eran por demás onerosos en costo y tiempo. Se citaba el caso de la empresa Sears Roebuck, establecida en febrero de 1947 en la Ciudad de México. Según sus directivos, el nivel mínimo de ventas para lograr viabilidad era de 250 000 pesos diarios, provenientes de 7 000 operaciones. En consecuencia, era más costosa la remuneración al personal encargado de elaborar las facturas que el monto del gravamen que pagaría la empresa al fisco.[42] Ante esa situación los comerciantes tenían dos opciones: recargar ese costo en el precio final o eludir el pago del impuesto. La solución "más mexicana", decía el subsecretario Bustamante, era la segunda. Y como respaldo a su aseveración, señalaba que apenas en una de cada 1 000 operaciones de venta de 20, 40 o 50 pesos se elaboraba la factura.[43]

Además, la desconfianza mutua entre autoridades y causantes se veía alimentada por el sistema de inspección que formaba parte del procedimiento de cobranza: "El resultado final —decía el secretario Beteta— fue el desarrollo de un ambiente de inmoralidad y desorden en el que participaron un gran número de causantes y la mayoría de los inspectores". No extrañan por tanto los esfuerzos del gobierno alemanista ya mencionados por ganarse la confianza de los representantes de las organizaciones empresariales, por ejemplo invitándolos a las convenciones, estableciendo mecanismos para lograr consensos y sobre todo fijando nuevas reglas que partían de la confianza otorgada por el gobierno a los causantes al restringir con severidad el sistema de inspección y al establecer en el nuevo impuesto que la fijación del monto gravable se haría en lo sucesivo a partir de las declaraciones de los propios causantes. En este mismo sentido puede entenderse la insistencia de la SH de recurrir a los acuerdos de la tercera convención fiscal para fundamentar sus alegatos en diversas iniciativas de ley e incluso para justificar la firma de convenios de coordinación con los estados.[44] Era cla-

[42] SHCP, *Tercera convención*, II, 280. Seis años después esta compañía operaba siete tiendas, sus ventas se estimaban en 15 millones de dólares al año, compraba el 80% de sus mercancías a 1 295 proveedores mexicanos y era una de las 12 empresas más grandes del país en ingresos brutos, utilidades netas e impuestos pagados. Wood y Keyser, "Un ejemplo", 165.

[43] Yáñez Ruiz, *El problema*, IV, 348.

[44] Tal justificación se usaba todavía en 1972. Por ejemplo, en el convenio de coordinación de este año entre la SH y el gobierno de Tamaulipas en relación con el impuesto sobre ingresos mercantiles aparecía la siguiente frase: "La Tercera Convención Nacional Fiscal celebrada en el año de 1947 recomendó la implantación de un impuesto sobre ingresos mercantiles en sustitución del federal del timbre y de los establecidos por los estados, sobre ventas, patente y actividades mercantiles e industriales". *DO*, 19 feb 1972.

ro el interés de la SH por obtener el respaldo explícito del sector empresarial y en general de la representación de las entidades federativas para llevar a buen término el proyecto modernizador.

La modificación de la forma de tributación en torno al comercio, la gran preocupación del gobierno alemanista, se discutió en la convención de causantes y en la tercera convención fiscal. Como era costumbre en las convenciones fiscales, los participantes terminaron apoyando la propuesta federal, es decir, crear un impuesto general sobre transacciones mercantiles basado en las declaraciones globales de los ingresos percibidos por los causantes y que tendiera a la unificación a lo largo del país. Los funcionarios de Hacienda destacaban su sencillez y algo muy importante, los sistemas de control eran "externos e indirectos". Era más sencillo porque, además de suprimir las facturas, englobaba en un solo impuesto la "diversidad de cuotas, la pluralidad de sistemas administrativos y la de infracciones y sanciones correlativas".[45] Este impuesto sin embargo tenía la desventaja de que no suprimía la acumulación de pagos de impuestos efectuados en las operaciones anteriores al consumo, el así llamado "efecto cascada", de sensible repercusión en los precios finales. De hecho las autoridades hacendarias señalaban que lo ideal era establecer un impuesto al consumo y no a las transacciones comerciales, pero el desconocimiento del "verdadero importe de las ventas finales que se efectúan en el país con fines de consumo" impidieron proceder de ese modo.[46] Un experto afirma que a la hora de impulsar la adopción de este impuesto las autoridades "estaban sumamente influenciadas por el impuesto sobre ventas que se aplica en los Estados Unidos del Norte, el llamado 'sell tax' ".[47]

Acorde con las recomendaciones de la tercera convención, en diciembre de 1947 el ejecutivo federal envió una iniciativa de ley para establecer el nuevo impuesto que proponía una tasa general de 33 al millar o 3% por cada transacción. El legislativo acató la instrucción presidencial y el mismo día que recibió la iniciativa la aprobó por unanimidad. A partir del 1 de enero de 1948 entró en vigor el nuevo "impuesto sobre ingresos mercantiles", que derogaba el del timbre en materia de compraventa. Así la historia inicia-

[45] Véase la ley de ingresos de la federación para el año de 1948, DO, 31 dic 1947.

[46] Las frases entrecomilladas corresponden al discurso del subsecretario Bustamante de enero de 1948. En Yáñez Ruiz, *El problema*, IV, 345.

[47] Yáñez Ruiz, *El problema*, IV, 318 y ss. Los funcionarios mexicanos estudiaron a fondo el impacto de este impuesto en el vecino país. En 1946, 23 estados lo habían adoptado y mostraban ventajas en la recaudación con respecto a los que no lo habían creado. Pero la SH no tomaba en cuenta un aspecto que se desprendía de sus propios materiales, esto es, que en ese país el impuesto era estatal, no federal, como proponía esa dependencia.

da en la década de 1870 llegaba a su fin. Pero vale insistir en que era apenas una ley y no un mandato constitucional, por lo que su vigencia requería el establecimiento de acuerdos con los estados. Los estados podían abstenerse.

Dar vigencia nacional al nuevo impuesto federal implicaba que una vez más tenía que emprenderse el camino de la unificación fiscal, muy similar a la que se había llevado a cabo a partir de 1926 con algunos de los impuestos industriales, según se vio en páginas anteriores. En su artículo 54 la ley del nuevo impuesto federal establecía el mecanismo de participación a las entidades que se coordinaran con la federación en este rubro fiscal. La participación a los estados se calculaba a partir de una distinción de tasas: la del 18 al millar pertenecía a la federación y sustituía a los impuestos del timbre sobre compraventa, recibos y la contribución federal. La otra era de 15 al millar (que en diciembre de 1948 se redujo a 12) y correspondía a las haciendas estatales. Como de costumbre, se agregaba que "únicamente se causará cuando estos fiscos deroguen sus impuestos locales generales sobre el comercio y la industria". En las consideraciones de la ley que creaba este impuesto se señalaba el tremendo problema que encaraba el gobierno federal:

> si como lo espera el ejecutivo federal, los estados derogan sus impuestos generales sobre el comercio y la industria, hecho suficiente para que en su jurisdicción rija el impuesto federal sobre Ingresos Mercantiles, se impedirá la multiplicidad de legislaciones y la consiguiente variedad de requisitos y procedimientos de control que actualmente se hallan establecidos. Igualmente, considera el ejecutivo federal que una de las consecuencias de mayor trascendencia que tendrá la implantación de esta ley en toda la república será la de terminar definitivamente con las alcabalas, ideal perseguido desde la Constitución de 1857 y que hasta la fecha no ha sido posible alcanzar.[48]

La creación de este impuesto generó inconformidades entre los empresarios. La más inmediata fue un "intenso movimiento de protesta en toda la república", que obligó a la comisión permanente de la primera convención de causantes a organizar de inmediato una segunda, esta vez por su propia iniciativa, en febrero de 1948. Tres motivos alimentaban el descontento. El primero era que junto con la ley del impuesto sobre ingresos mercantiles el Congreso de la Unión había aprobado una ley de defraudación impositiva, que reglamentaba la pena corporal como castigo para el delito de fraude fiscal.[49] El se-

[48] DDD, 27 dic 1947, 70. La ley, en DO, 31 dic 1947.

[49] DO, 31 dic 1947; Beteta, *Tres años*, 450 y ss.

gundo era lo que se consideraba una altísima tasa (3%), que apuntaba hacia una recaudación federal desproporcionada. Y el tercero era de índole política y tenía que ver con el "madruguete" legislativo. A éste se refería el primer acuerdo de la segunda convención de causantes, celebrada en la Ciudad de México los días 12 y 13 de febrero de 1948:

> La falta de discusión pública, oportuna, de la nueva legislación, es contraria al espíritu de nuestras instituciones democráticas, perjudica gravemente los intereses generales del país, provoca agitaciones innecesarias y tiende a estorbar el buen funcionamiento y el desarrollo de la economía de México.[50]

Según un periódico, la cámara de senadores había recibido "numerosos escritos", sobre todo del norte del país, expresando su inconformidad con el paquete de reformas legislativas, especialmente con la ley de defraudación fiscal. De esta última cuestionaban tres aspectos: 1) si en realidad las nuevas leyes fiscales eran positivas, para qué expedir una de esa naturaleza; 2) el riesgo de que pudiera abusarse de ella para fines políticos, y 3) la crítica al presidencialismo y a la falta de atención de parte del Congreso de la Unión. En un editorial, el mismo diario calificaba dicha ley de "error mayúsculo"; sostenía que en "casi todos los países civilizados casi nadie queda al margen de las cargas fiscales", cosa que no ocurría en México, que era uno de los "lugares donde se paga menos como contribución a los gastos públicos". Por eso, era el "pueblo mismo el causante de que el Estado mexicano tenga que recurrir a medidas no sanas para arbitrarse los recursos necesarios para cubrir los gastos públicos".[51]

El afán alemanista por mejorar sus relaciones con los causantes quedaba en entredicho. Los empresarios no negaban al gobierno su derecho a mejorar y cuidar sus finanzas, pero le exigían, además del derecho a voz y en cierto modo a voto, un esfuerzo recíproco de comprensión y honestidad. Temían

[50] Flores Zavala, *Elementos*, 365. En AGN-MA, exp. 564.1/376 hay un memorial de 4 feb 1948 de la Confederación de Cámaras Nacionales de Comercio, la Confederación de Cámaras Industriales de los Estados Unidos Mexicanos, la Coparmex y la Asociación de Empresas Industriales y Comerciales. Además de criticar fuertemente los controles de precios y a las voces que acusaban a los comerciantes de ser los responsables de encarecer los precios, los empresarios se referían al madruguete legislativo diciendo que "no tuvieron conocimiento del proyecto de ley relativa ni de la que estableció la muy severa sanción que castiga el fraude y aun el error en la aplicación de las leyes fiscales". Allí mismo convocaban a la convención extraordinaria de causantes.

[51] *Excelsior*, 18 y 21 ene 1948.

que de la ley federal sobre defraudación fiscal se derivaran leyes locales que pudieran emplearse para fines de opresión, venganza personal, explotación o manipulación política. Y lo natural: si pretendía castigar a los defraudadores, el gobierno debía aplicar de manera inexorable, sin excepciones ni discriminaciones, una ley de responsabilidades de funcionarios públicos. Los empresarios fueron más allá: pidieron a los estados que no se adhirieran al plan nacional de arbitrios, hasta que la experiencia federal y del Distrito Federal, que la ley correspondiente había incorporado de manera automática, comprobara la justeza de la tasa fijada. El gobierno federal, por su parte, debía estar abierto a la posibilidad de reducir dicha tasa en caso de un aumento desmesurado de la recaudación. Así pareció obsequiar el subsecretario Eduardo Bustamante cuando acudió a la asamblea de los furibundos empresarios y afirmó que si la recaudación por ese concepto excedía las proyecciones, "se iniciará una reducción en las cuotas". La asamblea de la segunda convención amenazó con realizar otra en agosto siguiente. Pero el hecho de que la tercera se celebrara hasta septiembre de 1950 así como el tono mesurado de las deliberaciones refleja que muchas de las asperezas habían sido limadas. Mucho más técnica que la anterior, la tercera convención contó con la participación del secretario de Hacienda, cosa que no ocurrió en la segunda. Uno de los acuerdos dejaba ver los términos del arreglo con la SH. Se elogió la actitud de esta dependencia federal "al dar intervención en la discusión de los proyectos de ley y de sus reformas a los representantes de los causantes, lo que ha permitido ir corrigiendo paulatinamente los errores iniciales de la legislación".[52]

Sin embargo, debe decirse que los datos sobre la inconformidad provienen en su mayor parte del libro de Flores Zavala, y eso es significativo porque no debe olvidarse su papel como asesor de la delegación empresarial ante la tercera convención fiscal. A diferencia de la inconformidad de 1924 respecto al impuesto sobre sueldos y utilidades, los periódicos capitalinos de estos meses no recogen una oposición mínimamente comparable. O no la hubo y Flores Zavala exagera o por lo visto el control federal sobre la opinión pública de la Ciudad de México era mucho más acentuado que veinte años antes.[53]

[52] Flores Zavala, *Elementos*, 370. Es razonable pensar que la reducción de la tasa de 15 a 12 al millar que correspondía a los estados en el impuesto sobre ingresos mercantiles, introducida un año después de su nacimiento, se ubica en el contexto de esa oposición empresarial.

[53] Varios periódicos de provincia publicaron notas sobre la inconformidad de diversos grupos empresariales respecto al paquete fiscal. Por ejemplo *El Siglo de Torreón*, 6, 7 y 10 feb 1948; *El Porvenir*, de Monterrey, 9 y 10 feb 1948; *El Informador*, de Guadalajara, 3 y 18 ene 1948.

Además de la inconformidad empresarial, hubo una inconformidad más compleja y de largo plazo, a saber, la oposición de varias entidades federativas a sumarse al arreglo que ofrecía la ley del impuesto sobre ingresos mercantiles. Esa oposición se prolongó hasta principios de la década de 1970. Tal vez en eso pensaron los funcionarios de la SH cuando en 1949 sólo dos entidades, en realidad una porque la otra fue obligada, accedieron a incorporarse al trato que ofrecía la federación: Aguascalientes y el Distrito Federal. En uno de los estados más renuentes, Chihuahua, el gobernador simplemente dijo que las reformas alemanistas lo habían obligado a "considerar este asunto con calma y hacer un concienzudo estudio, antes de resolverse a la aceptación del nuevo régimen de participaciones, a fin de evitar trastornos". Además, señalaba que se había recabado "toda clase" de información sobre rendimiento de impuestos federales. También había auscultado a los "sectores contribuyentes" para adoptar o no el sistema de participaciones "que está inspirado en un propósito de uniformidad en los impuestos".[54] Por lo visto, de los estudios y auscultaciones se derivó una postura contraria a la propuesta de la SH, ya que Chihuahua fue una de las 14 entidades que se negó a sumarse al impuesto federal sobre ingresos mercantiles. Un caso opuesto fue el de Hidalgo. En marzo de 1954 el congreso local aprobó el convenio con la SH. En el informe del gobernador se señala que se obtuvo "una mejoría" en la recaudación de ese ramo y que además se "adquirió el derecho a una participación adicional del 10%" sobre el monto de otras participaciones federales. Lo más importante fue que la mayor recaudación, por un total de 618 000 pesos por esos conceptos, se hizo "sin afectar a los contribuyentes locales".[55] Tal vez para Chihuahua y otras entidades el trato con la SH no resultaba tan benéfico, cosa que futuras investigaciones deberán dilucidar con cuidado.

Para convencer a los gobiernos estatales, en 1950 Beteta hizo un breve recuento de los efectos del nuevo impuesto en las finanzas del Distrito Federal. Luego de una exposición que justificaba por igual la supresión de los municipios en 1928 que la iniciativa del presidente Alemán para que la SH se hiciera cargo de las finanzas de la capital del país desde fines de 1947, el secretario de Hacienda detallaba los innumerables defectos de la cobranza de los impuestos al comercio existentes en la demarcación hasta 1947. El burocratismo del sistema de calificación fiscal provocaba rezagos en la administración, junto con notables incumplimientos. Pero en un tono que no

[54] *Informe Chih 1948*, 4.

[55] Rueda Villagrán, *La obra* [1953], 9-10.

deja duda del optimismo hacendario del personaje, señalaba que en 1948, una vez adoptado el impuesto federal sobre ingresos mercantiles, la situación se había modificado. En ese año la recaudación total en el Distrito Federal por ese concepto alcanzó los 156.2 millones de pesos, y de ellos 70.2 correspondieron al Distrito Federal, es decir, el doble de la recaudación del viejo impuesto al comercio en 1947. En 1949 las cifras llegaron a 184.9 y a 73.9 millones, respectivamente. Así, triunfalista, Beteta concluía diciendo que "la participación del Distrito Federal en el impuesto sobre ingresos mercantiles se convirtió a partir de 1948 en el renglón más importante de ingresos de la entidad".[56]

Pero esta propaganda no parecía convincente. En un estudio de la SH de 1953 se planteaba el problema en los siguientes términos: ¿por qué si el nuevo impuesto es tan elástico, productivo, equitativo y ofrecía amplias facultades para su control sólo unas cuantas entidades lo habían adoptado? Hasta 1951 se habían sumado Aguascalientes, Querétaro, Tlaxcala, Michoacán y Sinaloa. En 1952 sólo se sumó San Luis Potosí. En 1954 se incorporaron Yucatán, Durango, Hidalgo y Campeche.[57] Eran entidades federativas que pueden calificarse como de bajos ingresos, entre ellas Yucatán e Hidalgo cuya posición hacendaria respecto a otros estados había declinado notablemente a lo largo de la primera mitad del siglo, según se verá en el capítulo 10. En contraste, ninguna de las más ricas, entre ellas varias entidades norteñas fronterizas que vieron crecer de manera importante sus ingresos en el mismo lapso, había dado su brazo a torcer: Veracruz, Nuevo León, Jalisco, Sonora, Baja California, Chihuahua.[58] Según el mismo Servín la razón de la oposición local residía en que se pensaba que la vinculación se traduciría "en una restricción importante en las facultades impositivas de las entidades". Pero, seguía diciendo este autor, tal temor era infundado, puesto que las entidades recibían atribuciones para manejar el impuesto dentro de su jurisdicción. Criticaba además a los gobiernos de Nuevo León y Guerrero

[56] Beteta, *Tres años*, 195-196.

[57] Servín, *Las finanzas*, 73. A nota pie de página se señala que hasta 1956 la cifra de entidades adheridas se había elevado a 17, "lo cual puede continuar estimándose como una generalización de relativa insuficiencia". Algunos convenios se hallan en *DO*, de las siguientes fechas: Aguascalientes, 7 feb 1949; Querétaro, 17 ene 1950; Tlaxcala, 8 sep 1950; Michoacán, 28 feb 1951; Sinaloa, 24 abr 1951; San Luis Potosí, 21 ene 1952; Colima, 16 ene 1954; Yucatán, 18 feb 1954; Durango, 25 feb 1954; Hidalgo, 30 abr 1954; Campeche, 26 jun 1954. Extraña la incorporación de Hidalgo, que como se vio había suscrito la ponencia contra la federalización de los gravámenes al comercio.

[58] Las otras entidades que se rehusaron eran Coahuila, Chiapas, Estado de México, Guanajuato, Nayarit, Oaxaca, Tamaulipas y Zacatecas.

por haber adoptado tal cual los lineamientos del nuevo impuesto pero sin sumarse al arreglo federal. Era duplicar esfuerzos, señalaba el autor, no por coincidencia funcionario de la SH.

El gobierno federal no cejó en sus intentos por atraer a los estados. En esa dirección puede ubicarse la iniciativa de ley enviada por el ejecutivo federal a fines de 1953 para reformar el impuesto sobre ingresos mercantiles. Además de insistir en la urgencia por acabar con la "anarquía fiscal que tan graves perjuicios ocasiona a la economía del país", el texto señalaba un hecho que debe subrayarse: el apoyo de las cámaras de comercio del país al gobierno federal en su esfuerzo por acabar con las alcabalas mediante la centralización fiscal. En efecto, según la iniciativa, dicho sector expresaba la postura de que "se gestione la generalización del sistema de coordinación en todo el país". Si los comerciantes veían benéfica tal coordinación para sus negocios, el ejecutivo federal la consideraba como requisito indispensable para mejorar las finanzas locales, porque entonces la SH estaría dispuesta a aumentar las participaciones.[59] Pese a los argumentos federales, las 14 entidades mencionadas se resistieron a incorporarse a los convenios. Así, la anarquía fiscal o la concurrencia en materia comercial rebasó la mitad de siglo y continuaría vigente durante dos décadas más. En el capítulo 10 se abunda sobre el comportamiento de estas entidades en relación con el impuesto sobre ingresos mercantiles, mientras que el epílogo se ocupa del desenlace de esta oposición.[60]

En términos recaudatorios, el impuesto sobre ingresos mercantiles no tuvo resultados tan espectaculares como el de la renta, pero de cualquier manera aportó cantidades significativas al erario federal, mucho más que el impuesto del timbre (véase el cuadro 2). Según Servín, con ese nuevo gravamen la recaudación federal se vio grandemente beneficiada: antes del impuesto sobre ingresos mercantiles la federación obtenía en promedio 80 millones de pesos corrientes por los conceptos equivalentes, pero tal cifra se elevó a 180 en 1948, 248 en 1949 y 318 en 1950, alrededor de 12% del ingreso tributario de la federación de ese año.[61]

59 DDD, 3 dic 1953, 5: iniciativa presidencial de reformas a la ley del impuesto sobre ingresos mercantiles.

60 Algunos detalles del funcionamiento de estos convenios se desprenden de la siguiente nota: la SH ministraría cada mes al estado de Durango la suma de 375 000 pesos, como anticipo de la recaudación en el ramo. Esa cantidad sería descontada de las liquidaciones y si llegara el caso de que la recaudación fuera inferior a dicha suma, la diferencia quedaría a favor del estado. De esa ministración, la tesorería estatal debía entregar a los municipios no menos de 15%. *Excelsior*, 26 feb 1954.

61 Servín, *Las finanzas*, 70.

Sin embargo, la vigencia de los impuestos sobre la renta y el de ingresos mercantiles constituyen la prueba más fehaciente de que el crecimiento y sobre todo la transformación de la economía beneficiaron primordialmente a la hacienda federal. Ya en 1970 los impuestos sobre la renta y sobre ingresos mercantiles aportaban más de la mitad (54%) del total de ingresos por impuestos de la federación, y su monto era dos veces y media superior a los ingresos brutos de las entidades federativas, excluyendo al Distrito Federal (véase el cuadro 2).[62] Asimismo, la recaudación de esos dos nuevos impuestos en 1970 era más de dos veces y media superior a la contribución del otrora importante rubro del comercio exterior, que apenas aportaba 20% del ingreso federal tributario. El anhelo de Calles estaba al alcance de la mano, y más porque en 1971 las entidades federativas finalmente accedieron a coordinarse con la SH.

EL COLOFÓN DE LA CERVEZA

Una reforma constitucional de principios de 1949, relativa a los gravámenes cerveceros, es el colofón del esfuerzo alemanista y también de la historia que hemos venido siguiendo a lo largo de esta segunda parte del trabajo. Salvo por la cuestión de las alcabalas que se verá en el epílogo, 1949 es el año que marca el fin de la etapa más intensa de modernización hacendaria impulsada por la federación. Una de las expresiones más visibles de esa modernización son las modificaciones introducidas al artículo 73 constitucional, comenzando con la de 1933 relativa a electricidad y concluyendo con la de esta rama de bebidas.

En el capítulo anterior la narración sobre el gravamen cervecero concluyó en el momento en que varias entidades entraban y salían del arreglo fiscal con la federación. Allí mismo se expusieron las razones esgrimidas en 1942 por el gobierno tlaxcalteca para abandonar la coordinación con la SH en este rubro tributario. Las desventajas eran evidentes no sólo por la escasa e impuntual participación sino por la falta de control local sobre la actividad. Una carta del presidente de la república dirigida al gobernador de Sinaloa muestra otra faceta de esa misma actitud de algunos gobiernos estatales. Literalmente se trata de un regaño por la expedición de un decreto de octubre de 1941, que aumentaba los gravámenes sobre la cerveza, de por sí elevados y que habían alimentado "el malestar que de antaño resiente en

[62] Cálculos basados en *AEEUM 1970-1971*, cuadros 15.3 y 15.8.

el estado de Sinaloa la distribución y el consumo de cerveza y aun la producción local". Tal decreto fijaba una cuota de 30 centavos por litro, más 10% adicional para caminos y 20% municipal, lo que daba una carga total de 39 centavos por litro. Además de señalar que la cervecería de Mazatlán disfrutaba de un régimen fiscal que contradecía el artículo 28 constitucional, el decreto tenía un marcado sello alcabalatorio, lo que iba en contra del artículo 117 constitucional y declaraba una "verdadera guerra económica a las [otras] entidades productoras". Advertía que con esa cuota exorbitante sólo se conseguiría reducir la recaudación y favorecer el clandestinaje y la adulteración. Por lo anterior, el presidente reiteraba la invitación a ese gobierno para que "acepte las participaciones federales de un centavo y medio por litro de cerveza que se consuma y de un centavo por litro que se produzca en esa entidad federativa". Por último expresaba su esperanza de que el mandatario local "removiera los obstáculos" al régimen de participaciones, para lograr así una mejor coordinación fiscal en el ámbito nacional.[63]

Tal vez este tipo de medidas de los gobiernos locales explique los cambios introducidos a partir de enero de 1943 en este gravamen federal. Por un lado, se aumentó la participación a los estados en lo referente al consumo (de 0.015 a 0.175 por litro), aunque imponía una forma de distribución en el interior de los mismos: la vieja cuota de 0.015 sería para las tesorerías estatales y la nueva de 0.0025 correspondería a los municipios. Por otro lado, se aumentó la cuota general de cuatro a cinco centavos por litro. Este aumento fue justificado por el estado de guerra, aunque en 1948 se volvió a elevar de cinco a poco más de ocho centavos por litro (0.0825).[64] Además, se autorizaba un aumento adicional de 0.0175, que elevaría el impuesto a 10 centavos por litro, siempre y cuando "se realizara la federalización de los impuestos a la cerveza". Este último aumento se distribuiría como sigue: 0.005 por litro para formar un fondo de compensación a los estados que sufrieran mermas por la federalización de los impuestos; 0.005 para elevar la participación sobre producción, y la más importante, 0.0075 para elevar las participaciones sobre consumo.

Los aumentos de 1948 deben ubicarse en el contexto del esfuerzo federal por controlar de manera definitiva los gravámenes a la producción y consumo de cerveza a lo largo y ancho del país. En febrero de 1947, apenas a tres meses del inicio de su administración, el presidente Alemán ins-

[63] AGN-MACA, exp. 564.1/758: carta sin fecha del presidente Ávila Camacho al gobernador R. T. Loaiza.

[64] Yáñez Ruiz, *El problema*, V, 50-53.

tó a varios gobernadores a aceptar los términos de la coordinación ofrecida por la SH en la materia. Alemán recibió diversos tipos de respuestas. Hubo gobernadores que respondieron de manera afirmativa, como los de Hidalgo, Nuevo León, Durango y Chiapas.

El de Hidalgo no sólo dijo que sí sino que envió una copia del convenio respectivo firmada por él y por el secretario de Gobierno. Gracias a ese anexo podemos conocer los detalles del proyecto de la SH. Dicho convenio no sólo trataba la coordinación entre la SH y un estado en particular, sino que establecía relaciones con el conjunto de entidades. Esto último se refiere a que una de las cláusulas del convenio condicionaba el otorgamiento de un aumento en las participaciones a que todas las entidades lo suscribieran. Y más aún, si alguna de las entidades desconocía el convenio y volvía a establecer sus propios gravámenes, la SH quedaba "relevada únicamente del compromiso de pagar el aumento en la participación" al resto de las entidades cumplidas. Pero este condicionamiento, que a juicio del gobernador del Estado de México era una grave injusticia, estaba vinculado a un aspecto todavía más serio: firmar el convenio implicaba que el gobierno de la entidad se obligaba a "promover en su oportunidad ante la H. Legislatura la aprobación de una reforma constitucional por virtud de la cual se reconozca y sancione la facultad exclusiva de la Federación para establecer impuestos a la producción y al consumo de cerveza".[65] Como se ve, no era cualquier convenio.

Otros respondieron diciendo que en principio aceptaban la iniciativa pero que antes de firmar deseaban conocer más detalles del convenio (Campeche). El de Oaxaca señaló la desventaja de esa entidad en vista de que sólo recibiría participaciones por consumo, lo que implicaba un ingreso menor que las entidades productoras.[66]

Vale la pena subrayar que varios gobernadores rechazaron la invitación presidencial. Algunos hacían cuentas de la pérdida que implicaba aceptar el deseo presidencial. El de Colima afirmaba que los gravámenes locales aportaban 144 000 pesos al año (10% del ingreso total) y que no veía cómo acep-

[65] La carta y el convenio firmado por las autoridades hidalguenses en AGN-MA, exp. 564.1/27: carta de 26 jul 1947 del gobernador V. Aguirre; las respuestas de las otras entidades se hallan en este mismo expediente: Nuevo León, carta de 27 mar 1947 del gobernador A.B. de la Garza; Durango, carta de 19 jul 1947 del gobernador J.R. Valdez; Chiapas, carta de 25 sep 1947 del gobernador C.A. Lara; carta de 24 may 1948 del gobernador del Estado de México.

[66] AGN-MA, exp. 564.1/27: carta de 26 jul 1947 del gobernador de Campeche, E. Lavalle Urbina; carta de 25 jun 1947 del gobernador de Oaxaca, E.Vasconcelos.

tar una oferta que implicaba recibir un monto de apenas 15 600 anuales. Además, el gobernador Manuel Gudiño se expresaba muy favorablemente del mecanismo de cobro del impuesto local, consistente en una iguala o cantidad fija que era cubierta por los concesionarios. Alfredo del Mazo, del Estado de México, fue más puntual: las aportaciones tributarias y no tributarias (subsidios para obras) de las empresas cerveceras montaban 434 000 pesos al año. En contraste, el convenio de la SH significaba aceptar 144 200, de los cuales 36 000 irían por fuerza a los municipios. Por lo tanto el gobierno de la entidad perdería casi 326 000 pesos al año. Además, en otra misiva de 1948, el gobernador objetaba el trato injusto que implicaba la cláusula del convenio de la SH referente a que si un estado se marginaba, todos los demás dejarían de percibir el aumento en las participaciones. Otra negativa fue la del ex presidente Abelardo Rodríguez, a la sazón gobernador de Sonora. En un texto en el que reflexiona sobre el federalismo mexicano y la desigualdad regional del país, Rodríguez señala un aspecto crucial de este esfuerzo alemanista: "Algunas grandes industrias cerveceras desde hace tiempo pugnan por la federalización, para substraer a la pequeña industria de toda protección estatal, con cuyo aliento tutelar persiste esa misma pequeña industria". Rodríguez explicaba que los gobiernos locales protegían a esas empresas "no tanto por el interés del impuesto, sino por proteger la industria misma y conservar fuentes de trabajo". Según este gobernador, el desenlace era previsible: "Substraída tal industria de la jurisdicción local, dominarán fácilmente el país las grandes instituciones productoras, como verdaderos monopolios, con grave perjuicio de algunos estados". Como se ve, las iniciativas políticas centralizadoras parecían contar en este caso con el respaldo y más aún con el interés de ciertas compañías, como se vio en el capítulo anterior sobre la industria petrolera. El más tajante de todos los gobernadores fue el antiguo secretario de la Defensa Nacional y entonces gobernador de Sinaloa, el general Pablo Macías, quien luego de estimar en 650 000 pesos las pérdidas que ocasionaría la firma del convenio al erario local, expresó su negativa en los siguientes términos: "me haga el favor de excusarme por no firmar el convenio para la federalización del impuesto sobre la cerveza". Ningún otro gobernador expresó su negativa de manera tan clara y tajante.[67]

No deja de llamar la atención la actitud cambiante de algunos de estos hombres. Por ejemplo Rodríguez como gobernador defendía la soberanía

[67] AGN-MA, exp. 564.1/27: carta de 31 jul 1947 del gobernador de Colima; carta de 11 jul 1947 del gobernador de Sonora; carta de 2 jul 1947 del gobernador de Sinaloa, P. Macías; carta de 14 may 1948 del gobernador del Estado de México.

tributaria del estado, pero como presidente de la república había impulsado la federalización de los impuestos eléctricos. Ya se vio también al gobernador Ruiz Cortines peleando por mayores participaciones petroleras pero más adelante lo veremos como presidente intentando disciplinar a los estados en relación con las alcabalas. Sin duda el caso más llamativo es el del abogado Jorge Cerdán. Como gobernador veracruzano mantuvo una postura firme contra Pemex y la SH en torno a las participaciones petroleras y el pago del predial. Es llamativo porque en este asunto cervecero la firma de abogados a la que Cerdán pertenecía recibió el encargo presidencial de promover la aceptación del convenio cervecero por parte de los gobiernos estatales. Junto con Fernando Robert, Cerdán visitó varias entidades en una especie de labor de cabildeo. Así lo dejan ver varias de las respuestas de los gobernadores de 1947 y 1948. De lo anterior cabe interrogarse sobre esta clase de comportamiento: ¿acaso no había posturas definidas por la ideología sino más bien por las cambiantes posiciones políticas? ¿O acaso debemos hilar todavía más fino y entender ese comportamiento a la luz de las peculiaridades de cada ramo tributario? Siguiendo el razonamiento del sonorense Rodríguez, cabe preguntarse además si Cerdán, antiguo gobernador de Veracruz, tenía ligas con una de las cerveceras más poderosas del país, que justamente se hallaba en esa entidad, en Orizaba.[68]

Mención especial merece la oposición del gobierno coahuilense. El gobernador Ignacio Cepeda Dávila mantenía de por sí una tensa relación con el presidente Alemán. La tensión se acrecentó a propósito de los impuestos a la cerveza. El siguiente párrafo es elocuente:

> "Coahuila es un estado libre y soberano", habría exclamado con disgusto el gobernador Cepeda Dávila, una y otra vez, ante el propio [LeónV.] Paredes, su secretario general de Gobierno, cuando éste le presentó la solicitud de la Secretaría de Gobernación para tramitar ante el Congreso del Estado la conva-

[68] Una estudiosa encuentra esta clase de inconsistencias en la figura de Heriberto Jara, uno de los más decididos defensores del municipio libre durante los trabajos del Constituyente en 1916-1917 pero también famoso por su política antimunicipalista como gobernador de Veracruz unos años después. Terrones, "Veracruz", 184 y 198-200. Esta autora también brinda elementos para incluir a Adalberto Tejeda en esta lista: como gobernador no dudó en enfrentarse al presidente Obregón en varios asuntos, como el petrolero tratado en el capítulo anterior; después, como secretario de Gobernación, ganó fama por los "camarazos" para deponer a los gobernadores y "liquidar escollos en los estados", al menos en Jalisco, Colima, Tamaulipas y San Luis Potosí. Después, en su segundo periodo al frente del gobierno veracruzano, volvió por sus fueros al enfrentarse al gobierno federal, especialmente en materia agraria. Véase también Falcón y García, *La semilla,* 169.

> lidación estatal a la adición al artículo 73 de la Carta Magna, que calificaba el impuesto a la producción y venta de cerveza como privativo de la Federación.
>
> Las presiones para conseguir el visto bueno de Coahuila al despojo de una fuente fiscal aumentaron. Se realizaron algunas entrevistas, eso que hoy llaman cabildeo, las cuales fueron solicitadas por el mismo gobernador de Veracruz y los gerentes de las cervecerías. En febrero de 1947 el presidente Alemán desairó la inauguración de la planta armadora de los tractores International Harvester, avisando su ausencia hasta el último minuto. Las calles estaban atiborradas de gente, había arcos triunfales, grandes mantas con leyendas de bienvenida y todo el boato usual en aquellos tiempos, que se vio frustrado. Días después sobrevino ante el gobernador Cepeda una imperativa intervención personal del líder senatorial Carlos I. Serrano, para conseguir el decreto de la legislatura. Desde la secretaría particular de la Presidencia de la República se produjo también una indicación directa, en tono de ultimátum, de Rogerio de la Selva. Fueron interceptadas las conferencias telefónicas del gobernador y sus colaboradores. Periféricamente había una inquisición entre la ciudadanía en el ánimo de encontrar culpas atribuibles al gobernador. El 9 de julio de 1947, agobiado por aquella inútil y desigual batalla en defensa de la fuente fiscal estatal, Cepeda Dávila decidió aceptar la federalización del impuesto.
>
> "Firma tu primero esta iniquidad —dijo a León V. Paredes, su secretario de Gobierno— así por lo menos el remordimiento de mi conciencia será menor".[69]

Días después del 9 de julio, luego de un viaje a la capital del país en donde sostuvo infructuosas entrevistas con las máximas autoridades federales, el gobernador coahuilense se suicidó. Se ignoran detalles del contexto personal en el que tomó tal decisión.

Por esa nutrida oposición, el esfuerzo federal de 1947 no fue del todo fructífero y se hizo necesario hacer ajustes en el mecanismo de participaciones para el año siguiente. Así se explica el aumento condicionado al gravamen en 1948, de 0.0175 por litro, contemplado en la ley de ingresos correspondiente, según se vio antes. Ya se dijo que además de elevar las participaciones a los estados, ese aumento también serviría para crear un fondo de compensación destinado a evitar que la federalización se tradujera en mermas en los ingresos locales. Esta última modificación recogía las inquietudes expresadas por algunos gobernadores y por los delegados de la tercera convención fiscal.[70]

69 Orozco Melo, "Nacho Cepeda".

70 SHCP, *Tercera convención*, I, 105.

No obstante esas medidas, la renuencia de buen número de estados se mantuvo, a tal grado que en septiembre de 1948 el abogado Cerdán informaba al presidente Alemán que 14 entidades habían accedido a suscribir el convenio y que tres más estaban a punto de hacerlo. En esas condiciones, asegurada la mayoría prevista por la propia constitución para ser modificada, urgía al presidente a enviar la iniciativa de reformas al Congreso de la Unión.[71] Alemán accedió y envió la iniciativa en diciembre. Con ella, su gobierno se dispuso a incorporar el monopolio fiscal federal a la constitución, lo que significaba que tanto el sistema anterior a 1928 como el que se había desarrollado desde este último año, y que dejaba cierto margen de maniobra a los estados, quedaban atrás. En efecto, en la iniciativa de reforma constitucional se subrayaba su carácter innovador, en el que se ve que la innovación implicaba limitar la soberanía estatal en aras de la uniformidad tributaria y la consolidación industrial:

> Este afianzamiento es indispensable porque de otra suerte el sistema de participación queda expuesto a la posibilidad de que sea abandonado [...] al ocurrir cambios en el gobierno de los estados; y no puede ser logrado de manera estable y firme sino mediante la reforma constitucional que se propone.[72]

El ejercicio de la soberanía local, expresada en la entrada y salida de estados de los convenios con la SH, sólo podía enfrentarse mediante reformas a la constitución. De nuevo, esa soberanía estatal explicaba que la industria cervecera no hubiera podido "desenvolverse suficientemente a causa de la anarquía que existe en materia fiscal", según apuntaba la misma iniciativa.

Como era cada vez más frecuente, el Congreso de la Unión aprobó rápidamente la iniciativa. La cámara de diputados recibió la iniciativa presidencial el 16 de diciembre y el 21 siguiente aprobó sin debate la reforma constitucional por unanimidad de 90 votos.[73] Visto en perspectiva, el voto legislativo fue la parte final, y acaso la más formal, de una intensa negociación que había tenido lugar con los gobernadores y, aunque no aparece del todo claro, con los principales empresarios del ramo. En enero de 1949 el presidente Alemán emitió un decreto enviado por el Congreso de la Unión en el que, previa aprobación de la mayoría de los estados, se agregaba el inciso *g* a la fracción XXIX del artículo 73 de la constitución, es decir, la fracción re-

[71] AGN-MA, exp. 564.1/27: carta de 15 sep 1948.

[72] En Beteta, *Tres años*, 363.

[73] *DDD*, 21 dic 1948, 8.

formulada en 1942 para especificar las facultades privativas en materia tributaria. Tal reforma establecía el monopolio fiscal federal sobre la producción y consumo de cerveza. Esta reforma, que fue la última de su género, entró en vigor el 1 de marzo de 1949.[74] El reparto del impuesto, fijado en 10 centavos por litro según la ley de ingresos de 1949, quedó como sigue: 55% para el fisco federal, 15% de participación a la entidad productora, 25% a la entidad consumidora y 5% al fondo de compensación referido antes. Así concluía la historia de la paulatina federalización de este rubro industrial, iniciada en 1928. Y también hay que decir que con ese inciso concluyó la ampliación de esta fracción constitucional que expresa, de manera por demás puntual, el carácter de la historia fiscal que se ha venido tratando en este trabajo. Así se aprecia en un comentario del autor de una de las obras primordiales sobre la hacienda pública mexicana del siglo XX:

> El que pacientemente haya leído el origen de las reformas y adiciones hechas al artículo 73 de la Constitución General de la República tiene que llegar a la conclusión ineludible e irrebatible de que todas las reformas y adiciones han tendido a la limitación de las facultades impositivas de los estados, pero en ningún caso a la limitación de las facultades impositivas de la federación.[75]

El impuesto fue aumentado a 12 centavos por litro a partir de enero de 1952 y a 18 en enero de 1955. En la elevación de 1952 se aumentó también la participación a los estados en relación con el consumo, de 0.025 a 0.033 centavos por litro, un aumento de apenas 2.5% respecto a la proporción de 1949. Esta elevación respondía a un hecho que ayuda a comprender la oposición de algunas entidades federativas a sumarse al arreglo antes de 1949. Al federalizarse el impuesto en este último año, los impuestos locales se sustituyeron por la participación federal que "en algunos casos —según Yáñez Ruiz— ha sido insuficiente para cubrir el rendimiento obtenido antes de la federalización".[76] Sin embargo, para esos años una pérdida de este tamaño podía ser fácilmente compensada por una federación cada vez más poderosa. Pero de nuevo, esa compensación tenía que ser solicitada por los gobernadores, y aceptada por el presidente de la república. Así lo muestra la solicitud de una compensación de 500 000 pesos presentada por el gobernador chiapaneco Efraín Aranda, "por el quebranto que el fisco del estado ha re-

[74] El decreto que agregó "producción y consumo de cerveza" a la fracción XXIX del artículo 73 constitucional. se halla en *DO*, 10 feb 1949.

[75] Yáñez Ruiz, *El problema*, V, 295.

[76] Yáñez Ruiz, *El problema*, V, 57.

cibido en relación con la federalización de la cerveza". A esta pérdida se agregaba la baja en 40% de la producción de café y cacao. Aunque ya el secretario de Hacienda había negado tal compensación, recurría al presidente de la república para conseguir la ayuda.[77]

Por último, no debe dejarse de lado el hecho de que este colofón cervecero tenía que ver con el fracaso del gobierno alemanista en la tercera convención fiscal. Como se vio, en la iniciativa de amplias reformas constitucionales que la SH presentó a los delegados en esa reunión de 1947, se proponía la derogación de la fracción XXIX del artículo 73, para dar paso a la ley general de arbitrios. Pero como esa iniciativa fue rechazada, no quedó más remedio que acomodar el nuevo inciso relativo a la cerveza en la referida fracción del artículo 73. Dicho de otro modo, la reforma de 1949 obedecía a la oposición de gobernadores y convencionistas de 1947. De lo perdido, lo que aparezca —dice el dicho. Si no se logró la reforma constitucional general, por lo menos sí se consiguió la cervecera.

[77] AGN-ARC, exp. 564.1/509: carta de 26 mar 1954.

TERCERA PARTE

PROBLEMAS NACIONALES, 1922-1972

7

LA NACIÓN AGRARIA

> La revolución persigue que los productos de cada ejido vayan a los mercados de consumo.[1]

Esta tercera y última parte profundiza en varios de los problemas que han quedado apuntados a lo largo del texto. Por esa razón los capítulos que la componen no siguen un orden cronológico; más bien, cada capítulo contiene una visión cronológica de los problemas planteados. El más importante es el capítulo 7, referente a la cuestión agraria, en el que por un lado se intenta caracterizar la excepción ejidal y por otro se propone que tal excepción es un componente fundamental del ordenamiento fiscal del siglo XX. Se intenta mostrar la contradicción que significa tal excepción en términos del modelo modernizador impulsado por el gobierno federal. Es claro que la caracterización de ese modelo tiene que ser matizada a la luz del manejo gubernamental del mundo rural, un tema que merece investigaciones mucho más detalladas. Por su parte, los capítulos 8 y 9 tratan el federalismo y el papel del poder legislativo, respectivamente. En ellos se intenta abordar en primer lugar las relaciones entre la federación, las entidades y los municipios, ámbito en el que destacan la supresión de la contribución federal y el establecimiento del sistema de participaciones; en segundo término se tratan las relaciones entre el poder ejecutivo y el legislativo, con el fin de aclarar la forma en que se tomaban las decisiones en materia tributaria. El capítulo 10 estudia con más detalle las experiencias locales en el marco del proceso general de centralización fiscal, buscando contrapuntear el argumento más bien nacional del conjunto del trabajo. En esa medida es un ensayo de lo que debe ser una línea de investigación prioritaria a largo plazo, que se refiere a la reconstrucción de las posturas, resistencias y manejos de las autoridades locales y sobre todo de los grupos sociales en torno al esfuerzo por modernizar

[1] En Fabila, *Cinco siglos*, 688.

la hacienda pública en México. El capítulo 11, el epílogo, retoma la narración cronológica sobre el periodo 1950-1972, centrando la atención en un aspecto que también futuras investigaciones deberán analizar de manera más cuidadosa, a saber, la vigencia de las alcabalas y las tensiones que creaban en la organización federal, un fenómeno que muestra la complejidad de esta experiencia mexicana.

El esfuerzo federal en materia tributaria no se limitaba a crear nuevos impuestos y a uniformar y simplificar los existentes. Tampoco tenía que ver sólo con asalariados y empresarios y con las empresas comerciales e industriales. De manera simultánea, las autoridades se esforzaron por establecer nuevas relaciones con la población rural, un sector que en ese momento merecía la más alta prioridad gubernamental en vista de la demanda agraria y la necesidad de imponerse sobre los latifundistas. El meollo de este capítulo es reconstruir la manera como el reformismo en materia agraria debilitó las tesorerías locales y cómo ese debilitamiento propició indirectamente la concentración de las rentas públicas en manos federales; dicho de otro modo, se busca mostrar que la reforma agraria apuntaló la federación no sólo por la subordinación y el clientelismo que logró imponer sobre los ejidatarios y agraristas en general sino también por el debilitamiento de las finanzas públicas locales que trajo consigo la entrega de tierras. El componente básico de este nuevo arreglo político es la excepción fiscal otorgada a los ejidatarios. Ya sin impuestos de capitación el gobierno federal —y este carácter federal debe subrayarse— promovió un trato tributario por entero novedoso a las masas campesinas. Sin embargo, el costo de este arreglo recayó principalmente en los gobiernos estatales y municipales; puede afirmarse incluso que si el privilegio a los empresarios corrió por cuenta del erario federal, la excepción a los ejidatarios fue absorbida por los gobiernos locales. Como se ve, se trata de reunir elementos suficientes para proponer una hipótesis general que bien puede llevar a elaborar una perspectiva de análisis distinta sobre el ámbito rural del siglo XX. Por ejemplo, cabe preguntarse qué tanto de la oposición de los gobiernos estatales a la reforma agraria, además de posiciones ideológicas adversas, se explica por la secuela fiscal que se verá en este capítulo.

Ya antes se dijo que entre 1910 y 1942 la víctima fiscal por excelencia fue la hacienda municipal. El empobrecimiento de los municipios no sólo se explica por medidas tributarias de los gobiernos estatales o de la federación o bien por grandes acontecimientos como la desaparición de las municipalidades de la capital del país. Además de lo anterior, es resultado de una significativa ruptura con el régimen porfiriano y en general con el siglo XIX pero que a la vez se constituyó en un despojo que expresaba dos aspectos medulares del nuevo ordenamiento político: la preeminencia de la nación y las reformas sociales que se hicieron en su nombre. El resultado fue, como se sugiere en el título del segundo apartado de este capítulo, un nuevo ayuntamiento.

Así, la principal pérdida de la hacienda municipal en este periodo tiene que ver con un rasgo fundamental del nuevo régimen político, a saber, la propiedad originaria del suelo y del subsuelo por parte de la nación que tenía su origen en la constitución de 1917. Sobre la base de una fuerte crítica a la constitución de 1857, los consituyentes de 1917 impusieron el interés público y en consecuencia la propiedad de la nación por encima del interés individual y de la propiedad privada, pero también por encima de la propiedad de pueblos, barrios, comunidades y demás entidades que mantenían formas diversas de acceso o de reclamo en torno a los recursos productivos. Para resolver el problema agrario, la facción carrancista y los constituyentes de 1917 idearon un mecanismo de reorganización de la tenencia de la tierra a partir de la propiedad originaria de la nación. Del mismo modo que Pani criticaba la "escuela liberal" que inspiraba a las autoridades hacendarias porfirianas, así los constituyentes criticaban la constitución de 1857, arguyendo que sobreponer el interés público al interés individual era una forma más moderna de organizar el país. De esa manera, la nación, por medio del gobierno federal, podía redistribuir la riqueza agraria y de paso destruir una de las bases sociales más importantes del régimen porfiriano, los terratenientes. La reforma agraria y el nuevo sistema fiscal, entre otros, aparecían como componentes del nuevo Estado.

Sin embargo, la propiedad nacional, que implicaba la federalización del territorio, tuvo serias implicaciones sobre los derechos locales en torno al uso de los recursos productivos. Por lo pronto, los pueblos, barrios, condueñazgos y demás localidades tendrían que convivir con el gobierno nacional con mucha mayor intensidad que antes. La secuela fiscal de que trata este capítulo es uno de los componentes de este nuevo panorama.

La nacionalización y la consecuente federalización del territorio, que hicieron posible la reforma agraria, mermaron de dos maneras los ingresos locales. La primera tiene que ver con el carácter no mercantil de las tierras entregadas como ejidos, lo que generó ambigüedades y tensiones en los distintos niveles de gobierno. Si antes de 1915 esas tierras eran propiedades privadas cuyos dueños mal que bien pagaban impuestos, en lo sucesivo, luego de las afectaciones, dejaron de hacerlo. El problema fue que quienes recibieron esas porciones sustraídas a los predios privados también dejaron de pagar en gran medida. La segunda manera es más compleja porque se refiere al desplazamiento de los ayuntamientos como administradores de los ejidos antiguos y nuevos, y sobre todo por el carácter nacional de los terrenos otorgados por la reforma agraria. Si en diversos lugares algunos ayuntamientos cobraban derechos por la explotación de recursos de los pueblos (bosques, aguas, agostaderos) todavía en las décadas de 1920 y 1930, el gobierno federal se esmeró por combatir esa práctica considerada ilegal y además intentó crear una estructura fiscal paralela en el nivel local con base en las autoridades agrarias que serían distintas de las del nivel político-administrativo de los ayuntamientos. Los dos apartados del capítulo tratan precisamente estas dos vertientes del problema. Sin duda, en el diseño de la fiscalidad federal en el ámbito rural debe tomarse muy en cuenta el señalamiento de Calles sobre la relación entre la lógica científica y el pragmatismo político en materia fiscal: éste debía subordinarse a aquélla. Antes de "romper con la tradición", se leía en la multicitada iniciativa presidencial de 1926, las conclusiones científicas debían ajustarse a la "realidad existente".[2] Y la realidad agraria parecía imponer un proyecto que en apariencia no tenía nada de moderno sino que retornaba al pasado colonial, por lo menos en el recorrido jurídico de los constituyentes de 1917 que consideraron una bula papal del siglo XV como fundamento de la propiedad originaria de la nación sobre el suelo y el subsuelo.[3]

La excepción ejidal

Al sobrevenir las dotaciones agrarias, que en muchos casos se hicieron afectando terrenos de particulares, tuvo lugar un cambio jurisdiccional básico: la propiedad privada pasaba primero a manos de la nación y luego ésta la entregaba a unas nuevas criaturas, los ejidos. Las tierras y demás recursos ejidales, que se entregaban de manera gratuita (aunque en 1919 todavía se discutía al respecto), quedaban fuera del mercado, porque no podían venderse, hipotecarse o embargarse, y todo ello porque eran parte del patrimonio de la nación y nadie podía lucrar con ésta.[4] Las tierras entregadas, los ejidatarios

[2] En Pani, *La política*, 676.

[3] Rouaix, *Génesis*, 144; Córdova, *La ideología*, 224-225.

[4] Éste era el argumento de un funcionario de la Secretaría de Agricultura y Fomento cuando informaba a sus superiores que un ayuntamiento chihuahuense vendía agua de un río ya declarado nacional; incluso pagaba al encargado del panteón con horas de agua de la nación. Aboites Aguilar, *Demografía*, 118, 146.

que las recibieron y las actividades productivas que se desarrollaron en ellas ingresaron a una situación fiscal por demás compleja que muy pronto se convirtió en un foco de tensión de la organización federal. En principio, la fiscalidad no se veía como problema: las propiedades afectadas, como señalaba una circular de la Comisión Nacional Agraria de agosto de 1919, debían dejar de pagar las contribuciones correspondientes a las porciones expropiadas.[5] No se veía problema porque los nuevos ejidos debían pagar por esas porciones segregadas a los predios privados. Tan sencillo como eso. Pero el avance del reparto agrario llevó las cosas por otro rumbo. El ingrediente más llamativo de esa situación fue el esfuerzo federal por establecer una excepción a favor de los ejidatarios, cosa a la que estados y municipios se opusieron de diversas maneras por una razón muy simple: tal excepción se hacía a costa de las haciendas locales.

Antes de analizar en detalle la cuestión tributaria ejidal es necesario aclarar la postura federal.

El proyecto federal de otorgar la excepción tributaria a los ejidos no estaba clara al principio del reparto agrario y de hecho las vaguedades y contradicciones que se aprecian en los años siguientes hacían decir a un estudioso que "el gobierno mostró una singular incapacidad" para definir con claridad la cuestión fiscal de los ejidos.[6] Aunque una circular de julio de 1919 de la Comisión Nacional Agraria señalaba que "las contribuciones en el sentido de impuestos fiscales, sí pueden gravitar sobre los ejidos, de acuerdo con la legislación hacendaria aplicable",[7] poco después se definía de otro modo el régimen fiscal de los ejidos. En 1921 el mismo organismo señalaba que

> Fuera de los censos o rentas a que se refieren las reglas anteriores, ni las parcelas de cultivo, ni los terrenos comunales de pasteo o de monte, ni los edificios, construcciones, instalaciones, árboles o plantas que estén en ellos, ni los vecinos del pueblo, en lo personal, causarán impuesto alguno de la federación, de los estados, ni de los municipios, por los expresados terrenos bienes del dominio directo de la nación, a cargo del gobierno federal [...] Tampoco causarán impuesto alguno las negociaciones comerciales, industriales o de cualquiera otra clase que dentro de los ejidos se establezcan.[8]

[5] En Fabila, *Cinco siglos*, 342.

[6] Simpson, *The ejido*, 340-341.

[7] En Fabila, *Cinco siglos*, 341.

[8] En Fabila, *Cinco siglos*, 377. El lector atento debe reparar en la terminología empleada en este párrafo, en particular "censo", de uso muy frecuente después de 1856 en algunos pueblos del Estado de México. Agradezco a Diana Birrichaga esta observación.

Pero si la Comisión Nacional Agraria manejaba estas ideas, otras dependencias federales parecían ignorar el propósito de la excepción ejidal. Por ejemplo, los ejidos pagaron el impuesto sobre aprovechamientos de aguas federales, creado en 1917, hasta mediados de 1926, cuando un decreto presidencial otorgó la excepción; años después varios núcleos ejidales denunciaron a la SH por pretender cobrarles el impuesto sobre la renta.[9]

La postura federal comenzó a uniformarse con la ley de patrimonio parcelario ejidal de 1927. Antes de entrar al detalle de esa ley, es conveniente decir como antecedente que en 1922 la Comisión Nacional Agraria había analizado el problema fiscal de los ejidos. Ello obedecía a las "quejas de los pueblos por las elevadísimas contribuciones que los estados respectivos les cobraban". En consecuencia, el organismo agrario, en la circular 52 de 24 de octubre de 1922, llegó a la conclusión de que "los gobiernos de los estados no debían cobrar contribuciones a los ejidos".[10] En esa dirección, si bien no de manera tan drástica, la ley de 1927, en su artículo 23, señalaba que

> Los estados no podrán establecer sobre la propiedad ejidal más que un impuesto predial que se causará sobre el valor que proporcionalmente corresponda a los ejidos, de acuerdo con los valores fiscales en que hayan estado registradas las propiedades de que formaban parte, en el momento de iniciarse el expediente agrario, o en su defecto, de acuerdo con el primer valor fiscal posterior. El impuesto a que este artículo se refiere se hará efectivo sobre el 15% que debe recogerse, de acuerdo con el artículo 20, fracción VI; y en caso de ejecución coactiva, el embargo no podrá afectar más que el 5% de los productos que se obtengan en la cosecha inmediata.[11]

El artículo 20 establecía la obligación del adjudicatario de parcela ejidal de "enterar anualmente el 15% de las cosechas que obtuviere de su parcela, o su equivalente". Tal porcentaje se distribuiría de la siguiente forma: un tercio para el pago de contribuciones y mejoras materiales, y los dos restantes

[9] *DO*, 19 jul 1926. En 1950 un alto funcionario del banco ejidal se quejaba ante el presidente de la república de que la oficina de la SH en Tuxtepec, Oaxaca, pretendía cobrar el impuesto sobre la renta a los ejidatarios a pesar de que el código agrario y la ley de crédito agrícola los declaraba al margen de dicho impuesto. AGN-MA, exp. 564.1/797: extracto de 28 abr 1950. En igual sentido la protesta de 25 nov 1955 de las asociaciones ganaderas ejidales de Acolman, Texcoco, Chalco, Cuautitlán, Tezoyuca y Ecatepec, en AGN-ARC, exp. 564.1/897.

[10] Rodríguez Adame, "La organización" [1], 8.

[11] En Cuadros Caldas, *Catecismo*, 79.

para un fondo de "impulsión cooperativa". El incumplimiento se sancionaba con la pérdida temporal o definitiva de derechos. En enero de 1928 un decreto señaló que era incorrecta la interpretación dada al 15% en el sentido de que debía aplicarse sobre el producto bruto de la cosecha, "lo cual significa un gravamen exagerado sobre los ejidatarios". El 15% debía aplicarse sobre el "producto líquido de la cosecha" y ante las dificultades para hacer una estimación exacta de los gastos que debían deducirse para calcular dicho producto líquido, facultaba a la Secretaría de Agricultura y Fomento a establecer periódicamente tarifas generales, aplicables por regiones, calculadas en proporción a la unidad de superficie y calidad de las tierras. Los pagos podían hacerse en efectivo o en especie.[12]

Esta ley federal de 1927 establecía un trato especial a los ejidos y a sus actividades, pues sobre ellos sólo podía pesar un solo gravamen, el predial de los estados.[13] Este tratamiento se ratificó en el artículo 152 del código agrario de 1934, lo mismo en la sección octava del código de septiembre de 1940, que además extendía este arreglo fiscal a los bienes comunales.[14] Además, en ambos códigos se establecía que mientras duraran las posesiones provisionales, es decir, las superficies otorgadas por los gobernadores de los estados, los ejidos sólo pagarían 25% del impuesto territorial en el primer año, aumentándose en 10% en los siguientes hasta alcanzar la tasa normal o hasta que se ejecutara la resolución presidencial.[15] El código agrario de 1943 —y de hecho también la ley agraria de 1971— ratificó esta línea fis-

[12] En Cuadros Caldas, *Catecismo*, 350-351. En esta misma obra (página 368) hay un acuerdo del presidente de la Comisión Nacional Agraria de febrero de 1929 que dejaba sin efecto las disposiciones de una circular 268 de un "departamento" y del tercer artículo transitorio del reglamento de la ley de bancos agrícolas sobre la forma de distribución del famoso 15% que debía ser recaudado por los comités particulares administrativos. Ratificaba el destino de esos fondos: un tercio para contribuciones y mejoras y dos tercios para necesidades inmediatas del ejido. Apuntaba que los empleados federales debían orientar lo más atinadamente posible el criterio de los ejidatarios, "pero dejando siempre en ellos la impresión de que resuelven personalmente sus problemas".

[13] Este formato hace recordar el del impuesto sobre la minería que se trató en el capítulo 5. Como se vio, la SH pretendía establecer un solo impuesto, federal por supuesto, a dicha actividad. Ése era el tenor de la ley de mayo de 1926. Las protestas de los estados llevaron a emitir una nueva ley, de agosto de ese mismo año, en la que justamente se permitía a los estados cobrar 5% por impuesto predial. Lo que hay que averiguar con cuidado es si la federación pretendió en primera instancia desgravar completamente a los ejidos y si fueron las protestas locales las que la obligaron a recular; o bien, si aprendida la lección minera, la SH optó por su cuenta dejar ese ramo tributario a los estados.

[14] En Fabila, *Cinco siglos*, 605-606, 737-738.

[15] *Informe SLP 1940*, 3-4.

cal respecto a los ejidos. Según el presidente Ávila Camacho, el gobierno no sólo tenía la obligación de repartir las tierras al campesino; además sostenía "la idea esencial de [otorgar] protección eficaz al patrimonio y al trabajo ejidales".[16] Acorde con ese proteccionismo, el nuevo código ratificaba la obligación de los núcleos ejidales de cubrir sólo el impuesto predial, cuyo monto no podía ser mayor al 5% del valor de la producción anual del ejido. Pero contenía una innovación de suyo importante: la exención fiscal completa a la producción agrícola ejidal. A juicio de algunos expertos, este trato perfilaba un régimen fiscal de marcado contenido proteccionista sobre la propiedad ejidal, cosa que en muchos casos no era del todo justificada.[17]

Sin embargo, es evidente que de la ley federal a la práctica había un abismo. En este caso el abismo hace necesario desglosar la cuestión tributaria ejidal en cuatro aspectos o componentes, a saber: 1) la interna, 2) la relativa al predial, 3) la de producción y 4) la de circulación de mercancías.

El punto de partida de este análisis es que los ejidatarios dejaron de pagar de manera creciente el impuesto predial. De ello hablan las abundantes quejas de los gobiernos estatales y en menor medida de los municipales. La hipótesis que puede formularse, en vista de la documentación disponible, es que ese comportamiento se explica porque el mecanismo ideado para recaudar la carga interna, el multicitado 15%, fracasó de manera rotunda. Ante la notoria caída de la recaudación por concepto del predial, los estados y municipios decidieron contradecir a la federación y cobrar la factura a los ejidos por el lado de la producción y la circulación. Pero este proceder local no alcanzó a compensar la pérdida del predial y ello contribuyó con gran fuerza al debilitamiento de las tesorerías estatales y municipales. De manera indirecta ese debilitamiento apuntaló la centralización de las rentas públicas del país. Ésta es en síntesis la hipótesis que tratará de fundamentarse en las páginas siguientes.

Por lo que se refiere a las rentas internas, el primer aspecto de la cuestión tributaria ejidal, los censos o rentas mencionados en la referida circular de la Comisión Nacional Agraria de 1921 se relacionan con un proyecto de recaudación de fondos que buscaba evitar que el cambio en la tenencia de la tierra acarreara pérdidas tributarias. En esa circular se señalaba que los ad-

[16] Así se lee en la exposición de motivos de la iniciativa enviada al Congreso de la Unión. En Hinojosa Ortiz, *Nuevo código,* 23.

[17] Reyes Osorio *et al., Estructura,* 483. Un comentarista señalaba que esas reformas, contenidas en el artículo 196 del código agrario de 1943, tenían "el propósito de proteger de modo más efectivo a los campesinos frente al fisco". Véase Hinojosa Ortiz, *Nuevo código,* 186. La ley agraria de 1971, en DO, 16 abr 1971, artículos 106-108.

judicatarios de parcelas debían pagar un censo o renta al comité particular administrativo, es decir, a la autoridad agraria local. Además, todos los jefes de familia del pueblo debían pagar a esa misma autoridad otro censo o renta por el uso de los terrenos de pasteo, monte o arbolado que se disfrutaran en común. Se creía que estos censos o rentas aportarían una suma mayor que los impuestos que cobraban hasta entonces la federación, el estado y el municipio. Esos fondos, "que no son en manera alguna impuestos propiamente tales", debían distribuirse de la siguiente manera: 70% para el propio pueblo, 10% a la federación, 15% a la tesorería estatal y 5% al municipio.[18] Ahora bien, este tema debe ser investigado con todo cuidado para saber a ciencia cierta si los ejidatarios cumplieron con esa obligación. La muy escasa evidencia disponible, que se presenta a continuación, muestra incumplimientos, manejos turbios y manipuleos políticos.

En diciembre de 1934 un grupo de ejidatarios de Aguascalientes denunciaba ante el presidente Cárdenas que el comisariado ejidal exigía el 15% de las cosechas "para cubrir gastos que dice originó la campaña de usted". En enero siguiente se sabía de la queja inversa, es decir, la de un líder ejidal que denunciaba que los ejidatarios se negaban a pagar "el 5% de las cosechas que se han levantado desde el tiempo para pago de contribuciones"; solicitaba que se despojara de sus parcelas a los incumplidos. En abril de 1935 miembros del ejido de Capolucan, Veracruz, acusaban al comisariado ejidal de cobrar una cuota de tres pesos para pagar el impuesto predial, monto que les parecía exagerado e imposible de cumplir.[19]

En otros casos las prácticas corruptas hacían su aparición en el manejo del famoso 15%. De eso hablaba la denuncia de los ejidatarios de Urireo, Guanajuato, quienes alegaban haber pagado durante años el 15% de sus cosechas a funcionarios "del banco", pensando que éstos decían la verdad cuando solícitos ofrecieron pagar las contribuciones a la tesorería del estado. Pero a la vuelta de los años se encontraron con que la tesorería estatal les reclamaba el pago del predial desde la fecha de dotación. Además, denunciaban que sus abonos para el pago de créditos tampoco habían sido registrados.

[18] Fabila, *Cinco siglos*, 377. Se agregaba que como no eran impuestos, esos censos o rentas "no deberán causar el impuesto de la contribución federal que causan los impuestos que recaudan dichos municipios y estados".

[19] AGN-LC, exp. 564.1/1: extracto de 15 dic 1934 de la Confederación Regional Obrera Campesina de Aguascalientes, donde se reproduce la queja del ejido Chicalote; exp. 564.1/61: carta de 9 ene 1935 del presidente del comité agrario de Chitejé de la Cruz, Querétaro; exp. 564.1/81: oficio de 4 abr 1935 al delegado del Departamento Agrario en Jalapa, que reproduce la queja de los ejidatarios de Capolucan.

Muy semejante era el problema que enfrentaban los ejidatarios de Tacubaya, municipio de Pénjamo, Guanajuato: alegaban que desde la fecha de dotación en 1936 habían pagado puntualmente el 5% de contribuciones de "todas nuestras cosechas" y que ahora la oficina de rentas del estado les informaba de un adeudo por 2 405 pesos, lo que significaba que no habían tomado en cuenta sus pagos. Este mecanismo de recaudación se prestaba también a maniobras políticas y a injerencias extrañas: el líder ejidal de Coyutla, Veracruz, denunciaba que "por consejos del presidente municipal del lugar algunos ejidatarios se han opuesto al pago de contribuciones que adeudan por varios años". Pedía ayuda para obligarlos a pagar, toda vez que los ejidatarios cumplidos no dejaban de quejarse y de amenazar con hacer una huelga. Del mismo tenor era el escrito del comisariado ejidal de Tepecoacuilco, Guerrero, de principios de 1935. Señalaba que el ejido tenía un adeudo fiscal de 420 pesos y que para pagarlo fijó una cuota de dos pesos por ejidatario. Sin embargo, los ejidatarios se habían negado a pagar dicha cuota alegando que en el congreso agrario de febrero de 1935, celebrado en Iguala, los dirigentes de la Liga de Comunidades Agrarias habían aconsejado abstenerse de pagar contribuciones y que además muy pronto destituirían al gobernador, en ese entonces el general Gabriel Guevara.[20] Los ejidatarios de Acuitzio, Michoacán, denunciaban en 1942 que desde que recibieron la dotación definitiva en 1935 pagaron puntualmente el 5% de sus cosechas, alrededor de 500 pesos al año, al gobierno del estado. El problema era que habían enterado esa contribución al gobierno michoacano y el de Guanajuato les estaba exigiendo el pago de 6 000 pesos de adeudo por el mismo concepto. Solicitaban rebaja en los réditos del adeudo y que el gobierno michoacano entregara la suma pagada por los ejidatarios a la tesorería guanajuatense.[21]

Ciertamente estas referencias no son suficientes para fundamentar una afirmación sólida sobre el fracaso del mecanismo de recaudación interna de los ejidos.[22] Pero sí sugieren las dificultades que implicó su funcionamiento

[20] AGN-LC, exp. 564.1/2171: carta de 14 may 1940 del comisiariado ejidal de Urireo; exp. 564.1/1603: carta de 21 jun 1938 del secretario de gobierno de Guanajuato al administrador general de rentas del estado; exp. 564.1/1819: extracto de 23 ene 1939 del presidente del comisariado ejidal de Coyutla, Veracruz; exp. 564.1/144: carta de 15 feb 1935 del gobernador de Guerrero en la que se transcribe la queja del líder ejidal.

[21] AGN-MACA, exp. 564.1/533: carta de 2 mar 1942 del comisariado ejidal de Acuitzio, Michoacán. Por lo visto el asentamiento se hallaba en Michoacán y otra parte del ejido en Guanajuato.

[22] En su estudio clásico sobre el ejido mexicano, Simpson ofrece varios ejemplos de este tipo de problemas. En uno de ellos un empleado de un banco oficial trataba de convencer a los ejidatarios de pagar el 15% de la cosecha. Pero una vez conseguido el acuerdo, una co-

y sobre todo parecen ilustrar un hecho mucho más documentado: la tremenda repercusión del reparto agrario en la caída de la recaudación del predial rústico, un rubro que ganaba importancia en las haciendas locales después de la década revolucionaria. Como se dijo, el predial es el segundo aspecto de la cuestión tributaria ejidal.

En la primera convención fiscal, de agosto de 1925, un participante era optimista respecto al comportamiento fiscal de los ejidos de Puebla y Tlaxcala, ya que, decía, "casi todos están pagando".[23] En esa misma convención se acordó que "el impuesto sobre la tierra rústica y urbana debe ser igual y uniformemente pagado por todos". Tal tesis de cepa liberal tenía que matizarse en el caso de los ejidatarios: "El impuesto territorial debe ser reportado por el propietario de la tierra. En las tierras ejidales debe entenderse como propietario la masa de los ejidatarios, representados legalmente".[24]

Pero las prácticas de los ejidatarios iban por otro rumbo, de tal suerte que con toda su fuerza "no moderna" orillaron a las excepciones. En Zacatecas un decreto de julio de 1926 obligaba a los ejidos, "que no habían llegado a pagar ninguna contribución al estado", a cubrir el impuesto predial; se estimaba esa recaudación en 22 000 pesos al año.[25] La repercusión negativa del reparto agrario en las haciendas locales se aprecia en la memoria de labores del gobernador mexiquense del periodo 1925-1929:

> El impuesto predial que es la principal fuente de riqueza para la Hacienda Pública, ha ido en constante aumento, no obstante el número de ejidos que se han formado en el estado, representando un valor mayor de ocho millones de pesos, y los cuales por las condiciones económicas de los ejidatarios, han dejado de tributar en más de un cincuenta por ciento.[26]

Más adelante explicaba que el gobierno local había puesto "especial empeño" en que los ejidos fueran valuados en términos fiscales para gravar "en una mínima parte su producción", con el doble propósito de no vulnerar el patrimonio de los ejidatarios pero al mismo tiempo buscando evitar que ese grupo quedara "en el plano antisocial de un privilegiado". Como todos los

mitiva de ejidatarios se entrevistó con el secretario de Agricultura y obtuvieron de él una rebaja considerable en la cuota. Por supuesto, el empleado federal no tuvo más remedio que acatar la orden de la superioridad. Simpson, *The ejido*, 420-421.

23 SHCP, *Primera convención*, 71.

24 SHCP, *Primera convención*, 99.

25 *Informe Zac 1926*, 20.

26 En Marichal *et al.*, *Memorias*, 237.

"ciudadanos", los ejidatarios debían "contribuir al sostenimiento de los servicios públicos". Mencionaba que por decreto de 31 de diciembre de 1928 el gobierno federal había condonado a los ejidatarios el pago de "la contribución federal correspondiente al impuesto local". Pero los ejidatarios no pagaban del todo y en esa medida se negaban a la ciudadanía. No podrían suscribir protestas o peticiones diciendo que estaban al corriente del pago de sus impuestos. En todo caso aludirían a la sangre derramada en la gesta revolucionaria, a sus malas condiciones de vida o al espíritu justiciero de los nuevos gobernantes.[27] El mismo funcionario mexiquense anunciaba la decisión de condonar la mitad del adeudo a los ejidatarios que lo cubrieran. En el informe de 1932 el gobernador en turno de esa entidad señalaba que si bien a los ejidatarios les correspondía pagar 210 000 pesos por impuesto predial, "la imposibilidad que existe entre la mayoría de los ejidatarios" había producido una recaudación de apenas 80 000. Parte del mismo fenómeno era la reducción del impuesto sobre aguamieles, provocada "por las afectaciones sufridas por las haciendas pulqueras [...] que necesariamente tuvieron que reducir sus actividades".[28] En Hidalgo se hacía una cuenta más pormenorizada:

> El impuesto sobre la propiedad raíz venía disminuyendo en atención a que la resolución del problema agrario cuyas leyes ordenan que las contribuciones de tierras concedidas por dotación las paguen los beneficiarios; y a éstos consideré conveniente eximirlos del pago o señalarles una cuota mínima en atención a que al recibir el ejido los campesinos no cuentan con ninguna clase de recursos para poder trabajar y menos para pagar el impuesto predial. Existen actualmente no menos de 250 pueblos que han recibido sus ejidos; se puede considerar como un promedio de tres propiedades afectadas para cada uno de ellos y por lo tanto en 750 las segregaciones de tierras. Es razonable calcular como término medio en 15.00 la contribución mensual correspondiente a cada una, y por lo tanto en 11 250.00 mensuales la cantidad que el estado ha dejado de percibir por concepto de contribución de los ejidos.[29]

[27] Así empezaba un escrito de 1935 contra medidas fiscales del gobierno poblano: "Que en nuestra inmensa mayoría prestamos a la revolución nuestro contingente en distintas formas y circunstancias". AGN-LC, exp. 564.1/455: denuncia de 13 ago 1935 suscrita por representantes de varios pueblos del estado de Puebla.

[28] En Marichal *et al.*, *Memorias*, 249-250, 276. En el informe del gobierno de Veracruz de 1928 se señala que el impacto negativo del reparto ejidal se veía acrecentado por "los efectos de la ley de arrendamientos de tierras ociosas". Además, los ingresos por predial urbano se habían reducido a causa de los movimientos inquilinarios, pues "muchos propietarios" habían dejado de percibir rentas y en consecuencia de pagar impuestos. *Informes Ver*, 6013.

[29] *Memoria Hgo*, s.p.; señalamientos similares en *Informe Sin 1938*, 22.

La cuestión tributaria de los ejidos tenía otras aristas. No faltaban quejas de ejidatarios y de organizaciones agraristas acerca de los elevados niveles de tributación que los gobiernos locales fijaban a los ejidos y que en ocasiones resultaban superiores a los que soportaban los antiguos propietarios. Ello explicaba en parte la situación ruinosa de los ejidos. En 1934 un observador no dudaba en afirmar que los mandatos de las leyes y códigos agrarios, dirigidos a proteger fiscalmente los ejidos, "no han sido acatados en lo general por los gobiernos de los estados". Y agregaba "tal ha parecido que en la gran mayoría de los casos con una mano los ciudadanos gobernadores de los estados han firmado resoluciones de ejidos y con la otra procedimientos económico-coactivos y que las oficinas de rentas de la comarca son fuentes de ataques a los ejidos y uno de sus peores enemigos, especialmente en el periodo inicial del ejido". La conclusión era elocuente: los gobiernos locales no sólo debían definir su política fiscal ejidal de acuerdo con las leyes federales en la materia sino también hacer "consideraciones importantes para sanear los adeudos anteriores".[30]

En la década de 1930 el impacto de la reforma agraria en los erarios estatales estaba bien caracterizado. En la segunda convención fiscal de principios de 1933 la delegación federal propuso ratificar el acuerdo de la primera acerca de prohibir cualquier exención fiscal en materia de impuesto territorial, así como buscar la sustitución de los impuestos a la producción bruta por el gravamen de la rentabilidad de las parcelas ejidales.[31] Pero esta propuesta se quedaría en el tintero. En una iniciativa de Lázaro Cárdenas se tocaba este punto:

> La urgencia de corregir los vicios hacendarios, sentida en el país desde hace mucho tiempo, se ha destacado más aún en las actuales horas porque las entidades federativas que tienen los más fuertes ingresos para la satisfacción de sus necesidades públicas del impuesto territorial rústico, se encontrarán con este renglón de arbitrios extraordinariamente mermado por el incontenible y generoso impulso agrarista de la Revolución.[32]

Pero la generosidad de la revolución, al menos en el ámbito fiscal, parecía correr más bien a cuenta de los estados, que se veían obligados a hacer condonaciones a los ejidatarios o bien a exigirlas de tal modo que se creaban grandes tensiones políticas. A fines de 1936 el congreso de Nayarit decretó un

[30] Rodríguez Adame, "La organización" [1], 8 y [3], 7.

[31] SHCP, *Segunda convención*, I, 170.

[32] En Yáñez Ruiz, *El problema*, V, 228: proyecto de reformas constitucionales de 1936.

conjunto de franquicias, entre ellas la condonación "a todos los comisariados ejidales" del 50% de sus adeudos con el fisco del estado así como los recargos, con la condición de que pagaran el otro 50% en un plazo perentorio.[33] En Coahuila el gobernador señalaba que el reparto agrario en La Laguna había significado una pérdida de 1.6 millones de pesos en dos años, "suma que normalmente pagaba antes de la fecha que cito la propiedad rústica de la citada Comarca". Agregaba que antes del acontecimiento agrario esa suma se distribuía "aproximadamente" en partes iguales entre el estado y los municipios.[34] En Nuevo León la ley de hacienda vigente en 1939 fijaba una tasa menor a los ejidos en materia de predial rústico. La decisión política iba más allá de la cuestión legal: "aun este impuesto les ha sido condonado por el gobierno en virtud de las condiciones de pobreza en que se encuentran algunos de ellos".[35]

La desigualdad social parecía reforzar las excepciones, aunque en algunos estados había resistencias. Así puede entenderse el intento de algunas tesorerías estatales por cobrar el impuesto predial urbano a los asentamientos ejidales. Indignados varios grupos de ejidatarios le preguntaban al presidente de la república cómo era posible que sus "cabañas de campesinos" o "jacales" pudieran ser consideradas como fincas urbanas.[36] Cabe comentar tres cuestiones: la primera se refiere al manejo que hacían los ejidatarios de la legislación federal que los protegía, en este caso los artículos 120-122 del código agrario, referentes al régimen de la propiedad ejidal; la segunda, que la tensión con las autoridades hacendarias que visitaron las localidades para hacer las calificaciones fiscales era de violencia contenida, y la tercera tiene que ver con el hecho de que en los cuatro casos los ejidatarios afirmaban haber cumplido cabalmente con el pago del impuesto predial, al que por lo general consideraban excesivo.[37]

[33] AGN-LC, exp. 564.1/1074: anexo de la carta de 21 dic 1936 del secretario de Gobierno de Nayarit.

[34] *Informe Coah 1938*, 45. El impacto de esta baja se aprecia mejor si se toma en cuenta que los ingresos brutos del estado en 1938 apenas llegaban a 2.4 millones de pesos. En el informe también se menciona, sin precisar montos, la cobranza de impuestos a la producción de trigo y algodón de los ejidos laguneros y la entrega de participaciones a los municipios correspondientes.

[35] *Informe NL 1939*, s.p.

[36] AGN-MACA, exps. 564.1/867: extracto sin fecha del comisariado ejidal y vecinos de Mazapa de Madero, Chiapas; 564.1/503: carta de 28 sep 1942 del comisariado ejidal de Miguel Negrete, Durango; carta de 21 nov 1942 de ejidatarios de Tepejillo, Puebla; AGN-MA, exp. 564.1/29: queja de 2 dic 1946 de vecinos de Agua Prieta, Sonora.

[37] Protestas contra el alza del impuesto predial ejidal se hallan en AGN-MA, 564.1/661: escrito de 26 abr 1949 de la Liga de Comunidades Agrarias de Puebla; otra en el mismo sen-

Pero vale insistir en la tensión. En 1936 varios vecinos de Santiago Cuautenco, México, se quejaban del aumento de 100% en las contribuciones municipales. Eso de por sí era injusto pero lo era aún más si se consideraban las difíciles condiciones de vida del vecindario. Y se preguntaban: "¿Cómo vamos a estar conformes en que nomás por llegar a la puerta de nuestra choza un señor empleado, le paguemos un peso cincuenta centavos?" Lo grave era el contraste entre los cobradores de impuestos y los contribuyentes: "Estos señores, haciendo mandados de esa categoría, ganan en un día la proporción del sueldo de dos campesinos en una semana. ¿No es esto una vergonzoza explotación del campesino?"[38] Una denuncia de ejidatarios cañeros oaxaqueños muestra otra cara de esos problemas:

> Exponemos a usted la situación casi de persecución que en materia de contribuciones prediales estamos siendo objeto por parte de las autoridades del estado de Oaxaca, hoy tan mal gobernado por el señor Edmundo Sánchez Cano, que sin tomar en consideración los puntos de vista que ya ha expresado la Secretaría de Agricultura [...] en el sentido de la improcedencia del cobro de las contribuciones a los ejidos en la forma como lo está haciendo, nos han estado exigiendo un cobro exagerado con amenazas de embargo.[39]

En un nudo de tensiones que sin duda merece estudios concienzudos, los ejidatarios señalaban que el recaudador de rentas de Cozolapa determinaba "por sí y ante sí" el 5% del valor de las cosechas. Según este funcionario, las 105 000 toneladas de caña que producían arrojaban la suma de 157 500 pesos por concepto de impuesto. El problema era que el recaudador tomaba el valor bruto de la cosecha, sin descontar los costos de producción. Si éstos

tido y solicitando la derogación del artículo del código agrario que permitía el cobro del predial a los gobiernos de los estados, en AGN-ARC, exp. 564.1/518: solicitud de 13 abr 1954 del comité local de ejidatarios libres de la Comarca Lagunera, organismo afiliado a la Confederación Nacional Campesina. En AGN, DGG, caja 9, exp. 2.127.1/47 hay un escrito de 28 dic 1938 de ejidatarios de Cochoapa, Guerrero, en que se aprecia un problema extraño: "cuando teníamos el terreno comunal" se pagaban cerca de 60 pesos anuales, lo que daba una cuota de 40 o 50 centavos por persona, pero ya como ejido la cuota exigida por la recaudación de rentas de Ometepec ascendía a 925 pesos. ¿Acaso pagaba más el ejido que el terreno comunal?

[38] AGN, DGG, caja 12, exp. 2.127.1/1: carta de 6 oct 1936; otra queja por aumento de 32 a 92 pesos en la cuota anual del predial exigido por el gobierno chiapaneco a un ejido, en AGN, DGG, caja 5, exp. 2.127.1/33: escrito de 23 feb 1939 ejidatarios de la Colonia Nuevo Dorado, Suchiate.

[39] AGN-MA, exp. 564.1/93: carta de 22 ene 1947 de la Unión de Productores de Caña de Azúcar de la Zona del Istmo.

se consideraban, los ejidatarios en realidad perdían 259 pesos por hectárea cosechada. En consecuencia, exigían "un mejor criterio en el cobro de las contribuciones prediales que no rehusamos pagar". Después anotaban otros cobros por inspección y licencias de vehículos de carga. Además de pedir la destitución del recaudador de Cozolapa, expresaban su "firme determinación de no pagar ningún impuesto al gobierno del estado hasta [en] tanto seamos oídos y atendidos debidamente". Como se ve, los ejidatarios hacían una clara distinción entre niveles de gobierno: mientras el estatal los presionaba, el federal los protegía.[40]

Dadas las peculiaridades de tenencia de la tierra ejidal, uno de los problemas era cómo obligar a los ejidatarios a pagar impuestos.[41] Según un estudio de la SH, permitir a los estados la cobranza del impuesto predial a los ejidos intentaba reforzar la situación hacendaria de los estados. Pero se advertía el problema derivado de la peculiar tenencia ejidal:

> desde el momento en que las tierras, anteriormente de propiedad particular, se transforman en ejidales, se vuelven inembargables y, consecuentemente, el fisco local pierde toda capacidad de coerción sobre los causantes.[42]

Es claro entonces que el dispositivo federal encaminado a resarcir a las haciendas locales de las pérdidas provocadas por la reducción de la propiedad rural había fracasado. Así lo dejaba ver el estado de las haciendas locales que se ha expuesto en capítulos anteriores. Aquí conviene retomar el proceso de centralización de la hacienda pública mexicana de este periodo del siglo XX. La conexión entre la concentración de la riqueza tributaria en manos federales y la reforma agraria era percibida por los delegados de varios estados del centro del país a la tercera convención fiscal:

> Los estados y los municipios se han visto limitados en sus fuentes de ingreso cada vez que la federación ha concurrido con ellos y no es esto sólo, sino que

[40] En 1954 estos ejidatarios continuaban quejándose del impuesto estatal a la producción de caña, de 40 centavos por tonelada. AGN-ARC, exp. 564.1/459: acta de la reunión de 25 feb 1954 de los directivos ejidales de la región de Cozolapa, distrito Tuxtepec.

[41] En 1931 la SH intentaba cobrar adeudos de este gravamen a unos propietarios chihuahuenses. Pero la Secretaría de Agricultura respondía diciendo que "es el caso que los actuales propietarios de ese rancho son los ejidatarios de San Pablo Balleza y según el decreto de 24 de junio de 1926 éstos están exceptuados de pagar el impuesto". AHA, Aprovechamientos Superficiales, caja 33, exp. 581, f. 57: oficio de 18 jun 1931 de la Dirección de Aguas.

[42] Gómez Tagle, "La contribución" [2], 34.

> la resolución de problemas como el agrario han afectado seriamente los ingresos de estados y municipios; en efecto, con motivo de la repartición predial rústica han desaparecido convirtiéndose en contribuyentes ejidales y, las entidades, tomando en cuenta la situación económica de los ejidatarios dotados con tierras y aguas, en la mayoría de los casos sin elementos de cultivo, han preferido no agravar su situación con el cobro rígido del impuesto predial, exceptuándolos de pagar impuestos en tanto que la dotación provisional se vuelve definitiva, o disminuyendo notablemente la tasa de los impuestos generales que cobran a la propiedad y más aun todavía en gran número de casos, condonándoles las contribuciones.[43]

Como se ve, en los estados la excepción fiscal a los ejidos fue más bien un hecho obligado, definido por la precaria situación de la mayor parte de los ejidatarios, pero también por la presión federal encaminada a construir una suerte de proteccionismo fiscal.

Este proteccionismo promovido por las instancias federales no debe confundirse con una noción de aislamiento económico. Al contrario, era evidente el interés gubernamental por fomentar la mercantilización de la producción de los ejidos. Así lo explicaban funcionarios agrarios del régimen cardenista:

> La tendencia de las disposiciones respectivas [del nuevo código agrario de 1940] es permitir, donde haya tierras suficientes, que se finque una agricultura comercial en consonancia con las demandas económicas de la nación, evitando que continúe fomentándose exclusivamente la agricultura doméstica que, si bien podría satisfacer las necesidades de la familia campesina, no produce lo suficiente para hacer concurrir los productos agrícolas ejidales excedentes al mercado nacional.[44]

Ese propósito mercantilista, tan bien apuntalado por el crédito oficial, lleva a tratar los últimos dos aspectos de la cuestión tributaria ejidal, es decir, los gravámenes a la producción y a la circulación de mercancías. El argumento es que, ante la caída del predial, los estados y los municipios intentaron compensar esa pérdida mediante impuestos a la producción y a la circulación. Así lo señalaba el subsecretario de Hacienda en enero de 1948.[45] Al hacerlo,

[43] SHCP, *Tercera convención 1939*, III, 106: ponencia conjunta de los delegados de los estados de Hidalgo, México, Morelos y Puebla.

[44] En Fabila, *Cinco siglos*, 692.

[45] Discurso de enero de 1948 del subsecretario de la SH, Eduardo Bustamante, en Yáñez Ruiz, *El problema*, IV, 344.

no sólo contradijeron el proteccionismo federal sino que atacaron otros propósitos de la SH: desgravar la producción agrícola para disminuir las presiones inflacionarias (sobre todo durante los años de la segunda guerra) y desgravar la circulación de mercancías para alcanzar la meta tan anhelada del mercado libre en todo el país. En este punto se aprecia la tensión ya referida entre la propiedad nacional, que había hecho posible el reparto agrario, y la organización federal de la república.

Según la perspectiva federal, especialmente la cardenista, los ejidatarios debían aportar a la formación de la nación no por la vía fiscal sino por medio de su producción, es decir, desde su organización doméstica apoyada por el poder público a través del reparto agrario. Si esto desmentía la igualdad preconizada por las ideas subyacientes a la necesidad de uniformar el mercado, en cambio resultaba fundamental para cumplir con los ideales justicieros de la revolución de 1910 y fortalecer de paso al gobierno federal. Pero los estados y los municipios no obedecieron. Si no podían cobrar el predial, entonces cobrarían en la esfera de la producción y la circulación. El resultado fue un caos tributario, una grave conflictividad en el nivel local y una dimensión de forcejeo y negociación política de enorme complejidad que en estas líneas apenas puede dibujarse. Como era de esperarse, el vínculo entre el ejecutivo federal y los ejidatarios, y así lo muestra el formato de la correspondencia que se utiliza como fuente documental de esta sección, se vio reforzado porque éstos buscaron el amparo de aquél contra los impuestos locales a la producción y contra las alcabalas. En ambos sentidos, además, las demandas ejidales cayeron como anillo al dedo a los funcionarios de la SH, cuyos propósitos eran eliminar a toda costa los impuestos a la producción y las alcabalas. Algunos ejemplos pueden ilustrar este fenómeno.

En 1936 vecinos y ejidatarios de El Salvador, Zacatecas, solicitaban la condonación del impuesto ganadero, que consistía en una cuota de 50 centavos por cabeza de ganado mayor y 15 centavos por cabeza de ganado menor. Argumentaban en su favor un acuerdo presidencial de 11 de julio de 1935 (que por desgracia no fue localizado) y advertían que "de seguir así nos veríamos en la imperiosa necesidad de abandonar el lugar y emigrar a otro estado". En 1937 las autoridades nayaritas explicaban al presidente de la república que efectivamente existían impuestos a la producción de maíz, arroz y café, que eran como sigue: 1.5%, 0.0033 pesos por kilo y 0.02 por kilo, respectivamente, sobre el precio de plaza. Aun cuando los ejidatarios no se hallaban al margen de esos gravámenes, por "deseos" del gobernador se les había otorgado "multitud de concesiones, dejando sin pago a los de menos posibilidades económicas y cobrando a otros lo que han podido". En ese mismo año los directivos del ejido Gerónimo Hernández, Durango, pedían al presidente de la república que interpusiera su influencia para lograr la derogación de un nuevo impuesto de 3% sobre el producto de sus cosechas, mismo que venía a sumarse a otros como el predial. Igual cosa pedían en 1938 los ejidatarios de Nombre de Dios, de ese mismo estado, a propósito de la ley de ganadería: aunque la vigencia de esa ley era general, pedían que al "elemento ejidatario del lugar no se le conceptúe como ganadero y quede excluido de las disposiciones de la ley". También en 1938 la directiva de un ejido chiapaneco demandaba la derogación de un impuesto municipal por hectárea sembrada de maíz, frijol y caña, pues consideraban que dicha carga era anticonsitutucional; además sostenían la imposibilidad de cubrirla en vista de la "situación económica difícil". Poco después un grupo de ejidatarios coahuilenses hacía una petición similar a propósito del impuesto de 5% anual sobre producción agrícola, que "viene a lesionar a todos los ejidatarios del estado".[46] En 1939 varios comisariados ejidales, pequeños criadores de ganado y campesinos de Tepecoacuilco, Guerrero, expresaban su inconformidad por la expedición de un impuesto extraordinario conocido como del "arete metálico", que a juicio de los denunciantes no era más que una medida anticonstitucional encaminada a "seguir esquilmando al pueblo andrajoso de Guerrero". En 1940 el comisariado de un ejido chiapaneco denunciaba el cobro indebido de un impuesto de producción que correspondía cubrir a los compradores, según fallo del gobernador del estado, nombrado como árbitro por las partes. El problema era que la oficina de Hacienda de Tapachula requería ese pago al banco ejidal pero los ejidatarios se negaban a autorizar el descuento correspondiente.[47] En 1944, ejidatarios potosinos denunciaban los impuestos injustificados que exigía el presidente municipal de Venado, consistentes en un peso por cabeza de ganado mayor y 60 centavos por cabeza de ganado menor. La autoridad amagaba con encarce-

[46] AGN-LC, exp. 564.1/268: oficio de 6 mar 1936 del oficial mayor de la Secretaría de Gobernación (SG) al gobernador de Zacatecas, en el que se reproduce la queja referida; exp. 564.1/1190: carta de 7 abr 1937 del gobernador de Nayarit; exp. 564.1/1335: oficio de 9 oct 1937 del oficial mayor de la SG al gobernador de Durango; exp. 545.3/303: oficio de 22 jun 1938 de la SG al gobernador de Durango; exp. 564.1/721: oficio de 19 abr 1938 de la SG al gobernador de Chiapas; exp. 564.1/279: oficio de 12 jul 1938 de la SG al gobernador de Coahuila.

[47] AGN, DGG, caja 9, exp. 2.127.1/4: carta de 20 ene 1939; AGN-LC, exp. 564.1/1641: oficio de 10 sep 1940 de la SH al banco ejidal, en el que se reproduce la queja del ejido de la Colonia Alianza Roja. Vale subrayar que los ejidatarios señalaban que por ley la producción ejidal estaba libre de gravámenes.

larlos y hacía nulos los registros de fierros "para explotarnos".[48] Años más tarde, ejidatarios chiapanecos se quejaban de los impuestos municipales al café. Los de Tapachula señalaban un mecanismo complejo: el municipio cobraba el impuesto sólo a los productores privados; como los ejidatarios carecían de plantas de beneficio, los dueños de éstas, al procesar el café ejidal, descontaban el impuesto. Por eso señalaban que "no se trata de café de particulares sino de productos ejidales". Por su parte, los de Huixtla denunciaban la alcabala municipal de 10 centavos por kilo de café de la cosecha ejidal. Varios años después, 21 "comunidades agrarias" de la zona cafetalera de Atoyac, Guerrero, impugnaban el impuesto estatal de 575 pesos por tonelada de café, impuesto que era tildado de anticonstitucional.[49]

A pesar del refinamiento de las disposiciones federales contenidas en el código agrario de 1942 y a pesar del esfuerzo federal por eliminar o al menos reducir esos impuestos en vista de las presiones inflacionarias desatadas en el contexto de la guerra mundial, los estados y municipios continuaron gravando la producción ejidal. Extrañamente una institución federal, el banco ejidal, se hallaba involucrada en esa cobranza estatal, ya que retenía los impuestos que debían pagar las sociedades colectivas de crédito ejidal. Así ocurría al menos en el caso de las sociedades de la Comarca Lagunera. En 1944 el gobernador de Durango solicitaba el apoyo del presidente de la república para que el banco ejidal accediera a otorgar anticipos de los impuestos causados por la producción algodonera de las sociedades ejidales del año de 1944, que representaban "alrededor de un 20% de [los] ingresos" estatales. En 1946 el gobernador de Coahuila informaba al presidente de la república sobre el monto de los impuestos aportados al erario local por las sociedades colectivas de La Laguna entre 1942 y 1945, una suma que variaba entre 939 000 y 1 876 000 pesos anuales.[50] En la tercera con-

[48] AGN-MACA, exp. 564.1/1005; escrito de 17 feb 1944 del comisariado ejidal de El Polocote, San Luis Potosí. En una misiva de agosto siguiente, el mismo funcionario ejidal solicitaba la ayuda presidencial para que se les eximiera de todo impuesto ganadero; a cambio se comprometían "a trabajar de acuerdo con su programa de gobierno".

[49] AGN-MA, exp. 564.1/306: telegrama de 31 oct 1947; exp. 564.1/306: telegrama de 22 ene 1949; AGN-ARC, exp. 564.1/637: telegrama de 7 ene 1956 del comisariado ejidal de Río Santiago, El Porvenir, municipio de Atoyac.

[50] AGN-MACA, exp. 564.1/327: carta de 14 jul 1944 del gobernador de Durango; exp. 564.1/320: informe de 17 ene 1946 del tesorero del estado al gobernador de Coahuila. Según el *AEEUM 1943-1945* (cuadros 369-371), los ingresos brutos de Coahuila entre 1943 y 1945 variaban entre 6.4 y 8.1 millones de pesos. Un ejemplo de la inexactitud de esta fuente, o quizá de una forma rara de contabilidad, es que el rubro de impuestos a la agricultura aparece en blanco en los tres años referidos.

vención fiscal de 1947 el delegado de Zacatecas propuso discutir la "verdadera anarquía" que existía en torno al tratamiento fiscal de los ejidos, pero no tuvo mayor eco. Señalaba que había estados, como Campeche, que excluían las tierras ejidales del cobro del impuesto predial.[51] En otros las tasas aplicadas eran la tercera parte o la mitad de las que gravaban a los predios privados. En otros más, de acuerdo con el código agrario, se cobraba 5% del valor de la producción. Pero había más combinaciones: en el territorio norte de Baja California las tierras ejidales sembradas de algodón quedaban exentas del predial a cambio del pago del impuesto especial a la producción de esa fibra.[52] En fin, un decreto publicado por el *Periódico Oficial* del gobierno de Coahuila el 9 de abril de 1949 fijó un impuesto de 4% del valor de la producción total de los ejidos. Varias de estas comunidades agrarias, del municipio de Parras, protestaron enérgicamente y solicitaron al gobernador la derogación del gravamen. Algunos apelaron a la justicia, otros al compromiso del gobernador con el campesinado, otros citaron el código agrario que establecía que a los ejidos sólo podría cobrársele el impuesto predial, otros recordaron el apoyo en la campaña electoral y otros más las malas cosechas y las crecidas deudas con el banco ejidal. Uno de los ejidos propuso aumentar la tasa del impuesto predial. Los directivos del ejido 28 de Agosto hicieron cuentas detalladas y mostraron que con el nuevo gravamen pagarían poco más de 11 300 pesos, contra los casi 1 900 que pagaban al año por predial.[53]

Es claro que pese a los esfuerzos federales, tanto por el lado legal como por el político-administrativo por medio de la Secretaría de Gobernación, los estados y los municipios continuaron gravando las producciones ejidales.

Lo mismo puede decirse respecto a la circulación de mercancías, el último aspecto de la fiscalidad ejidal. Aunque sobre este asunto se abundará

[51] Esa exención era un factor que explicaba la bajísima aportación del impuesto predial al ingreso total del gobierno de Campeche: apenas 4% en 1940. De la Peña, *Campeche*, II, 253.

[52] SHCP, *Tercera convención 1939*, II, 233. El artículo 192 de la ley de hacienda de Coahuila de 1949 fijaba el impuesto predial a la propiedad rústica en 11 al millar anual, en 6 al millar los terrenos ejidales no comprendidos en la Comarca Lagunera y en 4 al millar a los ejidos laguneros. *Periódico Oficial*, 29 dic 1948.

[53] AGEC, Secretaría de Gobierno 1947-1949, caja 2629, leg. 32: cartas de los ejidos Cerro Colorado, San Francisco del Progreso, El Durazno, 28 de Agosto, Parras, entre otros, al gobernador Raúl López Sánchez, de 30 may-1 jun 1949. En este mismo año la Unión General de Obreros y Campesinos de México denunciaba que en un municipio morelense el gobierno del estado cobraba un impuesto sobre la producción de arroz y cacahuate, de tres pesos la carga del primero y 0.03 el segundo. Alegaban que "la ley agraria en vigor exime a los campesinos de todo impuesto sobre sus cosechas y sólo exige el pago del impuesto predial". AGN-MA, exp. 564.1/656: carta de 19 sep 1949.

en el epílogo al tratar las alcabalas, conviene señalar aquí algunas de sus modalidades.

En un formato que llama la atención, un funcionario federal, el gerente del banco ejidal, pedía la intervención presidencial para detener a la dirección de rentas de Durango en su intento por embargar la cosecha de trigo de las sociedades ejidales del Nazas para "asegurar el pago de impuestos alcabalatorios". Pedía suspender el procedimiento coactivo "mientras la agencia hace los arreglos necesarios a efecto de conseguir la exención de impuestos ante el nuevo gobierno que tomará posesión en estos días". La gestión presidencial tuvo éxito y así la federación consiguió una nueva excepción fiscal para los ejidos.[54]

En 1939 una organización campesina, liderada por el general y diputado Emilio N. Acosta, telegrafiaba al presidente de la república para que "ordenara" la derogación de un impuesto establecido por el gobierno de Morelos para gravar con 40 pesos la tonelada de arroz que se vendiera fuera del estado. El argumento era la inconstitucionalidad del impuesto que "lesiona oprimiendo inconsiderablemente economía ejidal". Y agregaba que

> Antes citado decreto campesinos vendían arroz veintidós pesos carga y desde esa fecha compradores rebajaron hasta dieciséis pesos acaparando dicho artículo dos casas españolas de Cuernavaca y Jojulta sacrificando a los ejidatarios que no tienen más comprador. Cosecha actual es de 240 mil cargas aproximadamente e impuesto representa aproximado millón y medio de pesos que pagarán íntegro los ejidatarios productores de arroz.[55]

En 1955 el famoso líder agrario independiente Jacinto López denunciaba la existencia de alcabalas en Sinaloa que afectaban a los productores ejidales. No sólo se les cobraba el impuesto de compraventa, cosa prohibida por el código agrario, además se les exigía un "impuesto de cooperación" que había sustituido al antiguo "impuesto de introducción". Consistía en el cobro de un peso por saco de maíz de 90 kilos, o de dos pesos por saco de frijol de 100 kilos. Se cobraba al entrar al puerto de Mazatlán o se les descontaba al ser vendidos a particulares o al mismísimo banco ejidal. Tam-

[54] AGN-LC, exp. 564.1/803: telegrama de 1 sep 1936 del gerente del banco Carlos Peralta; oficio de 18 sep 1936 de la gerencia del banco.

[55] AGN-LC, exp. 564.1/163: telegrama de 25 ago 1939 de la Unión Nacional de Defensa Campesina. En 1949 un directivo ejidal de Escuintla, Chiapas, se quejaba de que la tesorería del estado cobraba 230 pesos por carro de ferrocarril con plátano que produjeran. Véase AGN-MA, exp. 564.1/110: extracto de 14 ago 1949.

bién señalaba que "son gravados todos los productos agrícolas que son introducidos a cualquier pueblo importante del estado".[56]

En estos casos se trataba de impuestos fijados por el gobierno del estado. Pero también había prácticas de los ayuntamientos, no necesariamente respaldadas por disposiciones legales, que gravaban sobre todo la introducción de mercancías a las localidades. En 1941 el Comité Estatal de la Campaña en contra de las Alcabalas de Oaxaca, decía al presidente de la república

> Que los campesinos, ejidatarios, propietarios e indígenas son los que llevan sus exiguos productos a la ciudad, para cubrir sus más imperiosas necesidades, pero las autoridades locales, haciendo alarde de su poder oficial para imponer arbitrariamente impuestos que están fuera de la ley como son las alcabalas [y] no conformes las autoridades de imponer este impuesto anti-constitucional, arrebatan a los indígenas, campesinos sus cobijas, animales, redes de tortillas y cuantas cosas traen de escaso valor como embargo, o medio de obligarlos a pagar lo que injustamente se les exige.[57]

En la primavera de 1958 un ejidatario de Navolato, Sinaloa, denunciaba la existencia "hace más de quince años" de un "garitón o caseta" al poniente de la ciudad de Culiacán, "en donde se cobra la alcabala a todos los productos del campo que entran a los mercados de Culiacán". Exhibiendo sus ideas sobre la historia nacional, pero también sobre la persistencia de este gravamen, señalaba que tal alcabala "no debe ser", porque la guerra de independencia había echado por tierra esa clase de exacciones y no menos había hecho la revolución de 1910, "que también pugnó por destruir esas odiosas gabelas". De seguir esa situación, este ejidatario veía tres alternativas: vender sus productos en otros lados, "reconcentrarse" en las ciudades o "enrolarse" de bracero, y en lo que parece una advertencia, aceptar la ayuda del "señor coronel" de la guarnición de Culiacán para "defendernos cuando se nos ofrezca para acompañarnos a arreglar nuestras dificultades".[58]

Dos antropólogos mostraron en 1940 que los mercados eran un inmejorable caldo de cultivo para estas prácticas de los ayuntamientos.[59] Obviamente no se hacía distinción entre producción ejidal y no ejidal. En ese sentido

[56] AGN-ARC, exp. 564.1/925: carta de 2 feb 1955 del secretario general y el de asuntos campesinos de la Unión General de Obreros y Campesinos de México.

[57] AGN-MACA, exp. 564.1/350: carta de 8 ago 1941 de la Secretaría de Gobernación al gobernador de Oaxaca, donde se transcribe la denuncia copiada.

[58] AGN-ARC, exp. 564.1/1320: carta de 2 abr 1958 de Pablo A. Quiñones.

[59] Malinowski y De la Fuente, *Malinowski*, 184.

se trataba de una carga general, pero que, por el sentido del argumento de este apartado, es revelador de la tendencia de las autoridades locales a sostener el cobro de gravámenes a unos sujetos a quienes el gobierno federal pretendía liberar de toda carga.

Durante los primeros 50 años del siglo XX los estados vieron debilitarse una de sus principales fuentes de ingreso, el impuesto a la propiedad territorial. Aunque estudiosos como De la Peña también aducían graves problemas técnicos, tales como la carencia de verdaderos catastros, lo cierto es que la reforma agraria modificó drásticamente el sello porfiriano de las finanzas locales. Ya antes se vio que en el Estado de México este gravamen ganó importancia después de 1910, entre otras razones por la supresión del impuesto de capitación. Futuras investigaciones podrán corroborar lo que aquí apenas se esboza y que tiene que ver con una periodización del comportamiento de las finanzas públicas de los estados: cuando éstos comenzaron a reorganizar sus haciendas con base en gran medida en el impuesto predial en la década de 1920 y ya sin impuestos de capitación, apareció la secuela negativa del reformismo social manejado de manera cada vez más clara por el ejecutivo federal.[60] Y más allá, siguiendo el sentido de la afirmación de Riguzzi citada en la nota anterior, podría explorarse la idea de hasta qué punto el debilitamiento del impuesto predial facilitó la modernización o centralización hacendaria, es decir, la federalización de impuestos diversos, según se vio en el capítulo 5. Pero al mismo tiempo habría que investigar hasta qué punto el deterioro hacendario alimentó lo que con el tiempo sería una reivindicación clave de algunos de los estados, a saber, conservar la soberanía fiscal sobre la industria y el comercio.

La excepción ejidal también tenía repercusiones macroeconómicas. En 1969, cuando buscaba explicar el bajo coeficiente fiscal respecto a otros países, el secretario de Hacienda señalaba que en México numerosas actividades económicas se desarrollaban bajo condiciones especiales. Si en otros países esas actividades se llevaban a cabo en el marco de la propiedad privada, en México se realizaban en términos de la propiedad pública y ésta no pagaba impuestos. El campo era el mejor ejemplo: "La agricultura está sujeta a un trato preferente y la organizada en ejidos queda exenta de cualquier gravamen".[61]

[60] Riguzzi, "Crisis", 213. El autor agrega que en esta coyuntura, conformada también por los efectos de la guerra cristera y los primeros signos de la depresión de 1929, el gobierno mexiquense recibió con beneplácito las ofertas de la SH para federalizar algunos gravámenes a cambio de participaciones.

[61] Ortiz Mena, *Discursos*, II, 509: informe de septiembre de 1969 ante el Banco Internacional de Reconstrucción y Fomento y el Fondo Monetario Internacional.

Un aspecto adicional de este manejo de la fiscalidad rural que debe subrayarse tiene que ver con una perspectiva de largo plazo. En este periodo el gobierno federal intentó desvincular a las mayorías que antes, en la época colonial, sí estaban integradas a la fiscalidad por medio del tributo, y en el siglo XIX por los impuestos de capitación, mismos que en el siglo XX no volvieron a proponerse, aunque se tienen noticias de su vigencia en Hidalgo y Oaxaca aun en la década de 1930. La excepción ejidal muestra por lo mismo un formato distinto al colonial: la mayoría no se integra al poder político por la vía fiscal, sino por relaciones políticas sustentadas en el otorgamiento de recursos productivos que podían favorecer la subsistencia de los grupos rurales pero también de la nación. De allí el interés gubernamental por propiciar la mercantilización de la producción ejidal, según se aprecia en el epígrafe de este capítulo. Y este arreglo era fundamental no sólo para garantizar la conservación del poder de los nuevos grupos gobernantes sino también para garantizar la funcionalidad de las mayorías en términos de su aportación, en productos y fuerza de trabajo, a la "moderna" economía nacional. En eso no había cambio respecto al pasado colonial.[62]

Por último, la excepción fiscal a los ejidos ayuda a entender lo que se vio en el capítulo 1 acerca de la "dispensa" fiscal a la provincia, en particular a aquel sector de la sociedad que se organizaba con base en el trabajo rural de la unidad doméstica. El lector no debe dejar de lado esta aseveración cuando se traten con mayor detalle en el capítulo 10 las situaciones y reacciones de las autoridades y grupos locales en esta historia de la formación nacional mexicana.

Hacia el nuevo ayuntamiento: sin propios

El segundo mecanismo de despojo de ingresos locales a partir de la nacionalización y/o federalización del territorio tuvo que ver con el desplazamiento y debilitamiento de los ayuntamientos con respecto al manejo de los recur-

[62] A la luz de estas aseveraciones no extraña que una de las recomendaciones de un estudio reciente sobre el sector agrario, en el que participó el Banco Mundial, se refiera precisamente a la necesidad de eliminar la exención del impuesto predial a la propiedad social. A tono con las reformas al artículo 27 constitucional de 1992, esa exención trae consigo "consecuencias poco deseables, como la informalidad en los mercados de tierra" y también provoca que los ejidatarios se rehusen a regularizar sus tierras y con ello a culminar "la transición hacia el dominio pleno". Véase *La Jornada*, 24 nov 2000, 50. El trabajo se titula *Estudio sectorial agrario 2000*.

sos productivos, fenómeno que también exige investigaciones acuciosas, especialmente en relación con los proyectos desamortizadores del siglo XIX, según se expuso en el capítulo 2. En los primeros años del programa de reforma agraria era evidente el interés de las autoridades federales por distinguir y separar a los pueblos, al vecindario, de los ayuntamientos. No obstante las leyes de desamortización locales y federales, las corporaciones políticas habían logrado preservar un margen variable de control sobre los recursos productivos de los pueblos, lo que se manifestaba en el cobro de derechos por el uso de esos recursos. A inicios de la década de 1920 el ayuntamiento de Tlalmanalco, México, cobraba, "contraviniendo la ley" según las autoridades agrarias, por el uso de una extensión de agostadero y bosque de casi 1 700 hectáreas.[63] No extraña que en 1933, cuando el gobierno federal reclamaba la propiedad nacional de un río del estado de Oaxaca, las autoridades de San Juan Guelache señalaran que ese río era del pueblo, y no de la nación, porque así lo señalaban los títulos virreinales y porque así lo reconocían también las autoridades del estado, "las que en nuestros presupuestos han conceptuado esas aguas como uno de nuestros arbitrios".[64] Por su parte, el ayuntamiento de Amecameca había entablado un litigio por la negativa de una empresa ferroviaria a pagar impuestos al ayuntamiento por el uso de las aguas "del pueblo".[65] Según una queja de 1934, el municipio de Atzalan, Veracruz, cobraba "por Canon de Adjudicación un 6% anual de rédito sobre el valor fiscal de cada predio". La base legal de ese impuesto, según los quejosos, era que ese municipio, junto con el de Altotonga y otros, había comprado las tierras al virrey Juan Ruiz de Apodaca. Y agregaban:

> Resultando que se pagan intereses sobre un capital que el Tesorero Municipal o Municipio no ha prestado, y sí exigen los réditos e intereses de un capital que nunca ha existido y que se cobra todavía a nombre de los virreyes por tie-

[63] Aboites y Morales, "Amecameca", 85. Podría pensarse que en Oaxaca, según la constitución local de 1922, esos cobros del ayuntamiento eran legales siempre y cuando los terrenos formaran parte de los propios del ayuntamiento. Se dice lo anterior porque en el artículo 108 se señalaba que la hacienda municipal se componía de "los bienes propios del municipio y de los productos de las contribuciones impuestas por la ley general de ingresos municipales". Véase Pérez Jiménez, *Las constituciones*. En la constitución del Estado de México de 1917, artículo 90, fracción XII, se señalaba que el gobernador no podía "disponer en ningún caso y bajo ningún pretexto de los bienes considerados como propios del municipio". Véase *Constitución Méx.* Por lo visto lo que la autoridad federal veía como ilegalidad, estaba amparado o al menos reconocido por las constituciones locales.

[64] En Aboites Aguilar, *El agua*, 99-100.

[65] Aboites y Morales, "Amecameca", 60.

rras que son de los Mexicanos y no de los conquistadores, pues a pesar de ser un impuesto anti-patriótico porque fue inventado por un Virrey, se sigue todavía sosteniendo por los municipios como el de Atzalan.[66]

Según los hacedores del reformismo social, y también según algunos vecinos, tal propiedad y por tanto el cobro de derechos eran ilegales y debían eliminarse de inmediato. Una de las formas de hacerlo era mediante el nuevo reparto de tierras, en el que el ayuntamiento quedaba al margen en cuanto al dominio y usufructo del territorio dotado.[67] La solicitud de dotación provenía de los vecinos y las tierras se les entregaban a ellos, que formaban así una nueva entidad local que incluía una autoridad distinta a los ayuntamientos: los comités administrativos, más tarde llamados comisariados ejidales. En consecuencia, como se vio antes, si los ejidatarios o comuneros debían pagar alguna renta, ésta debía ingresar en primera instancia a esos nuevos organismos locales.[68]

Cabe insistir en que estas disposiciones se referían solamente a los recursos productivos que se entregaban a los ejidos. Lo más grave fue que la presión federal también involucró recursos que quedaron fuera de los ejidos pero no de la propiedad nacional. En este punto es donde se palpa con mayor nitidez la secuela de la nacionalización del territorio, un proceso gradual y no libre de impugnaciones y obstáculos. Los bosques y las aguas, dos recursos importantes en poder de los pueblos, comenzaron a ser reivindicados por el gobierno federal, alegando que eran propiedad de la nación. En consecuencia ni los ayuntamientos, pero tampoco los pueblos, tenían de-

[66] AGN-AR, exp. 533.4/178: carta de 3 jul 1934 de Roberto Guzmán y otros al presidente de la república.

[67] Lo anterior no significa ignorar el importante papel que desempeñaban los ayuntamientos para agilizar u obstaculizar los trámites de la entrega de tierras. Al respecto véase Ginzberg, "Formación", 680. Deben considerarse, además, las variantes regionales. En Veracruz, por un decreto de 1921, los terrenos de comunidades y ejidos quedaron bajo la administración de los ayuntamientos, contraviniendo las disposiciones federales. Acatando órdenes del gobernador Tejeda y de los líderes agraristas, "los presidentes municipales cumplieron funciones tales como desalojar invasores de los ejidos, reducir impuestos excesivos en los pueblos y, lo decisivo, proveerlos de elementos de 'seguridad', esto es, de milicias". Falcón y García, *La semilla*, 198.

[68] Pero por lo visto había excepciones. En el caso de la tesorería de Atzalan, el cobro del canon de adjudicación se cobraba incluso a los ejidos de ese municipio y a los de Altotonga, "a pesar de que la Ley Agraria previene que los ejidatarios deben pagar las contribuciones de sus ejidos sólo en una oficina y aquí se pagan en dos oficinas y cuatro impuestos con nombres distintos".

recho a cobrar por el uso de esos recursos. En ocasiones los dos procesos se sobrepusieron, esto es, el ejidal y el de la sola nacionalización o federalización, pero en otras cada uno corrió por su cuenta. En términos del análisis es muy importante distinguir uno del otro.

Ambas vías implicaron una fuerte presión nacional sobre los ayuntamientos con el propósito de que suprimieran los cobros que hacían por el uso de los recursos de los pueblos, tanto de los antiguos como de los nuevos, que estaban recibiendo por medio del reparto agrario. En algunos lugares los vecinos dieron la bienvenida a esa presión federal ya que abría la posibilidad de dejar de pagar impuestos al ayuntamiento, como era la pretensión de los quejosos de Atzalan. En otros casos se opusieron rotundamente al protagonismo de las autoridades federales. Por supuesto debemos saber mucho más para explicar ese comportamiento contrastante.[69]

Una circular de marzo de 1917 señalaba que "a los ayuntamientos no les corresponde la posesión ni la administración de los ejidos [...] no tiene que entregarse a los mismos ayuntamientos el terreno del ejido sino solamente al pueblo, esto es, a los vecinos". En julio de 1919 la Comisión Nacional Agraria explicaba que

> Siendo de un modo general, según el derecho civil, el derecho de administrar inherente al carácter de propietario, solamente los pueblos tienen derecho de administrar sus ejidos, no pudiendo los ayuntamientos en ningún caso asumir esa administración pues se los impide el carácter político para el cual fueron exclusivamente instituidos, y que concreta y restringe sus funciones a la misión particular que tienen que llenar.[70]

Es claro y vale subrayarlo que la reforma agraria implicaba un cambio jurisdiccional del territorio, una dimensión muy poco atendida hasta ahora. Aunque el gobierno federal tampoco recibió ingresos por los ejidos —in-

[69] Eso abre un complejo tema de investigación: quiénes solicitaron la injerencia federal y quiénes la impugnaron. Sobre bienvenidas a la injerencia federal, véase Buitrón, "Poder político", 15-33; Castañeda González, *Irrigación*, 109 y ss; Aboites Aguilar, *Demografía*, 128-131. Sobre oposiciones, véase Nugent, "Land", 158 y ss; Aboites y Morales, "Amecameca", 61-65. Así como en materia de aguas hay numerosas solicitudes locales para federalizar ciertas corrientes, en la cuestión fiscal puede citarse la solicitud de 1934 de un grupo de pequeños productores de tequila de Jalisco que pedían al presidente de la república la federalización de los impuestos sobre alcoholes, "como existe en el ramo de fósforos y minería", para evitar los abusos de los gobiernos estatales. AGN-AR, exp. 533.4/686: extracto de 19 jul 1934 de G. Flores y otros.

[70] En Fabila, *Cinco siglos*, 316 y 340.

cluso debió hacerse cargo de la deuda agraria, así como de los gastos que implicaban las dotaciones—, los repartos ejidales cancelaron entradas a estados y municipios, por la afectación de terrenos privados que antes mal que bien pagaban contribuciones, y también por el debilitamiento de la jurisdicción de los ayuntamientos sobre recursos productivos dada la conflictiva y gradual expansión federal.

Sin embargo, el asunto no es tan simple porque los gobiernos estatales tenían una amplia injerencia en la reforma agraria, en especial en la denominada "primera instancia", que se refería a las resoluciones provisionales dictadas por el ejecutivo local. Esas funciones agrarias exigían la conformación de un cuerpo burocrático local, mismo que requería una partida presupuestal más o menos considerable. Así, los estados parecían pagar para perder fuentes de tributación, todo en aras de la reforma social que fortalecía fundamentalmente a la nación y a su gobierno, aunque también a los propios gobiernos estatales. Esto último es importante porque no hay que olvidar que los gobernadores recurrieron también al agrarismo para consolidar su posición política.[71]

El ejemplo hidráulico puede ayudar a aclarar el argumento general. Desde 1888 el gobierno federal empezó a reclamar para sí la jurisdicción y más tarde la propiedad de las aguas de las corrientes que, por sus características (que atravesaran varios estados o que fueran afluentes de ríos internacionales, por ejemplo), eran consideradas nacionales. Eso significaba entre otras cosas que las concesiones, exenciones y la vigilancia de los aprovechamientos corrían a cargo de la Secretaría de Fomento, y no de los ayuntamientos y estados como ocurría hasta entonces. Este esfuerzo porfiriano, que culminó en la ley de aguas de 1910, se vio confirmado e incluso elevado a rango constitucional en la fracción V del artículo 27 de la constitución de 1917, en la que se declaraba la propiedad nacional de las principales corrientes fluviales. En julio de 1917 el presidente Carranza emitió un decreto que establecía un impuesto por el uso de aguas federales que afectaba tanto a agricultores como a empresas hidroeléctricas. Como se vio en el capítulo 2, la creación de este impuesto generó una amplia oposición de parte de terratenientes y empresarios y por supuesto de autoridades locales. Éstas se resistían a perder facultades e ingresos por el uso de este recurso, simplemente porque los causantes se negaron a pagar un tanto al ayuntamiento y otro a la federación. La ley de aguas de 1929 derogó este impuesto salvo para las empresas hidroeléctricas, que de ese modo continuaron pagando por el uso de aguas al go-

[71] Salamini, *Movilización*, 126-133.

bierno federal.[72] Abundan las quejas de ayuntamientos y gobiernos estatales a causa de la nacionalización de corrientes, que implicaban que en lo sucesivo los particulares debían entenderse con la Secretaría de Agricultura y Fomento para los asuntos relativos a los usos del agua, incluido el pago de impuestos y derechos pero también la capacidad de regular la distribución de agua (nombramiento de aguadores) y permisos de construcción de obras. Un ejemplo: en 1926 el concejo municipal de Todos Santos, Distrito Sur de Baja California, lamentaba que la declaratoria de aguas federales de la corriente de unos manantiales cercanos se hubiera traducido en la pérdida de 3 000 pesos anuales, que "constituía no sólo la fuente más segura sino el ingreso más fuerte del citado ayuntamiento".[73]

No es que la explotación hidráulica fuera una partida fiscal de gran significación en todos los pueblos y municipios, pero sí ilustra esa transferencia de ingresos, sobre todo cuando el gobierno federal estableció su propio impuesto por este concepto en 1917. Después de 1929 la federación dejó de cobrarlo, pero los municipios no parecen haber recuperado esa fuente de ingresos. La recaudación originada por este impuesto federal no era de por sí muy considerable.[74] Si se comparan esos montos con el ingreso federal tributario de esos mismos años, unos 245 millones, la aportación es casi imperceptible, y no tiene nada que ver con las sumas provenientes de otras actividades, como la petrolera. Pero si se le compara con el tamaño de los presupuestos de varias entidades, ese solo ingreso federal, considerando 1925, resulta mayor al ingreso estatal de Aguascalientes, Campeche, Distrito Sur de Baja California, Colima, Morelos, Nayarit y Quintana Roo. Y todavía más: si se considera que una parte de ese monto era cobrado antes por los ayuntamientos, podemos imaginar la repercusión que trajo consigo la "federalización" en algunos lugares.

A esta secuela debe sumarse la pérdida que significó para los ayuntamientos el reparto agrario, en relación con la baja en las recaudaciones del impuesto territorial. En diversos estados, como Coahuila, las leyes fiscales establecían una participación a los municipios en ese rubro. Si el reparto ejidal hizo disminuir la recaudación, la participación municipal declinó del mismo modo. Este doble proceso de pérdida de jurisdicción y dominio te-

[72] Más detalles sobre este proceso de federalización de las aguas, en Aboites Aguilar, *El agua*, 81-94.

[73] En *Boletín del AHA*, II:5 (sept-dic 1995), 7-8. Otras protestas locales, en Buitrón, "Poder político", 15-33; Aboites Aguilar, *El agua*, 94-102.

[74] En 1923 el ingreso federal por este rubro fue de 496 990 pesos; 514 971 en 1924, y 619 271 en 1925. Véase Pani, *La política*, 166-184.

rritorial es lo que muy seguramente explica en parte la debacle fiscal de los municipios en el periodo 1925-1942, junto con la supresión de los municipios del Distrito Federal en 1928. La otra parte, relativa a los arbitrios, se tratará en el capítulo 10.

Con el tiempo el dominio federal sobre el territorio se fue afianzando. Como se vio en el capítulo 5, en octubre de 1942 una reforma al artículo 73 constitucional facultó al Congreso de la Unión para establecer contribuciones "sobre el aprovechamiento y explotación de los recursos naturales comprendidos en los párrafos cuarto y quinto del artículo 27", así como sobre la explotación forestal.[75] De esa manera, con base en la propiedad nacional del suelo, del subsuelo y de las aguas, se establecía la facultad privativa del Congreso de la Unión para crear contribuciones sobre su aprovechamiento. Como este congreso estaba impedido para crear impuestos locales, tal facultad no signficaba otra cosa que el ejecutivo federal manejaría de manera exclusiva los gravámenes sobre esos aprovechamientos. Una rica veta de investigación es, obviamente, reconstruir la distancia existente entre el ordenamiento legal y las prácticas y hábitos de los grupos sociales y de las autoridades locales.[76]

Esta modalidad respecto a la tierra de los pueblos puede vincularse con un fenómeno previo, la desamortización. Durante la convención fiscal de 1947 el representante de la Barra de Abogados señalaba que las

> absurdas leyes de desamortización de bienes de las corporaciones civiles de 25 de junio de 1856 y 12 de julio de 1859 [...] expoliaron a los municipios despojándolos innecesaria e injustamente de sus ingresos patrimoniales, más importantes entonces que sus ingresos tributarios. Desde entonces, muy particularmente, data el principio de la ruina municipal que se ha continuado hasta ahora.[77]

Según este razonamiento, esas leyes explican por qué los ayuntamientos coloniales (cuya historia ha sido "lamentablemente ignorada en las historias oficiales") mostraban una "suficiencia modesta" que contrastaba con la situación "miserable como en promedio lo es [la] de hoy". De lo anterior, el autor de esta ponencia, Emilio Guzmán Lozano, desprendía la propuesta de restituir, en la medida de lo posible, los bienes patrimoniales al municipio. Sin embargo, llama la atención que en este diagnóstico la reforma

[75] DO, 24 oct 1942.

[76] Por lo pronto los municipios también comenzaron a demandar el pago puntual de las participaciones en el impuesto federal forestal, como hacía el ayuntamiento de San Juan Evangelista, Veracruz, en 1941. AGN-MACA, exp. 564.1/118: extracto de 30 ene 1941.

[77] SHCP, *Tercera convención 1939*, III, 423.

agraria no recibiera la menor referencia, si como se dijo ésta puede verse como una continuación de la pérdida patrimonial de los municipios. Ciertamente el destino de los antiguos bienes municipales era diferente: las leyes locales y federales del siglo XIX aspiraban a fortalecer el mercado de tierras y la propiedad privada mientras que la reforma agraria tenía como destinatario a la nación y por medio de ésta al mercado, como se lee en el epígrafe. Pero visto desde los ayuntamientos, algo que debería hacerse con mayor frecuencia y cuidado, parece clara la continuidad entre la reforma liberal decimonónica y la nacionalización del territorio en los términos de la constitución de 1917, que hizo posible la reforma agraria del siglo XX. Un ejemplo de esa continuidad: en un conflicto por el dominio de las aguas del río Duero en 1922, el ayuntamiento de Zamora señalaba que desde tiempo inmemorial poseía dichas aguas; la ley de "manos muertas" lo obligó a vender varias propiedades rústicas aunque logró conservar el dominio de la corriente. Sin embargo, en 1897 las aguas fueron declaradas de jurisdicción federal y el ayuntamiento sólo pudo conservar la propiedad sobre los canales. El punto era que algunos vecinos, reconociendo la propiedad nacional de la corriente, solicitaban concesiones a la Secretaría de Agricultura, cosa que el ayuntamiento rechazaba alegando la propiedad de los canales.[78] Un caso similar es el de Coyotepec, México. En 1935 los vecinos hacían una periodización de la historia pueblerina muy distinta a la de la historia patria: primero decían que la localidad estaba tan atrasada "como cuando llegaron los conquistadores", pero que después del arribo de los españoles habían mejorado y afirmaban que "parece que es mentira que en la dictadura del gobierno de Díaz, Coyotepec gozaba de libre concesión de aguas del río Nacional". A diferencia de todo el país, su problema se había iniciado en 1910 cuando los latifundistas obtuvieron concesiones sobre ese río, aprovechando la despreocupación de los ayuntamientos y la complicidad de los "gobernadores reaccionarios", y "ésta es la causa porque el municipio se encuentra miserable".[79] Ya en el capítulo 1 se vio que esta miseria nueva, del siglo XX, de municipios como Coyotepec tiene un registro estadístico general muy elocuente.

La pérdida de ingresos de ayuntamientos y estados en relación con la reforma agraria es un fenómeno que difícilmente puede ser cuantificado. Urgen estudios de caso que sitúen en el mismo nivel de atención a los ayuntamientos y a los ejidos, cosa no muy frecuente entre los historiadores in-

[78] Márquez, "El control de las aguas", 13.

[79] AGN-LC, exp. 564.1/115: carta de 16 ene 1935 de vecinos de Coyotepec al presidente de la república.

teresados en la cuestión rural. Y esto porque se ha preferido el estudio más bien "agrarista" del reparto de tierras y demás recursos. En esos estudios los protagonistas principales son por un lado los terratenientes y los solicitantes y por otro las diversas autoridades agrarias. Pero entonces quedan de lado los cambios que trajeron aparejados los ejidos en la organización política y en general en la vida de los pueblos. Si se mira la experiencia agrarista de este modo, se podrá entender mejor el sentido de acontecimientos como el siguiente. Ante la dotación ejidal, un grupo de vecinos de Namiquipa, Chihuahua, intentó expulsar a los ingenieros de la comisión agraria señalando que no querían saber nada de la ley agraria ni de los ejidos. Poco después, en 1928, ese grupo de ejidatarios se opuso a entregar el 15% de sus cosechas a la directiva ejidal y prefirió pagar sus impuestos sobre lo que consideraban sus propiedades privadas a la tesorería estatal. Pagar el predial de este modo, además de reafirmar su identidad como propietarios privados, parecía simbolizar una forma de resistencia frente a un poder político en expansión, que entre otras cosas ofrecía exenciones fiscales.[80]

[80] Nugent, "Land", 158-159.

8

FEDERALISMO "FEDERAL"

Lo visto hasta ahora remite a la historia de la expansión de la jurisdicción federal a costa de estados y municipios. Tierras, aguas, bosques, renta, petróleo y sus derivados, electricidad, minería, tabacos, cerveza y el principio de la uniformidad en materia comercial eran otros tantos indicios de esa expansión. Ahora cabe preguntarse qué ofrecía el gobierno federal a estados y municipios a cambio de la pérdida de soberanía fiscal que traían consigo algunos de los nuevos componentes del sistema tributario. Dicho de otro modo, hay que ver cuáles eran las compensaciones que según el gobierno federal equilibraban la balanza entre las tres instancias de gobierno. En este capítulo se verá que la oferta federal consistió en dos vías: a) suprimir una carga decimonónica, la contribución federal, y b) introducir una innovación, el sistema de participaciones. Pero ello era el federalismo visto desde el centro, lo que explica la redundancia del título del capítulo, que habrá que confrontar con el federalismo según el entender de los gobiernos estatales y municipales. Hay que advertir que en términos cronológicos la extinción de la contribución federal es el verdadero colofón del esfuerzo alemanista que se trató en el capítulo 6, mientras que el nuevo sistema de participaciones, el que antes se llamó "monopólico", es un ingrediente cuyo origen se remonta a 1922. Se optó por reunir ambos aspectos en un solo capítulo con el fin de profundizar, después de haber visto la cuestión agraria, en el análisis del arreglo político más formal, esto es, el de las relaciones entre la federación, los estados y los municipios.

La contribución federal y las participaciones son el nudo político más nítido de esta historia tributaria. Lo medular del nuevo sistema fiscal era una negociación entre la federación y las entidades y los municipios que se expresaba sobre todo en el mecanismo de participaciones de los impuestos que se federalizaban. En pocas palabras, se trataba de que el centro recaudara y luego repartiera. Los estados y municipios recibían participaciones a cambio de suprimir los impuestos locales que gravaban las mismas fuentes económicas. Éste es un rasgo de la nueva hacienda pública y se basaba en la antípoda de la contribución federal. De hecho son excluyentes y sus diferencias expresan quizá como pocas cosas la naturaleza de los cambios en la estructuración política del país: mientras la contribución federal obligaba a los estados y municipios a aportar una parte de sus recursos al sostenimiento del gobierno general, el sistema de participaciones obligaba a este gobierno a otorgar recursos a estados y municipios. Mientras la primera presuponía una hacienda local fuerte, el segundo implicaba un debilitamiento de ésta y un fortalecimiento de la hacienda federal.

¿Cómo había sido posible ese cambio? ¿Qué expresa?

FIN DE LA CONTRIBUCIÓN FEDERAL

Uno de los rasgos del sistema tribuario que permite hablar de una continuidad entre los siglos XIX y XX hasta bien entrada la década de 1940 es la vigencia de la contribución federal. Era un impuesto que tenía sentido en el siglo XIX pero que en el XX resultaba excesivo en vista de la debilidad creciente de los estados y municipios.

Varios gobiernos estatales habían pedido con insistencia su supresión. Así se había expresado en las convenciones fiscales de 1925 y 1933.[1] Aunque la SH veía con buenos ojos la medida, en el informe de 1928 el presidente de la república alegaba que no había condiciones para hacerlo. A cambio daba a conocer la reducción de la tasa y la exención a algunos estados.[2] Ya se vio también que como resultado de esta estrategia se generó una inequidad derivada del hecho de que 13 entidades lograron algún tipo de exención en el pago de la contribución federal, mientras que el resto se mantuvo al margen de ese privilegio.

[1] SHCP, *Primera convención*, 48, 206-207; *Segunda convención*, I, 254. Algunos gobiernos estatales y municipales pedían el auxilio de la federación mediante el otorgamiento de la cantidad que debían cubrir por este concepto. Así lo hizo el gobierno de Aguascalientes en 1929, alegando la pérdida de 90% de las cosechas; lo mismo el de Guanajuato en 1934, para resarcir a la tesorería local de los rezagos en el pago del predial a causa de la sequía y de la cuestión agraria, y el de Chihuahua en 1946 arguyendo malos años agrícolas, huelgas mineras, cuarentena a las exportaciones de ganado, disminución de cultivos de algodón. Véase AGN-EPG, exp. 6/409: telegrama de 10 oct 1929 del gobernador de Aguascalientes al presidente de la república; AGN-AR, 533.4/61: memorial de 15 nov 1932 del gobernador de Guanajuato a la SH; AGN-MA, exp. 564.1/4: carta del gobernador de Chihuahua de 2 dic 1946. Una solicitud municipal es la de Villa Juárez, Tamaulipas, en FAPEC-FT, PEC, exp. 88, leg. 6, inv. 2400, f. 267: telegrama de 9 dic 1933.

[2] *Los presidentes*, III, 829: informe de 1 sep 1928.

El gobierno alemanista sí accedió a extinguir la contribución federal. Además de aprovechar esta medida para reivindicar su compromiso federalista, el gobierno de Alemán buscaba suprimir precisamente el desorden imperante. En este caso parece haberse seguido la máxima de matar al enfermo para acabar con la enfermedad. En efecto, el secretario Beteta repasaba la historia: desde 1928 la SH había seguido la política de subsidios destinada a aquellos estados que "se pusieron de acuerdo con ella sobre ciertas bases de reorganización técnica de sus sistemas tributarios". Pero no obstante el objetivo general de unificar y ordenar, el propio gobierno federal, al liberar sólo a unos cuantos estados, puso en entredicho el principio de la generalidad del impuesto. Este desorden se agravó cuando, como se vio, el gobierno federal dio marcha atrás en su programa e intentó recuperar ingresos restableciendo la contribución federal sobre todos los impuestos estatales. Ante ese panorama, la SH decidió recargar con una tasa de 5% los impuestos locales y disminuir a 15% la tasa de 20% aplicable sobre todos los demás impuestos locales y municipales. Beteta señalaba que "la idea era, probablemente, llegar a la unificación de la tasa al 10%, pero nunca se llegó a tal propósito".[3] Durante el gobierno alemanista se intentó establecer una tasa general de 5%, mediante el otorgamiento de un subsidio primero de 33% y más tarde de 66% a aquellos impuestos que causaran el 15% de contribución federal.[4] Así se aprecia en las leyes de ingresos de 1947 y 1948.

Era notable la contradicción con la intención unificadora de la federación, porque en algunas entidades el gravamen era menor que en otros. La postura de un grupo de entidades en 1947 era clara:

> Puede ser objetable el procedimiento de que la federación emplee sus recursos fiscales como un medio de premio o castigo para obtener la uniformidad en la república, pero lo que en todo caso es censurable es que ese beneficio se haya limitado a los estados que en un tiempo determinado modificaron sus legislaciones fiscales de conformidad con las sugestiones de la SH [...] y que en la actualidad a pesar de que los estados tuvieron la más grande voluntad para reformar sus leyes, no pueden gozar de esa franquicia. Esta desigualdad, esta

[3] Beteta, *Tres años*, 146; véase también Servín, *Las finanzas*, 37-38.

[4] Estos subsidios no eran desinteresados. En la ley de ingresos de 1946 se explicaba que con los subsidios se lograría "adicionalmente asegurar el empleo de los recursos que los estados derivarán de ese subsidio en obras públicas proyectadas en forma coordinada con las que la Federación va a efectuar". En Beteta, *Tres años*, 127. Dicho de otro modo, eran recursos que en la jerga burocrática actual se llaman "etiquetados".

injusticia es absurda. Debe uniformarse la contribución federal en toda la república, independientemente de que subsista o no.[5]

Pero además de esa desigualdad, el impuesto era muy impopular. Así lo reconocían las autoridades federales, por ejemplo en la ley de ingresos para 1949:

> el hecho de que por cerca de 70 años se causara en proporción de la cuarta parte del ingreso de estados y municipios, aunado a la circunstancia de que ocasionalmente los fiscos locales se veían sujetos con motivo de su aplicación a observaciones y aun a multas impuestas por el gobierno federal, dio lugar a que por parte de las autoridades locales se le denominara la "Cuarta" federal, implicando la idea de un castigo a las economías locales. De hoy en adelante no habrá más "Cuarta" federal.[6]

En un transitorio de la ley de ingresos para 1949 se derogó la ley de la contribución federal vigente, que era la de 1947.[7] Esa decisión debe verse como un eslabón más de la reorganización de la nación, que incluía por supuesto la unificación fiscal y el "robustecimiento de las economías locales". La coexistencia de las tres entidades político-económicas debía "fortalecerse mediante una equitativa distribución entre ellas de los rendimientos que la economía pública puede derivar de la privada por medio de impuestos". Además, se aprovechaba la ocasión para reivindicar el federalismo: "la supresión de la contribución federal representa el sacrificio de un ingreso importante de la federación en beneficio directo de los fiscos locales".[8]

No fue casualidad que el gobierno federal accediera a fines de 1948 a atender las repetidas demandas de los estados y municipios en este sentido. Los nuevos impuestos habían ido ganando terreno y desplazaban a los antiguos y por eso en 1948 el gobierno federal podía darse el lujo de prescindir de este viejo gravamen. No era lo mismo derogar un impuesto que en 1925 significaba más de 9% del ingreso tributario federal, que hacerlo en 1948 cuando representaba poco más de 2% (véase el cuadro 5). Sin empacho, el subsecretario Bustamante afirmaba en 1947 que esa contribución ya no tenía sentido porque

[5] SHCP, *Tercera convención*, III, 93.
[6] En Beteta, *Tres años*, 402-403.
[7] *DO*, 30 dic 1948.
[8] En Beteta, *Tres años*, 403.

actualmente la federación no sólo tiene ingresos propios sino que ha absorbido algunos de los conceptos más productivos de tributación en perjuicio de los estados.[9]

Sin embargo, su monto, 43 millones de pesos, no era nada despreciable incluso para la propia federación. Todavía en la ley de ingresos federales de 1947 se leía que no obstante que

> con frecuencia los gobiernos de los estados han pedido la supresión de la contribución federal y los técnicos en materia fiscal han recomendado obsequiar esa petición, la situación económica del erario federal y la extensión del programa de obras y servicios que mi gobierno se ha trazado no permiten prescindir del rendimiento de ese tributo.[10]

Menos despreciable era si se le mira desde los estados y municipios. En 1948, 43 millones significaban 13% de los ingresos brutos del conjunto de entidades federativas, sin considerar el Distrito Federal, y 39% de igual tipo de ingresos de los municipios. En ese mismo año ninguna entidad, con excepción del Distrito Federal, alcanzaba tal nivel de recaudación. El estado de mayores ingresos, Veracruz, llegaba a 30 millones.[11]

El gobierno federal podía prescindir de las aportaciones de los estados para su sostenimiento. Y ello era expresión de los nuevos tiempos: el gobierno federal ya había empezado a otorgar "contingente" a los estados.

Quizá esto último rondaba en la cabeza del presidente Alemán cuando afirmaba que la supresión de la contribución federal, "desde el punto de vista nacional", era más importante que la creación de los impuestos sobre la renta en 1925 y el de ingresos mercantiles en el año anterior. Ello era así porque, según se lee en el proyecto de ley de ingresos para 1949,

> mientras estas dos medidas han tendido fundamentalmente a la reorganización del sistema tributario federal, la supresión de la contribución federal se identifica como una medida encaminada a la delimitación de los campos tributarios de la federación, de los estados y de los municipios y de robustecimiento de las economías locales.[12]

[9] SHCP, *Tercera convención*, II, 393.
[10] En Beteta, *Tres años*, 127.
[11] Estimaciones basadas en AEEUM *1946-1950*, cuadros 254 y 256.
[12] En Beteta, *Tres años*, 148.

Pero hay que relativizar tal importancia porque la supresión de este gravamen no fue suficiente para modificar la tendencia a la concentración de las rentas públicas en manos federales. O puede presumirse que tal importancia se refería más bien al contenido simbólico de la medida: se rompía con el pasado, se aceleraba la entrada al presente y además se cuidaban las formas. La supresión daba lustre al presidente de la república y de paso despojaba a los estados de uno de sus argumentos predilectos. La dinámica de estos años parecía no requerir ya una opresión tan obvia sobre las tesorerías locales. Los avances en la unificación y la creación de nuevos impuestos resolvían de manera más funcional el problema de fondo, a saber, la consolidación del gobierno central.

Sistema de participaciones

> De ahí que no pueda seguirse el sistema de que una sola autoridad, por ejemplo el gobierno federal, cree impuestos y del producto de éstos reconozca o conceda una participación, a fin de simplificar el sistema, porque entonces los gobiernos de los estados y los de los municipios estarían a merced de aquél y la forma gubernamental se transformaría de federal en centralizada.[13]

Ya antes se dijo que la creación de nuevos impuestos, la unificación tributaria, la supresión de la contribución federal y el sistema de participaciones son los componentes fundamentales de la nueva hacienda pública en lo referente a la cuestión tributaria. Los tres primeros ya han sido revisados y ahora corresponde tratar el último, que de paso resulta el de mayor actualidad. La importancia de las participaciones puede resumirse en la frase de un estudioso, que en 1959 escribió que tal sistema "ha sido hasta la fecha el cimiento sobre el cual descansa el edificio fiscal mexicano".[14]

En el primer capítulo se hizo mención de las recomendaciones del profesor Chandler de 1917. Como se recordará, el informe del perito norteamericano llamaba la atención, entre otros aspectos, en lo "notoriamente

[13] AGN-MA, exp. 564.1/63: circular número 1 de 11 ene 1947 de la Liga de Contribuyentes y Usuarios de Servicios Públicos de Monterrey.

[14] Yáñez Ruiz, *El problema*, V, 314.

reducidas" que eran las recaudaciones de los estados. No obstante, su consejo era mantener la concentración:

> Lo importante por ahora es indicar que el gobierno federal, con una que otra excepción, no debería renunciar al control que actualmente tiene sobre las fuentes de ingresos. Permítase al gobierno federal recaudar el total de los impuestos y ceder después una proporción justa a los municipios o a los estados.[15]

Chandler no hacía sino repetir un principio que en las décadas anteriores se había ido estableciendo en algunos estados federales, como Suiza y Australia, y en unitarios, como Inglaterra y Francia. En 1915 el imperio alemán había modificado un impuesto que antes era local, el del valor no ganado, para hacerlo único a cargo del imperio y dividirlo en tres partes: la mitad para el imperio, 10% para los estados y 40% para las comunas.[16] En México también se había propuesto un sistema de ese tipo en 1891, cuando la SH intentaba sustituir la alcabala por un impuesto general y federal de 8% sobre el consumo de mercancías, entregando a los estados el producto "que dé la nueva contribución dentro de sus respectivos límites territoriales".[17] En 1917 las conclusiones de Chandler no pudieron haber tenido mejor destinatario que el gobierno carrancista, cuyo interés por la supremacía del ejecutivo federal era más que evidente.[18] Al respecto, un secretario de Hacienda observaba que Carranza se había propuesto "robustecer la personalidad del presidente de la república y de reforzar su situación frente a la acción de las cámaras. Con este objeto se eliminaron de la nueva constitución todas las disposiciones que hasta entonces habían colocado a los gobiernos en la disyuntiva ineludible de establecer la dictadura o de aceptar la anarquía".[19] Ese objetivo general no se modificó en los años siguientes y en esa medida los consejos de Chandler fueron seguidos con fidelidad.

Pero no solamente los consejos de ese experto y el recuento de la expe-

[15] Chandler, *Estudio*, 17.

[16] Jèze, *Las finanzas*, 109.

[17] En Carmagnani, *Estado*, 270. Por otro lado, resulta muy sugerente considerar la experiencia argentina sobre cómo lograr la uniformidad de los impuestos internos entre 1910 y 1934 y cómo establecer un sistema de participaciones en caso de que las provincias aceptaran la nacionalización de ese rubro tributario. Al respecto, véase Trevisan, *Los impuestos*, 85-106.

[18] Córdova, *La ideología*, 236 y ss.

[19] FAPEC-FT, PEC, exp. 1, leg. 5, inv. 3783, f. 244. Se trata de un memorándum anónimo y sin fecha que se halla en el expediente personal de Luis Montes de Oca, lo que hace suponer que es de su autoría.

riencia de otros países influyeron en el diseño inicial del mecanismo de participaciones. También hay un notable pragmatismo a la hora de conciliar diversos intereses para salvaguardar en lo posible las ideas rectoras del proyecto general de la modernización hacendaria. Antes se mencionó que el origen del nuevo sistema de participaciones fue una circular de diciembre de 1922 que otorgaba a los estados una participación en la recaudación del impuesto federal a la producción petrolera. En ese caso, la concentración fiscal en manos de la federación parecía responder a exigencias empresariales concretas. Pero tampoco hay que exagerar, porque ya se vio a las mismas compañías petroleras defendiendo la soberanía de los estados a propósito de la intentona federal de crear el impuesto a la propiedad rústica y urbana.

Si se agrega el caso petrolero a los ramos que ya se han mencionado en páginas anteriores (minería en 1926) y otros que se verán más adelante (electricidad en 1932-1933 y gasolina en 1932), es claro que en un principio el gobierno federal planeaba federalizar de manera absoluta, es decir, sin otorgar participaciones y que fueron las inconformidades tanto de empresarios como de gobiernos estatales y legisladores las que en realidad perfilaron el actual sistema de participaciones.

Para los estados el problema no concluía con la aceptación federal de otorgar participaciones. Su cálculo y cobro efectivo se convirtieron en un verdadero dolor de cabeza para las autoridades locales.

Un ejemplo minero puede servir. El alza de los metales en 1933-1934 fue motivo de discordia por ese asunto. Según la aseveración del gobernador chihuahuense, los estados mineros obligaron a la SH a aumentar las tasas de la participación como sigue: 2.5% cuando el precio de onza troy de plata llegara al rango de 1.20 y 2.40 pesos; 3% cuando alcanzara entre 2.40 y 3.60 pesos y de 5% cuando el producto tuviera un precio mayor.[20] En efecto, un decreto de mayo de 1935, expedido en uso de las facultades extraordinarias otorgadas al presidente en materia de ingresos el 29 de diciembre de 1934, corrigió ese defecto aumentando las participaciones a los estados de manera

[20] *Informe Chih 1935*, 21. Se trata del decreto de 24 de mayo de 1935, publicado en *DO*, 1 jun 1935. Hasta entonces el alza de los precios de la plata sólo beneficiaba a la hacienda federal, como se reconoce en los propios considerandos del decreto: "que el artículo 33 de la ley de impuestos a la minería otorgará a los estados y territorios de donde se extrae la plata una participación de 2% sobre el valor del metal sin elevar esa tasa a medida que el precio de la plata suba, no obstante que, por contraste, el impuesto federal —de acuerdo con los recientes decretos de 1 de enero y 11 de abril del año en curso— grava la producción de plata con un porcentaje que se hace mayor conforme va siendo a su vez el precio de dicho metal".

proporcional al precio de los metales.[21] Otro ejemplo acerca de participaciones logradas no por el espíritu justiciero de la SH sino por gestiones específicas de los gobiernos estatales es el impuesto federal sobre ventas de gasolina. A decir del gobernador de Hidalgo en 1933, dicha participación, de dos centavos por litro, se había conseguido gracias a las gestiones de un grupo de gobernadores.[22] Si ello fue así, hay que sumar la gasolina al petróleo y a la electricidad en los términos referidos antes acerca del propósito original de la federación de establecer impuestos únicos sin otorgar participaciones

Pero la inconformidad con el sistema no sólo era de las autoridades estatales. La SH tenía dudas y quejas. En un capítulo anterior se vio que la fórmula empleada por la SH después de 1929 para exentar del pago de la contribución federal a los estados que se coordinaran con ella fue rápidamente rectificada ante la caída de la recaudación y ante el incumplimiento de los estados en la tarea de renovar sus sistemas tributarios. La coacción federal sobre los estados no era muy efectiva. En el proyecto de reformas constitucionales de 1936 el presidente Cárdenas proponía hacerse de un instrumento de coacción:

> Puede ocurrir que en alguna entidad no se expida la ley que coordine un gravamen determinado con los sistemas tributarios del resto de la república, lo que acaecería porque el ejecutivo no envíe al órgano legislador la iniciativa correspondiente o porque este órgano no expida la ley. Es entonces necesario establecer una sanción lo bastante enérgica para obligar a los ejecutivos y a las legislaturas a actuar en el sentido que el proyecto determina, y pienso que es una manera conveniente de lograrlo impedir el cobro de la contribución de que se trate en la entidad en que falte la ley, a partir del año fiscal siguiente a aquél en que las bases hubieren sido enviadas.[23]

No hay indicio de que estas sanciones hayan sido aplicadas, porque son innumerables los casos en que las entidades federativas simplemente se rehusaron a incorporarse a las iniciativas federales e incluso hubo gobiernos estatales que siguieron cobrando de manera simultánea sus impuestos y la participación federal sobre un mismo rubro.[24] Tal postura incluyó indecisiones de un año a otro, como se vio en el caso de la cerveza.

[21] DO, 1 de junio de 1935; Yáñez Ruiz, *El problema*, IV, 160-161, 172-173.

[22] *Memoria Hgo*, s.p.

[23] En Yáñez Ruiz, *El problema*, V, 236-237.

[24] Gómez Tagle, "La contribución" [1], 21. Así ocurrió en Chihuahua con el impuesto a la cerveza entre 1939 y 1941. Véase De la Peña, *Chihuahua*, III, 210.

De cualquier modo, es evidente el esfuerzo federal por mejorar el sistema de participaciones para alentar la incorporación de las entidades a los convenios de coordinación. Un breve repaso de ese esfuerzo es ilustrativo.

Como remate del esfuerzo cardenista en materia fiscal que se vio en el capítulo 5 debe considerarse la iniciativa de ley sobre el pago de participaciones en ingresos federales, entregada al congreso en octubre y aprobada en diciembre de 1940. Entre las consideraciones de la iniciativa cabe destacar su relación con la aprobación en julio anterior, en periodo extraordinario de sesiones del Congreso de la Unión, de la reforma a la fracción X del artículo 73, destinada a

> consignar [...] la federalización de algunos impuestos que sin discusión corresponden hoy al gobierno federal por habérsele asignado en preceptos constitucionales ya existentes, en interpretación no discutida de normas también constitucionales o en convenios con las entidades federativas por los que éstas han optado en beneficio de su propia economía financiera por suprimir sus propios impuestos locales a cambio de obtener una parte en el rendimiento del tributo federal.

Mencionaba también que esas reformas estaban siendo estudiadas por las legislaturas de las entidades. Cárdenas confiaba en la sabiduría de los congresos estatales y esperaba que aprobaran la iniciativa. Los beneficios eran múltiples: evitar la doble tributación, eliminar la "inarmónica y contradictoria estructuración y yuxtaposición de impuestos", aumentar los ingresos de los estados y simplificar la recaudación. Agregaba que conocía algunos argumentos en contra de la iniciativa, por ejemplo los que señalaban que las participaciones tenían el "defecto de la demora en la liquidación y el pago de ellas, con las consiguientes perturbaciones presupuestales en los estados y municipios". Para allanar el camino de la reforma en los congresos locales, el presidente proponía tomar como ejemplo el sistema adoptado en la ley de tabacos para establecer un procedimiento único para el pago de participaciones por medio del Banco de México, que serían cubiertas en los primeros días de cada mes, con fondos que oportunamente depositaría la SH.[25] La SH tapaba huecos para lograr la aprobación de la reforma constitucional y con ello la adopción del sistema de participaciones. Es claro que el gobierno federal se veía obligado a mejorar sus ofertas para convencer a los estados, cuyas autoridades se mostraban mucho más renuentes que el Congreso

[25] *DDD*, 29 oct 1940, 2-4.

de la Unión. Antes se vio a la SH recurrir a rebajas, subsidios, apoyos. Ahora intentaba doblar la resistencia local con un mecanismo que buscaba hacer más expedita la entrega de recursos líquidos a los estados que cancelaban ramos tributarios propios.

Años más tarde, como resultado de la tercera convención fiscal, el mecanismo de las participaciones fue objeto de reformas, porque por lo visto el desorden y las inconformidades locales no cesaban. En el marco de la reforma alemanista, el mecanismo de las participaciones era fundamental.

La SH no ocultaba su presunción federalista en relación con las participaciones de impuestos federales, aunque no dejaba de externar críticas que pueden servir para caracterizar mejor el sistema. Poco antes de la tercera convención, el secretario de Hacienda explicaba que hasta entonces la participación federal justa y equitativa a las haciendas locales había sido "resultado exclusivo de la buena voluntad de la Federación o de su propósito de eliminar la oposición de algunos estados". Pero dicha convención, agregaba el funcionario, había insistido en que el gobierno federal fuera justo y equitativo "en virtud de una obligación". No se trataba de que la "federación [posea] una hacienda próspera a expensas de las haciendas públicas de los estados".[26] Tal obligación se formalizó mediante una ley que regulaba el pago de las participaciones de ingresos federales a las entidades federativas, aprobada a fines de 1948.[27]

Con ello se fijaron reglas para agilizar la entrega de las participaciones y la salvaguarda de la autonomía administrativa. Así, las entidades podrían intervenir en la determinación del monto de su participación y tendrían pleno derecho a disponer de sus ingresos propios sin limitación alguna. La federación se obligaba a garantizar que la supresión de gravámenes locales no se tradujera en una reducción de ingresos de estados y municipios, comprometiéndose a otorgar una cantidad por lo menos similar a la que generaban los antiguos gravámenes locales. Si el monto de la participación en el nuevo impuesto federal era insuficiente para cumplir con este principio, el gobierno federal otorgaría una sobretasa.

De nuevo en 1947 la SH reconocía las "demoras que han sufrido los gobiernos de los estados y de los territorios, el Departamento del Distrito Federal y los municipios para percibir con oportunidad sus participaciones". Estas demoras se referían por ejemplo a conseguir "liquidaciones previas" y a tramitar y cobrar las órdenes de pago de la tesorería de la federación". El

[26] Beteta, *Tres años*, 159-160.

[27] DO, 30 dic 1948.

panorama se complicaba porque la ley de cada impuesto establecía un mecanismo distinto de entrega de participaciones. En consecuencia, con la ley de participaciones de 1948 se trataba de unificar y simplificar el procedimiento, mediante el depósito inmediato de la participación en el Banco de México para que éste lo entregara a las entidades correspondientes. Más adelante la SH haría un balance para abonar o descontar diferencias. No sobra decir que esta nueva ley buscaba acelerar la incorporación de las entidades al impuesto sobre ingresos mercantiles.

Como resultado de la convención fiscal de 1947 y de las reformas de 1948 y 1949, se creó una comisión ejecutiva del plan nacional de arbitrios, encargada de estudiar y elaborar los proyectos de leyes necesarios para llevar a la práctica los acuerdos de la convención. En 1953 fue sustituida por la comisión nacional de arbitrios, creada por la ley de coordinación fiscal entre la federación y los estados de 28 de diciembre de ese año.[28]

Justamente esta última ley fue emitida en el marco de una preocupación federal por equilibrar las finanzas públicas del país pero sin dejar de lado el objetivo modernizador, en especial, la cuestión de las alcabalas. Como se vio, hacia 1949 la diferencia entre la recaudación federal y las locales se había ensanchado. Tal vez por la trayectoria política del nuevo presidente de la república, que había vivido como gobernador de Veracruz las inclemencias del creciente poderío federal, el nuevo gobierno encabezado por el presidente Adolfo Ruiz Cortines se dio a la tarea de vigorizar el viejo proyecto de la unidad fiscal del país, subrayando la necesidad de fortalecer las finanzas de estados y municipios. El esfuerzo del gobierno ruizcortinista se componía de pan y de palo, por así decirlo, aunque en ambos casos tenía un inconfundible sello autoritario. El pan consistía en la ley de compensaciones adicionales en las participaciones federales distintas a las del impuesto sobre ingresos mercantiles, es decir, el estado que se sumara a este impuesto recibiría 10% adicional en las participaciones de los impuestos restantes.[29] Otra parte del pan era la dispensa de adeudos de municipios y más tarde de estados. El poderoso centro estaba dispuesto a condonar adeudos de los gobiernos locales por un monto significativo, 300 millones para municipios (de créditos contraídos con el Banco Nacional Hipotecario Urbano y de Obras Públicas) y más tarde 100 millones a los estados, alegando la necesidad de apoyar a la provincia.[30]

[28] Flores Zavala, *Elementos*, 352.

[29] DO, 30 dic 1953.

[30] La aprobación de la cámara de diputados de la primera ley (municipios) en DDD, 10 dic 1953, 12; de la segunda ley (estados) en DDD, 30 oct 1956, 1. Ambas se aprobaron por unanimidad. Fueron publicadas en DO, 26 dic 1953 y 28 nov 1956, respectivamente.

La cifra de 300 millones no era cualquier cosa: con una sola iniciativa el presidente de la república era capaz de disponer de un monto superior a los ingresos brutos municipales de todo el país, que según el *AEEUM* apenas llegaban a 227 millones de pesos en 1953. Asimismo esa cantidad era superior al total de las participaciones federales de 1953, según las cifras del cuadro 7.

Por su parte, el palo estaba dado por la ley de coordinación fiscal, que iba dirigida a combatir las prácticas alcabalatorias, lo que no significaba otra cosa que presionar a los estados para que se sumaran al impuesto federal sobre ingresos mercantiles. Pero incluso para la propia SH esta meta parecía lejana. La nueva comisión nacional de arbitrios tenía como finalidad hacer estudios sobre los impuestos locales, proponer cambios acordes con las ideas modernizadoras y, aquí está el palo, emplazar a las autoridades locales a extinguir todo rasgo alcabalatorio so pena de recibir una sanción consistente en la "retención parcial o total de las participaciones en ingresos federales a que tenga derecho el estado en el que rijan disposiciones contrarias a esta ley". Era la misma idea expresada por Cárdenas, según se vio en páginas anteriores, de dotar al ejecutivo federal de un mecanismo de coacción para disciplinar a los estados que, en sentido estricto, no estaban obligados a sumarse a las iniciativas federales, en este caso al impuesto sobre ingresos mercantiles. Los diputados federales vieron con agrado la iniciativa presidencial y la aprobaron por unanimidad.[31]

Pero los gobiernos de los estados, por lo menos 14 de ellos, mantuvieron su postura: aprovecharon las dádivas pero se resistieron a incorporarse al impuesto sobre ingresos mercantiles. Tampoco acabaron con las prácticas alcabalatorias ni por consiguiente con la anarquía fiscal, según se alegaba en una iniciativa presidencial de fines de 1953.[32] En ese sentido, se trata de otro fracaso federal.

Una obra monumental sobre historia fiscal mexicana dedica un apartado a demostrar la justeza de los arreglos alcanzados en la materia hacia mediados de la década de 1950. El punto de partida era que en general el arreglo consistente en dar participaciones a los estados provenientes del crecido número de impuestos federales era un componente fundamental de la unidad nacional. Al igual que la Santísima Trinidad, la nación era una sola con tres autoridades diferentes: "La federación no es una cosa distinta de los esta-

[31] *DDD*, 18 dic 1953, 17. La ley se publicó en *DO*, el 30 de diciembre siguiente.

[32] *DDD*, 3 dic 1953, 3: iniciativa de ley para otorgar compensaciones adicionales a los estados que celebren convenio de coordinación en materia del impuesto federal sobre ingresos mercantiles. Se ignora si la SH llegó a aplicar las sanciones que fijaba el artículo octavo de la ley de coordinación fiscal.

dos, sino que éstos y los municipios son la nación misma", con lo que parecía dar la razón a los delegados estatales de la convención minera de 1926 en sus alegatos contra la idea de la SH de que nación y gobierno federal eran lo mismo. Según este autor, ya había quedado atrás la época en que el "pez grande se comía al chico", en relación con las acusaciones referidas a la concentración federal respecto a los estados y éstos respecto a los municipios.

> La federación no priva de recursos a los estados y a los municipios sino que los comparte. No establece impuestos en beneficio propio y exclusivo, sino que por regla general concede un 40% de participación en la casi totalidad de ellos.[33]

Aunque reconocía que tenía problemas e incoherencias que beneficiaban al gobierno federal, el sistema de participaciones era una excelente muestra de las bondades del arreglo nacional. Uno de los problemas que señala este autor se refiere al modo de determinar el monto de las participaciones: en algunos casos el sistema establecía cuotas fijas y no porcentajes de la recaudación federal. Éste era un asunto medular porque si bien el monto de las participaciones aumentaba, incluso en términos reales, su cuantía era cada vez menor respecto a la recaudación federal. El cuadro 7 es un resumen de ese fenómeno.

El cuadro 7 indica también la caída de las participaciones federales a los estados en relación con el tamaño de la hacienda federal, aunque en términos reales el monto casi se duplicó al pasar de 332 millones en 1940 a 641 en 1956. Era el peso de la nueva estructura de la hacienda pública. De cualquier manera debe reconocerse que a las crecientes participaciones federales debía sumarse el efecto de la supresión de la contribución federal en 1948. Ambos hechos eran favorables a las entidades federativas, pero no alcanzaban a compensar la dinámica principal: la concentración cada vez mayor de los ingresos tributarios en manos federales.

Un argumento de esta oficialísima obra a favor del sistema era estimar el peso de las participaciones en los presupuestos de egresos de las entidades federativas (cuadro 8). Los resultados son significativos, porque el peso de las participaciones era cada vez mayor en las haciendas locales.

Además, el sistema de participaciones reflejaba bastante bien las desigualdades del país, lo que se apreciaba en la concentración de esos recursos. Apenas seis entidades, Chihuahua, Distrito Federal, Hidalgo, Nuevo León, Sonora y Veracruz, atraían 52% del total de participaciones tanto en 1940

[33] Yáñez Ruiz, *El problema*, V, 307-318.

CUADRO 7

MONTO DE LAS PARTICIPACIONES EN LOS INGRESOS FEDERALES OTORGADAS A LAS ENTIDADES FEDERATIVAS Y PROPORCIÓN DEL INGRESO TRIBUTARIO FEDERAL, *1940-1956*

	Participaciones (miles de pesos)	*Miles de pesos de 1970*	*Porcentaje del ingreso tributario federal*
1931	2 704	34 098	1.43
1940	39 191	332 409	8.28
1941	44 080	366 417	7.87
1942	53 523	406 093	8.58
1943	61 191	394 526	7.43
1944	64 787	313 283	5.81
1945	71 625	326 607	5.87
1946	84 220	301 324	5.18
1947	97 264	324 105	5.44
1948	118 858	386 530	6.34
1949	130 666	407 440	5.28
1950	149 694	443 013	5.13
1951	154 909	382 964	3.86
1952	229 592	526 104	5.11
1953	229 021	529 161	5.64
1954	264 283	551 049	5.49
1955	326 020	605 535	4.81
1956	368 962*	640 670	4.88

* Liquidaciones hasta octubre.

FUENTES: monto de participaciones, de 1931 en Gómez Tagle, "La contribución" [1], 23; el resto en Yáñez Ruiz, *El problema*, V, 318-319; ingreso tributario federal, en cuadro A1.

como en 1955.[34] El asunto aquí es que en esas seis entidades sólo vivía 29% de la población en 1940 y 33% en 1960. Es claro que esa forma de repartición tenía que ver con la distinta localización de las actividades económicas sujetas a ese tipo de gravámenes, en especial las mineras y petroleras. Pero de cualquier modo muestra que la fiscalidad no sólo reflejaba desigualdades sociales y regionales sino que las acentuaba.[35]

En otro trabajo patrocinado por la SH se reconocía la creciente importancia de las participaciones federales en las haciendas estatales. De ser insignificantes antes de 1925, en años posteriores las participaciones mostraron

[34] En 1931 cinco entidades (Chihuahua, Distrito Federal, Hidalgo, Sonora y Veracruz) recibían 55% del total de participaciones federales.

[35] El destino de la contraparte del ingreso, el gasto, tampoco era del todo equilibrado. En el periodo 1959-1963, esas seis entidades atrajeron 44% de la inversión pública federal. SP, *Inversión*, 131, cuadro 14.

CUADRO 8

PORCENTAJE DE LAS PARTICIPACIONES FEDERALES EN LOS PRESUPUESTOS DE EGRESOS DE LAS ENTIDADES FEDERATIVAS, *1931-1973*

	*1931**	*1942*	*1955*	*1973*
Aguascalientes	nd	9.9	37.4	70.6
Baja California	1.7	25.2	17.9	44.8
Baja California Sur	16.2	44.4	37.6	44.6
Campeche	2.4	43.3	23.8	25.0
Coahuila	1.8	32.5	20.5	91.0
Colima	nd	6.8	15.9	45.4
Chiapas	nd	0.9	10.1	25.9
Chihuahua	7.9	35.2	79.1	48.1
Distrito Federal	0.6	13.4	17.1	29.6
Durango	nd	45.4	44.2	26.8
Guanajuato	1.3	15.8	27.1	49.6
Guerrero	3.8	21.8	28.1	38.7
Hidalgo	12.9	62.1	63.1	112.6
Jalisco	0.9	18.0	19.5	52.7
México	0.7	37.0	27.8	59.5
Michoacán	6.0	27.4	27.9	43.7
Morelos	nd	16.8	17.6	33.7
Nayarit	Inapreciable	16.7	25.1	42.6
Nuevo León	0.2	33.4	29.7	77.1
Oaxaca	0.7	12.5	23.5	43.7
Puebla	0.2	4.4	21.3	49.2
Querétaro	0.1	15.1	39.1	135.5
Quintana Roo	nd	72.8	23.2	12.3
San Luis Potosí	21.2	31.7	48.9	61.4
Sinaloa	2.7	13.3	27.6	33.6
Sonora	4.6	20.2	35.7	44.1
Tabasco	nd	4.4	13.9	25.3
Tampulipas	0.1	22.6	31.4	54.5
Tlaxcala	nd	56.7	84.1	53.8
Veracruz	7.3	15.6	47.5	59.1
Yucatán	nd	4.2	15.3	38.3
Zacatecas	15.2	44.3	57.8	32.3
Promedio nacional	2.6	19.1	26.4	50.2

* Se refiere al porcentaje sobre el total de ingresos de los gobiernos estatales.

FUENTES: 1931, Gómez Tagle, "La contribución" [1], 23; 1942, *AEEUM 1942*, cuadros 733 y 734; 1955, Yáñez Ruiz, *El problema*, V, 317-318; 1973, Farías Hernández, "Aspectos financieros", 102.

una generalización y una distribución irregular que, sin embargo, no desmintió la tendencia a favorecer a los estados más ricos.[36] En Tlaxcala, uno de los estados más pobres, representaban menos de 5% en 1933, mientras que en San Luis Potosí, considerado un estado mediano, las participaciones alcanzaban un tercio de los ingresos en 1934. En el mismo año dicha aportación significaba 17% en Tamaulipas, un estado considerado rico, y 20% en el estado más rico de todos, Veracruz. Varios años después, Tabasco, tomado ahora como el estado pobre, recibía menos de 6% en 1948; en un estado mediano, Guanajuato, las participaciones representaban 27% en 1947; en un estado rico como Nuevo León, 26% en 1946, y en el más rico, Jalisco, poco menos de 9% en 1945. Un caso dramático era Campeche, por lo menos entre 1936 y 1940 cuando las participaciones federales por el solo concepto de explotación forestal aumentaron su peso de 17 a 38% de los ingresos totales, y ello como consecuencia de la "federalización" de ese rubro de diciembre de 1935, que implicó la eliminación de los impuestos estatales y municipales.[37]

El sistema de participaciones federales se fue convirtiendo en el sustituto de impuestos que antes, con ineficiencias y demás, recaudaban los estados y municipios. El peso de 26% de las participaciones federales en el ingreso total de los estados a mediados de la década de 1950 —que llegaría a 94% en 1999—[38] deja ver la transacción implícita en el proceso de centralización política. Con el predial debilitado por la reforma agraria y la falta de registros catastrales confiables, sin impuestos a las grandes industrias y pronto al comercio, los estados comenzaron a depender de manera creciente de los impuestos federales. ¿Qué ocurriría sin embargo si el gobierno federal decidía cobrar cada vez menos impuestos y obtener montos crecientes de ingresos de otras fuentes sobre las que los estados no tenían ningún control y ninguna participación? Sin duda, éste es uno de los problemas centrales que se evidenciaron en las décadas siguientes y tal vez ayude a explicar por qué varias entidades de las más importantes se negaron hasta donde pudieron a perder el ramo de las transacciones mercantiles.

La decadencia fiscal de los gobiernos locales, no obstante las participaciones federales, abría paso a compensaciones otorgadas desde el ejecutivo

36 Servín, *Las finanzas*, 75-76.

37 De la Peña, *Campeche*, II, 249.

38 Gabriel Budebo, "Política", s.p. Al momento de elaborar este trabajo, el autor se desempeñaba como coordinador general de política de ingresos y coordinación fiscal de la SH. Agradezco a Verónica Baranda el conocimiento de este material. También Astudillo Moya, *La distribución*, 45.

federal, como tan bien lo ilustra la decisión presidencial de 1953 ya mencionada de suprimir adeudos millonarios a municipios y con igual objetivo la de 1956 referente a los estados. Los montos suprimidos eran considerables, superiores incluso a los que arrojaba la contribución federal en sus últimos años de vigencia.

En el informe presidencial de 1955 se anunciaba la cancelación de adeudos municipales por 266 millones, en beneficio de 98 de los municipios más importantes. "El gobierno federal —decía el mandatario, el mismo que como gobernador de Veracruz impugnara a Pemex— continuará vigorizando la economía municipal".[39] Sin embargo, era evidente que este programa sólo beneficiaba a aquellos municipios que habían tenido "la habilidad de contratar esos empréstitos o conocer esos adeudos".[40] En septiembre de 1957 se informaba de la condonación de deudas a entidades federativas y municipios por 31 millones de pesos, así como la asignación de subsidios por 420 millones más, sobre todo para construcción de caminos y "para que surja más la provincia, que merece tanto".[41]

Tales compensaciones aparecían como dádiva o gracia del poderoso, como lo expresó la fracción panista de la cámara de diputados cuando se discutió la iniciativa de ley para cancelar adeudos de los estados en 1956. En esa ocasión la respuesta del partido oficial corrió a cargo del diputado Julián Rodríguez Adame, quien en los hechos aceptó la caracterización del panista, aunque justificó el proceder presidencial aludiendo a las "profundas diferencias" existentes entre las entidades, provocadas por razones naturales, deficiencias, malas vías de comunicación y por la juventud del país que le impedía hacer que la geografía económica alcanzara los límites de la "geografía natural". Más adelante, retomaba la esencia del centralismo: "la federalización o centralismo fiscal no puede juzgarse como un acto de absorción sino por el contrario como un acto de organización de la política fiscal para hacerla más eficiente, menos costosa". Opinaba que el centralismo fiscal no era dañino puesto que se otorgaba a la provincia "la parte justa que le corresponde". La "federalización de impuestos" no había dañado a las economías regionales; al contrario, en la medida que había permitido el perfeccionamiento de los sistemas fiscales, se había traducido en mayores montos de participaciones.[42] En suma,

[39] *Los presidentes*, IV, 580. Mérida, Campeche, Tulancingo, La Barca y Tampico fueron algunos de los primeros 52 municipios favorecidos con esta medida; el monto de la deuda suprimida ascendía a 86 millones de pesos. Ochoa Campos, *La reforma*, 439.

[40] Yáñez Ruiz, *El problema*, V, 442.

[41] *Los presidentes*, IV, 644.

[42] DDD, 26 oct 1956, 6.

según este razonamiento, el centro concentraba primero porque era más eficaz y segundo porque con esos recursos crecientes podía enfrentar la heterogeneidad social y regional del país.

El problema era que las compensaciones, por ejemplo la cancelación de adeudos a municipios, eran mucho mayores que las participaciones. Y aquéllas no respondían al cumplimiento de una obligación legal sino que se trataba a final de cuentas de una maniobra política que fortalecía el presidencialismo y de paso a los gobernadores y presidentes municipales. Hay que imaginar el poderío que resultaba de la capacidad de suprimir deudas o de echar a andar un programa de inversiones.[43] La propia SH reconocía el problema. En los trabajos de la tercera convención el subsecretario Bustamante dijo que una

> Preocupación mayor de la delegación federal ha sido insistir en que las participaciones que se reconozcan a los estados en los impuestos que por razones técnicas deban regirse por leyes de aplicación general en todo el territorio nacional, en ningún caso representan mercedes graciosas de la federación sino que importan el reconocimiento del derecho inalienable de los estados a participar en la riqueza de la nación.[44]

No se trataba de dádivas sino del cumplimiento de una obligación legal. Pero del discurso a la práctica había y seguiría habiendo un enorme trecho.

El creciente poderío federal, basado entre otras cosas en la concentración de la riqueza fiscal, hacía posible que el presidente de la república dispensara, subsidiara, apoyara, donara.[45] En cambio, las participaciones mostraban una continua declinación respecto al tamaño de los ingresos federales, lo que expresaba por un lado el fortalecimiento federal y por otro la debilidad local. La esencia de este arreglo es que mientras que las dispensas, subsidios, apoyos y donaciones eran discrecionales, las participaciones eran legales. El arreglo político devoraba las normas. Lo más importante del arreglo fiscal tendía a quedar fuera de las leyes impositivas.

[43] Ya se verá que esta especie de benevolencia federal era luego traducida con bombo y platillo por los gobernadores como ganancia política suya, aunque no se olvidaban del "profundo amor" que sentía el "primer mandatario de la nación" por la entidad correspondiente.

[44] SHCP, *Tercera convención*, II, 391.

[45] Una crítica de la década de 1970 a este tipo de ayudas, que desvirtuaba la autonomía política y hacendaria municipal, además de acentuar el centralismo, en Martínez Almazán, *Las relaciones*, 172.

9

LEGISLADORES Y CONVENCIONISTAS

> Si el gobierno federal quisiera imponer su autoridad, lo haría por medio de los soldados, mandaría gente armada que nos confiscara tal o cual fuente de producción.[1]

Este capítulo pretende dar respuesta a la pregunta de quiénes tomaban las decisiones en materia fiscal entre 1920 y 1950. La idea de elaborarlo se desprende del contraste entre dos fuentes de información muy distintas por su naturaleza y contenido: los diarios de debates del Congreso de la Unión y las memorias de las convenciones fiscales celebradas entre 1923 y 1947. En realidad, el punto de partida es el tono crítico de las intervenciones de los convencionistas ante la creciente concentración de ingresos fiscales en manos del gobierno federal y las laboriosas explicaciones de los representantes de la SH en torno a la figura de la nación como justificación de aquella concentración. Ese rasgo llevó a contrastar las memorias con los diarios de debates, considerando que ese procedimiento podía constituir una vía para acercarse al problema de la organización política del país, o por lo menos a las diversas percepciones que se tenían acerca de esa organización. Pronto se hizo evidente que de haber sido por esos convencionistas, la historia fiscal de la que se ocupa este trabajo hubiera sido muy distinta. Pero esta afirmación contrafactual no debe llevar a exagerar: la limitante de esas convenciones era su carácter, ya que no tenían facultades de decisión, eran instancias de deliberación y sus conclusiones no pasaban de ser recomendaciones. Tal vez por eso eran más beligerantes, y tal vez esa beligerancia sólo era posible por estar fuera del armazón político de la nación.

Entonces había que ver las actividades de la instancia en la que a final de cuentas se formalizaban las decisiones fiscales, es decir, el Congreso de la

[1] SHCP, *Primera convención*, 82-83. Fragmento de una intervención del delegado tamaulipeco, Marte R. Gómez, durante los trabajos de la primera convención fiscal, celebrada en 1925.

Unión. Esto se hizo consultando los diarios de debates, que permiten acercarse a la relación entre dos de los tres poderes de la Unión. El resultado fue que el Congreso de la Unión nunca mostró la beligerancia ni el espíritu federalista de los convencionistas. Salvo dos excepciones, a lo largo del periodo 1922-1949 los diputados y senadores exhibieron una clara disposición a aceptar las iniciativas presidenciales en esta materia. Parecía que la labor previa de cabildeo —un ámbito que queda por dilucidar— era por demás eficaz, es decir, que las iniciativas presidenciales llegaban aprobadas de antemano por los grupos e instancias interesadas. Estas consideraciones llevan a formular preguntas como las siguientes: ¿cuál era el carácter de la representación legislativa?, ¿cuál la de los convencionistas? Por lo visto, los diputados y senadores se integraron, más que a la organización nacional federal, al poder central y en consecuencia se alejaron de la "representación" de sus entidades y distritos, es decir, de los grupos sociales de interés de sus respectivos terruños. Por los resultados que arroja una investigación reciente, puede pensarse que la formación del Partido Nacional Revolucionario en 1929 y del Partido de la Revolución Mexicana en 1938, la organización sectorial de éste que sustituyó a la adscripción geográfica, así como la reforma constitucional de 1933 que prohibió la reelección inmediata de diputados y senadores, son otros tantos factores que explican este comportamiento de los legisladores federales.[2] En ellos parecía prevalecer el interés político vinculado al centro (el presidente de la república y dirigente virtual del partido oficial) por encima de la representación política y económica propiamente dicha. No extraña entonces que los convencionistas tacharan de "politiqueros" a los diputados y senadores. Otros tildaban al congreso de "ópera cómica". Incluso los propios diputados hacían señalamientos en el mismo sentido, por ejemplo, en la sesión del 15 de diciembre de 1924, a propósito de la discusión sobre el otorgamiento de facultades extraordinarias al ejecutivo federal en el ramo hacendario. En esa ocasión, el diputado Rafael Álvarez y Álvarez señalaba que "debo confesar también que lo angustioso no es la falta de tiempo sino la falta de comprensión de nuestros deberes legislativos y la incuria y la pereza de la mayoría de los miembros de esta honorable legislatura".[3]

[2] Weldon, "El crecimiento". En el mismo sentido, otro estudioso afirma que "los políticos locales aceptaron renunciar a su autoridad fiscal porque el [Partido Revolucionario Institucional] les ofrecía una compensación adecuada. Una parte de esa compensación era financiera, por medio de participaciones a los estados; la más crucial era política: el PRI les aseguraba éxito electoral". Díaz Cayeros, "Political Responses", 236.

[3] "Ópera cómica" es expresión de un observador inglés en 1930. En McGregor, "Partidos", 147; *DDD*, 15 dic 1924, 11. Ahora bien, el asunto es más complejo porque no pocos

Pero de acuerdo con la sugerente propuesta de McGregor, ese comportamiento legislativo no debe llevar a ignorar las peculiaridades del Congreso de la Unión sino a problematizarlas, en este caso en términos del fenómeno tributario. Así, se trata de argumentar sobre otra de las fuentes del proceso general de centralización, que obligó a empresarios y propietarios a dejar de lado al Congreso de la Unión y a preferir la negociación directa con las autoridades federales.

El capítulo está organizado en dos partes. La primera expone un acercamiento al papel del Congreso de la Unión en la aprobación del conjunto de disposiciones legales del proceso de concentración fiscal, y la segunda trata acerca de los trabajos realizados durante las convenciones fiscales. En ambos la pregunta que guía la exposición es, como se dijo, quiénes tomaban las decisiones en materia fiscal.

El papel del Congreso de la Unión

La historia que se inició con la circular petrolera de 1922 y que casi concluyó con el impuesto cervecero de 1949, muestra el esfuerzo federal en materia de modernización fiscal en diversos ramos tributarios. Un problema clave de este conjunto de medidas modernizadoras es el papel del Congreso de la Unión, es decir, la instancia que debía aprobar las reformas constitucionales y las leyes que sancionaban las intenciones de la SH.

Si se leen con cuidado las quejas, resistencias y críticas de autoridades estatales y municipales así como de los delegados en las convenciones fiscales respecto a las políticas de la SH, es difícil dejar de señalar la facilidad con la que diputados y senadores aprobaban las leyes que federalizaban estos gravámenes. En este sentido, el caso de la reforma constitucional en materia eléctrica que se expone más adelante es una verdadera excepción.

No hay que olvidar que durante la década de 1920, según se vio en el primer capítulo, el ejecutivo federal introdujo diversas innovaciones fiscales por la vía de decretos, gracias a las facultades extraordinarias otorgadas por el mismo Congreso de la Unión.

El otorgamiento de esas facultades no excluía la posibilidad de que algunos diputados expresaran su inconformidad con el rumbo de la política

convencionistas eran senadores y diputados. Quizá el ejemplo más conspicuo sea el del senador Adolfo López Mateos, quien fungió como delegado del Estado de México en la convención de 1947.

hacendaria. En noviembre de 1926, el diputado del Estado de México Gilberto Fabila criticaba al secretario Pani, durante las discusiones de reformas a la ley fiscal de minería aprobada apenas en julio anterior:

> La SH proponía en su proyecto que se redujera la participación del 2% sobre los impuestos a la plata que tienen los estados de la federación. Las comisiones no aceptan o no aceptaron esta reducción para la participación de los estados, en virtud, señores diputados, de que ya es necesario que los representantes del pueblo, que las diputaciones de los estados aquí presentes hagan algo en defensa de los fiscos de los estados, que debido a la política absorbente y centralista del ciudadano Pani están a punto de no quedarse con más recaudación que la de rastros y mercados. El señor Pani ha invadido y sigue invadiendo la jurisdicción o los métodos de percepción de los estados.[4]

Pero las facultades extraordinarias, si bien permitían al ejecutivo crear nuevas fuentes tributarias y expedir en algunos momentos las leyes de ingresos y egresos y en otros sólo la de ingresos, no eran suficientes para modificar la constitución. Así que en materia eléctrica el ejecutivo federal tuvo que recurrir al Congreso de la Unión.

El 23 de noviembre de 1932 el presidente Abelardo Rodríguez envió una iniciativa para reformar la fracción X del artículo 73 constitucional, relativa al otorgamiento de facultades privativas al Congreso de la Unión para legislar en materia eléctrica.

La comisión dictaminadora de la cámara de diputados apoyó la iniciativa presidencial, alegando que eran constantes los choques entre el gobierno federal y las secciones diversas de los gobiernos estatales, lo mismo que las "argucias" de todo tipo a que recurrían las empresas privadas. Suponía que algunas legislaturas se opondrían a la reforma constitucional, considerando la fuerte contribución que significaba esta industria a los erarios locales. Pero el cálculo de la comisión estuvo completamente equivocado, porque la oposición empezó en el propio Congreso de la Unión. El 7 de diciembre, en la primera lectura del dictamen de la comisión de puntos constitucionales, surgieron las inconformidades. Así, Constantino Esteva, diputado por Oaxaca, expresó un argumento cuya extensión no lo hace menos elocuente:

> Vuelve a resucitar la pretendida reforma, esa vieja cuestión que agita la economía local de cada uno de los estados en competencia fiscal con la existencia de

[4] *DDD*, 29 nov 1926, 9.

> las tributaciones de la federación [...] Existen de tiempo pasado a esta fecha, dentro de nuestra vida orgánica, factores irreconciliables e irreductibles, y uno de estos factores que todavía no hemos vencido, es el centralismo. Así caminamos paso a paso privando a los estados de su vida propia, de su organización integérrima. De aquí que los que venimos de los estados con el cariño que les tenemos, necesitamos resolver que estos estados no queden reducidos a páramos desiertos, donde sea necesario buscar las fuentes de tributación en los municipios o ayuntamientos, para que éstos se vean privados de elementos vitales. Decía que esto viene a manifestar una centralización absoluta, centralización que ya existe en todas las manifestaciones de la vida, desde la política hasta la social; siempre estamos esperando que todo lo haga la federación y es necesario descargar a la federación de estos puntos de vista; es indispensable que la federación tenga otros puntos que no comprendan precisamente la totalidad en la vida de los estados. Nosotros que hemos vivido allí, que sabemos cuáles son las aflicciones que están pasando, estamos interesados y debemos virilmente, resueltamente, estudiar estos puntos.[5]

El dictamen de la comisión legislativa hacía suya en todas sus partes la iniciativa presidencial, argumentando la necesidad de fortalecer al gobierno federal ante el creciente poderío de dos compañías extranjeras que amenazaban con monopolizar esa parte de la riqueza nacional. También se consideraba el hecho de que las instalaciones eléctricas rebasaban los linderos estatales. Por ejemplo la planta de Necaxa, inaugurada en 1906 y propiedad de la Mexican Light and Power, tuvo sus mejores clientes fuera del estado de Puebla, en los estados de Hidalgo, México y en la capital del país. Por ello, la reforma constitucional apuntaba a dar fuerza legal a la federación para que ésta pudiera emprender una política eléctrica de carácter nacional. Pero el dilema estaba abierto: mientras la comisión favorecía la iniciativa presidencial alegando la necesidad de un centro fuerte, el diputado Esteva argumentaba que ese centro fuerte deprimía la vida de los estados. Era, es, un dilema complicado.

El 20 de diciembre se dio segunda lectura al dictamen. En esa ocasión el diputado Clemente Sepúlveda, de Jalisco, señaló que, antes de aprobar la iniciativa, había que analizar el quehacer de la federación en ramas sobre las que había ganado facultades privativas. Ponía el ejemplo de la minería, en la que el resultado no era nada halagüeño: ni los ingresos fiscales eran mayores, ni los obreros percibían mejores salarios, ni se evitaba la expansión de las compañías extranjeras. "No podemos esperar —concluía— que la federación

[5] *DDD*, 7 dic 1932, 21-22.

mejore las cosas". El diputado Guillermo Flores Muñoz defendió el dictamen alegando la lucha contra los monopolios extranjeros. El diputado oaxaqueño Octavio Trigo condicionaba su apoyo a que se estableciera un mecanismo que garantizara ingresos fiscales a estados y municipios, pero en ese momento su propuesta no tuvo mayor eco. En esa sesión del 20 de diciembre, el diputado michoacano Alberto Bremauntz fue otro de los opositores:

> He pedido la palabra en contra de este proyecto de ley porque estimo que nosotros los que venimos a representar genuinamente a cada uno de los estados de la República estamos en la obligación de velar, de velar no tan sólo por el interés general del país, sino especialmente por los intereses de los estados que representamos: porque bien harían nuestros comitentes en reprocharnos por falta de valor civil o indecisión en este caso, para no defraudar los intereses de nuestras entidades. Muchos estados de la república salen grandemente perjudicados desde el punto de vista fiscal, con el proyecto de la ley de adiciones a la constitución que se presentó en la forma que ustedes conocen, porque al indicar que el Congreso de la Unión tiene facultad para legislar en materia de energía eléctrica no hace absolutamente ninguna distinción de si se refiere a facultades para legislar bajo el punto de vista técnico, bajo el punto de vista obrero o bajo el punto de vista fiscal: abarca totalmente todos esos aspectos del problema.[6]

Este diputado concluyó proponiendo una moción suspensiva de la votación, cosa que —y esto es lo llamativo— el pleno aceptó sin reparos. El ejecutivo federal tuvo que acatar la posposición.[7] El asunto volvió a la cámara de diputados un año después, el 14 de noviembre de 1933. Vale destacar que en esta ocasión la iniciativa de reforma del artículo 73 agregaba una frase significativa. Siguiendo la solicitud del diputado Trigo, tal frase decía: "En el rendimiento de los impuestos que el congreso federal establezca en uso de las facultades que en materia de legislación le concede esta fracción, participarán los estados y los municipios en la proporción que las autoridades federales y locales respectivas acuerden".[8] En la nueva iniciativa aparecía la percepción sobre la debilidad de los gobiernos de los estados y la necesidad de una federación más y más sólida. La postura de la comisión dictaminadora no dejaba lugar a dudas:

[6] *DDD*, 20 dic 1932, 16-17.

[7] Esta oposición legislativa es más típica del periodo 1917-1928, cuando los presidentes de la república pueden ser considerados como "legisladores fracasados". Weldon, "El crecimiento", 13.

[8] *DDD*, 14 nov 1933, 9.

porque habiendo estudiado a fondo el problema, llegamos a la conclusión de que ninguna entidad federativa tiene la potencia política y económica bastantes para enfrentarse, para poder defenderse del enorme poder económico de los monopolios eléctricos.[9]

Con esas modificaciones y consideraciones, la iniciativa fue aprobada ese mismo día por 114 votos a favor y cinco en contra. El proyecto de ley, es decir, el texto aprobado por los diputados, llegó a la cámara de senadores el 28 de noviembre y ese mismo día se dispensó el trámite de comisión y de lecturas. Así que el 20 de diciembre siguiente se presentó al pleno y tres días después fue aprobada por unanimidad en votación económica.[10]

Por lo visto, la oposición legislativa de 1932 obligó a la SH a incluir un mecanismo de participación a estados y municipios. Puede pensarse que sólo con ese agregado la iniciativa logró ser aprobada. En cierto modo, se trata de un límite claro al paulatino fortalecimiento federal. Lo que debe interesarnos además es que, junto con la omisión respecto a la iniciativa callista de 1926, ésta fue la única ocasión entre 1925 y 1949 en la que el poder legislativo opuso alguna objeción más o menos seria a las iniciativas del ejecutivo federal en este ramo.

Un ejemplo de 1940 es contrastante. La comisión dictaminadora de la cámara de diputados no sólo recomendó al pleno la aprobación de la iniciativa de reformas constitucionales del presidente Cárdenas en materia de tabaco, encaminada a establecer como facultad privativa del Congreso de la Unión la creación y administración de impuestos. El pleno la aprobó por

[9] *DDD*, 14 nov 1933, 10.

[10] *DDS*, 28 nov, 2; 20 dic, 11; 23 dic 1933, 10. Esta reforma quedó insubsistente el 13 de octubre de 1942. Como se vio en el capítulo 5, con esta última reforma a la fracción XXIX del artículo 73 se concedieron facultades al Congreso de la Unión para establecer contribuciones en los siguientes rubros: 1. Comercio exterior; 2. Aprovechamiento y explotación de los recursos naturales comprendidos en los párrafos 4 y 5 del artículo 27; 3. Instituciones de crédito y sociedades de seguros; 4. Servicios públicos concesionados o explotados directamente por la federación, y 5. Especiales sobre energía eléctrica; producción y consumo de tabacos labrados; gasolina y otros productos derivados del petróleo; cerillos y fósforos; aguamiel y productos de su fermentación, y explotación forestal. Véase *DO*, 24 oct 1942. En la reforma de 1942 se preservó la frase sobre participaciones que había sido agregada en 1933 y que por lo visto había facilitado la aprobación de la iniciativa en materia eléctrica. El texto de 1942 es como sigue: "Las entidades federativas participarán en el rendimiento de estas contribuciones especiales, en la proporción que la ley secundaria federal determine. Las legislaturas locales fijarán el porcentaje correspondiente a los municipios, en sus ingresos por concepto de impuesto sobre energía eléctrica".

unanimidad y de inmediato fue enviada a las legislaturas locales. Pero además, la comisión urgió al ejecutivo a acelerar el paso en la materia delineando incluso el camino a seguir. Según el dictamen de la comisión legislativa, la federalización del ramo del tabaco era apenas un "punto de partida" y debía determinarse "de una vez por todas" la delimitación de campos fiscales de las diversas instancias gubernamentales. Señalaba que "la meta final —a la que tendrá que llegarse al hacerse una reforma de fondo sobre nuestro sistema tributario—, habrá de ser en el sentido de estatuir que todos los impuestos sobre el comercio y la industria estén reservados exclusivamente a la federación". Recuérdese que en materia comercial ni el mismo proyecto fiscal de Cárdenas de 1936 contemplaba su federalización. El presidente de la comisión legislativa, José Hernández Delgado, señalaba que ese órgano hubiera deseado incorporar a la constitución una fórmula como que "se reservan a la federación todos los impuestos que graven al comercio y a la industria". Pero la SH, reconocía el legislador, no había madurado suficientemente estos acuerdos con los estados y hubiera sido imprudente establecer ese tipo de reforma. Pero no dejaba de presionar:

> Será necesario pues que la SH continúe esforzándose empeñosamente —como lo ha venido haciendo hasta la fecha— por celebrar acuerdos con los estados respecto a ese otro grupo de impuestos [industriales y comerciales]. Tengo entendido que van, y muy aventajadas, las pláticas encaminadas a ese fin. Me parece que en tratándose especialmente de impuestos sobre cerveza, ya existe un principio de acuerdo.[11]

Por lo visto la propia SH había tenido que apaciguar los ánimos reformadores de los diputados favorables a la federación fuerte, cosa que parecía un componente clave del radicalismo cardenista.

En la tarea de unificar los impuestos especiales referentes al tabaco, gasolina, recursos naturales e incluso de la cerveza, el procedimiento legislativo seguido mostraba ya la plena madurez del funcionamiento de la maquinaria gubernamental centralizada. Ya sin facultades extraordinarias, a partir de la discusión de la ley que federalizaba el tabaco, el patrón es prácticamente el mismo: el día en que la comisión de Hacienda presentaba su dictamen al pleno de la cámara de diputados, éste lo aprobaba de inmediato y por unanimidad. Así ocurrió en los casos de las leyes de pagos de participaciones en ingresos federales de 1940, de la ley reglamentaria del artículo 27 constitu-

[11] *DDD*, 28 ago 1940, 24.

cional en el ramo petrolero de 1941 y de la ley federal sobre ingresos mercantiles de 1947.[12] En el caso de la ley del impuesto al tabaco de 1938, el argumento dominante fue que debía aprobarse "de urgente y obvia resolución", en vista de que el ejecutivo federal ya no contaba con facultades extraordinarias. En esta ocasión hubo una pequeña discusión en torno a la redacción del artículo 9, lo que propició que tres diputados votaran en contra. También "de urgente y obvia resolución" fue la aprobación de la ley que creó el impuesto federal destinado a la CFE.[13] En todos los casos anteriores, salvo el del tabaco, la aprobación fue por unanimidad. En sentido estricto se trataba de un trámite, pero que expresaba un delicado arreglo político construido trabajosamente al menos desde 1929, con la fundación del Partido Nacional Revolucionario.

Cabe mencionar que el *DDD*, en lo relativo a la aprobación de la ley de tabaco, contiene las actas de las reuniones que sostenía el Bloque Nacional Revolucionario de la Cámara de Diputados del Congreso de la Unión. Tales actas dejan ver que dicho bloque, de filiación gubernamental, se reunía por su cuenta y tomaba acuerdos para orientar la participación de sus miembros en los trabajos legislativos. Por ejemplo, el diputado potosino Francisco Arellano Belloc argumentaba que había que aprobar la ley del tabaco de manera rápida dispensando los trámites puesto que el ejecutivo había renunciado a las facultades extraordinarias en materia fiscal. Los diputados debían colaborar con el ejecutivo y aprobar la ley "de urgente y obvia resolución".[14] En la discusión de la iniciativa presidencial sobre el gravamen al superprovecho, un diputado no tuvo empacho en decir que el secretario de Hacienda, Suárez, lo había "autorizado" a exponer en el pleno una omisión que habían encontrado en la iniciativa.[15]

Pero había ocasiones en que en el recinto de la calle de Donceles se escuchaban agudas críticas a la SH. En 1961, el diputado panista Carlos Chavira Becerra pronunció un discurso a propósito de las reformas al impuesto sobre la renta. Después de aclarar que estaba a favor de esas reformas, señalaba que no venía en representación de "concanacos, concamines, inversionistas y banqueros", sino a nombre de 3.5 millones de niños sin escuela, de los indios que morían de hambre, del 85% de los ejidatarios sin crédito. "En México no es el banquero, no es el comerciante, no es el propietario el que paga los impuestos". Tomando el ejemplo de una paca de algodón, concluía

[12] *DDD*, 31 oct 1940, 26; 21 mar 1941, 24, y 27 dic 1947, 78.

[13] *DDD*, 27 abr 1938, 15-16; 19 dic 1938, 13.

[14] *DDD*, 15 abr 1938, 21.

[15] *DDD*, 12 dic 1939, 8. El diputado era Antonio S. Sánchez.

que quienes sí pagaban impuestos eran el agricultor y el consumidor de prendas de vestir. "Decimos que México es un país donde se pagan pocos impuestos", lo que significaba plantear el problema de la evasión. "Por eso preguntaba el dato del número de personas que se encuentran calificadas por la SH". Estimaba que la evasión significaba 50% de la recaudación y por tanto exigía que en lugar de cobrar más impuestos, que arrojarían un aumento de apenas 1 000 millones de pesos, debía combatirse la evasión que, según sus cuentas, redundaría en un ingreso de 20 000 millones. Otro problema era el centralismo: el presupuesto federal representaba "nada menos que el 87% del total de los impuestos". De allí que el gobierno federal cenara opíparamente, dejando las sobras a los estados y las migajas de la segunda mesa a los municipios. A nombre de la provincia exigía una distribución más equitativa de la carga fiscal: "yo no estoy de acuerdo en que México siga siendo ese enano macrocéfalo; esta gran capital, en donde se pueden sembrar gladiolas mientras los caminos de los estados y de los municipios estén sembrados de espinas".[16] Pero este discurso no modificó el patrón y en todo caso parece más útil a este historiador que lo que fue para el fisco del país.

Por su parte, la cámara de senadores muestra un comportamiento similar a la de diputados. En efecto, las leyes e incluso las reformas constitucionales referentes a tabaco (1938 y 1940), consumo eléctrico (1938), la de pago de participaciones en impuestos federales (1940), la reglamentaria del artículo 27 en materia petrolera (1941), la de ingresos mercantiles (1947), la de supresión de la contribución federal (1948), los cambios al impuesto sobre ingresos mercantiles (1970) y de paso las de coordinación fiscal e IVA de 1978, fueron aprobadas por unanimidad, sin debate, y en ocasiones el mismo día en que se presentó el dictamen. Era excepcional que el procedimiento incluyera la segunda lectura. En la discusión de 1941 acerca de la ley reglamentaria del artículo 27, un senador solicitó analizar con mayor detenimiento el dictamen de la comisión correspondiente, pero ello no impidió que se aprobara el mismo día, incluso sin dar lectura al dictamen.[17] El 30 de diciembre de 1947 el diario *Excelsior* informaba del maratón legislativo: en un solo día el senado de la república había aprobado por unanimidad 21 leyes y decretos,

[16] DDD, 23 dic 1961, 49-50.

[17] DDS, 21 may y 27 dic 1938; 26 y 28 dic 1940; 22 abr 1941; 11 sep 1942; 29 dic 1947; 23 dic 1948; 24 dic 1970, y 22 dic 1978. La solicitud del senador en 22 abr 1941. Esta relación no se aparta mucho de las cuentas que hizo un estudioso hace tiempo acerca del comportamiento del poder legislativo frente a las iniciativas de ley enviadas por el ejecutivo federal. González Casanova, *La democracia*, 31-33; véase también Weldon, "El crecimiento", para situar este fenómeno con mayor precisión.

entre ellos, la del impuesto sobre ingresos mercantiles. Un diputado de oposición se quejaba: "Una vez más nos vemos aprobando proyectos del ejecutivo sin que éstos pasen a las comisiones dictaminadoras, por considerarlos de urgente y obvia resolución". Al día siguiente el mismo diario, en su editorial, se sumaba a esa inconformidad a propósito de la ley de defraudación impositiva:

> Pero ésta es otra desilusión que acaba de recibir el pueblo de México y que consiste en que las leyes no se discuten debidamente ni se toma más parecer para ponerlas en vigor que el de quienes las formulan como asesores técnicos del Poder Ejecutivo de la nación, porque los diputados, como ha sido costumbre en otros regímenes, se concretan a decir "sí" respecto de todas las iniciativas de ley presentadas por el ejecutivo.[18]

De cualquier manera guardar las formas tenía su importancia, aunque era evidente que las decisiones sobre los impuestos no se discutían en el poder legislativo, en un primer momento por las facultades extraordinarias y más adelante por la subordinación del Congreso de la Unión a las directrices del ejecutivo federal. ¿Entonces dónde se discutían y se tomaban las decisiones? Por lo pronto conviene revisar otra posibilidad: las convenciones fiscales. En ese sentido no sobra mencionar aquí que para hacer frente a las críticas por el maratón legislativo de fines de 1947, el secretario Beteta hizo mención a los "importantes trabajos" de la convención fiscal celebrada en noviembre de ese mismo año.[19] Dicho de otro modo, si el desprestigio del poder legislativo era tal, el ejecutivo federal podía recurrir a las convenciones fiscales como fuente de legitimación de sus medidas hacendarias.

CONVENCIONISTAS

Por su carácter especializado, la discusión en las convenciones fiscales es más sustanciosa que la de los legisladores y acaso más elocuente de la diversidad de posturas existentes sobre la materia a lo largo y ancho del país. Pero de nuevo no hay que olvidar un aspecto central: a diferencia del Congreso de la Unión, las convenciones eran meras instancias deliberativas cuyos acuerdos no pasaban de ser recomendaciones.

[18] *Excelsior*, 30 dic 1947.
[19] *El Nacional*, 7 ene 1948.

Los propios convencionistas buscaban deslindarse de los legisladores e incluso del poder legislativo, creando un nuevo espacio institucional para resolver las cuestiones fiscales. En la convención catastral de 1923, el delegado neoleonés, un rudo crítico del gobierno federal, agradeció la "simpática actitud" de la SH al haber invitado a los hombres de negocios y contribuyentes a colaborar en el estudio del arduo problema fiscal, contrastando con el proceder de las cámaras federales, "que han pretendido excluir de su seno a los hombres de negocios, por egoísmos o tendencias que no son del caso precisar en estos momentos".[20] En la primera convención fiscal de 1925 este mismo asunto adquirió mayor peso cuando algunos delegados propusieron crear una instancia oficial que definiera la política fiscal. Gómez Morín era uno de sus más entusiastas promotores. Sin embargo, los mismos delegados cayeron en la cuenta de que la formación de esa instancia implicaría crear un "cuarto poder", ya que dejaba de lado al poder legislativo.[21] Eso llevaba a la necesidad de introducir reformas constitucionales que difícilmente tenían algún grado de viabilidad en ese momento puesto que significaban una modificación sustancial de la organización política del país. Pero el argumento iba en favor de crear, como decía Gómez Morín, un cuerpo especializado para "la labor técnica" para distinguirlo del cuerpo destinado a la "labor política". Afirmaba que aquel organismo se encargaría de definir los nuevos impuestos con base en el conocimiento científico y técnico, capaz de eludir las presiones políticas, algo que difícilmente podía ocurrir en el Congreso de la Unión y en los congresos locales.[22]

Ignacio García Téllez, delegado de Guanajuato a la primera convención fiscal, llegó a decir que al principio los convencionistas consideraron seriamente la posibilidad de otorgar poder a la convención con el fin de que "los impuestos no estuvieran sujetos a la diversidad de opiniones políticas de los diputados que tienen participación en la formación de las leyes de ingresos y egresos, individuos que casi siempre son políticos y rara vez técnicos".[23] Los

[20] SHCP, *Convención catastral*, 53-54.

[21] El delegado sonorense, Alfonso Romandía, señaló que esa iniciativa significaba dar vida a una autoridad con un poder aún mayor que el del supremo poder conservador de las bases orgánicas de 1843, refiriéndose en realidad a la segunda ley constitucional de diciembre de 1836. SHCP, *Primera convención*, 221. Sobre las atribuciones de ese poder conservador, véase Tena Ramírez, *Leyes*, 208-212. Se verá que Romandía exageraba.

[22] SHCP, *Primera convención*, 220-221, 231. Sobre las ideas de Gómez Morín en torno al "cuarto poder" o consejo técnico, que eran parte de un proyecto más amplio de reorganización de la política y la economía del país, véase Krauze, *Caudillos*, 212-214.

[23] SHCP, *Primera convención*, 220. En su calidad de secretario de gobierno de Guanajuato, García Téllez repitió en cierto modo este argumento a la hora de convocar a fines de

convencionistas creían que la cuestión fiscal era un asunto demasiado serio como para dejarlo en manos de una representación popular sin calificación y más preocupada por asuntos políticos. En eso coincidían con el secretario de Hacienda Montes de Oca, quien años después se lanzaría en contra del poder legislativo y argumentaría a favor de un ejecutivo federal fuerte:

> A la inversa, cuando el ejecutivo no es fuerte o cuando ha permitido, por olvido de los antecedentes de la historia mexicana, que el legislativo use de mayores facultades de las que es conveniente, se crean situaciones propicias a la intervención perniciosa de un poder tumultario, poco reflexivo e irresponsable —como es el legislativo— en asuntos tan vitales para la estabilidad material y económica del gobierno como la integración de la rama administrativa en Guerra y en Hacienda.[24]

Ya se vio que de la segunda convención fiscal resultó una comisión permanente y que de la tercera surgió una comisión ejecutiva del plan nacional de arbitrios (más tarde comisión nacional de arbitrios), organismos que parecían responder a las preocupaciones "tecnocráticas" de los convencionistas de 1925.[25]

Las convenciones fiscales eran organizadas por la SH. Las memorias que registraron las labores de las tres que se realizaron a lo largo del siglo (1925,

1925 a un congreso de ayuntamientos. Entre otros temas, el congreso debía tratar el de la hacienda municipal, "muy principalmente para unificar los sistemas de imposición en los ayuntamientos, evitando la diversidad de métodos, tarifas y gravámenes en general, pues es innegable que la unidad política debe ser consecuencia ineludible de la unidad científica en el sistema de imposición". AIGT, caja 1, carpeta 17: carta de 10 nov 1925 de García Téllez al presidente municipal de León.

[24] FAPEC-FT, PEC, exp.1, leg. 5, inv. 3783, ff. 241-247: "Memorándum para el señor general Calles relativo a la reglamentación del artículo 76 constitucional". El documento carece de fecha y de autor, pero por su contenido puede pensarse que Montes de Oca lo escribió en 1931. Es una respuesta a la iniciativa presentada por los dos senadores sinaloenses para reglamentar la fracción II de ese artículo que obligaba al ejecutivo federal a someter a la ratificación del senado el nombramiento de los "empleados superiores" de Relaciones Exteriores, Guerra y Hacienda. Montes de Oca sugería de plano reformar la constitución para eliminar esa facultad legislativa, o bien cabildear para lograr que los senadores retiraran la iniciativa.

[25] Eduardo Villaseñor relata que durante la gestión de Luis Montes de Oca al frente de la SH (1927-1932) y a instancias de Gómez Morín se creó un Departamento Técnico Fiscal que sirvió no sólo para preparar los proyectos de reformas fiscales sino para formar personal altamente calificado en la materia. De allí surgieron funcionarios como Eduardo Bustamante, Ramón Beteta, Emigdio Martínez Adame, Ignacio Navarro, José Vázquez Santaella. Véase Villaseñor, *Memorias*, 123.

1933 y 1947) reflejan las prioridades del momento y constituyen una espléndida fuente para abordar el rumbo a veces azaroso del fortalecimiento del gobierno central y su relación con las entidades federativas y con diversos grupos sociales.[26] En la primera pueden encontrarse confrontaciones abiertas con el ejecutivo federal, que quizá obedecían al radicalismo de la propuesta de la SH, condensada en la multicitada iniciativa de reforma constitucional de 1926. Del mismo modo en la segunda pueden apreciarse diferencias claras entre las partes, aunque en menor medida. La última, de 1947, muestra una mayor propensión de los delegados estatales a sumarse a las posturas de la SH, lo que no significa que no hubiera críticas y diferencias de fondo, como las que se han mencionado antes acerca del plan nacional de arbitrios. El problema con la memoria de la última convención es que el lenguaje es mucho más cuidadoso y matizado.

En todos los casos la iniciativa y la agenda provinieron de la SH. Ninguna de ellas se salió del control federal e incluso sus recomendaciones sirvieron a la SH como argumento de legitimación de sus quehaceres centralizadores. Tal vez por eso el diputado Fabila no dudaba en tildar de "farsa" la convención fiscal de 1925:

> El señor Pani desde el año pasado se nos ha transformado en el socialista más furibundo: organizó su convención fiscal en la que, como dijera yo en algunas declaraciones a la prensa, campea vigorosa y brillantemente el principio de que el Estado debe recuperar para la colectividad la mayor parte de los bienes que sobrepasen las necesidades de los individuos [...] La manera en que el señor Pani en su farsa de convención fiscal hizo que los representantes de los estados aprobaran acuerdos en virtud de los cuales los fiscos locales irían o deberían ir, poco a poco, uniformando la tasa de sus impuestos y las disposiciones fiscales relativas. Naturalmente como los estados no pueden hacer esto de golpe ni dictatorialmente [...] el único que aprovechó esta convención fiscal fue el señor Pani, que ha seguido, en virtud de los acuerdos firmados por los representantes de los estados interesados, avorazándose sobre los pequeños recursos de las entidades federativas.[27]

En la primera convención, celebrada entre el 10 y el 22 de agosto de 1925, los asistentes recibieron de la tesorería de la federación el pago de los traslados y viáticos de 20 pesos diarios. Al igual que en la convención catas-

[26] Díaz Cayeros, "Political Responses", 52.
[27] *DDD*, 29 nov 1926, 10-11.

tral celebrada en diciembre de 1923, los representantes federales presidieron los trabajos de las tres convenciones y mantuvieron un férreo control sobre las deliberaciones y las conclusiones.

En la primera, el problema medular para la SH era la concurrencia fiscal. En la convocatoria suscrita el 22 de julio de 1925 por el secretario Pani, se lee que

> Cada estado establece su propio sistema de tributación, el gobierno federal mantiene el suyo y como los objetos del impuesto son los mismos, como no hay un plan concreto y definido de limitación entre la competencia federal y las competencias locales para crear impuestos, como a menudo los estados rivalizan unos con otros haciéndose verdaderas guerras económicas y creando, a título de impuesto de compra venta, *verbi gratia*, verdaderos derechos locales de importación, a fin de sostener los impuestos interiores de producción que indebidamente establecen, el impuesto se hace cada vez más oneroso por la multiplicidad de cuotas, multas y recargos, creciendo la complejidad del sistema y aumentando en forma desproporcionada e injustificable los gastos muertos de recaudación, inspección y administración de las rentas públicas. Como no hay acuerdo entre los estados y la federación, a menudo acontece que las leyes de impuestos son contradictorias, concurren sobre una misma fuente recargándola extraordinariamente y dejan libre de gravamen otras fuentes.[28]

Desde esta primera convención era evidente que el asunto fiscal tenía un enorme trasfondo. Los delegados de Puebla, el senador Francisco Trejo, y el de Sonora, Romandía, fueron los más beligerantes y recelosos, aunque quizá no eran tan sabios como el representante federal Manuel Gómez Morín, el delegado tamaulipeco Marte R. Gómez o el guanajuatense Ignacio García Téllez.[29] Los trabajos fueron presididos por un alto funcionario de la SH, Fernando de la Fuente, el mismo que había encabezado la delegación federal en la convención catastral; también había participado con Gómez

[28] SHCP, *Primera convención*, 6-7. En la sesión inaugural, Pani hizo alarde del anticlericalismo gubernamental diciendo que felicitaba a los representantes estatales por elevarse "hasta la altura de Dios mismo, repitiendo el milagro bíblico de la creación del mundo en siete días, al hacer surgir con vuestras sensatas y patrióticas resoluciones, el orden fiscal y la prosperidad económica, de la caótica confusión de innumerables impuestos que gravitan pesadamente sobre la industria y el comercio".

[29] En esta convención surgió la amistad entre Marte R. Gómez y Manuel Gómez Morín que se mantuvo durante décadas. La correspondencia entre ellos puede consultarse en AMGM, Personal, Correspondencia Particular, Marte R. Gómez.

Morín en la elaboración de la ley del Banco de México. Para aprobar una recomendación, según el mecanismo de votación propuesto por De la Fuente y aceptado por la asamblea, se requerían 15 votos de los estados más el de la representación federal.

En la prensa capitalina aparecían puntos de vista distintos a los federales. Por principio de cuentas, según un diario, algunos delegados se mostraban escépticos acerca del resultado de la convención porque dudaban que los estados concedieran más facultades a la federación. Según ese punto de vista, el problema más grave era "la enorme desproporción que hay entre la carga federal que soportan los contribuyentes y la que les imponen los estados y municipios". Sin citar sus fuentes, el diario recogía señalamientos de delegados que explicaban que 72% de los ingresos públicos correspondían a la federación, 18 a los estados y el restante 10% a los municipios.[30] De acuerdo con estas opiniones, la convención debía tener otros objetivos, tales como derogar el impuesto del timbre y combatir el centralismo fiscal. Incluso la anarquía se explicaba de manera diametralmente distinta a la forma que lo hacía la SH: su origen era la pesada carga federal.[31]

En las memorias de estas reuniones hay varios "incidentes" que deben destacarse. Uno de ellos tuvo que ver con la definición de la agenda de la primera convención, que fue elaborada de antemano por la SH, reflejando las prioridades federales referentes a acabar con la anarquía y unificar y uniformar los impuestos. Por eso se daba prioridad a la concurrencia. Pero en la sesión del 19 de agosto el senador Trejo propuso incluir otros temas que eran del mayor interés de los estados, a saber, la contribución federal, la liquidación de deudas de los estados, el auxilio recíproco de los estados y la federación respecto de éstos para hacer efectivos los adeudos en favor de los mismos estados.[32] En la sesión del 21 de agosto una de las comisiones propuso de plano la reducción de la contribución federal a 5%. Obviamente la propuesta no pasó. La SH recurrió al delegado tamaulipeco Gómez para que en lugar de esa recomendación enfática y directa la asamblea aprobara un tibio y hasta lambiscón llamado al patriotismo del presidente Calles para acelerar la supresión de ese gravamen. Quizá como expresión del carácter de la reunión, la propuesta de Gómez empezaba con un indefendible indicio de debilidad de la representación de los estados: decía que los miembros

[30] Según el cuadro 3, en 1929 la repartición era como sigue: 78% federación, 14% estados y 8% municipios.

[31] *Excelsior*, 9, 11 y 12 ago 1925.

[32] SHCP, *Primera convención*, 42.

de la convención tenían "noticias extraoficiales" de que la supresión de dicha carga estaba contemplada en el "programa hacendario del gobierno federal". Esto era cierto: a iniciativa del gobierno federal la contribución federal desaparecería, pero 24 años después, según se vio en un capítulo anterior.

En otra ocasión el tamaulipeco Gómez volvió a fungir en los hechos como delegado federal. En las discusiones sobre el impuesto a la propiedad territorial, Gómez pronunció un furibundo discurso en contra de algunos delegados estatales, que temían que su firma pudiera traer consigo pérdidas fiscales a sus entidades:

> Si en la tesis o en la doctrina estamos conformes y lo único que nos separa son suspicacias sobre si al votar estas conclusiones perderemos para nuestros estados tal o cual fuente de riqueza, yo creo que nos estamos saliendo del objeto mismo de esta convención. Como una garantía de que lo que proponemos no es un ardid para retirar fondos a los estados y darlos a la federación, bastaría consignar que de los nombres de la comisión a la que le toca resolver este punto, dos son delegados por los estados, y tan celosos como puede serlo cualquiera de ustedes; pero no se trata ahora de averiguar cuál va a ser el destino que se dé a los impuestos que se deriven de gravar la renta que de estos capitales se desprende. Además, no tenemos el compromiso para nuestros gobiernos de obligarlos a lo que aquí acordemos; estamos tratando sólo de llegar a conclusiones en que la teoría sea generalizada, y no habremos llevado a buen término nuestras discusiones si venimos como ogros a defender intereses que nadie trata de lesionar.[33]

Gómez concluyó su discurso con la frase que sirve de epígrafe de este capítulo referente a la posibilidad de que la federación impusiera por la fuerza su dominio sobre determinados ramos imponibles. No cabe duda que Gó-

[33] SHCP, *Primera convención*, 82-83. La figura de Gómez puede ilustrar un patrón en la carrera política de estos hombres. Luego de ser gobernador de Tamaulipas, Gómez muy pronto se incorporó al gobierno federal. De hecho en 1932 fue subsecretario (y en 1934 secretario) de Hacienda y como tal encabezó los trabajos de la segunda convención fiscal de 1933. En esta reunión también participaron Ramón Beteta, como delegado de Aguascalientes, y Eduardo Bustamante, de la delegación federal. Véase SHCP, *Segunda convención*, I, 22-23. Ambos fueron secretario y subsecretario de Hacienda en el gobierno alemanista; como tales presidieron los trabajos de la tercera convención fiscal. Por lo visto seguían las enseñanzas panistas, es decir, de Pani. Otros participantes en la segunda convención eran Bartolomé Vargas Lugo (Hidalgo), Ezequiel Padilla (Guerrero), Jesús González Gallo (Jalisco) y Salomón González Blanco (Chiapas), casi todos gobernadores de sus estados en algún momento. Un análisis pormenorizado del perfil político y técnico de los delegados de las tres convenciones fiscales se halla en Díaz Cayeros, "Political Responses", 352-371.

mez exageraba ya que en materia fiscal, como se ha tratado de mostrar, el poderío federal estaba sumamente acotado.

En la última sesión, del sábado 22 de agosto, se ventiló el que quizá era el problema más delicado y complejo, el de concurrencia fiscal. Éste era importante entre otras cosas porque implicaba reformar la constitución para delimitar con claridad los ámbitos fiscales de la federación y de las autoridades locales. Después de un agudo dictamen que ya ha sido comentado, la comisión proponía una distribución de las fuentes de impuestos: a las autoridades estatales correspondían los impuestos sobre la propiedad territorial, sobre los actos no comerciales realizados en su jurisdicción y sobre concesiones que recayeran en servicios locales; por su parte, a la federación le correspondían los impuestos sobre comercio e industria, con participaciones a los estados. Igual ocurría con el impuesto sobre sucesiones y donaciones, que sería local, pero con participación. Para los impuestos especiales se debía seguir un procedimiento de coordinación y serían fijados por convenciones fiscales específicas; serían manejados de manera conjunta por autoridades locales y federales. Los estados definirían por su cuenta cuáles impuestos locales y qué parte de las participaciones federales corresponderían a los municipios. Ante esta propuesta el senador poblano expresó su abierta oposición e incluso sugirió que el dictamen fuera retirado hasta contar con mejores elementos de juicio.[34] En esa ocasión la defensa de la postura federal corrió a cargo del presidente de la convención. De la Fuente señaló que

> Verdaderamente me ha llamado la atención el empeño del señor Trejo de enfrentar a los estados a la federación [...] ¿Quién de ustedes, señores, ha podido siquiera sospechar la existencia de una emboscada de parte de la federación? Hemos puesto a los ojos de todos los delegados el contingente de datos, de estudios que la Secretaría de Hacienda pacientemente ha elaborado, no con un fin de egoísmo centralista creciente, sino con un fin de salud nacional [...] Debemos apartarnos de todo aquello que no sea la salud de México. Aquí no hay representantes de la federación ni representantes de los estados, habemos [*sic*] mexicanos que tenemos enfrente un gran problema nacional.[35]

La postura de Trejo apenas logró ser derrotada por los representantes de la SH.

Con la segunda convención de 1933, compuesta según Díaz Cayeros

[34] SHCP, *Primera convención*, 218-222.

[35] SHCP, *Primera convención*, 227.

por delegados estatales de mayor rango político que los participantes en la convención de 1925, la SH pretendía hacer una evaluación de los avances logrados desde la celebración de la primera en 1925 y tomar medidas para acelerar la modernización fiscal. Era claro el vínculo entre ambas. Aunque algunos delegados se dieron tiempo para ir a visitar al general Calles a Cuernavaca, en esta ocasión tampoco faltaron las polémicas y las reivindicaciones de la soberanía estatal ante las pretensiones de la SH.[36] Uno de sus acuerdos fue "dar vida dentro del régimen constitucional del país a la Convención Nacional Fiscal como organismo de coordinación y consulta obligatorias en materia impositiva", lo que recuerda el organismo que se contemplaba en la iniciativa de 1926. En esta convención destaca la firme oposición de las delegaciones estatales a ceder el impuesto sobre capitales, es decir, herencias, legados y donaciones, cosa que la SH pretendía alegando la necesidad de uniformar los impuestos, lo mismo que en lo relativo al impuesto predial.

Uno de los aspectos sobresalientes de la tercera convención es el fracaso federal en el propósito de suprimir los impuestos a la producción agrícola, cosa que tácitamente se había aprobado en la segunda convención. Esos impuestos eran locales y en algunos estados significaban una aportación considerable de los ingresos, como en Yucatán, Campeche, Nayarit, Veracruz y el Estado de México.[37] En la tercera convención el delegado de este último estado, el senador López Mateos, se destacó por su rechazo a la consigna federal contraria a los impuestos a la agricultura. La sola cuota de cinco pesos por tonelada de maíz, decía el senador, producía un millón de pesos al año al erario local, monto nada despreciable si se considera que los ingresos brutos de esa entidad eran de 15 millones de pesos en 1947.[38] En cierto modo las convenciones servían a la SH para medir el terreno y ver hasta dónde se podía empujar. No debe olvidarse que en la tercera convención la SH consideró prudente retirar su propuesta de reformas a la constitución para incluir el plan de arbitrios.

[36] Díaz Cayeros, "Political Responses", 368. La visita a Calles en *El Nacional*, 23 feb 1933. En la edición de 1 mar 1933 de este mismo diario se lee que "Los delegados prosiguieron en su tarea de defender a toda costa la soberanía de los estados [...] mereciendo un reproche gentil del ingeniero [Marte R.] Gómez". Éste afirmó que los estados "estaban en la convención esgrimiendo fuertemente la soberanía de sus entidades contra la federalización de una ley, posponiendo así el interés general que encerraba aquella resolución tan trascendental", referida al impuesto sobre herencias, legados y donaciones.

[37] SHCP, *Segunda convención*, I, 163; SHCP, *Tercera convención*, II, 192-193.

[38] SHCP, *Tercera convención*, II, 193. También se opusieron, con el mismo argumento, los delegados de Nayarit y Colima.

Pero, como se dijo, en este ámbito tampoco se tomaban las decisiones en materia fiscal. Si no era en el Congreso de la Unión ni en estas convenciones, cabe preguntarse cuál era entonces el ámbito efectivo. Como se vio, salvo algunos vetos en materia de impuestos a los capitales y a la producción agrícola y la oposición a la reforma constitucional en materia eléctrica en 1932-1933, el ejecutivo federal tuvo manos prácticamente libres en este rubro de las políticas públicas. Con estas facultades legales y con estos poderes no legales, el gobierno federal contribuyó a moldear la nación.

Sin embargo, esta conclusión es engañosa porque, como se ha visto, en muchos casos los verdaderos obstáculos a las políticas federales no se hallaban ni en el congreso ni en las convenciones. Más bien, como lo muestra la evidencia en torno al sistema de participaciones, los escollos eran los gobiernos de los estados y los grupos empresariales. Es evidente que, aparte del poder legislativo y de las convenciones, existía otro ámbito de deliberación y negociación al que apenas se puede tener acceso en este momento, en vista de las fuentes utilizadas. Una pista sobre este tercer ámbito de la vida fiscal, que aparece como el más importante, es la siguiente.

En 1973 una estudiosa señalaba que el gobierno alemanista había creado el consejo consultivo de política económica y fiscal, como organismo permanente encargado de recoger la opinión de los sectores privados sobre las iniciativas de carácter económico del ejecutivo federal, antes de someter los proyectos de ley al congreso. Su comentario a pie de página es éste:

> si el Congreso de la Unión es el foro más adecuado para estudiar, discutir y ajustar los proyectos de la ley, por qué dichos proyectos se han discutido y acordado antes de pasar al congreso, en foros cerrados en los que, por lo demás, no ha existido representación de los obreros, los campesinos, los profesionales independientes y demás trabajadores asalariados.[39]

Ese consejo había sido creado por la administración alemanista a "solicitud de la Confederación de Cámaras Industriales", según explicaba el secretario Beteta en 1950. El funcionario agregaba que tal organismo no implicaba la "resignación de las facultades de que constitucionalmente están investidos los órganos del poder público". El objetivo era "tener en cuenta la opinión de los sectores privados afectados, antes de iniciar ante el Congreso de la Unión la expedición de disposiciones de carácter económico".[40] Y hay in-

[39] Navarrete, "La evolución", 48-49.
[40] Beteta, *Tres años*, 138.

dicios que hacen pensar que este mecanismo funcionó en los años sucesivos: en diciembre de 1970 un dirigente empresarial criticaba al nuevo gobierno del presidente Echeverría por no haber seguido "la sana costumbre [de los últimos años] de dar a conocer a las organizaciones nacionales de empresarios las iniciativas de ley que, directa o indirectamente, pueden afectar la vida económica de México y el normal funcionamiento de las empresas".[41] Ciertamente un arreglo de cúpulas en el sentido más preciso del término no requería una instancia formal, pero la precaución constitucionalista de Beteta y la queja de Navarrete hacen pensar que tal organismo era algo así como la antesala del entendimiento más íntimo entre autoridades federales y grandes empresarios, que dejaba atrás por igual a legisladores y a convencionistas e incluso a gobernadores de estados "importantes" y de paso al modelo de "república representativa, democrática [y] federal", según la definición del artículo 40 de la constitución. Como se ve, se trata de una dimensión compleja que futuras investigaciones deberán dilucidar con cuidado.[42] Por lo pronto aquí hemos tratado de dibujar el perfil de la actuación gubernamental federal, apenas uno de los protagonistas de esta compleja dimensión de la vida social.

[41] En Tello, *La política económica*, 45.

[42] Una aproximación a esta dimensión puede verse en Maxfield, *Governing Capital*, 85-93. Muy ilustrativa en ese sentido es la labor de cabildeo realizada por grupos de empresarios en torno a las tarifas arancelarias en la década de 1920, temática que ha empezado a estudiar Márquez, "Protección", 20-26.

10

LAS VISIONES LOCALES

> Los municipios se han convertido —y hay que decirlo con franqueza— en un lastre de los estados, y los estados en un padrastro de los municipios; los estados en un lastre para la federación y la federación en un padrastro de los estados. Digo esto porque si no existe libertad económica no podrá existir tampoco libertad política.[1]

¿Qué ocurría en los estados y en los municipios? ¿Cuál era la actitud frente a la concentración tributaria? ¿Cuáles eran los argumentos, las percepciones, las consideraciones e incluso las justificaciones? Este capítulo busca adentrarse en la vida fiscal de las entidades federativas y de los municipios tanto en relación con el gobierno federal como en sus relaciones entre sí. Se trata de desagregar el plano nacional que ha predominado hasta ahora y conocer los efectos y las reacciones ante el proceso de concentración fiscal. Los estados opusieron diversas formas de resistencia, buscaron mejorar su recaudación y acrecentar las participaciones, también intentaron compensar su debilidad fiscal negociando con el gobierno federal mayores inversiones, préstamos, subsidios, dispensas y demás. Esto último fortaleció el presidencialismo, cuya disponibilidad presupuestal era cada vez más grande en relación con la de los estados y municipios.

Estos fenómenos son complejos por sí mismos y también por la gran diversidad de modalidades y ritmos que pueden apreciarse en las entidades federativas. Por esa razón, se ha creído conveniente comenzar con una caracterización general del comportamiento hacendario de los gobiernos estatales. Obviamente se requieren investigaciones más detalladas para avanzar correctamente en este sentido. Por ahora sólo se trata de ensayar una forma de

[1] Fragmento de una intervención del delegado coahuilense en la convención fiscal de 1947. SHCP, *Tercera convención*, II, 94.

aproximación lo más precisa posible y fundamentar líneas de investigación que puedan retomarse en el futuro.

DESIGUALDAD REGIONAL

Con impuestos en declive, como el predial y los de comercio e industria, con participaciones en impuestos federales cada vez más abundantes pero también cada vez menores respecto al tamaño de los ingresos federales, los estados tampoco tuvieron acceso a nuevas fuentes de ingreso, como las descentralizadas o el endeudamiento, como empezaría a ocurrir a partir de 1950 con las finanzas federales. Un rasgo que habla de la precariedad de las haciendas locales es que el acceso al crédito era insignificante, lo que obedecía no a una suficiencia presupuestal sino a que "el crédito público a las entidades federativas —decía un estudio publicado en 1956— apenas está en vías de formación".[2] Si se hace el cálculo grueso siguiendo los totales de los cuadros de los *AEEUM*, puede afirmarse que en 1955 la deuda constituía el 8% del ingreso estatal total, 10 años después arrojaba un discreto 5% y 9% en 1970.[3] Sin embargo, si se repara en qué entidades contrataban esa deuda, el resultado es sugerente. Aunque se carece de datos para hacer la estimación de 1955, resulta que una sola entidad era la responsable de 25% del endeudamiento total del conjunto de entidades en 1960, de 80% en 1965 y de 84% en 1970. Tal entidad era el Distrito Federal.

Las tendencias anotadas variaban según los estados. En las entidades ricas, es decir, las de mayores ingresos, los impuestos al comercio y a la industria tenían mayor peso que en los estados de bajos ingresos, rasgo que no varía gran cosa a lo largo del periodo 1900-1949. Del mismo modo las participaciones federales y el endeudamiento son mayores en los estados ricos. En las entidades "con desarrollo unilateral y bajo", los impuestos especiales (henequén, tabaco) eran los más importantes.[4]

Hay que insistir en la distinción entre estados. La heterogeneidad del país se palpa en la desigualdad del monto de los ingresos fiscales. Los cua-

[2] Servín, *Las finanzas*, 49-50.

[3] Estos cálculos provienen de *AEEUM 1962-1963*, cuadro 15.6; *AEEUM 1960-1961*, cuadro 15.6; *AEEUM 1964-1965*, cuadro 15.8, y *AEEUM 1970-1971*, cuadro 15.8. El peso del endeudamiento en los ingresos municipales era todavía menor: 1% en 1955, 9% en 1960, 2% en 1965 y 5% en 1970. Las estimaciones sobre municipios se basan en *AEEUM 1964-1965*, cuadro 15.12 y *AEEUM 1970-1971*, cuadro 15.12.

[4] Servín, *Las finanzas*, 75-76.

dros 9 y 10 brindan dos aproximaciones a la diversidad apreciable en las entidades entre 1910 y 1970. El primero es un simple listado que considera el monto de los ingresos brutos y el segundo es el mismo listado pero con base en el ingreso bruto per cápita. Del análisis de esos cuadros quedan claros varios movimientos que vale la pena destacar. Si se fija la atención en el cuadro 9 se ve que cuatro estados norteños (Sonora, Tamaulipas, Sinaloa y sobre todo Nuevo León) mejoran de manera destacada entre 1910 y 1970. Ese comportamiento contrasta con los estados que descienden, que corresponden al centro del país, como Puebla, Michoacán e Hidalgo. Pero esa caída es mucho más dramática en el caso de Yucatán, fenómeno que parece reflejar la crisis henequenera y la estrecha dependencia que guardaba la hacienda local con respecto a ese cultivo. Llama la atención el hecho de que los cambios principales ocurren después de 1930, lo que se confirma con los movimientos más palpables, es decir, el ascenso de Nuevo León y el descenso de Yucatán. Este indicio es uno de los que muestra la importancia de las décadas de 1930 y 1940 en la configuración del proceso general. En ese mismo sentido debe entenderse la persistencia del panorama porfiriano hasta 1930: en 1910 las entidades de mayores ingresos son las del centro del país, incluyendo a Jalisco y Veracruz. Sesenta años después, estas dos más el Estado de México, se sostienen como entidades con grandes ingresos, pero se ven acompañadas por los estados norteños ya mencionados. Si se quiere, el cuadro 9 refleja el arribo del norte a estas cuentas y el descenso de entidades del centro, particularmente Hidalgo. El grupo de entidades de bajos ingresos muestra muy pocas variaciones; son los estados más pequeños en términos territoriales y/o de menor población. Un caso singular es Baja California, cuya escasísima población no fue obstáculo para beneficiarse de una peculiar dinámica fronteriza que parece explicar su boyante situación fiscal.

La revisión del per cápita en el cuadro 10 confirma varios indicios que sugiere el cuadro 9. Por un lado, muestra el ascenso de las entidades norteñas, no obstante el ascenso y descenso de Coahuila y Tamaulipas, y por otro refleja el descenso de entidades del centro y sureste del país, en este caso Hidalgo y sobre todo Yucatán. El per cápita también parece mostrar una mejoría discreta pero sostenida de las entidades "ricas", según el tamaño de sus ingresos, del centro del país, especialmente México y Jalisco, y en menor escala Veracruz. Los cuadros 9 y 10 permiten observar que los cambios más notables se aprecian en las entidades con ingresos mayores. En contraste, es palpable la continuidad de los estados de menores ingresos, casi todos situados en el centro y sur del país.

CUADRO 9

ORDEN DECRECIENTE DE LAS ENTIDADES FEDERATIVAS POR MONTO DE SUS INGRESOS BRUTOS, *1910-1970*

1910	*1930*	*1950*	*1970*
1. Yucatán	1. **Veracruz**	1. **Jalisco**	1. **Guanajuato**
2. **Jalisco**	2. **Baja California**	2. **Coahuila**	2. **Nuevo León**
3. Michoacán	3. **Jalisco**	3. **Veracruz**	3. **México**
4. Puebla	4. Yucatán	4. **Sonora**	4. **Jalisco**
5. Hidalgo	5. Puebla	5. **México**	5. **Sonora**
6. **Chihuahua**	6. **Sonora**	6. **Chihuahua**	6. **Veracruz**
7. Durango	7. **México**	7. **Baja California**	7. Sinaloa
8. **México**	8. **Tamaulipas**	8. **Nuevo León**	8. **Chihuahua**
9. **Veracruz**	9. Hidalgo	9. **Tamaulipas**	9. **Baja California**
10. **Guanajuato**	10. **Coahuila**	10. **Chiapas**	10. **Tamaulipas**
11. San Luis Potosí	11. Sinaloa	11. Sinaloa	11. Durango
12. **Oaxaca**	12. **Guanajuato**	12. Puebla	12. Puebla
13. Guerrero	13. Michoacán	13. **Guanajuato**	13. Michoacán
14. **Coahuila**	14. **Chihuahua**	14. Yucatán	14. Guerrero
15. **Zacatecas**	15. **Nuevo León**	15. Guerrero	15. San Luis Potosí
16. **Nuevo León**	16. **Oaxaca**	16. San Luis Potosí	16. **Chiapas**
17. Morelos	17. Tabasco	17. Hidalgo	17. **Coahuila**
18. Sinaloa	18. **Chiapas**	18. Michoacán	18. **Oaxaca**
19. **Sonora**	19. Durango	19. Durango	19. Morelos
20. Tlaxcala	20. Guerrero	20. **Zacatecas**	20. Yucatán
21. **Chiapas**	21. Baja California Sur	21. **Oaxaca**	21. **Zacatecas**
22. **Baja California**	22. Morelos	22. Tabasco	22. Tabasco
23. Querétaro	23. **Zacatecas**	23. **Nayarit**	23. Baja California Sur
24. Aguascalientes	24. San Luis Potosí	24. Baja California Sur	24. Hidalgo
25. **Tamaulipas**	25. **Nayarit**	25. Morelos	25. **Nayarit**
26. **Nayarit**	26. Tlaxcala	26. Aguascalientes	26. Campeche
27. Campeche	27. Querétaro	27. Colima	27. Quintana Roo
28. Tabasco	28. Campeche	28. Tlaxcala	28. Colima
29. Colima	29. Aguascalientes	29. Campeche	29. Aguascalientes
30. Quintana Roo	30. Quintana Roo	30. Quintana Roo	30. Tlaxcala
31. Baja California Sur	31. Colima	31. Querétaro	31. Querétaro

FUENTE: cuadro A5. Las 14 entidades que aparecen en negritas son las que se opusieron al impuesto sobre ingresos mercantiles entre 1948 y 1972. Véase mapa 1. Para situar en 1910 a Baja California, Baja California Sur, Nayarit y Oaxaca, que no aparecen en la fuente del cuadro A5, se recurrió con fines meramente indicativos a las cifras de Servín, *Las finanzas*.

Una forma de profundizar en estos movimientos es seguir la pista de 14 entidades federativas que se opusieron a coordinarse con la SH a propósito del impuesto federal sobre ingresos mercantiles entre 1948 y 1972. Esas entidades aparecen sombreadas en el cuadro 9 y en el mapa 1. El lector debe observar la manera como la mayoría de esas entidades se van acomodando,

CUADRO 10

INGRESO BRUTO PER CÁPITA DE LAS ENTIDADES FEDERATIVAS, 1910-1970

(pesos de 1970)

1910		*1930*		*1950*		*1970*	
Yucatán	88	Quintana Roo	398	Baja California Sur	399	Baja California Sur	693
Campeche	49	Baja California	257	Baja California	353	Quintana Roo	593
Chihuahua	46	Baja California Sur	194	Quintana Roo	309	Nuevo León	464
Durango	42	Sonora	111	Sonora	240	Sonora	460
Colima	39	Yucatán	109	Coahuila	184	Baja California	388
Tabasco	38	Tamaulipas	94	Colima	148	Guanajuato	359
Sonora	37	Tabasco	77	Nuevo León	107	Sinaloa	305
Zacatecs	31	Sinaloa	74	Chihuahua	102	Durango	260
Sinaloa	30	Campeche	74	Campeche	101	Campeche	252
Hidalgo	29	Coahuila	67	Tampaulipas	97	Jalisco	234
Jalisco	28	Morelos	66	Aguascalientes	96	Chihuahua	233
Michoacán	27	Nuevo León	62	Nayarit	94	Colima	207
México	27	Chihuahua	53	Yucatán	94	Morelos	204
Chiapas	26	Colima	51	Jalisco	86	México	201
Puebla	25	Hidalgo	48	Sinaloa	84	Tamaulipas	187
Morelos	25	Nayarit	46	Tabasco	81	Yucatán	161
San Luis Potosí	24	Veracruz	43	Morelos	69	Aguascalientes	133
Aguascalientes	24	Aguascalientes	39	Chiapas	66	Tabasco	133
Tlaxcala	24	Tlaxcala	37	México	64	Coahuila	124
Guerrero	22	Jalisco	37	Veracruz	62	Veracruz	122
Veracruz	20	México	33	Durango	60	San Luis Potosí	118
Guanajuato	18	Durango	32	Guerrero	51	Nayarit	117
Tamaulipas	18	Chiapas	31	Zacatecas	48	Guerrero	114
Coahuila	18	Puebla	31	San Luis Potosí	47	Zacatecas	111
Querétaro	17	Querétaro	31	Hidalgo	46	Tlaxcala	101
Nuevo León	12	Guanajuato	28	Tlaxcala	46	Michoacán	100
Baja California		Michoacán	26	Guanajuato	37	Chiapas	95
Baja California Sur		Zacatecas	18	Puebla	32	Puebla	95
Nayarit		Guerrero	17	Michoacán	27	Querétaro	72
Oaxaca		Oaxaca	16	Oaxaca	22	Hidalgo	67
Quintana Roo		San Luis Potosí	14	Querétaro	19	Oaxaca	65
Promedio nacional	*30*		*71*		*106*		*218*

FUENTE: cuadro A6.

de nuevo después de 1930, en la parte superior de las columnas del cuadro 9. Esa tendencia es uno de los factores que explica la postura de ese grupo de estados frente al gobierno federal en relación con la coordinación fiscal en los años referidos. En el epílogo veremos que la SH no dudaba en señalar en 1972 que los estados ricos habían sido los más renuentes al acuerdo. Uno de los rasgos que distingue a ese grupo de entidades es que mientras su participación en los ingresos estatales totales crece de manera sostenida entre 1910 y 1950, su participación demográfica muestra un aumento mucho más dis-

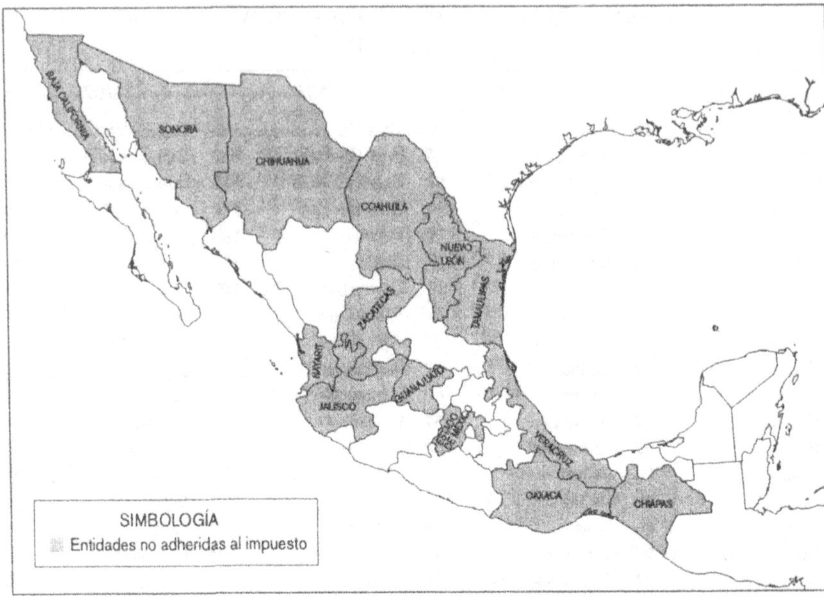

MAPA 1

ENTIDADES FEDERATIVAS QUE NO SE ADHIRIERON AL IMPUESTO SOBRE INGRESOS MERCANTILES ENTRE 1948 Y 1972

creto (véase el cuadro 11). Esto significa que los cambios sufridos por el país en esas décadas, entre ellos el de la modernización tributaria, provocaron la concentración de la riqueza fiscal en unas cuantas entidades federativas del norte y del centro del país.

¿Qué significa lo anterior? Los cuadros 9, 10 y 11 indican que a lo largo de estas décadas se acentuó la desigualdad en términos de la estructura regional del país, vista desde la recaudación fiscal.[5] Esta concentración debe sumarse a otras que ya se han revisado, como la de los ingresos tributarios en manos federales y en la capital del país, así como unas más que se verán más adelante, a saber, la concentración de ingresos en los gobiernos locales con respecto a los municipios y la concentración del ingreso municipal en

[5] Con otro método, un estudioso concluye de modo semejante respecto al periodo 1926-1942: "Se observa pues un movimiento cuyas tendencias son la de provocar una mayor desigualdad en la distribución del ingreso fiscal local en razón de que, mientras por un lado se efectúa un desplazamiento importante de las entidades federativas hacia la categoría de ingresos bajos, por el otro se opera una mayor concentración en la categoría de ingresos altos". Servín, *Las finanzas*, 48.

CUADRO 11
PARTICIPACIÓN DE 14 ENTIDADES EN LOS INGRESOS ESTATALES TOTALES
Y EN LA POBLACIÓN NACIONAL
(ingresos en miles de pesos corrientes y población en miles de habitantes)

	1910	*1930*	*1950*	*1970*
Población 14 entidades	8 121	8 906	13 555	25 244
Población nacional*	14 440	15 323	22 741	41 351
Ingresos estatales totales 14 entidades	11 258	38 438	384 116	5 477 689
Ingresos estatales totales*	23 885	62 579	384 116	7 718 828
Porcentaje de población	56.2	58.6	59.6	61.0
Porcentaje de ingresos	47.1	61.2	69.3	71.0

* Excluye al Distrito Federal
FUENTES: ingresos, cuadro A5; población, *EHM*, I, cuadros 1.3.

unas cuantas localidades. Por lo anterior la función redistribuidora del centro político, que era uno de los argumentos predilectos de las autoridades de la SH para justificar su quehacer, no queda tan clara. Además, hay que recordar que en el indicador fiscal utilizado en estas estimaciones (ingresos brutos) se incluyen las participaciones en impuestos federales, es decir, el mecanismo de redistribución fiscal ideado por el nuevo régimen político.

Cabe adentrarse un poco más en la situación de las finanzas de las entidades federativas en este periodo. Si bien el panorama no era tan desfavorable como en las décadas de 1920 y 1930, lo que se expresa en indicios tales como el equilibrio presupuestal y una disminución del gasto administrativo en los presupuestos de egresos, un rasgo es que los estados "no habían podido realizar, hasta el año de 1948, grandes inversiones en obras públicas, ni con los productos de sus bienes de capital, ni con sus impuestos ni, por último, con empréstitos obtenidos en fuentes privadas o públicas".[6]

La experiencia ocurrida en una entidad de muy bajos ingresos (Querétaro) puede ser ilustrativa. Ante la grave escasez de agua potable en la capital de la entidad, en 1941 el gobernador obtuvo el visto bueno de la legislatura local para que el ayuntamiento contratara un préstamo de 630 000 pesos con el Banco Nacional Hipotecario Urbano y de Obras Públicas, un banco

[6] Servín, *Las finanzas*, 46-47, 49.

federal creado en 1933. El resto de la inversión requerida (950 000 pesos) sería aportado como subsidio por el gobierno federal. El banco impuso condiciones: hacerse cargo de los ingresos y de la administración de los servicios de agua potable, así como de la cobranza directa de las participaciones federales correspondientes al gobierno local. El contrato se firmó en agosto de 1943 pero en octubre siguiente, una vez ocurrido el cambio de administración en el gobierno estatal y en el ayuntamiento, las nuevas autoridades locales se negaron a entregar la administración de los servicios del agua y por supuesto a aceptar la intervención del banco en el manejo de las participaciones federales. El argumento era que tales medidas serían un "desastre" para las finanzas locales. La reacción de la institución bancaria fue suspender las obras. El gobierno local convocó sin éxito a los particulares beneficiados con las obras a contribuir al financiamiento, e incluso intentó trasladar el crédito a la influyente cámara de comercio local, sin mayores resultados. Ante el fracaso y con una opinión pública inconforme, el gobernador recurrió al presidente de la república para solicitar un subsidio extraordinario, pero sólo obtuvo 250 000 pesos. El problema de fondo era que el costo de la obra había aumentado a tres millones de pesos en 1949, lo que significaba casi el doble del presupuesto de egresos del gobierno estatal en ese mismo año.[7] Así, la capital queretana atravesó la década de 1940 con un severo déficit en este importante servicio público.

Un episodio que contrasta con la situación queretana es la iniciativa del gobernador de Sonora, el ex presidente Abelardo Rodríguez, de construir una presa para controlar y almacenar el caudal del río Sonora, en las inmediaciones de la capital del estado. Aunque en un principio el costo de la obra se estimó en 15 millones de pesos, al final de la construcción, en 1948, resultó en 22. Expresión del fuerte apoyo federal con que contaba el gobernador Rodríguez fue el acuerdo presidencial de marzo de 1944 que autorizó a la Comisión Nacional de Irrigación a aportar el 50% de ese costo. El gobierno sonorense aportó la otra mitad. Comparada con otras como la Angostura en el mismo estado de Sonora o la del Palmito en Durango, la presa Rodríguez era modesta, pues apenas tenía un almacenamiento de 137 millones de metros cúbicos. Pero era enorme para las posibilidades de un gobierno estatal. Por ello resalta la capacidad del gobierno sonorense de involucrarse en una obra de tamañas proporciones en un periodo caracterizado, como se ha visto, por las estrecheces de los erarios locales. En 1948 los ingresos del go-

[7] Miranda Correa, *Las pugnas*, 16-24, 26. Sin embargo, según AEEUM *1946-1950*, cuadro 255, el monto del presupuesto de Querétaro en 1949 era de 2 062 000 pesos.

bierno sonorense ascendían a 20.7 millones de pesos, lo que significa que la erogación estatal en esta obra representaba poco más de la mitad de su ingreso bruto anual.[8] Como se ve, es notable el contraste entre un estado pobre como Querétaro que se veía imposibilitado para costear la introducción de agua potable en la ciudad capital, y un estado rico como Sonora que podía destinar más de la mitad de sus ingresos a una obra que, en sentido estricto, no era tan necesaria como la queretana.

En suma, una creciente desigualdad regional compuesta por el ascenso del norte y el retroceso del centro y sur; las décadas de 1930 y 1940 como momento clave de la configuración contemporánea de esa desigualdad, y una mejoría en las condiciones presupuestales de los estados que sin embargo no alcanzaba a traducirse en mejores servicios públicos, son los rasgos que sobresalen en este panorama de las finanzas estatales. Con esta perspectiva, es posible ensayar ahora una descripción más fina de algunos aspectos de ese proceso general.

Inconformidades y agradecimientos

Ya se ha dicho que el esfuerzo federal encaminado a modernizar la hacienda pública no se vio libre de impugnaciones, tanto de autoridades locales como de diversos grupos sociales. En este apartado se ahondará en las posturas de los gobiernos de los estados, mismas que ya se han mencionado en diversas partes del texto, en especial con relación al predial, petróleo y cerveza. Ahora se trata de redondear esos indicios para proponer una caracterización del comportamiento de las autoridades de los estados que distingue dos etapas: la primera abarca las décadas de 1920 y 1930, en la que destaca una postura más contestataria y de oposición abierta a la federación, y la segunda caracterizada por formas más suaves y encubiertas, acordes con los modos y prácticas de un régimen presidencialista más consolidado. La segunda etapa, que corresponde a las décadas de 1940 y 1950, tiene que ver, no obstante el claro rechazo a la federalización del ramo cervecero, con los agradecimientos, pero su carácter no debe confundirse, porque se podía agradecer sin dejar de oponerse.

Después de los incidentes veracruzanos en torno a los gravámenes petroleros de 1922, otro de los datos de la inconformidad local tuvo lugar a propó-

[8] Sobre la presa de Hermosillo, véase Moreno Vázquez, "Apropiación", 109-119; el monto del ingreso del gobierno sonorense en 1948, en *AEEUM 1946-1950*, cuadro 254.

sito del establecimiento del monopolio federal sobre los gravámenes a la minería en 1926. En septiembre de ese año el gobernador de Chihuahua decía:

> Como un acontecimiento de grandísima trascendencia para la hacienda pública, que vino a poner en peligro la vida económica del estado, debo mencionar la promulgación de la ley federal de industria minera [...] ya que en sus preceptos se retiraba a los estados la facultad de cobrar el impuesto a la minería y a las haciendas de beneficio, limitando a éstos a una participación en los ingresos similares de la federación, cuya percepción sólo se obtendría cada año, previa la liquidación que formulará la Secretaría de Hacienda.[9]

Sin embargo, un indicio que revela la complejidad de esta dinámica tributaria es que el gobernador de Zacatecas recibió con entusiasmo esa misma ley, ya que estimaba un aumento de 100 000 pesos al año por el alza en las tasas a la producción de plomo y cobre.[10]

El gobernador de Chihuahua había encabezado la oposición de varios gobiernos estatales (Durango, Veracruz, Sinaloa, Michoacán y Puebla) contra la ley minera de mayo de 1926.[11] Como se vio en el capítulo 5, ese movimiento obligó a la SH a aceptar la exigencia local referente a preservar al menos la capacidad de gravar a la industria minera con un impuesto predial de 5%. Aun después de la firma del acuerdo, que posteriormente se transformó en la ley de impuestos a la minería de agosto de 1926, el delegado chihuahuense continuaba expresando su inconformidad. Según él, esa ley no hacía más que romper el pacto federal y en esa medida era otro paso rumbo a la república centralista. Consideraba que el sistema federal era inadecuado para el país, en vista de la pesada herencia colonial, pero que mientras subsistiera había que defender la soberanía de los estados.[12] El delegado chihuahuense no fue de los más reacios, pues el de Hidalgo se negó a firmar el acuerdo final de la convención y el de Guanajuato, quizá con la misma intención, desapareció de la escena. Lo que sí hizo el delegado chihuahuense,

[9] *Memoria Chih*, 61.

[10] *Informe Zac 1926*, 20.

[11] Una nota periodística adjudica ese papel al gobernador chihuahuense. Véase *Excelsior*, 22 jun 1926. Casi un año después, en abril de 1927, ese gobernador, Jesús Almeida, fue derrocado por un grupo encabezado por una autoridad federal, el comandante militar Marcelo Caraveo.

[12] *Excelsior*, 22 y 25 jun 1926. Sobre el riesgo de que la unificación tributaria desembocara en el centralismo en Argentina, véase por ejemplo la postura de la Bolsa de Comercio de Tucumán, de 1926. En Trevisan, *Los impuestos*, 105-106.

Miguel Collado, fue invitar a todos los participantes, incluidos los de la SH, a una comida. La nota periodística explicaba que la "galantería" chihuahuense obedecía a que

> el mencionado estado fronterizo es el que guarda una situación económica más bonancible, desde luego que tiene todos sus pagos al corriente y una existencia en caja de poco menos de medio millón de pesos.[13]

Tal vez por esa razón en Chihuahua eran más propensos al conflicto con la SH. A fines de 1932 el congreso de Guerrero apoyó una iniciativa del congreso chihuahuense para promover reformas a la ley de impuestos a la minería con el fin de que los estados los cobraran directamente. La razón era el retraso en el pago de las participaciones.[14] En 1934, atendiendo las recomendaciones de la comisión permanente de la segunda convención fiscal, el gobierno de esa entidad norteña decidió suprimir el impuesto local sobre utilidades y sueldos. Pero ante la tardanza federal en la entrega de la participación correspondiente del impuesto sobre la renta, el gobierno logró a fines de 1935 que el congreso local reinstaurara el impuesto derogado un año antes.[15]

Pero no sólo los estados ricos eran los renuentes. Un expediente sobre Campeche muestra las enormes dificultades que enfrentaba la federación para ordenar la vida fiscal del país. En el capítulo 5 se vio que en enero de 1928 se decretó un impuesto adicional a la cerveza para invitar a los estados a suprimir sus impuestos a cambio de participaciones en aquel nuevo gravamen. Desde el 17 de abril de 1928 la SH se dirigió a la Secretaría de Gobernación para quejarse de la existencia de alcabalas que pesaban sobre la cerveza en varias entidades, entre ellas Campeche. La dependencia federal hizo su trabajo y envió repetidas recomendaciones al gobierno local, pero sin mayores resultados. Todavía a fines de 1930 las secretarías de Estado se enfrentaban a las maniobras del ejecutivo y del congreso local para evadir la presión federal. En un dictamen que por igual citaba al "insigne economista J.-B.Say" que a Proudhon en contra de los impuestos al consumo, se leen frases que tal vez ayuden a comprender el grado de inconformidad de los estados con el proyecto federal:

[13] *Excelsior*, 30 jun 1926.

[14] AGN-AR, exp. 533.4/6: telegrama de 27 oct 1932 del oficial mayor de la SH al presidente de la república.

[15] *Informe Chih 1934*, 33; *Informe Chih 1935*, 33-36.

Tratándose de algún otro caso análogo al que ahora nos ocupa, dije: "*Es preciso declarar que con una vituperable inconsciencia, y con un desacato cada vez más frecuente y alarmante, algunos de los gobiernos* de los estados tienden a destruir o a desvirtuar la eficacia salvadora de la obra revolucionaria incrustada en la Constitución de 1917, sin darse cuenta de que las conquistas de redención y de equilibrio social solamente pueden ser durables si se apoyan y descansan en el amplio y favorable desarrollo económico del país, pero que serán culpablemente frustradas si se persiste en el funesto empeño de resucitar el sistema alcabalatorio, tan desacreditado desde el punto de vista hacendario".[16]

Pero también había gobernadores obedientes, como el de Nuevo León, el general Anacleto Guerrero. En su informe de 1939 simplemente notificaba que "en atención a las modificaciones en las leyes federales", se habían reformado los presupuestos de ingresos y se habían expedido nuevas leyes "para armonizarlas" con las federales. En consecuencia la SH ya había notificado que el gobierno de la entidad tenía "derecho a recibir las participaciones correspondientes en los impuestos a cerveza, energía eléctrica y tabacos".[17] Guerrero no dejaba de señalar la impuntualidad de la SH en el pago de esas participaciones.

En otros casos los gobiernos estatales entraban en negociaciones con la SH antes de aceptar la participación en un impuesto federal. Así ocurrió a propósito de la ley de 30 de diciembre de 1935 que creó el impuesto único sobre explotación forestal y que otorgaba una participación de 30 y 20% a los estados y municipios respectivamente de la recaudación por la explotación que se hiciera en sus jurisdicciones.[18] El gobierno del Estado de México estudió la ley y sólo aceptó arreglarse hasta que obtuvo de la SH un aumento de la cuota de dos a 30 pesos por tonelada de zacatón. Más tarde el gobierno local procedió a derogar los impuestos locales que contravenían el ordenamiento federal. Un año después se siguió el mismo camino a propósito de la ley federal sobre aguamiel y productos de su fermentación que contemplaba una participación de 0.008 pesos por litro producido en cada entidad. En este caso se accedió a la propuesta de la SH porque "el fisco del estado obtiene ingresos mayores [y] suprime el costo de recaudación del impuesto local".[19]

Pero no siempre el arreglo era benéfico. Uno de los problemas más serios era que el trato fiscal que impulsaba el gobierno federal debilitaba a las

[16] AGN, DGG, caja 1, exp. 2.127.1/30: dictamen de 27 nov 1930 del abogado consultor de la Secretaría de Gobernación Miguel Hernández Jáuregui (cursivas en el original).

[17] *Informe NL 1939*, s.p.

[18] DO, 31 dic 1935.

[19] En Marichal *et al.*, *Memorias*, 292, 304.

tesorerías de los estados. De nuevo en Chihuahua se hacía la cuenta de cómo a lo largo de la década de 1930 la participación en el impuesto federal a la minería decrecía conforme aumentaba el valor de la producción minera del estado. Antes de la federalización, el estado se ajustaba al 2% como tope máximo de la tasa que imponía la ley minera del 6 de junio de 1887, pero en 1942 la participación federal por este concepto se había reducido a apenas 0.63% del valor de la producción. Por consiguiente, la recomendación de un estudioso era diáfana:

> Por ahora estimamos conveniente que el estado no acceda a la federalización de más impuestos, como pudiera ser uno de ellos el ganadero, o el de la cerveza y demás bebidas alcohólicas, pues con cada uno de estos impuestos en cierto modo el estado renuncia a un cacho de su soberanía.[20]

El fenómeno chihuahuense puede explicarse adentrándose en el mecanismo de distribución de las participaciones por concepto de impuestos sobre la producción minera, en especial de la plata. En un capítulo anterior se señaló que en 1935 la SH accedió a modificar el sistema de participaciones a los estados para aumentar su monto según el alza del precio de este producto. Pero en 1947 varias entidades se quejaban de que el nuevo sistema continuaba siendo en extremo injusto. Ponían un ejemplo: mientras que a los estados les correspondía 2% cuando el precio de la onza troy de plata no excediera el precio de 1.20 pesos en el mercado de Nueva York, a la federación le correspondía 6%. Cuando excedía de 1.20 y hasta llegar a 2.40 pesos, los estados aumentaban su participación en medio punto porcentual, mientras que la SH cobraba 1% más por cada 15 centavos de aumento que ocurriera en ese rango. Y así se repetía en los rangos sucesivos de 2.40 a 3.60 y de más de 3.60 pesos, haciendo que la federación retuviera por concepto de impuestos una proporción cada vez mayor del valor de la plata conforme éste se elevaba. Los estados no pasaban del 5%.[21]

El delegado de Guerrero a la tercera convención fiscal llamaba la atención sobre otra secuela del sistema de participaciones en el caso de los impuestos especiales. Tanto con la cerveza como con el tabaco los comerciantes mayoristas preferían comprar en el Distrito Federal, donde esas mercancías se conseguían a precios más bajos, aunque en realidad la venta final se hacía en los estados aledaños a la capital. Lo mismo ocurría con la gasolina: los

[20] De la Peña, *Chihuahua*, III, 239.

[21] SHCP, *Tercera convención*, III, 102-103.

estados de Guerrero, México y Puebla vendían muy poca. Uno de los delegados señaló que ello no era responsabilidad de la SH sino de Pemex que sí garantizaba el abasto a la capital del país. Pero de cualquier modo, ese tipo de maniobras comerciales redundaban en crecidas participaciones al Distrito Federal. En contraste, la situación de las entidades podía llegar a ser patética. Daba como ejemplo los 17 pesos mensuales que recibía el estado de Guerrero por concepto de participaciones en el impuesto a la sal.[22]

En otros casos la SH simplemente no informaba. Una queja del ayuntamiento de Torreón y del gobierno de Coahuila, de fines de 1949, ilustra bien esta especie de discrecionalidad federal. Dicho ayuntamiento sabía que la SH había vendido varios terrenos nacionales ubicados en esa jurisdicción por 739 000 pesos hasta el 31 de julio de ese año y otras más por un monto desconocido. Apelando a la ley de ingresos vigente, las autoridades locales reclamaban el 25% del producto de tales operaciones, haciendo énfasis en la precariedad de las finanzas de Torreón.[23]

Un aspecto que no hay que dejar de lado es la percepción existente entre las autoridades locales referente a que la consolidación de la nueva hacienda federal despojaba de ingresos a los estados y que con ello la federación lograba recaudaciones cada vez mayores de las que obtenían las tesorerías locales. En 1933 el gobierno tlaxcalteca se quejaba de que su presupuesto de egresos ascendía apenas a 674 303 pesos, mientras que la captación de la federación por concepto de aguamieles y por el 20% de contribución federal era casi el doble: 1 234 861 pesos.[24] En 1940 el gobernador de Nuevo León señalaba esa misma desigualdad: por impuestos la federación recaudaba en la entidad un total de 65 millones de pesos al año, mientras que el gobierno estatal tenía una presupuesto de egresos de apenas 4.9 millones.[25] En Ve-

[22] SHCP, *Tercera convención*, III, 365. Una entidad que sufrió pérdidas al convenir con la federación en el ramo cementero fue Hidalgo, según afirmaba el gobernador en 1951. Rueda Villagrán, *La obra* [1951], 9. Otra que se resintió "por la federalización de uno de nuestros más importantes impuestos" fue Chiapas. *Informe Chis 1950*, 62. Al parecer, se refiere al impuesto cervecero.

[23] AGEC, Secretaría de Gobierno 1947-1949, caja 2636, leg. 31: oficio de 19 nov 1949 del secretario del gobernador al representante jurídico y fiscal de Coahuila en la Ciudad de México; transcribe oficio de 14 de octubre anterior del gobernador al secretario de Hacienda reclamándole las participaciones correspondientes. Otros reclamos por retrasos en el pago de participaciones en AGN-MA, exp. 564.1/687; telegramas de 10 y 12 dic 1948 del gobernador del territorio de Baja California, y telegrama de 7 jul 1949 del gobernador de Chiapas.

[24] *El Nacional*, 11 mar 1933.

[25] AGN-MACA, exp. 564.1/ 10: memorándum de 20 nov 1940 del gobernador de Nuevo León al presidente de la república. En un anexo se halla una relación elaborada por la SH

racruz, con cifras de 1940 y 1945, se estimaba que la federación había aumentado su recaudación en un 131%, contra menos del 40% de la estatal y municipal. Así, para 1945, del total de impuestos recaudados en la entidad, 54% eran de la federación, 29% del estado y 17% de los municipios.[26] Cuenta similar hacía el presidente municipal de Gómez Palacio, Durango, en 1953: en ese municipio se recaudaban 10 millones de pesos por concepto de impuestos; de ellos, cinco correspondían a la federación, cuatro al gobierno del estado y apenas uno al municipio.[27]

Para los estados y municipios, recurrir al alza de impuestos era una medida indeseable por impopular y porque rápidamente enfrentaba reacciones en contra. Así ocurrió en Aguascalientes en abril y mayo de 1948 a propósito del alza en el impuesto predial. Dicha medida gubernamental propició la formación de un amplio frente opositor, lo que obligó al gobierno local a derogar la ley que contemplaba dicho aumento. El apoyo cetemista no fue suficiente.[28] Igual o peor tensión se generó en Querétaro en octubre de 1949 cuando el gobernador anunció una reforma fiscal que, muy influida por las conclusiones de la tercera convención fiscal, incluía un impuesto sobre ingresos mercantiles con una tasa de 12 al millar y cambios en el catastro para lograr que cada uno pagara "lo justo, lo que le corresponde, sin canonjías, amistad o compadrazgo". Las protestas de comerciantes y propietarios orillaron al gobierno local a dar marcha atrás. Lo intrigante de esta decisión es que la "marcha atrás" consistió en arreglarse con la SH respecto al impuesto sobre ingresos mercantiles.[29] En el capítulo 6 se vio que Aguascalientes y Queré-

sobre el monto de la recaudación de los distintos impuestos federales (salvo el de la renta) en Nuevo León durante el primer semestre de 1940. La suma es mucho más modesta, aunque todavía superior al presupuesto local: 6.8 millones de pesos.

[26] De la Peña, *Veracruz*, II, 501. Entre 1940 y 1943, los ingresos federales recaudados en Chihuahua habían aumentado en 119%, los estatales en 44% y los municipales en 61%. De la Peña, *Chihuahua*, III, 162-163. En ambos casos, el autor advierte que se trata de cifras sumamente aproximadas porque "en la SH no se llevan estadísticas de los ingresos que obtiene la federación por entidades", según apunta en la segunda obra, cosa que no va de acuerdo con la referencia sobre Nuevo León que se acaba de exponer.

[27] AGN-ARC, exp. 564.1/161: carta de 9 dic 1953 de Genaro Mijares.

[28] AGN-MA, exp. 564.1/187: telegrama de 26 abr 1948 del "Comité coordinador de defensa de los derechos del pueblo"; carta de 6 may 1948 del gobernador Jesús M. Rodríguez. En un telegrama del 8 de mayo el comité se deslinda de la acusación de recibir influencia de la "agitación comunista", aclarando que "somos apolíticos anticomunistas".

[29] Miranda Correa, *Las pugnas*, 26-27. Otras referencias de lo que quizá habla de una protesta fiscal más acentuada en los estados y municipios: *Excelsior*, 23 ago 1957 sobre Puebla y 29 sep 1958 sobre Veracruz; *El Universal*, 8 ene 1958 sobre Aguascalientes, y 1 y 12 mar 1959 sobre Irapuato y Tuxtla Gutiérrez, respectivamente. Sobre el conflicto desatado a raíz

taro, dos entidades de escasos ingresos, fueron las primeras en coordinarse con la SH para efectos del impuesto sobre ingresos mercantiles, a principios de 1949 y 1950, respectivamente.

Además de la pérdida de ingresos locales, la unificación fiscal creaba lazos de dependencia de los estados con respecto a la SH, y quizá allí residía una de las fuentes de poderío político de esta dependencia y en general del ejecutivo federal.[30] Habrá que imaginar a los tesoreros estatales, si no es que a los propios gobernadores, haciendo trámites y gestiones en la Ciudad de México para obtener lo que legalmente les correspondía.[31] Habrá que imaginar también a los gobernadores escribiendo párrafos como el siguiente: "respetuosamente recurro a su bondad reiterándole mi súplica me ayude resolver dificilísima situación económica gobierno Nayarit a mi cargo, concediéndome subsidio o préstamo con cargo participaciones federales".[32]

Más adelante, este arreglo fue redondeado por el lado de los egresos, es decir, por medio de subsidios, condonaciones e inversiones federales, en las que la figura presidencial, al decidir desde las alturas que propiciaba tamaña concentración fiscal, asumía un perfil de todopoderoso en vista del decaimiento de las haciendas locales. Un hospital, una carretera, una presa, una escuela, el pago de una deuda, motivaba el agradecimiento local, que los gobernadores se encargaban de difundir. Con lo anterior es posible pasar a la segunda etapa de esta relación entre el gobierno federal y las entidades federativas.

---

del alza de impuestos en Oaxaca en diciembre de 1946, que provocó la caída del gobernador Edmundo Sánchez Cano, véase Medina, *Civilismo*, 104-108, y Moncada, *¡Cayeron!*, 191-195. Este último relata la caída de otro gobernador oaxaqueño, Mayoral, en agosto de 1952, por un conflicto iniciado a partir de medidas tributarias. Dos estudiosos sostienen que la debilidad fiscal de los gobiernos locales era un factor que limitaba su capacidad de maniobra ante la oposición de los causantes. Fagen y Tuohy, *Politics*, 70. Aquí se narra el intento del municipio de Xalapa de aumentar el impuesto predial a fines de 1965; ante el boicot de los causantes, la autoridad dio marcha atrás en enero siguiente.

30 No en balde un observador de la vida política mexicana de esos años consideraba al secretario de Hacienda como una especie de vicepresidente de la república. Silva Herzog, *El agrarismo*, 502.

31 Que esa subordinación y hasta maltrato a los mandatarios locales eran persistentes lo muestra el hecho de que muchos años después, en la década de 1970, un presidente de la república argumentara la necesidad de acabar con esos maltratos en una iniciativa de ley de coordinación fiscal. López Portillo, *Mis tiempos*, I, 489-490.

32 AGN-ARC, exp. 564.1/11: extracto de 24 nov 1957. Sobre "lo penoso que es venir a cada rato a pedir dinero al C. Presidente de la república" para la realización de obra pública en los estados, véase el testimonio de un diputado en 1945, citado en Astudillo, *La distribución*, 29.

En 1947 el gobernador del Estado de México, Alfredo del Mazo, informaba que había logrado el apoyo "moral y económico" del presidente de la república para cubrir el pago de 242 000 pesos de un préstamo para obras de agua potable y drenaje en Toluca. Más adelante señalaba que el "acontecimiento más importante durante el periodo de este informe" había sido la visita del propio presidente, un "señalado honor" pues era la primera visita que realizaba a alguna entidad federativa:

> el pueblo de esta entidad volcó su entusiasmo y su cariño hacia su Presidente que en tan poquísimo tiempo ha sabido llegar al corazón de todos los mexicanos.[33]

Otro ejemplo chihuahuense. Al federalizarse el ramo cervecero en 1949, cosa a la que como se vio se oponía el estudioso De la Peña, el gobierno del estado perdió una fuente de ingresos que había servido antes como garantía para los créditos destinados a obras urbanas y de comunicaciones. Ante la disminución de los ingresos, el gobernador recurrió al presidente de la república para "pedirle ayuda en favor de la entidad". La respuesta presidencial hizo decir al gobernante que

> Nuevamente debemos agradecer al Primer Mandatario de la Nación su ayuda, por haber ofrecido con su generosidad acostumbrada una compensación justa y efectiva, por los ingresos que habíamos dejado de percibir. En ese sentido giró instrucciones especiales a la SH, ante la cual se vienen efectuando las gestiones necesarias para obtener dicha compensación.[34]

Cómo no iba a llegar el presidente "al corazón de todos los mexicanos" si la hacienda federal superaba con creces los recursos locales. Con el tiempo, la sola inversión federal —es decir, sin considerar el gasto corriente—, llegó a ser mayor que los ingresos brutos de las entidades. Dicho de otro modo,

[33] Marichal *et al.*, *Memorias*, 339-341. Otra del estilo, de Dámaso Cárdenas: "Estimado señor secretario: encarezco a usted decir al Primer Magistrado de la Nación, que le estamos en deuda por todos los bienes que nos otorgó [...] porque cumplió su promesa de ayuda para dotar de agua al campo y a la ciudad, construir caminos para el progreso, salubridad para el bienestar de los hombres, luz para la alegría de nuestros hogares y con ello la grandeza de México, que es su permanente desvelo y preocupación". *Informe Mich 1956*, 54.

[34] *Informe Chih 1949*, s.p. En 1943 el gobernador de Coahuila no dudó incluso en publicar un folleto cuyo título se refería a "la forma en que fueron resueltos los problemas que sometió a la consideración del gobierno federal". Véase *Declaraciones*.

el ejecutivo federal tenía mayor capacidad de gasto "lucidor" en cada una de las entidades que los respectivos gobernadores.[35] El caso de Aguascalientes parece elocuente: entre 1944 y 1950 la recaudación anual del estado casi se quintuplicó al pasar de 618 000 a 2 804 000 pesos; no obstante el aumento, en ese mismo lapso la inversión federal superó los 12 millones y los créditos de ese mismo origen ascendieron a poco más de 25 millones. Por ello, el gobernador se veía obligado a decir que "el capítulo más importante de nuestra actividad económica durante este sexenio debe atribuirse a la generosa ayuda [del] presidente Miguel Alemán".[36] Era "ayuda", no compromiso y menos obligación legal.[37]

Ahora bien, centrar la atención en el proceso de concentración no debe llevar a ignorar los severos problemas de manejo que exhibían las finanzas públicas locales. Como se vio en el segundo capítulo, abundaban los arreglos, deficiencias, arrendamientos y exenciones. Incluso había sectores productivos que preferían tratar con la SH y no con las tesorerías locales. Por eso pedían la federalización de determinados gravámenes, al igual que ocurría en materia laboral.[38] De nuevo, la desconfianza federal no sólo era ideológica sino que tenía variados fundamentos empíricos.

En los informes de gobierno abundan las críticas a las administraciones anteriores por la situación hacendaria heredada. En 1933 el gobernador de Hidalgo señalaba que al inicio de su gestión la legislación se hallaba dispersa en "un número no menor de 1 200 decretos" que se modificaban unos a otros, expedidos desde 1906, lo que significaba un "verdadero caos fiscal". Tampoco faltaban denuncias sobre arcas vacías al inicio de la gestión, por ejemplo en Tabasco donde a principios de 1947 había una existencia de 2 000 pesos para hacer frente a compromisos por más de 30 000 en el primer mes, o el de Nuevo León que tomó posesión en octubre de 1925 y sólo se encontró con 3.48 pesos, además de un déficit por casi 129 000 y, entre otras car-

[35] En 1963, por ejemplo, la inversión pública federal llegó a 13 831 millones de pesos, mientras que los ingresos brutos del conjunto de entidades federativas, incluyendo el Distrito Federal, sumaron 10 356 millones. En ese mismo año los montos de inversión federal por entidades superaron los ingresos brutos de cada una de ellas, salvo Chihuahua, Quintana Roo, Yucatán y Distrito Federal. SP, *Inversión*, 131; AAEUM *1962-1963*, 530.

[36] *Informe Ags 1950*, 19-21.

[37] A esto último se refiere una estudiosa cuando escribe que a partir de los años de 1930 en México "¡La ciudadanía recibe los servicios públicos como una concesión, una dádiva del Estado, no como un derecho ciudadano!". Hernández Chávez, "Las tensiones", 30.

[38] Sobre el interés de los industriales regiomontanos por federalizar las relaciones laborales después de los conflictos de 1925, véase Saragoza, *The Monterrey Elite*, 134-135.

gas, 9 000 de impuestos adelantados por la Cervecería Cuauhtémoc y varias fundiciones.[39]

A principios de la década de 1940 el gobierno del coronel Enrique Calderón dejó al erario duranguense con una deuda de dos millones de pesos, suma casi similar al total de ingresos anuales. Su sucesor, Elpidio G. Velázquez, emitió varias disposiciones encaminadas a superar tan difícil situación. El problema fue que esas medidas afectaron a particulares y también al gobierno federal. De los primeros cabe destacar a la Negociación Ganadera de Atotonilco, propiedad del norteamericano Raymond Wills Bell, a quien se acusó de negarse a pagar los tres pesos de impuesto sobre las cabezas sacrificadas o vendidas fuera del estado. Se le acusaba también de contar con una fuerza armada de 60 hombres que impedían la labor de la autoridad así como de destruir una carretera con igual fin. El vicecónsul norteamericano en Durango siguió muy de cerca este conflicto. Así, informó acerca de las gestiones de la Cámara Minera de México ante el secretario de Economía para denunciar los impuestos anticonstitucionales que el gobierno de la entidad había creado sobre la minería, un rubro federal desde 1926. El secretario de Economía, Javier Gaxiola, escribió al gobernador diciéndole, además de que el impuesto ganadero era alcabalatorio, que se sirviera "dictar las medidas necesarias a efecto de que no se aplique el impuesto de referencia", es decir, "el impuesto de 5% sobre operaciones de compraventa con minerales de estaño, plomo, mercurio, antimonio, zinc, cobre u otros extraídos dentro del territorio del estado, efectuadas dentro o fuera de él".[40]

La desconfianza federal en la capacidad local para manejar la riqueza fiscal no era pues mera retórica. Además, los representantes estatales reconocían su propia ineficacia en el manejo del sistema tributario. En 1926 un funcionario local estimaba que en el solo ramo minero los estados perdían cerca de un millón y medio de pesos por concepto de impuestos no pagados, "debido a que los encargados de aplicarlos carecen de los conocimientos necesarios para determinar la existencia de tales productos de los minerales". Días después otro delegado, el veracruzano Santiago González Cordero, hacía su-

[39] *Memoria Hgo,* s.p.; *Informe Tab 1947,* 10-11; *Informe NL 1926,* 16-17; también *Informe Coah 1943,* 91.

[40] NAUS, 812.512/4095: anexo al reporte de 10 may 1941 del vicecónsul de Durango, que transcribe la circular de la Cámara Minera de México en la que a su vez se reproduce la misiva del secretario de Economía al gobernador de Durango; 812.512/4094: reporte 7 may 1941 del vicecónsul de Durango al secretario de Estado; 812.512/4098: anexo del reporte de 30 jun 1941 del vicecónsul de Durango, conteniendo nota de *El Siglo de Torreón* de 28 jun 1941 sobre la acusación contra el norteamericano Bell.

bir esa estimación a dos millones de pesos. Concluía diciendo que la "falta de preparación" propiciaba que los estados no pudieran cuidar sus propios intereses y los llevaba a perder crecidas sumas en aquello que la ley les autorizaba a cobrar.[41] Por otro lado, como se ha visto en el caso de los petroleros en 1922 y de los productores de tequila en 1934, no faltaban sectores de la economía que solicitaban la federalización de gravámenes. A los casos anteriores puede sumarse el de una cooperativa pulquera que en 1934 proponía la creación de un solo impuesto federal sobre esa actividad. Tal propuesta obedecía a la diversidad de los sistemas tributarios de los estados y a las "mayores injusticias" que cometían los fiscos locales. La propuesta agregaba que "los rendimientos se dividirán entre el fisco federal y los de los estados en que se causare. Los gobiernos de los estados vigilarán la recaudación y auxiliarán a las autoridades federales para evitar la ocultación y el contrabando".[42]

Si sólo se analizan las quejas locales es posible llegar a armar una historia de un leviatán de creciente poderío, en un escenario poblado de víctimas locales. Pero si se consideran al mismo tiempo y con igual peso los problemas y limitaciones que exhibían los gobiernos locales en la tarea tributaria, es claro que la historia tiende a complejizarse.

Nueva hacienda municipal: sin arbitrios

> ¿Cómo ha de ser posible que nosotros vayamos a depositar toda nuestra confianza, todos nuestros asuntos públicos y nuestros fondos únicamente, absolutamente, [en] los ayuntamientos sin intervención del estado?[43]

En el capítulo 7 relativo a la cuestión agraria se trataron algunos de los factores que influyeron en la decadencia fiscal de los municipios, en particular la sostenida pérdida de derechos territoriales, es decir, por el lado de los pro-

[41] *Excelsior,* 30 jun y 6 jul 1926; sobre la "ignorancia de los gobiernos locales para conocer el nivel de su capacidad económica [y para] obtener recursos fiscales", véase Servín, *Las finanzas,* 73-74.

[42] AGN-AR, exp. 533.4: anexo a un memorándum de 16 nov 1932 de la Compañía Reguladora del Comercio de Pulques.

[43] Intervención del diputado coahuilense Manuel Cepeda Medrano en la discusión del artículo 115 de la constitución de 1917. *Congreso Constituyente,* II, 891.

pios. Conectar el programa desamortizador del siglo XIX con la nacionalización del territorio según el artículo 27 de la constitución de 1917, es una hipótesis de continuidad que debe abordarse con todo cuidado. En términos de esa hipótesis, la edificación del poder nacional vulneró aún más la debilitada base de ingresos municipales. Si en los siglos XIX y XX la "despatrimonialización" del municipio fue perseverante, casi lo mismo puede decirse respecto a la presión que ejercieron los gobiernos estatales sobre las fuentes de ingresos tributarios de los municipios. Era el turno de los arbitrios, asunto que por lo demás no era nada novedoso. Como se vio en el primer capítulo, el Constituyente de 1917 a duras penas pudo aprobar el adverbio "libremente" con que se calificaba la capacidad municipal de manejar su propia hacienda. La historia subsecuente parece desmentir dicho adverbio. Casi todos los impuestos propiamente dichos pasaron a manos de la federación y de los estados. Puede afirmarse que la única fuente indisputada de ingresos que quedó en manos municipales fue la administrativa: licencias, permisos, multas. En cierto modo ello dibujaba el perfil del municipio contemporáneo como un órgano administrativo, pero ya no como un cuerpo político vinculado al dominio y la explotación de recursos productivos y protagonista activo de la economía local. Se convertía rápidamente, tan rápido como la sucesión de medidas relativas a la nacionalización del territorio y la concentración fiscal, en un primer eslabón (una primera ventanilla) del poder público ante la sociedad. Era además un eslabón de una estructura gubernamental cada vez más vertical.

El registro estadístico confirma esa tendencia general. En el cuadro 12 se ve que de manera simultánea al debilitamiento de los estados frente al poder federal, los municipios se debilitaban frente a los gobiernos estatales.

En términos proporcionales los municipios mexicanos, vistos en conjunto, eran mucho más ricos en el porfiriato que en el periodo posterior a la revolución: de manejar 44% de la riqueza fiscal estatal en 1910 pasaron a 38% en 1930, a 24% en 1950 y a 21% en 1972. Eso tiene que ver con las diferentes tasas de crecimiento de la recaudación (véase el cuadro 3). Ahora bien, este fenómeno general muestra variantes en las diversas entidades federativas, como se aprecia en el cuadro 12.

El comportamiento de las entidades encierra una compleja gama de fenómenos políticos que ameritan estudios cuidadosos. El deterioro sostenido es evidente y una vez más es particularmente llamativo entre 1930 y 1950. Son raros los casos en que el peso de los municipios mejora en un año posterior. En 1910 los municipios de ocho estados contaban con más de la mitad, y en tres con más de dos tercios, de los ingresos brutos de las entidades. En

CUADRO 12

PARTICIPACIÓN PORCENTUAL DE LOS INGRESOS MUNICIPALES RESPECTO AL TOTAL ESTATAL,*

1910-1972

	1910	*1930*	*1950*	*1970*
Tamaulipas	69.8	48.3	29.1	23.7
Veracruz	69.6	46.6	29.9	33.1
Nuevo León	69.0	30.2	18.5	18.9
Coahuila	64.8	48.6	23.4	45.4
Chiapas	63.1	30.8	15.0	14.4
Sonora	62.0	35.1	17.2	21.3
Sinaloa	57.3	32.6	28.5	26.2
Puebla	52.1	37.2	25.3	22.5
Aguascalientes	49.5	53.3	27.0	34.7
Chihuahua	44.2	40.2	28.7	24.3
Guanajuato	42.9	40.4	30.9	11.1
Colima	38.5	47.9	18.0	27.0
Morelos	38.3	26.3	27.9	13.8
Tabasco	36.2	26.7	27.8	27.4
Jalisco	34.2	38.8	21.3	24.1
Campeche	33.5	37.9	25.6	14.9
San Luis Potosí	30.9	60.2	29.4	22.5
Yucatán	30.0	42.1	19.6	17.3
Zacatecas	29.8	49.0	15.4	15.5
Querétaro	29.8	31.7	41.2	31.7
Guerrero	29.0	22.0	17.8	20.9
Hidalgo	28.9	23.2	15.8	21.7
Durango	26.8	51.7	25.4	7.2
México	24.3	29.7	16.3	20.9
Nayarit		39.4	26.2	22.3
Oaxaca		42.6	20.5	12.8
Michoacán		36.7	28.9	17.1
Tlaxcala		18.5	9.5	8.1
Baja California				24.8
Baja California Sur				21.1
Promedio nacional	*43.9*	*38.1*	*23.6*	*21.6*

* Suma de ingresos brutos estatales y municipales.

FUENTE: cuadro A5.

1970, salvo Coahuila, Veracruz y Aguascalientes, no había un solo estado en el que los municipios retuvieran siquiera una tercera parte.

Ante esa diversidad, cabe hacerse varias preguntas: ¿por qué en estados como Chiapas, Nuevo León, Durango y Veracruz la concentración es mucho más clara que en Coahuila y Tamaulipas? ¿Qué tiene que ver el rasgo común de estas últimas de ser entidades fronterizas y de contar con ciudades importantes en las relaciones de intercambio con el vecino país? Esta pregunta abre a su vez otras interrogantes acerca de la dimensión regional y de su vinculación con el fenómeno general.

Un rasgo que sobresale es que hay entidades, Tlaxcala y en cierto modo México, donde los municipios llegaron pobres, por así decirlo, al siglo XX y que este siglo no hizo más que confirmar tal situación. Otros en cambio muestran un sensible empobrecimiento municipal durante el siglo XX, como Veracruz, Morelos, Oaxaca, Chiapas, Puebla y Nuevo León. El único caso en el que el siglo XX parece más benévolo con los municipios es Querétaro. Una entidad que despierta interrogantes particulares es Coahuila, donde el peso fiscal de los municipios parece sostenerse en mejores términos que en el resto del país. ¿Se relaciona de alguna manera con tradiciones políticas que explican una fortaleza inusitada de las municipalidades, aspecto que tal vez pudiera vincularse con la debilidad de las jefaturas políticas, que llevaron a su desaparición en 1893?[44]

Ahora bien, este indicador, aunque sugerente, es sumamente grueso porque omite las diferencias entre los municipios. En 1947 un delegado a la tercera convención fiscal proponía una tipología de municipios que puede ser útil: 1) los de ciudades importantes, 2) los rurales donde existen servicios públicos deficientes y 3) los municipios indígenas, que a su vez se dividían en A y B. La primera categoría incluía a los "municipios de indígenas incorporados a la civilización o semiincorporados y en la categoría B, aquellos municipios indígenas que todavía no han recibido el soplo del México de la revolución, no obstante el optimismo de los constituyentes de 1917".[45]

Por desgracia, el proponente no abunda sobre la materia, así que nos deja

[44] Falcón, "La desaparición".

[45] SHCP, *Tercera convención*, II, 91. Con base en *AEEUM 1943-1945*, cuadros 377 y 381, puede decirse que en 1945 los 13 municipios más ricos absorbían 39% del ingreso municipal del país; en 1962 tal índice había descendido a 35%. Estimaciones basadas en *AEEUM 1962-1963*, cuadros 15.16 y 15.17 En orden de importancia, los 13 municipios de 1945 eran Veracruz, Guadalajara, Tampico, Monterrey, Puebla, Torreón, Ciudad Juárez, San Luis Potosí, León, Durango, Mérida, Chihuahua y Culiacán. Para 1962, Tampico, León, Durango y Chihuahua dejaron la lista y fueron sustituidos por Mazatlán, Mexicali, Tijuana y Ciudad Obregón.

la tarea de seguir la lógica de su razonamiento. La manera más accesible de hacerlo es estimando el peso de los municipios de las "ciudades importantes". Además de accesible, este procedimiento permite seguir el argumento general de este trabajo en torno a la concentración fiscal y el centralismo político. En efecto, otro componente de la centralización es la construcción o consolidación de la preponderancia de unos cuantos municipios, en su mayor parte de las capitales de las entidades federativas. El rastro estadístico, aunque superficial y seguramente con fallas severas, confirma esta aseveración, como se ve en el cuadro 13.

Es claro que el auge económico porfiriano y su secuela fiscal distaban de ser homogéneos. Considerando 1910, en seis entidades (Aguascalientes, Colima, Querétaro, Jalisco, Yucatán y Nuevo León) el ingreso del municipio de la capital del estado significaba más de la mitad del ingreso municipal total. En 1945 y 1962 eran las mismas seis más otras tres (San Luis Potosí, Durango y Puebla). Esas entidades son distintas por su posición geográfica, tamaño y distribución de su población y la clase de actividades económicas. Sin embargo, un rasgo en común es el predominio de la ciudad capital. Esta preponderancia de los municipios de las capitales es indicio de la continuidad de una organización espacial de origen colonial que produjo centros urbanos de gran jerarquía, misma que se vio consolidada durante el periodo porfiriano y en algunos casos por el desarrollo económico de las primeras décadas del siglo XX. Lo anterior no sólo puede decirse de esas seis entidades sino también, aunque en menor medida, de las otras 10 en las que en 1910 las capitales absorbían más de una tercera parte del ingreso municipal total de las respectivas entidades. Pero al mismo tiempo hay que preguntarse sobre las 15 entidades restantes, donde aparecían mayores márgenes de equidad. En Guanajuato, Veracruz, Sinaloa, Sonora y Tamaulipas, hay que considerar los numerosos centros urbanos de gran peso económico, demográfico y político, como puertos, localidades industriales y puntos fronterizos.[46] En otros, como Coahuila y Chihuahua, se debe tomar en cuenta el peso de ciudades como Torreón y Ciudad Juárez que llegaron a alcanzar una jerarquía económica y demográfica mayor que la capital.

[46] El municipio del puerto de Veracruz es notable. Su presupuesto de 861 000 pesos en 1910 era el doble del ingreso estatal de entidades como Querétaro y Aguascalientes, casi el triple que los de Tabasco y Campeche y aproximadamente cuatro veces superior al de Colima. Era por mucho el municipio más rico del país. González Navarro, *Estadísticas*, 38 y 216. Pero en 1962, con poco más de 13 millones de pesos, ocupaba el décimo lugar entre los municipios con mayores ingresos. Ya para entonces sólo superaba al estado de Aguascalientes en cuanto al monto de ingresos estatales.

CUADRO 13

PESO PORCENTUAL DEL INGRESO DE LOS MUNICIPIOS DE LAS CAPITALES ESTATALES RESPECTO AL TOTAL MUNICIPAL DEL ESTADO,

1910-1962

	1910	*1945*	*1962*
Aguascalientes	85.3	90.5	88.6
Colima	68.3		59.5
Querétaro	54.3	65.4	70.4
Jalisco	53.7	59.9	62.9
Yucatán	53.0	63.1	70.3
Nuevo León	52.1	74.1	77.9
Campeche	49.7		36.0
Tabasco	47.9	36.7	32.2
San Luis Potosí	42.8	53.8	57.6
Durango	40.9	48.2	52.5
Chihuahua	35.4	22.3	13.5
Zacatecas	34.8		
Hidalgo	34.7	31.7	24.5
Coahuila	34.7	14.8	17.2
México	33.6	26.2	15.6
Puebla	33.4	57.9	69.0
Veracruz	24.8	2.2	6.3
Morelos	20.7		38.7
Sinaloa	18.5	24.7	21.9
Guanajuato	14.9	4.7	
Sonora	14.6		16.4
Guerrero	12.8		
Tamaulipas	11.2		8.2
Chiapas	2.5		16.9
Oaxaca		29.6	23.5
Michoacán		16.9	13.2
Nayarit			21.9
Baja California			40.1
Promedio nacional	*36.4*	*40.2*	*38.2*

FUENTES: 1910, González Navarro, *Estadísticas*, 216, referente a presupuestos de egresos; AEEUM *1943-1945*, cuadros 377 y 381; AEEUM *1962-1963*, cuadros 15.16 y 15.17.

Pero además de la organización espacial y de la diversidad de funciones de las localidades, la situación de los ingresos municipales dependía de la relación política con el gobierno estatal, en dos sentidos, uno interno y otro en relación con el gobierno federal. Con respecto al primero, cabe preguntarse, ¿qué ramos hacendarios fueron absorbidos por el gobierno estatal? Y por lo que hace al segundo, ¿qué porcentajes de las participaciones federales quedaron asignados a los municipios?

En un estudio de 1958 se hacía un rápido diagnóstico de las haciendas municipales. Los resultados principales eran dos: la gran variedad en la imposición fiscal y la falta de uniformidad en los ingresos atribuidos a los municipios. Dicho de otro modo, la situación fiscal dependía de cuáles rubros habían podido conservar los municipios y cuáles habían perdido.

La conclusión de este estudio parece ilustrativa:

> En algunos estados los municipios gozan de una situación bonancible en virtud de que disfrutan de impuestos propios sobre la propiedad urbana y rústica [...] sea en forma de participaciones o adicionales sobre los impuestos del estado. En otros municipios además de la participación o de los impuestos propios sobre la propiedad urbana, tienen impuestos establecidos sobre la generalidad del comercio y la industria; en otras entidades perciben impuestos sobre expendios de bebidas alcohólicas, pero esta situación es excepcional, pues hay casos en que los municipios no sólo no tienen ingreso alguno en materia predial o de comercio e industria, sino que el estado concurre con ellos gravando al comercio ambulante y el que se efectúa en las plazas, calles y mercados públicos, también en diversiones y espectáculos públicos y en el gravamen a los aparatos eléctricos musicales.[47]

En el cuadro 14 se presenta una visión de conjunto de la situación fiscal de los municipios en las entidades federativas. Si se reconoce la importancia que Yáñez Ruiz atribuye al impuesto predial (urbano y rural) y a los del comercio e industria, en dicho cuadro queda claro que sólo en tres estados los municipios contaban con esos rubros impositivos. No parece coincidencia que esas tres entidades (Coahuila, Tamaulipas y Veracruz) sean las que mejores cuentas ofrecen en el cuadro 12, en el que se estima la participación porcentual de los ingresos municipales respecto al total estatal. Lo anterior era resultado de decisiones legislativas, traducidas en las leyes de hacienda del estado y de los municipios. Así se explica que cuando el presi-

[47] Yáñez Ruiz, *El problema*, V, 439-440.

dente Ruiz Cortines propuso condonar 300 millones de pesos de deuda municipal, la XXXIX legislatura de Aguascalientes lo felicitara por esa decisión y le informara que al aprobarse la nueva ley de ingresos del estado se había concedido a los "municipios foráneos" una participación de 25% en el impuesto predial. Con esa clase de medidas, sostenían los legisladores locales, era posible pensar que "los ayuntamientos vuelvan a cumplir sus tareas de servicio público". En el mismo sentido puede entenderse el tenor de la solicitud de 1958 de un presidente municipal nayarita, en la que señalaba las dificultades para mejorar los servicios públicos en vista de los "raquíticos arbitrios que señala la legislatura del estado [que] no bastan para llevar a cabo obras de beneficio social".[48] Antes de analizar la diversidad de arreglos que exhiben estas cuentas, es necesario considerar un componente adicional, que tiene que ver con la relación con la federación.

Un instrumento de poder de las legislaturas locales (y del gobernador, si se considera su influencia ante el cuerpo legislativo) sobre los municipios era la mediación con la SH respecto a la manera de distribuir las participaciones federales. Según el estudio de 1959 citado antes, en los impuestos sobre minería, petróleo, fundos petroleros, cerillos y fósforos, explotación forestal, sal y ventas o arrendamiento de terrenos de bosques nacionales, no existía tal mediación porque la propia ley federal establecía el porcentaje de participación a los municipios. En este caso hay que señalar que tal definición seguía el viejo criterio de ubicación, es decir, se otorgaba la participación a los municipios donde se realizaran las actividades gravadas. Pero en el resto de los impuestos, la mayoría, las leyes federales específicas otorgaban facultades a las legislaturas locales para determinar la proporción o el monto correspondiente a los municipios en las participaciones de impuestos federales. Los impuestos que caían en este segundo grupo eran los más importantes: aguas envasadas, producción minera, cemento, caza, pesca y buceo, aguamiel y productos fermentados, cerveza, electricidad, alcoholes, consumo de gasolina, despepite de algodón, tabacos, herencias, legados y donaciones, llantas y cámaras de hule, autos ensamblados, benzol, xilol y naftas de alquitrán de hulla y grasas y lubricantes.[49]

Hay que hilar más fino sobre el componente político: ¿cómo decidieron las legislaturas en relación con el monto de las participaciones de impuestos federales destinado a los municipios? Por lo pronto el presidente Cárdenas

[48] AGN-ARC, exp. 564.1/393: carta de 7 dic 1953 de los directivos de la legislatura de Aguascalientes; exp. 564.1/1315: carta de 25 mar 1958 del presidente municipal de Ruiz.

[49] Yáñez Ruiz, *El problema*, V, 440-442.

CUADRO 14
IMPUESTOS MUNICIPALES POR ENTIDAD FEDERATIVA
(c. 1958)

	1	2	3	4	5	6	7	8	9	10	11	12	13	14	15	16	17	18	19	20	21	22	23	24	25	26	27	28	29	30
Aguascalientes				*	*		*	*	*	*		*							*	*	*	*	*	*	*		*	*	*	
Campeche	*	*																			*	*	*	*	*		*			*
Coahuila	*	*	*		*		*					*	*	*							*	*	*	*			*	*		*
Colima	*a		*	*				*		*											*	*	*		*	*		*		*
Chiapas	*		*	*	*		*			*	*		*		*						*	*	*				*	*		
Chihuahua										*d			*								*	*	*	*	*		*	*		
Durango	*		*		*			*			*					*					*		*			*		*		
Guanajuato	*		*							*											*	*	*		*					
Guerrero																						*	*				*			
Hidalgo			*							*	*										*	*	*	*				*		
Jalisco			*	*																		*	*				*	*		
México		*	*c	*			*			*		*	*								*	*	*	*	*		*	*		
Michoacán				*										*						*	*	*	*		*		*	*		
Morelos										*										*	*	*	*	*	*		*	*		
Nayarit																					*	*					*			
Nuevo León			*							*		*									*		*			*	*	*		
Oaxaca												*								*	*	*	*	*	*		*	*		

Puebla			*e	*				*			*										*		*			*				
Querétaro	*	*		*				*		*										*	*	*	*	*				*		
San Luis Potosí	*			*						*		*	*				*				*	*	*	*			*	*	*	
Sinaloa			*f												*						*	*	*	*	*			*	*	
Sonora			*g										*			*					*	*	*	*	*			*		
Tabasco			*		*		*			*		*	*		*						*		*			*				
Tamaulipas	*	*	*				*					*				*					*	*	*	*	*			*		
Tlaxcala	*	*								*										*	*	*	*	*			*			
Veracruz	*b	*b	*b		*										*						*	*	*	*	*		*	*		
Yucatán	*		*		*		*			*											*		*			*		*	*	
Zacatecas						*						*						*		*	*	*	*	*			*	*		

LISTA DE IMPUESTOS Y CLAVES:

1. Predial urbano
2. Predial rústico
3. Comercio e industria
4. Expendios de bebidas alcohólicas
5. Compraventa de alcoholes
6. Sobre arrendamiento
7. Compraventa de productos agrícolas
8. Sobre cultivo de tierras
9. Impuesto sobre utilidades
10. Impuesto sobre ganadería
11. Impuesto general de compraventa
12. Impuesto sobre anuncios y propaganda
13. Impuesto sobre profesiones y oficios
14. Impuesto sobre instrumentos públicos
15. Impuesto sobre remates
16. Traslación de dominio
17. Impuesto sobre capitales y prestamistas
17. Impuesto sobre actas, documentos y contratos
19. Impuesto por horas extras de trabajo en establecimientos comerciales
20. Registro y licencias comerciales
21. Diversiones y espectáculos públicos
22. Juegos permitidos, rifas y loterías
23. Rastro y abasto de carne
24. Comercio ambulante
25. Registro de fierros y marcas de herrar
26. Mercados
27. Derechos de inhumaciones
28. Derechos de urbanización de aguas y drenaje
29. Impuesto a los aparatos musicales
30. Impuesto sobre vehículos

a) Sólo se percibe en forma foránea
b) En forma adicional sobre el impuesto del estado
c) Únicamente sobre terrenos de común repartimiento
d) Producción de leche y pasteo de ganado
e) Únicamente sobre determinados ramos comerciales
f) Únicamente sobre molinos de nixtamal
g) Se causa sobre ramos que no grave el Estado

FUENTE: Yáñez Ruiz, *El problema*, v, 432-439.

decía en 1936 que "hasta hoy los ayuntamientos sólo han disfrutado de los ingresos que las legislaturas de los estados les asignan y en numerosas ocasiones, con una lamentable incomprensión, no se les han fijado arbitrios indispensables para la satisfacción de los servicios de la localidad".[50] Así, en Campeche, luego de la federalización del impuesto forestal en 1935, se fijó primero una distribución de la participación federal de 30% al estado y 20% a los municipios, pero poco después se modificó a favor del primero, 35 y 15%, respectivamente.[51] Por lo visto en algunos estados las legislaturas sirvieron con cuchara grande a la tesorería estatal y relegaron a los municipios. Ante eso cabe preguntarse acerca de cuál era la capacidad de resistencia de los municipios para influir en el comportamiento de las legislaturas.[52] Y del mismo modo sobre la capacidad de los diputados locales para oponerse a las directrices del gobernador, lo que lleva a formular una dimensión de problemas acerca de cómo se llevó a cabo en los estados la subordinación del legislativo al ejecutivo. Una autora aborda el complejo caso veracruzano, argumentando un proceso que da título a su trabajo: de la sedición del periodo 1920-1927 a la sumisión después de 1928.[53] En esa perspectiva cabe preguntarse también si acaso el gobierno federal buscaba atemperar el centralismo local, por llamarlo de algún modo, que iba en detrimento de los municipios.

Esta pregunta no parece mal planteada si se toma en cuenta el tenor de la iniciativa presidencial de fines de 1953 que establecía un mínimo de 15%

[50] Este párrafo forma parte de la iniciativa de reformas constitucionales de 1936. En Yáñez Ruiz, *El problema*, III, 366.

[51] De la Peña, *Campeche*, II, 249. Y ese impuesto no era cualquier cosa: en los municipios de Champotón y Hopelchén, la participación en el impuesto federal forestal representaba 64 y 89%, respectivamente, de sus ingresos totales en 1940.

[52] No obstante el ejemplo anterior, ese estudioso consideraba a Campeche como uno de los estados que daba mejor trato a sus municipios en la distribución de la riqueza fiscal. Según este autor, otras entidades "municipalistas" eran Coahuila, Aguascalientes, San Luis Potosí, Durango y Veracruz. De la Peña, *Campeche*, II, 254. A mediados de 1936, sin embargo, el presidente municipal de Chicontepec, Veracruz, se quejaba ante el presidente de la república de que, "atendiendo instrucciones de la legislatura del estado", la compañía El Águila había dejado de pagar contribuciones al municipio, lo que trastornaba los servicios que prestaba. AGN-LC, exp. 564.1/168: extracto de 14 jul 1936.

[53] Terrones, "Veracruz". Este trabajo y el de Ginzberg, "Formación", son útiles para confrontar la visión acerca de Veracruz como un estado municipalista, según se podría desprender de los indicadores tributarios y de comentarios como los de De la Peña de la nota anterior. Si en algún lado el gobernador, en alianza con la legislatura, removió ayuntamientos para sustituirlos por juntas de administración civil fue precisamente en Veracruz. Véase también Falcón y García, *La semilla*, 123-126 y 194-199.

a los municipios en las participaciones federales recibidas por las entidades incorporadas al impuesto sobre ingresos mercantiles. ¿Por qué la federación establecía ese mínimo? ¿Acaso pretendía introducir una cuña entre estados y municipios, saltarse al congreso local y al gobernador, y establecer un trato directo y "benévolo" con los municipios?[54] Debe tomarse en cuenta que en las reformas de 1972, que se detallan en el epílogo, la SH "obligó" a los estados a entregar el 20% de las participaciones federales a los municipios, elevándose así el 15% establecido en 1953.[55]

De entrada la escasa información disponible deja ver que desde la década de 1920 las haciendas municipales perdieron algunas de sus fuentes de ingreso más importantes. Por ejemplo, en San Luis Potosí había un arreglo especial que concedía a los municipios los ingresos provenientes de las fincas rústicas de menor valor, inferior a 2 000 pesos. Por su parte, en Guanajuato el municipio de León perdió el rubro de dos al millar sobre fincas urbanas en 1925; para compensar, el gobierno estatal había otorgado una subvención de más de 4 000 pesos.[56] En 1927 la legislatura de Nuevo León aprobó nuevas normas que retomaban las recomendaciones de la primera convención fiscal y de la SH que buscaban uniformar varios impuestos, entre otros el predial y los del comercio e industria. Como resultado, se siguió el procedimiento federal y en lo sucesivo la tesorería estatal otorgaría participaciones a los municipios que suprimieran los impuestos sobre ventas. En 1934 la legislatura chihuahuense, en este caso siguiendo las recomendaciones de la segunda convención fiscal, introdujo cambios para modernizar el sistema pero también para centralizar las rentas. En materia de impuestos al comercio y la industria por ejemplo la participación municipal descendió de 50 a 35%.[57] En el Estado de México un grupo de vecinos de Coyotepec hacía un reclamo por demás revelador del arreglo fiscal de esa entidad: que sus miserables casas habitación fueran consideradas como fincas rústicas y no urbanas según las calificaba el gobierno. Esa solicitud tenía sentido porque al

[54] *DDD*, 3 dic 1953, 6 y 12 dic 1953, 16-17. En esta última fecha la iniciativa fue aprobada por 96 votos a favor y uno en contra. Al respecto, en la iniciativa de reformas constitucionales de 1936, mencionada en un capítulo anterior, se decía que en caso de que los municipios no recibieran sus participaciones de manera oportuna, "obtendrán del presidente de la república, si lo solicitan, que se les cubra[n] por el gobierno federal con cargo a las participaciones de los estados". Yáñez Ruiz, *El problema*, V, 420.

[55] Petricioli, "Sobre los efectos", 60. En torno a la política federal brasileña encaminada a reforzar la relación directa con los municipios, para debilitar a los estados, en los años que siguieron a 1946, véase Murilo de Carvalho, "El federalismo", 53.

[56] *Informe SLP 1926*, 18; *Informe Gto 1925*, 18.

[57] Servín, *Las finanzas*, 35-36; De la Peña, *Chihuahua*, III, 176-177.

considerarse rústicas "sus contribuciones [entrarán] al municipio y de esta manera pueda recibir los beneficios y emprenda labores".[58] En 1943 un presidente municipal poblano se quejaba no sólo de que "por ser cargos consejiles" no recibía remuneración alguna sino que el municipio carecía de suficientes fondos para prestar los servicios públicos. La razón era que el recaudador de rentas del ex distrito de Cholula enviaba personal a cobrar a "tendajones, molinos y giros mercantiles, cosa que creo que todo eso le corresponde a los municipios".[59] En 1945 el presidente de Vega de Alatorre, Veracruz, pedía al presidente de la república detener la presunta federalización del impuesto al café, "en virtud de que se destruiría la economía de los municipios que con ello se sostienen primordialmente". En 1947 el ayuntamiento de Tilapam, Veracruz, y vecinos de Valle de Bravo, México, solicitaban, respectivamente, la entrega de los rubros del predial correspondiente al ingenio Jalapilla y el de caza y pesca, éste en manos federales. Los de Valle de Bravo se referían también a la "pérdida de la agricultura como fuente de percepción de impuestos para el municipio".[60] Una queja del ayuntamiento de Espinal, Veracruz, señalaba que "no obstante que de sus tierras se levantan de 40 a 70 mil bultos de tabaco anualmente [...] el ayuntamiento solamente ve salir ese producto de sus tierras, pero condenado a no recibir impuesto alguno sobre esa producción". Agregaba que, haciendo una investigación cuidadosa, habían encontrado que el déficit presupuestal "se debe precisamente a que desde 1932, el impuesto sobre la producción de TABACO que el municipio venía cobrando y como resultado de la segunda convención fiscal [...] este municipio no volvió a cobrar ese impuesto y hasta la fecha no ha tenido participación alguna sobre el impuesto federal".[61]

Además, entre la tesorería estatal y las municipales parecía reproducirse el problema del retraso en la entrega de participaciones, mismo que aquejaba a los estados por la tardanza de la SH. En 1932 un ayuntamiento poblano denunciaba ante el presidente de la república la retención de las participaciones que correspondían al municipio por parte del recaudador de rentas

[58] AGN-LC, exp. 564.1/115: carta de 16 ene 1935.

[59] AGN-MACA, exp. 564.1/843: carta de 12 mar 1943 del presidente municipal de Calpan, Puebla.

[60] AGN-MA, exp. 564.1/1283: extracto de 16 nov 1945; AGN-MA, exp. 564.1/129: extracto de 1 mar 1947, y exp. 564.1/364: escrito de 18 dic 1947.

[61] AGN-ARC, exp. 564.1/241: memorándum de 29 may 1953 (mayúsculas del original). La autoridad de Autlán, Jalisco, se refería a las 450 toneladas diarias de concentrados de manganeso que extraía la compañía minera de Autlán. Solicitaba el pago de participaciones para realizar obras de "urgente necesidad". AGN-ARC, exp. 564.1/1254: telegrama de 8 dic 1958.

de Tepeaca; en 1939 un ayuntamiento chihuahuense acusaba al gobierno local de violar el municipio libre puesto que "tiene detenidas las participaciones que le corresponden desde el mes de agosto del año pasado"; en ese mismo año un presidente municipal de Durango pedía ayuda al presidente de la república para que el gobierno del estado le entregara las participaciones sobre el capital rústico, urbano, ganadería y otros "que se recaudan en esa jurisdicción".[62]

La relación gobierno estatal-municipios no parece muy distinta a la de la federación con los gobiernos estatales. Además de la retención de participaciones, había otras maniobras que iban en detrimento de las haciendas municipales. Ésta era una de las fuentes de desconfianza de las autoridades municipales con respecto a los gobiernos estatales. En 1935 el municipio de Campeche pedía consejo a la Secretaría de Gobernación acerca del alcance del artículo 115 constitucional, toda vez que no creía del todo legal un decreto de la legislatura local que concedía una reducción de 50% del adeudo contraído por un causante con ese municipio. Más grave era la queja de ese mismo año del ayuntamiento de Villa Acuña, Coahuila, pues la legislatura local había condonado la totalidad del adeudo de impuestos municipales a dos compañías, la de Terrenos y Ganados de Coahuila y la Explotadora de Ganados, por un monto de 12 559 pesos. En 1936 el presidente municipal de Temascaltepec, México, solicitaba la ayuda de la Secretaría de Gobernación para echar atrás un decreto de la legislatura local que obligaba a los municipios a entregar la mitad de las participaciones federales en materia forestal al gobierno del estado para el sostenimiento de escuelas primarias elementales. En los tres casos la dependencia federal, con base en los dictámenes de su órgano consultivo, concedió razón a los municipios. Las legislaturas tenían facultad sólo para determinar el monto de los ingresos municipales, pero no podía

[62] AGN-AR, exp. 533.4/64: extracto de 15 nov 1932 referente a comunicación del ayuntamiento de Chiapa, Puebla; AGN-LC, exp. 564.1/1169: extracto de 12 sep 1939 del presidente municipal de Aldama, Chihuahua, al presidente de la república; exp. 564.1/1923: extracto de 17 may 1939 del presidente municipal de San Bernardo, Durango. En este último acervo (exp. 564.1/506) se halla queja de 17 jul 1935 del presidente municipal de Campeche acerca de que el gobierno local retenía las participaciones de los municipios por concepto de impuestos a la gasolina. En AGN, DGR, caja 10, exp. 2.127.1/18, se halla queja de 2 nov 1935 del presidente municipal de Acatlán, Hidalgo, relativa a la suspensión de la entrega de participaciones al municipio por concepto de impuestos a la gasolina. La medida, tomada "por cuestiones de política", era calificada de "atentatoria, ya que ninguna ley faculta al mencionado sr. gobernador para apoderarse de los arbitrios que corresponden a un municipio". También AGN, DGR, caja 10, exp. 2.127.1/4: oficio de 29 ene 1929 de la Secretaría de Gobernación al gobernador de Hidalgo, en relación con queja similar del municipio de Tepehuacán.

intervenir luego en los mismos "sin violar la ley constitucional".[63] En el caso coahuilense el dictamen señalaba que la condonación violaba el artículo 28 constitucional, que prohibía la exención de impuestos. Por desgracia se ignora el desenlace de estos casos, pero de acuerdo con los numerosos desacatos estatales que se han visto y que se verán en las páginas siguientes no es remoto que hayan concluido con el sacrificio del eslabón más débil de la estructura gubernamental.

Las tensiones de los municipios con los gobiernos estatales no significaban que no las hubiera también con la federación. Así lo deja ver un mesurado reclamo de un tesorero municipal sobre la irregularidad en la entrega y fijación del monto de las participaciones del impuesto eléctrico.[64] Los reclamos municipales a la federación se incrementaron con el tiempo. Así parece mostrarlo el hecho de que en el ramo correspondiente al gobierno de Ruiz Cortines (diciembre 1952-noviembre 1958) del Archivo General de la Nación sobresalga la correspondencia de munícipes solicitando pago de participaciones, subsidios y demás. Ese rasgo distingue ese fondo de los anteriores, en los que predomina la correspondencia de los gobiernos estatales. Un aspecto que aquí sólo puede mencionarse de paso es la sequía como agravante de la situación fiscal de algunos municipios durante la década de 1950. Asimismo destaca la cancelación de las entradas por explotación forestal en vista de las vedas establecidas por la Secretaría de Agricultura y Ganadería a causa de ese mismo fenómeno climático. Un ejemplo es la carta del presidente municipal de Guerrero, Chihuahua, en la que además de referirse a la falta de lluvias "en los últimos cuatro años", señalaba que la veda forestal era una "medida justificada ciertamente desde el punto de vista de conservación de los bosques del país, pero que afectó notablemente el presupuesto de ingresos del municipio". Pedía el pago de participaciones federales por el rubro forestal.[65]

[63] AGN, DGG, caja 1, exp. 2.127.1/41: dictamen de 21 oct 1935 del consultivo de la Secretaría de Gobernación; caja 2, exp. 2.127.1/38: carta de 3 sep 1935 del presidente municipal de Villa Acuña y dictamen de 12 sep 1935 del consultivo de la Secretaría de Gobernación; caja 12, exp. 2.127.1/29: carta 29 dic 1936 del oficial mayor de Gobernación al gobernador del Estado de México.

[64] AGN-MACA, exp. 125: oficio de 5 jun 1941 del tesorero de San Francisco de Conchos, Chihuahua, al presidente de la república; también AGN-ARC, exp. 564.1/795, extracto de 29 jun 1955. En diciembre de 1946 el ayuntamiento de Zacatlán, Puebla, pedía al presidente de la república el pago de las participaciones del impuesto forestal correspondientes al periodo octubre 1945-enero 1946, por 2 067 pesos. Al parecer, se trataba de un fraude porque la SH alegaba haber cubierto dicha suma. AGN-MA, exp. 564.1/37: solicitud de 17 dic 1946.

[65] AGN-ARC, exp. 564.1/171: carta de 20 may 1954 del presidente municipal Alberto Casavantes; exp. 564.1/540: carta de 31 jul 1956 del presidente municipal de Tayoltita San

Pero había otros problemas que eran resultado de decisiones políticas. Ya antes se hizo referencia a una misiva del munícipe de Gómez Palacio, en la Comarca Lagunera, sobre la desigualdad en la distribución de impuestos generados en esa jurisdicción. El argumento del funcionario iba más allá: todas las dependencias federales se hallaban en la vecina ciudad de Torreón, perteneciente al estado de Coahuila, incluyendo la importante "aduana para la exportación de esa fibra [algodón]" y la agencia de Pemex, lo que explicaba las altas participaciones federales que recibía esa ciudad en contraste con las escasas del municipio duranguense. Por esas razones, solicitaba al presidente de la república un subsidio de 500 000 pesos anuales. Un aspecto que puede dar mayor credibilidad a esta solicitud es que el munícipe aclaraba que no deseaba la cantidad líquida sino inversiones del propio gobierno federal.[66]

Esta aparente sucesión de historias en las que el pez grande se come al chico, y en las que el más chico es el municipio, debe corroborarse mediante un análisis pormenorizado de los cambios en las leyes de hacienda de los estados y los municipios a lo largo del periodo considerado.[67]

Dimas, Durango, pidiendo el pago de participaciones en el ramo forestal ya que se adeudaban tres meses de sueldo a la policía y al resto del personal y que urgía pagar los préstamos otorgados por comerciantes locales; exp. 564.1/341: solicitud de 10 oct 1953 de las autoridades municipales de San Luis de la Paz, Guanajuato, sobre participaciones federales por concepto de explotaciones mineras; exp. 564.1/797: carta de 13 jun 1955 del presidente municipal de Tizimín, Yucatán, protestando por rebaja en las participaciones forestales; exp. 564.1/192: propuesta de 30 jul 1957 de la priísta federación de organizaciones populares del estado de Chihuahua para elevar de 5 a 25% la participación a los municipios en el impuesto forestal. Protestas de municipios por la cancelación de la participación a municipios en el impuesto forestal, según la ley federal de ingresos de 1953, se hallan en AGN-ARC, exps. 564.1/80, 191, 201, 203, 218, 219, 226, 234, 243, 313, 517 y 544, todas de 1953 y 1954.

[66] AGN-ARC, exp. 564.1/161: carta de 9 dic 1953 del presidente municipal Genaro Mijares. Aquí también se hace referencia a la sequía "desde hace más de siete años" y a la campaña de reforestación que había reducido el corte de maderas en el estado de Durango.

[67] Habría que conocer la naturaleza de la ley tipo de hacienda municipal elaborada por la comisión permanente de la segunda convención fiscal a mediados de la década de 1930 y que fue aplicada sin cambios por varios estados, entre ellos Colima, Morelos, Nayarit y Nuevo León. Gómez Tagle, "La contribución" [1], 25. En esas entidades se celebraron convenciones fiscales para tal efecto. Por la ley vigente a partir del 1 de julio de 1950, el gobierno chiapaneco redujo la tasa anterior de 40 a 12 al millar sobre ingresos en los ramos de industria y comercio, pero también unificó los impuestos estatales y municipales para evitar molestias a los contribuyentes. No obstante la reducción a los municipios, el gobernador aclaraba que el nuevo porcentaje "es muy superior a la que otros estados de la república les han fijado en casos similares". *Informe Chis 1950*, 60.

Un ejemplo de esta especie de esquizofrenia política en torno al municipio mexicano del siglo XX —por el lado discursivo, la alabanza; por el lado práctico, la presión— fue la discusión en torno al impuesto predial en el marco de la tercera convención fiscal de 1947.

La comisión encargada de los impuestos a la propiedad raíz señalaba que en virtud de que "las fuentes de imposición han sido absorbidas por la federación y por los estados", los municipios se hallaban muy debilitados para hacer frente a sus obligaciones en materia de servicios públicos, que eran "los más importantes para el bienestar de los individuos y el progreso del país". En consecuencia, proponía que este impuesto quedara en manos municipales y que se entregara una participación a las tesorerías estatales. Sin embargo, en la sesión plenaria la postura municipalista de la comisión fue vencida y se recomendó lo contrario, es decir, que el predial quedara a cargo de los estados y que éstos otorgaran participaciones a los municipios.[68] ¿Por qué el cambio? Según los argumentos esgrimidos en esa ocasión, esta vuelta de tuerca obedecía a la incapacidad municipal para cobrar el impuesto: "si los estados hasta ahora no han estado en condiciones de hacer estos trabajos de catastro, los ayuntamientos, en sus circunstancias actuales, menos podrán hacerlo". Ya de retirada otro de los delegados señaló que no debía dejarse al "arbitrio de las legislaturas locales" la determinación del monto del predial destinado a los municipios. Abrir esa puerta podía llevar a repetir el caso de Monterrey, cuya participación era de apenas 5 por ciento.[69]

Esta afirmación sobre Nuevo León obliga a subrayar una de las características de la hacienda municipal, es decir, su dependencia del poder legislativo local para armar su plan de arbitrios. Y éste es un problema viejo, que tiene que ver con la desconfianza ya apuntada de los gobiernos locales hacia los ayuntamientos. El problema es complejo porque de nuevo en muchas ocasiones esa desconfianza no era mero asunto ideológico o de simple ambición política sino que tenía que ver con la eficacia tributaria. En 1917 la legislatura del Estado de México decidió entregar el ramo de ventas a la hacienda municipal, muy a tono con el sentido del artículo 115 constitucional. Sin embargo, cuatro años después, ante el declive estrepitoso de los ingresos,

[68] SHCP, *Tercera convención*, I, 206-214.

[69] SHCP, *Tercera convención*, II, 167-168; sobre la fuerte dependencia (59%) de la tesorería municipal de Xalapa con respecto a las participaciones otorgadas por el gobierno estado en 1963, véase Fagen y Tuohy, *Politics*, 49. Por otro lado, ni el Distrito Federal, según un estudioso, contaba con un "catastro digno", lo que hacía que las propiedades de valor escaso estuvieran soportando una carga proporcionalmente mayor que las propiedades de alto valor. Servín, *Las finanzas*, 60.

los legisladores rectificaron, modificaron la constitución local y devolvieron dicho ramo al gobierno estatal.[70]

No es de extrañar que se discutiera la viabilidad municipal en algunas localidades del país. Así se leía en el dictamen de la comisión de servicios públicos municipales de la tercera convención fiscal, en el que se criticaba la idea de que cada pueblo tuviera la categoría de municipio. Lo único que resultaba de esa mala práctica era "sobrecargar a los causantes sin provecho alguno, establecer organismos que por insuficiencia de recursos están condenados a una vida miserable, sin poder cumplir con ninguna de sus funciones y constituir una carga para los habitantes de la región respectiva".[71] Sin embargo, hay que considerar otra vertiente. En 1926 un diario de León, Guanajuato, hacía una profunda crítica a los gobernadores posteriores "al triunfo definitivo de la revolución constitucionalista" por haber aumentado el número de municipios en el estado hasta la cifra de 45. Tal aumento era explicado por el afán del gobernador Agustín Alcocer de fortalecer su posición, ya que "trató de asegurar su predominio político multiplicando el número de municipios en Guanajuato con el propósito de contrarrestar la oposición muy justificada que se hizo desde un principio, a su gobierno en los principales centros de población con que contamos". Pero esos nuevos municipios, la mayoría, eran "entidades carentes de representación y destinados a soportar una vida miserable sostenida a costa de los municipios prósperos", que eran según el diario apenas cuatro: Acámbaro, Celaya, Irapuato y León. Casi la mitad de los 45 municipios del estado eran "incapaces de sostenerse decorosamente y siempre el gobierno del estado tiene que acudir en su ayuda para que puedan cubrir sus presupuestos".[72]

Otro elemento que debilitaba la hacienda municipal eran las juntas de mejoras, una instancia local que requiere una investigación a fondo, ya que revela algunos de los problemas observados en la suerte del municipio en el siglo XX. Por ejemplo, en la ley de ingresos de la federación para el año de 1924 dos impuestos federales con participación a municipios tenían como

[70] Riguzzi, "Crisis", 210. Sólo los municipios de Toluca y El Oro se escapaban de ese desastre tributario.

[71] SHCP, *Tercera convención*, I, 249-250; II, 91. Uno de los miembros de la comisión era el delegado de Oaxaca, es decir, la entidad que contaba con un mayor número de municipios. Pero también el ayuntamiento parecía estorbar en la Ciudad de México, donde algunos delegados del Congreso Constituyente de 1917 buscaron suprimir el municipio, alegando la posibilidad por ejemplo de que se abriera una zanja frente a la casa presidencial o el riesgo de que el presidente municipal encabezara una fuerza policíaca de 5 000 hombres. Véase *Congreso Constituyente*, II, 398.

[72] AIGT, caja 1, carpeta 17: recorte del *Correo del Centro*, de León, de 9 mar 1926.

destinatario no a los ayuntamientos sino a esas juntas. Era el caso del impuesto adicional de 2% a importaciones y exportaciones, que era manejado por una junta compuesta por el administrador de la aduana, el presidente municipal, el presidente de la cámara de comercio o en su defecto un comerciante, y una casa bancaria y a falta de ésta, una casa comercial de reconocida honorabilidad. En el segundo caso, el de la participación en el 40% en el producto anual del impuesto sobre propiedad minera, aquélla era manejada por una junta integrada por el presidente municipal, un comerciante y un banquero.[73] En 1925 el gobernador de Guanajuato solicitaba al secretario de Gobernación la modificación de ese arreglo, para dejar en libertad a los municipios de ejercer esos recursos de acuerdo con los términos de la ley, "pero sin supeditar sus operaciones a la Contraloría General de la Nación". Luego de hacer referencia al artículo 115 constitucional sobre el "carácter independiente" de la hacienda municipal, el gobernador alertaba acerca de las responsabilidades en que podían incurrir los empleados municipales "que den una aplicación diversa a los fondos que tienen a su cargo", de acuerdo con las leyes locales.[74] Un reglamento de esas juntas de 22 de abril de 1931 llevó las cosas al extremo: además de no entregar los recursos a los ayuntamientos, señalaba que las participaciones debían destinarse exclusivamente a mejoras materiales; que la SH tenía que aprobar los proyectos de tales mejoras; que las cantidades se irían entregando a medida que avanzaran las obras y que la inversión de esos fondos sería vigilada por la Contraloría de la Federación. Un nuevo reglamento de 28 de septiembre de 1932 introdujo modificaciones que mejoraron la situación de los municipios. Pero aun así, señalaban expertos, "los municipios siguen sometidos a las juntas y los fondos afectados a un fin especial, ya que forzosamente deben destinarse a mejoras materiales".[75] Lo que proponían estos comisionados era que los fondos se entregaran directamente a los ayuntamientos, o a las juntas, pero que pudieran destinarse a atender los servicios públicos y las necesidades más apremiantes.

Otros eran más radicales, pues exigían la desaparición de las juntas y la en-

[73] *DO*, 5 ene 1924.

[74] AGN, DGG, caja 8, exp. 2.127.1/1: carta de 4 sep 1925 del gobernador al secretario de Gobernación.

[75] AGN-AR, exp. 06/31-1: carta de 11 oct 1933 de la comisión permanente de la segunda convención nacional fiscal al presidente de la república. En exp. 533.4/602 de este mismo acervo se halla queja, sin fecha, del presidente municipal de Ciudad del Carmen, Campeche, sobre el adeudo de la aduana marítima del lugar por 7 028 pesos, destinados a la construcción de un puente; en exp. 533.4/406: queja de 21 ago 1933 del ayuntamiento y junta de mejoras de Uruachic, Chihuahua, por retraso de la SH en la entrega de participaciones mineras.

trega de las participaciones a los municipios, como se expresó durante la segunda convención fiscal de 1933.[76] Según un estudio de dos norteamericanos, la inclusión de comerciantes y hombres de negocios en esas juntas obedecía a un diagnóstico que señalaba que difícilmente las autoridades estatales y municipales podrían enfrentar con éxito las necesidades crecientes de las ciudades. Se requería entonces de la ayuda del sector privado. Pero no tanto de sus recursos sino de su capacidad de gestión ante la federación. Esta afirmación se desprende del análisis de la junta de mejoramiento, moral, cívico y material de Xalapa en las décadas de 1950 y 1960, que combinó la presencia del veracruzano Adolfo Ruiz Cortines en la presidencia de la república con la del próspero cafetalero Justo Fernández a la cabeza del organismo xalapeño.[77]

El debilitamiento de las finanzas locales llevaba a dejar atrás la norma. Uno de los elementos más antagónicos con los ideales modernizadores, las alcabalas, era visto como resultado de la pobreza fiscal de estados y municipios.[78] Como decía el coahuilense citado antes, de nombre César Valdez:

> vemos a los municipios gravar el comercio ambulante, y claro está que buscan determinadas fuentes impositivas, porque el estado grava la mayoría de las fuentes y el estado tiene que hacerlo así, porque a su vez la federación grava la mayoría de estas fuentes impositivas.[79]

Más adelante este convencionista daba el ejemplo de Cuatrociénegas. Sus ingresos variaban entre cinco o seis mil pesos al mes y el solo rubro de educación exigía cuatro mil. Además, el municipio cumplía labores que en sentido estricto no le correspondían: estadística, conscripción militar y alfabetización. Otro concepto de ingresos eran los permisos y licencias. Pero en este caso se preguntaba: "¿Cuántas licencias o permisos pueden concederse para bailes? Ni bailando día noche en un pueblo, se pagan los sistemas de

[76] SHCP, *Segunda convención*, I, 205. En *Memoria 1928-1934*, II, 149-150 y 300, se reproducen fragmentos de los debates de la cámara de diputados de 29 de diciembre de 1930 y 19 de diciembre de 1933, en los que aparecen duras críticas a estas juntas; se mencionan los conflictos que provocaban con las autoridades municipales, su inoperancia en estados como Oaxaca y el atentado contra los señalamientos de la constitución en torno a la libertad municipal que implicaba el hecho de que las participaciones en impuestos federales, en particular los de aduanas, se entregaran a las juntas y no a los ayuntamientos.

[77] Fagen y Tuohy, *Politics*, 75 y ss. El auge se relaciona con los subsidios federales otorgados a la junta, que superaban los recursos municipales. Su declive se explica por la salida de ambos personajes de sus respectivos cargos.

[78] SHCP, *Tercera convención*, II, 94, 394.

[79] SHCP, *Tercera convención*, II, 94.

servicios municipales". Concluía describiendo la situación de Sabinas, un municipio de gran riqueza carbonífera, pero que por concepto de participaciones sólo recibía 24 pesos al mes. El resultado era "una promiscuidad social sobre un montón de riqueza".[80] No era de extrañar que algunos municipios de la entidad no pudieran cubrir el gasto educativo, lo que originaba protestas e inconformidades de los docentes. En tales circunstancias, como en 1938, el gobierno del estado auxiliaba a esos municipios e incluso sopesaba el proyecto de hacer permanente esa ayuda.[81] La federalización de la educación, entendida a la vieja usanza, se abría paso en medio de esta crisis fiscal municipal.[82] Prohibir la venta de alcohol o repartir la tierra en ejidos podían ser medidas saludables y justicieras pero tenían un alto costo para los municipios. El de Llera, Tamaulipas, alegaba que por esas dos medidas la tesorería municipal estaba arruinada y que se adeudaban tres meses y medio de sueldos al personal. Pedía autorización al presidente de la república para normalizar la venta de alcohol, que redundaría en un ingreso de 600 pesos mensuales, o bien que la federación otorgara una subvención equivalente a lo que importaba el ramo alcoholero.[83]

Detalles acerca de la situación del municipio de Tlaxiaco, en un estado "poco municipalista" como Oaxaca, aparecen en un clásico de la antropología mexicana. Allí se consigna que a principios de la década de 1950 la hacienda municipal estaba integrada por impuestos, multas, donativos y otros ingresos (arrendamientos, recargos, venta de mostrencos). La pésima situación de los dineros municipales se debía entre otras cosas "al pesado lastre que significa la enorme absorción, por parte del gobierno del estado de Oaxaca, de la mayor parte de los ingresos públicos que lógicamente deberían corresponder al municipio". Por eso el autor llegaba a una conclusión muy similar a la que se hacía en los estados con respecto a la federación: "El gobierno del estado extrae de Tlaxiaco, en un mes, rentas que equivalen a todo un año de ingresos del municipio". La tesorería estatal cobraba, entre otros, el predial rústico y urbano, comercio, aguardiente y café. Ante esa situación, el municipio ape-

[80] SHCP, *Tercera convención*, II, 97-98. En AGN-ARC, exp. 564.1/262 se halla telegrama de 24 jun 1954 de la cámara de comercio de Cananea pidiendo mayores participaciones mineras al municipio. El presidente municipal de Zacualpan, México, señalaba que desde 1949 la participación en el impuesto minero al municipio había ido reduciéndose hasta llegar en 1953 a la "raquítica suma" de 1 193 pesos, lo que significaba 99.41 pesos al mes. Véase exp. 564.1/455: extracto de 5 mar 1954.

[81] *Informe Coah 1938*, 50-51.

[82] Al respecto, véase Arnaut, *La federalización*, 222-224.

[83] AGN-LC, exp. 564.1/250: extracto de 28 ago 1935.

nas contaba con personal suficiente para cubrir el servicio escolar, policía, salubridad, fomento (jardines, mercado, fontanería y alumbrado) y justicia. Cuando había que emprender una obra pública de consideración (puentes, caminos, calles), las autoridades recurrían a un mecanismo doble que parece reflejar bien la heterogeneidad social: solicitar donativos en efectivo a los vecinos más prósperos y organizar el tequio, es decir, el trabajo obligatorio de todos los habitantes mayores de 20 años, menos de aquellos que hubieran dado donativos o que fueran empleados federales, estatales o municipales. Así se hizo por ejemplo para la instalación de postes y líneas eléctricas a mediados de 1951, para el alumbrado del centro de la población.[84] Tal vez el decaimiento de sus finanzas municipales obligaba a los ayuntamientos a volver la vista al pasado y recurrir no sólo a alcabalas sino a impuestos de capitación. Una queja de 1936 de vecinos de San Carlos Yautepec, Oaxaca, señalaba que el ayuntamiento exigía un impuesto personal de 24 centavos. La presidencia de la república pidió aclaraciones al gobernador y éste señaló que su gobierno había "prohibido ayuntamientos verifiquen cobro ese impuesto para México [*sic*] y exijan tequios forzosos". Un año antes, en Xochiatipan, Hidalgo, los maestros federales decían temer por sus vidas porque habían intentado suspender la contribución personal que exigían las autoridades municipales, bajo amenaza de cárcel. Tal carga, calificada de anticonstitucional por los maestros, consistía en 16 centavos mensuales por persona y "trabajar además en la cabecera sin retribución alguna ni alimentos siquiera".[85]

Esta clase de abusos de los munícipes, si bien pueden explicarse en términos del empobrecimiento creciente de sus tesorerías, debe alertarnos sobre una consideración idílica acerca del comportamiento de los ayuntamientos. No son raras las quejas sobre otra clase de abusos de funcionarios municipales. Un comerciante de Ocosingo, Chiapas, se quejaba en 1939 de que el presidente municipal había aumentado "a un grado increíble" los impuestos, "saliéndose de las limitaciones del plan de arbitrios". Imponía multas sin razón que además no ingresaban a la tesorería e incluso vendía "al mejor postor los impuestos alcabalatorios por medio de los llamados remates, [y] viola a cada

[84] Marroquín, *La ciudad*, 143-148; una discusión general en torno al debilitamiento fiscal de los municipios en México se halla en Fagen y Tuohy, *Politics*, 19-23, donde se incluye una frase atribuida a un gobernador de Baja California: "A mí me chinga el gobierno federal, y yo me chingo al municipio".

[85] AGN-LC, exp. 564.1/768: telegrama de 24 ene 1936 del gobernador de Oaxaca al presidente de la república; exp. 564.1/530: carta de 27 ago 1935 del oficial mayor de la Secretaría de Gobernación al gobernador de Hidalgo, donde se reproduce la denuncia de los maestros rurales federales de la décima zona escolar de esa entidad.

momento las garantías individuales". Una asociación ganadera chiapaneca se quejaba de lo mismo en 1941: "El actual ayuntamiento, en forma sistemática, ha venido atacando a los miembros de esta asociación, imponiéndoles multas por la falta de manifestación de los citados expendios de leche", con el propósito de gravar dos veces el rubro puesto que antes ya se había cubierto el impuesto por la venta de ese alimento.[86] Como se ve, en ocasiones la desconfianza hacia los ayuntamientos tenía su razón de ser, sobre todo si vemos que rasgos coloniales, como el del tributo hidalguense, sobrevivían o se reinstauraban después del ferrocarril, la electricidad y la revolución de 1910.

Por la precariedad municipal, no sorprende que en el nivel estatal se reprodujera una especie de paternalismo federal con los estados al modo ruizcortinista, es decir, los apoyos, subsidios, la absorción de deudas, a favor de los municipios, por parte de los gobiernos estatales.[87] Y del mismo modo que la del presidente, la figura del gobernador crecía a los ojos de los munícipes. Era la estructura vertical que, hay que reconocer, mostró eficacia en términos de la organización política del país.

Por último, hay otra dimensión del centralismo que trasciende el nivel municipal y que se relaciona con la experiencia de Tlaxiaco:

> no obstante ser la masa campesina de los barrios la que más contribuye con sus tequios y multas, es la menos favorecida con los servicios municipales, los cuales casi siempre sólo benefician a los habitantes del centro urbano de Tlaxiaco [y] esta desigualdad en el otorgamiento de servicios y en la distribución de las cargas, ocasiona el descontento de los sectores rurales del municipio.[88]

Hay que subrayar el paralelismo existente entre el tequio oaxaqueño y el trabajo forzoso a favor de la cabecera municipal hidalguense que se mencionó antes. No es remoto que futuras investigaciones muestren que las quejas en torno a la miseria fiscal de los municipios provenían sobre todo de los municipios de ciudades importantes y, en el ámbito rural, de las cabeceras.

86 AGN, DGG, caja 5, exp. 2.127.1/34: carta de 26 abr 1939 de José M. Quiroz; caja 5, exp. 31: carta de 14 mar 1941 de la asociación ganadera de Tapachula.

87 Ejemplos sobre apoyos de este tipo a Pachuca entre 1951 y 1957, Rueda Villagrán, *La obra* [1951], 11; a la capital de Aguascalientes entre 1944 y 1950, *Informe Ags 1950*, 19; y a Álamo, Orizaba, Poza Rica y Tuxpan en 1964, *Informes Ver*, 9806.

88 Marroquín, *La ciudad*, 148. Tal vez así se pueda entender la extraña pregunta que formularon varios vecinos de una localidad del municipio de Tlacotepec, Puebla, al presidente de la república sobre "si las cabeceras de municipio de esta región están autorizadas para cobrar el impuesto denominado Chicontepec". En AGN-LC, exp. 564.1/1217: extracto de 18 abri 1937.

Pero hay razones para pensar que la situación era todavía peor en los pueblos sujetos: ¿qué ocurría con las demás localidades de la jurisdicción municipal, en particular en aquellos lugares donde no se cumplía aquello de "cada pueblo, un municipio", según parecía decir un delegado a la tercera convención fiscal? ¿Se reprodujo en el mismo sentido el centralismo que hemos visto desde la esfera federal a la municipal? Sin duda, éste es un ámbito de investigación que ofrece múltiples posibilidades de reflexión y de reinterpretación de la vida local y con ella de la vida nacional.[89]

Cuando en 1928 se discutía la iniciativa de reformas constitucionales que proponía la supresión del régimen municipal en el Distrito Federal, el diputado Vicente Lombardo Toledano manifestó su oposición diciendo que en México no se seguía la tendencia mundial (norteamericana, en realidad) encaminada a fortalecer a los municipios y que su extinción en la capital del país podía servir de ejemplo para los estados que bien podrían suprimir los ayuntamientos de las capitales y más tarde de las principales ciudades, como León y Orizaba. "El Estado Federal minará sus bases y llegará un momento en que el Estado se vea en un aprieto serio". El municipio libre, agregaba, sobrevivirá sólo en los pueblos pequeños, de gran analfabetismo, pero "quedando a merced de los pequeños caciques, de los pequeños hombres que hacen a los pueblos su órgano incondicional de acción".[90] En los términos de este tipo de argumentos, la disyuntiva parecía clara: o se empobrecía a los municipios para debilitar cacicazgos y evitar despilfarros, o se les fortalecía para cumplir con la ideología "revolucionaria".

Ahora se sabe que se escogió la primera opción, es decir, la que proponía modernizar desde arriba, desde el centro.[91] Pero por ello no es difícil concluir del mismo modo que lo hacen diversos estudios sobre el municipio mexicano en el siglo XX, incluso los más oficialistas: "Una de las banderas de la revolución de 1910, el municipio libre, ha resultado un mito".[92]

[89] Hay dos quejas de sendos ejidos chiapanecos que quizá obedezcan a esta misma relación entre cabeceras y localidades sujetas. Se trata del cobro de 10% adicional sobre el impuesto predial para obras de electrificación de Tonalá ("cosa que no beneficia a ese ejido") y de Arriaga. AGN-ARC, exp. 564.1/805: extracto de 10 jul 1955 del comisariado ejidal de Nicolás Bravo; exp. 564.1/826; extracto de 22 ene 1956 del comisiario ejidal de Vicente Guerrero.

[90] *DDD*, 16 may 1928, 20.

[91] Muy sugerente resulta en este sentido el trabajo de Murilo de Carvalho, "El federalismo", respecto al "movimiento pendular" entre centralismo y federalismo en la historia política brasileña y de cómo la crítica al federalismo tenía que ver con el poderío resultante de las oligarquías locales que socavaban cualquier avance de los derechos sociales y políticos de la población.

[92] Carro, "La pobreza", 128.

11

EPÍLOGO 1950-1972: ¿CONTRA LAS ALCABALAS O CONTRA EL FEDERALISMO?

> El fantasma de la abolición de las alcabalas amenaza con la muerte de las autonomías de los estados.

> Fue una lucha de 25 años para lograr la coordinación y lo ha logrado el señor Presidente Echeverría[1]

En 1941 el secretario de la Economía Nacional, Javier Gaxiola, escribió la presentación de un estudio de Felipe Tena Ramírez sobre las alcabalas en México desde el punto de vista constitucional. En ella el funcionario hacía un señalamiento cuya forma sugiere la idea de que en torno a las alcabalas se entretejía un delicado nudo del arreglo político del país. El párrafo en cuestión es el siguiente:

> Consciente de los graves perjuicios que todo sistema alcabalatorio acarrea al comercio interior del país, esta Secretaría ha intervenido directamente por medio de gestiones realizadas cerca de las autoridades fiscales locales, a efecto de moderar o suprimir en lo posible el gravamen que se comenta.[2]

Estas líneas llaman la atención por su mesura. Muestra a un secretario de Estado que no escatima cautela a la hora de gestionar "cerca" de las autoridades locales la moderación o supresión "en lo posible" de una flagrante violación a la constitución. De allí el repaso de Tena desde la constitución de 1857, las modificaciones de noviembre de 1886 y de abril de 1896 y el texto de los artículos 117 y 131 de la constitución de 1917. ¿Cómo explicar que el poderoso gobierno federal poscardenista se dirigiera en esos términos

[1] *La Sombra de Arteaga*, 9 jun 1886, publicación de la ciudad de Querétaro, citado en Gutiérrez Grageda, "Penélope", 181; Petricioli, "Sobre los efectos", 55: fragmento de una conferencia del subsecretario de Ingresos de la SH en 1973.

[2] *El problema*, 7.

a los gobernadores? En muchos casos, los gobiernos estatales simplemente no obedecían.[3]

El 16 de mayo de 1944 el presidente de la república envió una carta a varios gobernadores cuyo contenido era idéntico o muy similar. Empezaba destacando el esfuerzo federal por aliviar las repercusiones del "estado de guerra" en la economía nacional, entre ellas la "elevación continuada" de los precios de los artículos de consumo popular. La inflación se explicaba por diversas causas, unas fuera de control y otras que sí podían regularse. Entre estas últimas se hallaban, por supuesto, las trabas a la libre circulación de mercancías. Era necesario eliminar dichas trabas para evitar a todo trance "un estado colectivo de malestar e inconformidad". Además de recordar las fracciones de los artículos 73 y 117 de la constitución que combatían esas prácticas contra el libre comercio, el presidente Ávila Camacho se refería al acuerdo de la segunda convención nacional fiscal de 1933 relativo a la necesidad de suprimir los impuestos sobre productos agropecuarios, salvo aquellos especiales destinados de manera habitual a mercados extranjeros. Más adelante, el presidente de la república rogaba a los gobernadores "en forma muy encarecida" iniciar ante la legislatura local la derogación de los impuestos de "carácter aludido que estén vigentes en esa entidad". Si tal derogación implicaba desequilibrios presupuestales, "suplicaba" iniciar estudios detallados al respecto, ofreciendo para ello la ayuda de la SH. En un tono que dejaba ver la presión que pretendía ejercer sobre los gobernadores, el presidente concluía diciendo que como "providencia reveladora de su propósito de colaborar en el problema de que esta nota se ocupa", esperaba que el gobierno local se abstuviera de crear nuevos impuestos o de elevar cuotas de los ya existentes sobre productos agropecuarios.[4]

Las respuestas de los gobernadores son diversas. Algunos simplemente señalan que en sus estados no hay impuestos alcabalatorios (Aguascalientes y Zacatecas). Otros obedecieron y enviaron iniciativas para derogar gravámenes, como fue el caso del mandatario oaxaqueño respecto al impuesto "a la exportación" de ganado mayor y menor. El gobernador de Tabasco respon-

[3] Un botón de muestra: en el capítulo 2 se mencionó la queja de 1932 contra el impuesto al café del gobierno chiapaneco. Es importante recordarlo porque los quejosos llevaban cuatro años luchando contra ese impuesto que ya había sido calificado de alcabalatorio e inconstitucional por las secretarías de Gobernación y de Industria, Comercio y Trabajo. Ambas secretarías habían exhortado al ejecutivo local a derogarlo, sin mayor éxito. AGN-AR, exp. 533.4/26.

[4] AGN-MACA, exp. 564.1/1040: carta de 16 may 1944 al gobernador de Tamaulipas. Hay que decir que se trata de un documento sin firma, quizá un "machote". Sobre la inflación en el sexenio 1940-1946, véase Torres, *México*, 341-365.

dió diciendo que ya contaba con el proyecto de una nueva ley de hacienda del estado, en la que se suprimían los impuestos a la circulación. Otros más respondieron con una simple descripción de los impuestos existentes, sin aludir al deseo presidencial de suprimirlos. Así fue el tenor de las respuestas de los gobernadores de Veracruz, Guanajuato y Tamaulipas. El de Veracruz argumentó que los impuestos, salvo los de la industria y comercio, no habían aumentado en casi 40 años. El de Guanajuato reconocía la reciente creación de impuestos "que pudieran en rigor caer en la órbita de los [...] que usted señala". Pero ni aun así ofrecía derogarlos. Más bien explicaba el sentido económico, no tributario, de esos gravámenes, en especial el de ganado, para conservar el cuero, vital para la industria zapatera. El de Tamaulipas explicó el objetivo del impuesto sobre ganadería cuyo monto recaudado se destinaba a sostener a la policía rural y a las asociaciones ganaderas. El de Chihuahua también describió el impuesto ganadero a la compraventa (3.30 pesos por cabeza) y fue el único que ofreció derogarlo, pero condicionando a que la SH "me indique la manera de preparar la forma de impedir un desequilibrio en la economía interna de la entidad".[5] Aunque casi todos aseguraron al presidente que apoyarían sus esfuerzos en contra de la inflación y que por ello se comprometían a no crear impuestos nuevos ni a elevar los existentes, es claro que los gobernadores se mostraron renuentes a eliminar gravámenes que aportaban una parte considerable de los ingresos estatales. En esta ocasión los estados hicieron caso omiso de las recomendaciones y presiones del ejecutivo federal.

Años más tarde, en su informe de 1953, el presidente Adolfo Ruiz Cortines, el mismo que como gobernador había acusado a Pemex de ser peor causante que las compañías petroleras extranjeras, aludía a la necesidad de "extirpar" los impuestos alcabalatorios, prohibidos por "nuestra Carta Magna". Pero añadía que tal medida debía tomarse considerando "las necesidades que han obligado a algunos estados a crear esos impuestos".[6] Casi 20 años después, en 1971, el presidente de la república volvía al asunto ya en otro tono: "Todos los estados han suscrito convenios de coordinación con la federación, que contribuirán a suprimir definitivamente las alcabalas".[7]

[5] AGN-MACA, exp. 564.1/1040: carta de 20 may 1944 del gobernador de Zacatecas; carta de 22 may 1944 del gobernador de Guanajuato; carta de 24 may 1944 del gobernador de Chihuahua; carta de 5 jun 1944 del gobernador de Tabasco; carta de 12 jun 1944 del gobernador de Aguascalientes; carta de 22 jun 1944 del gobernador de Veracruz; carta de 30 jun 1944 del gobernador de Tamaulipas, y carta de 18 jul 1944 del gobernador de Oaxaca.

[6] *Los presidentes*, IV, 531: informe de 1 sep 1953.

[7] SHCP/SP, *México*, 800.

¿Cómo explicar esa afirmación del presidente de la república en 1971 respecto a esos impuestos, quizá los más opuestos a la moderna economía nacional y a la nación misma? Por lo pronto debe decirse que se trata de un fenómeno político complejo, relacionado con la oposición de un grupo de entidades federativas a sumarse a las directrices federales en materia tributaria, en particular al impuesto federal sobre ingresos mercantiles de 1948.

Cabe preguntarse de nuevo cómo debemos percibir una federación que durante dos décadas de la segunda mitad del siglo XX se mostró incapaz de someter varias entidades federativas, entre ellas las de mayores recursos propios. Medidas tales como la ley de enero de 1953, que otorgaba compensaciones adicionales a los estados que aceptaran coordinarse con la SH, habían fallado.[8] ¿Hemos minimizado si no es que menospreciado la capacidad local de resistirse a la centralización?

Catorce entidades federativas, las mismas que aparecen en el mapa 1, llegaron a la década de 1970 sin haberse incorporado al impuesto federal sobre ingresos mercantiles. Eran las siguientes: Baja California, Coahuila, Chiapas, Chihuahua, Guanajuato, Jalisco, México, Nayarit, Nuevo León, Oaxaca, Sonora, Tamaulipas, Veracruz y Zacatecas.[9] Considerando sólo el monto de sus ingresos, esta lista incluía las entidades más ricas (Jalisco, México, Nuevo León y Sonora), las de la medianía (Chihuahua y Tamaulipas) y algunas de las más pobres (Nayarit y Zacatecas). De cualquier modo la importancia de las entidades ricas o de mayores ingresos, entre ellas todas las colindantes con Estados Unidos, hace pensar que fueron las que más se opusieron a renunciar a su soberanía tributaria en materia mercantil. De acuerdo con las cifras del cuadro 11, en 1970 esas 14 entidades disponían del 71% del ingreso bruto y contaban con el 61% de la población de todas las entidades federativas, excluyendo al Distrito Federal.

¿Qué eran las alcabalas del siglo XX y qué relación tenían con el impuesto sobre ingresos mercantiles? Eran gravámenes que pesaban sobre la compraventa de mercancías y que eran establecidos tanto por medios legales como administrativos por estados y municipios, cosa que la constitución general,

[8] Martínez Almazán, *Las relaciones*, 40. Durante el periodo 1950-1970 también fallaron los esfuerzos de la comisión nacional de arbitrios y de otras dependencias de la SH para "convencer" a los estados no coordinados a sumarse al impuesto federal sobre ingresos mercantiles. En esa labor de convencimiento, la SH seguía muy de cerca las conclusiones de la tercera convención fiscal que subrayaban "que la generalización de [dicho] impuesto en toda la república constituye el mejor medio para lograr la desaparición de las alcabalas y la anarquía que existe en materia de impuestos al comercio y la industria". *Memoria 1955-1958*, II, 368.

[9] Anguiano Equihua, *Las finanzas*, 221.

en los artículos 73, 117 y 131 prohibía expresamente.[10] Por lo que se refiere a la segunda parte de la pregunta, la negativa de las entidades a sumarse a los convenios federales en torno al impuesto sobre ingresos mercantiles de 1948, significaba la preservación de una soberanía fiscal que a su vez abría la posibilidad de expedir leyes locales con gravámenes alcabalatorios, tanto estatales como municipales. Pero antes de entrar de lleno en la discusión sobre la relación entre el impuesto sobre ingresos mercantiles y las alcabalas, conviene situar en una perspectiva más amplia la vigencia de esta clase de gravámenes durante el siglo XX.

Los impuestos alcabalatorios reflejan bien las peculiaridades del mercado nacional en esta época. La fragmentación, el contrabando, los recelos entre entidades federativas y las tensiones de éstas tanto con la federación como con los contribuyentes, son otros elementos adicionales que pueden apreciarse en esta dimensión de la historia mexicana y de otros países en el siglo XX.[11] Es necesario acercarnos ahora a los detalles.

En 1947 la SH señalaba que

> Cuando un estado grava el consumo de determinado artículo con impuestos más altos que el estado vecino, el consumidor o el comerciante que sirve de intermediario entre el productor y el consumidor, con el objeto de reducir el precio de la mercancía, maniobran para hacer aparecer que la mercancía fue vendida o consumida en el estado que tiene un impuesto menor. Frente a esa maniobra, el estado que cobra el impuesto más alto para evitar el fraude recurre a medidas que, teniendo por objeto controlar el consumo, fatalmente conducen a la creación de barreras reales o virtuales entre los estados.[12]

[10] Tena Ramírez, *Leyes*, 847 y 868-869.

[11] En febrero de 1934 un periódico argentino informaba acerca de la inminente aprobación de dos iniciativas en Mendoza para "adoptar represalias contra las provincias que gravan con fuertes impuestos la producción vinícola. Comprende la imposición gravámenes al ganado, trigo, azúcar y harina que se introduzcan en Mendoza. Ello será nada más que una consecuencia de los altos impuestos que las demás provincias aplican al vino, fuente primordial de la riqueza de esta provincia". En Trevisan, *Los impuestos*, 54-55.

[12] SHCP, *Tercera convención*, II, 394. Esto mismo planteaba Lucas Alamán un siglo antes: "Las circunstancias locales dan también ocasión a rivalidades, que más tarde o más temprano terminarán en hostilidades abiertas, cuando los intereses opuestos entre estados vecinos vengan a ser de mucha cuantía, como entre los estados agrícolas y fabricantes, y los mercantiles, según ya sucede en Puebla y Veracruz". Alamán, *Historia*, V, 885. En 1925 Gómez Morín abundaba sobre ese conflicto: "Quiero recordar el ejemplo del impuesto sobre alcoholes en Veracruz y Puebla. Veracruz tiene una cuota de tres centavos por litro, y Puebla una de menos de un centavo. Naturalmente, el que produce alcohol en Puebla y tiene grandes plantíos

No sorprende entonces que los estados más industrializados se quejaran ante el gobierno federal de las barreras comerciales establecidas por las entidades consumidoras. En 1928 el gobernador de Nuevo León manifestaba su molestia al secretario de Gobernación por la existencia de "gravámenes sobre la compraventa [que] constituyen verdaderas alcabalas" en Coahuila, Colima, Sonora, Chihuahua, Yucatán, Tabasco y Campeche "por lo menos". Como se vio en el capítulo 5, Nuevo León, junto con Veracruz, había aceptado muy pronto suprimir sus impuestos locales a cambio de una participación en el impuesto federal sobre la cerveza, pero ahora se encontraba con esa desventaja. En 1931 el gobernador de Guanajuato transcribió una queja de la compañía cigarrera El Águila sobre la existencia de impuestos alcabalatorios en Yucatán, Campeche, Tabasco, Chiapas, Oaxaca y Chihuahua. Ya en repetidas ocasiones la empresa había solicitado la intervención de la Secretaría de Gobernación para suprimir esas trabas al libre comercio, sin mayor éxito. Luego de expresar su respaldo abierto a la solicitud de la empresa, el gobernador señalaba que si por esos problemas la compañía reducía sus actividades en su planta de Irapuato, "dejaría sin trabajo a muchos obreros". No era de extrañar entonces que una agrupación de trabajadores, la Alianza Nacional de Obreros Cerveceros, se sumara a estas protestas alegando que gran parte del mal que padecía la industria y "máxime [...] sus intereses colectivos", eran las barreras anticonstitucionales sobre la cerveza, que "son murallas infranqueables que se oponen a la industria cervecera".[13]

Otro aspecto involucrado en las alcabalas era el contrabando entre entidades, una cuestión muy poco estudiada. Los escasos indicios disponibles son reveladores de su complejidad. En abril de 1934 el gobierno michoacano estableció una ley de alcoholes que fijaba un gravamen local a bebidas producidas en otros estados. Varios comerciantes del ramo la repudiaban, porque aseguraban que esa disposición, como "siempre se ha observado" cuando se expedían "leyes confiscatorias", había provocado ya el aumento "en una gran

---

de caña en Veracruz, lo que hace es llevar su materia primera al estado de Puebla, substrayendo así una riqueza que de hecho corresponde a Veracruz, para ir a elaborarla a un estado que no tiene derecho a percibir nada por ella". SHCP, *Primera convención*, 145.

[13] AGN, DGG, caja 1, exp. 2.127.1/30: carta de 17 abr 1928 del oficial mayor al secretario de Gobernación en la que le notifica la molestia neoleonesa y le sugiere realizar "las gestiones conducentes a la supresión de los impuestos alcabalatorios ya mencionados"; AGN, DGG, caja 8, exp. 2.127.1/19: carta de 23 nov 1931 del gobernador de Guanajuato al secretario de Gobernación; AGN, DGG, caja 1, exp. 2.127.1/30: dictamen de 9 sep 1930 del abogado de la Secretaría de Gobernación Miguel Hernández Jáuregui sobre alcabalas en Campeche.

porporción [del] clandestinaje de individuos inmorales que burlan la ley". Como comerciantes honrados que decían ser, temían verse obligados a cerrar sus negocios y luego agregaban: "no vemos razonable el que el estado proteja indirectamente a los contrabandistas de profesión".[14] Cosa similar alegaba una Compañía Reguladora del Comercio de Pulques (sociedad cooperativa limitada) en un escrito anexo a un memorándum de noviembre de 1932. Luego de hacer un repaso sobre la elevación del impuesto federal sobre el importe de las ventas de primera mano durante la década de 1920, indicaba que "como consecuencia natural de ese aumento, la defraudación y el contrabando para eludir su pago crecieron en la misma o mayor proporción".[15] En 1944 el gobernador de Tamaulipas informaba al presidente que, "para evitar torcidas interpretaciones", había ordenado la clausura de las garitas de Altamira y Reynosa, que habían sido creadas para combatir el abigeato y el contrabando de bebidas embriagantes.[16] En algunos casos, el contrabando se veía estimulado por decisiones federales. Un duranguense denunciaba en 1947 que el Banco de México pagaba mejor el oro de placer de Sinaloa que el de Durango. Como consecuencia, los productores de esta última entidad vendían su producción en la primera, dejando a Durango sin ingresos por ese concepto.[17] En 1959 el gobierno de Veracruz anunciaba medidas para combatir el contrabando de café, entre ellas la instalación de casetas de inspección en los puntos limítrofes, especialmente con Oaxaca.[18]

Las noticias son más contundentes respecto a los gravámenes tildados de alcabalatorios, comenzando con una queja de uno de los actores primordiales de esta dimensión de la vida económica, los ferrocarriles. En 1927 la gerencia general de los Ferrocarriles Nacionales de México se quejaba de que "en varios de los estados de la república se está obstruyendo el libre tráfico de mercancías por estas líneas con cobros de alcabalas". En ese mismo año un diario capitalino publicaba una nota relativa a Jicaltepec, una agencia del municipio de Oaxaca, donde "empleados inferiores" cobraban 25 centavos por cada bestia cargada de sal que pasaba por el lugar. En 1928 el represen-

[14] AGN-AR, exp. 011/85: carta de 25 jul 1934 de A. López y otros.

[15] AGN-AR, exp. 533.4/69: anexo de 10 oct 1932 al memorándum de 16 nov 1932 de la referida compañía.

[16] AGN-MACA, exp. 564.1/1040: carta de 30 jun 1944 al presidente de la república.

[17] SHCP, *Tercera convención*, II, 367-368.

[18] *El Nacional*, 30 jun 1959. También se hacía referencia al aumento de ingresos "ahora que las contribuciones dependen directamente del estado". Se había dejado atrás el sistema de "remate de café" que durante los últimos 18 años "se estuvo haciendo a los agricultores".

tante del ingenio San Cristóbal, de Veracruz, se dirigía a la Secretaría de Gobernación solicitando su apoyo para obligar al ayuntamiento de Torreón a devolverle el importe del impuesto a la introducción de azúcar cobrado en esa localidad. En 1929 se denunciaba que el ayuntamiento de Pachuca había reimplantado un impuesto a la introducción de mercancías que se hacía efectivo por medio de garitas a la entrada de la localidad; el gravamen también se exigía en los mesones a los indígenas que llevaban productos al mercado. El cobro se efectuaba sin regla o tasa alguna, a razón de 50 centavos por bulto, sin averiguar el contenido. Según una denuncia de 1930, en Cuautla, bajo amenaza de arma de fuego, se cobraba un impuesto similar, pero para exportar productos del municipio.[19] La situación era alarmante. En 1930 un abogado de la Secretaría de Gobernación no dudaba en afirmar, en relación con los gravámenes a la introducción a la cerveza, que

> El ejecutivo del estado de Campeche ha respondido con vagas promesas y con evasivas, eludiendo tratar la cuestión de modo resuelto y definitivo, fomentando con ello el régimen de tributación feudal que va cundiendo por la república y que al desconocer las bases y los principios fundamentales del Pacto Federal, abre los cimientos para la edificación de la anarquía y del desquiciamiento social.[20]

En febrero de 1933 la Confederación de Cámaras de Comercio envió una lista de impuestos alcabalatorios existentes en el país a la segunda convención fiscal, que por esas fechas se hallaba reunida en la Ciudad de México. Uno de los ejemplos era un impuesto vigente en el municipio de Pachuca. El delegado hidalguense hizo llegar la queja al presidente municipal y éste no tardó ni seis días en responder diciendo que el impuesto referido no gravaba la introducción de legumbres sino que era similar al "impuesto que cu-

[19] AGN, DGG, caja 2, exp. 2.127.1/10: carta de 23 de sep 1927 del gerente de los ferrocarriles al oficial de la Secretaría de Gobernación; FAPEC-FT, PEC, exp. 107, leg.1, inv. 757, f. 167: recorte de *El Universal*, de 12 mar 1927; SHCP, *Segunda convención*, III, 373-374; AGN, DGG, caja 2, exp. 2.127.1/12: carta de 12 abr 1928 del representante del ingenio San Cristóbal al secretario de Gobernación. Se anexa el dictamen del consultivo de esa dependencia respecto a la inconstitucionalidad de ese impuesto, incluido en el plan de arbitrios municipal, es decir, aprobado por la legislatura de esa entidad. Sobre la denuncia de industriales tabacaleros poblanos sobre la existencia de alcabalas en Yucatán, Campeche, Chiapas y Sonora, que favorecían a los fabricantes clandestinos, véase AGN, DGG, caja 1, exp. 2.127.1/32: carta de 6 dic 1927 del oficial mayor de Gobernación al gobernador de Campeche.

[20] AGN, DGG, caja 1, exp. 2.127.1/30: dictamen de 9 sep 1930 del abogado Miguel Hernández Jáuregui.

bren todos los comerciantes ambulantes en mercados y plazas". De cualquier manera prometía realizar una investigación al respecto.[21]

En la mismísima capital del país se denunciaba a cobradores de la delegación Tacuba que en Cuatro Caminos y en la hacienda El Prieto "extorsionan efectivamente a todo campesino o arriero que pasa por ese lugar con destino a la ciudad de México, conduciendo animales con carbón, leña u otra clase de mercancías". Para esas extorsiones contaban con el apoyo de "agentes de seguridad pública". En 1934 el sindicato de campesinos de Río Grande, Zacatecas, se quejaba de que la presidencia municipal cobraba 10 centavos por venta de 10 bultos de maíz en adelante y cinco centavos por venta de uno a nueve bultos. Calificaban dicha carga como alcabala, "toda vez que no figura en el plan de arbitrios municipal". El cobro se hacía al momento de vender el maíz en la cabecera del municipio.[22] Como se vio, la excepción ejidal tenía sus límites a la hora de la circulación de mercancías y a la hora de someterse a las jurisdicciones locales, en este caso a la municipal.

En mayo de 1934 el secretario de Hacienda, Marte R. Gómez, pedía el apoyo de Calles para convencer al gobernador de Sinaloa de la necesidad de derogar los impuestos proteccionistas o alcabalatorios vigentes en esa entidad. Y al hacerlo utilizaba la expresión "nuevo florecimiento alcabalatorio", lo que parece reforzar la noción que se desprende de referencias anteriores en torno a una reinstauración de esta clase de gravámenes en el país en la década de 1920. El secretario Gómez señalaba que ese fenómeno tributario "también" se explicaba por el impacto de la crisis, dada "la necesidad en que los erarios locales se vieron de buscarse arbitrios que suplieran las fuentes de riqueza que la depresión de negocios iba cegando". Pocos días después Calles respondió informando que ya había hablado con el gobernador y que éste había reconocido su "error", a tal grado que ofreció enviar al tesorero del estado a la capital del país para que entrara en contacto con la SH. La correspondencia no indica si efectivamente el funcionario local acudió a la Ciudad de

[21] La carta de los comerciantes, de 27 feb, y la del presidente municipal, de 2 mar 1933, en *El Nacional*, 2 y 3 mar 1933, respectivamente. En 1933 un vecino de Puerto Vallarta, Jalisco, preguntaba al secretario de Gobernación si el ayuntamiento de esa localidad tenía facultades para cobrar un impuesto extraordinario al tabaco en rama de origen nayarita que llegaba al puerto para ser embarcado, es decir, "por el solo hecho de estar en tránsito". AGN, DGG, caja 11, exp. 2.127.1/24: carta de 20 ago 1933 de José María Díaz.

[22] AGN, DGG, caja 12, exp. 2.127.1/16: carta de 27 jun 1933 del gobernador del Estado de México al secretario de Gobernación, donde se transcribe carta de 22 jun 1933 del presidente municipal de Naucalpan, acusado de cobrar alcabalas; AGN-MACA, exp. 533.4/541: carta de 8 feb 1934 del sindicato campesino Tierra y Libertad al gobernador de Zacatecas.

México, pero lo cierto es que esa iniciativa de Calles fue por demás infructuosa.[23] La fuerza del jefe máximo era mínima ante el "nuevo florecimiento alcabalatorio".

En 1935 se denunciaba que en Matamoros, Puebla, los empleados municipales, "con lujo de fuerza y cometiendo toda clase de arbitrariedades", cobraban alcabalas "por la introducción de cereales, aves de corral, maíz, arroz y demás artículos de primera necesidad". Aquellos que se negaban a pagar eran remitidos a la cárcel.[24] Un estudio de 1940 sobre el funcionamiento del mercado en los valles de Oaxaca señalaba la manera como los campesinos que acudían a vender sus productos eran detenidos a la entrada de la ciudad para obligarlos a pagar el derecho de piso, rubro cobrado por el ayuntamiento. Como era común que los vendedores no llevaran efectivo consigo, los funcionarios buscaban retenerles algún bien para garantizar el pago. Eso generaba tensiones entre las partes, unos tratando de evadir el gravamen y otros tratando de hacerlo efectivo; en julio de ese año dichas tensiones provocaron el asesinato de un funcionario municipal.[25] En abril de 1941 un productor de cigarros de Zamora, Michoacán, se quejaba de un impuesto local de 23% sobre tabacos labrados que gravaba tanto la producción como las ventas fuera del estado. Este gravamen, "netamente alcabalatorio", había provocado la suspensión de labores y la pérdida de trabajo de 200 obreros. Pedía

[23] FAPEC-FT, PEC, exp. 88, leg. 9, inv. 2400, ff 433-435: cartas de 9 may 1934 de Gómez a Calles, y de 21 may 1934 de Calles a Gómez. En este mismo expediente (leg. 10, f. 461) se halla carta de 14 jun 1934 de Gómez a Calles en la que se tratan asuntos arancelarios y plataneros de Tabasco. Allí se menciona que los "productores del estado de Chiapas que usan como puerto de salida Frontera, suelen quejarse de alcabalas que se aplican al entrar los productos al territorio de Tabasco".

[24] AGN-LC, exp. 564.1/516: oficio de la Secretaría de Gobernación al gobernador de Puebla. En el mismo ramo (exps. 564.1/135 y 564.1/2133) se encuentran, respectivamente, oficio de 1 mar 1935 de la Secretaría de Gobernación al gobernador de Veracruz con denuncia de alcabalas en Agua Dulce, que eran cobradas por el municipio bajo los conceptos de "derechos de introducción" y "derechos de piso", y la queja de 4 oct 1937 de vecinos de Valladolid, Yucatán, por el cobro de un impuesto de tres centavos por kilo de azúcar introducido a la ciudad.

[25] Malinwoski y De la Fuente, *Malinowski*, 184. La violación a la constitución oaxaqueña era obvia, pues al menos dos fracciones del artículo 107 prohibían a los ayuntamientos "gravar la entrada o tránsito de mercancías" o "imponer contribuciones que no estén especificadas en la ley general de ingresos municipales". El texto de la constitución local, promulgada en abril de 1922, en Pérez Jiménez, *Las constituciones*, 197-245. En el caso de Tacuba mencionado antes, los arrieros sufrían otro atraco a su regreso, pues los funcionarios los despojaban de los boletos o recibos que les habían entregado a cambio de la alcabala, con el fin de "cobrarlos tantas cuantas veces les es posible, para su provecho personal".

la intervención presidencial para lograr la derogación de esa "ley anticonstitucional".[26] A mediados de 1941 la prensa de la capital del país daba cuenta de una reunión que sostendrían los directivos de las cámaras de comercio de México, Veracruz, Puebla, Teziutlán, Tehuacán, Cholula, San Martín y Zacatlán, para discutir el problema de las garitas existentes en la ciudad de Puebla que cobraban un "gravoso" impuesto alcabalatorio a las mercancías que por diversos medios de transporte atravesaban dicha localidad.[27] En 1946 la cámara de comercio de Pachuca se quejaba del impuesto "completamente alcabalatorio" que exigían las autoridades de Tihuatlán y Poza Rica, Veracruz, a las transacciones de semillas. Era un impuesto de 0.5% sobre el valor de la compra efectuada. Señalaban que las erogaciones realizadas por el pago de ese impuesto "vendrían a pagarlas los consumidores", lo que ponía en entredicho el esfuerzo presidencial en contra de la escasez y la carestía de comestibles. Demandaban el cese de "esos abusos de autoridades completamente inferiores".[28]

Una comisión de expertos se refería a esas tensiones de la siguiente manera:

> con el objeto de arbitrarse fondos para el sostenimiento de los organismos municipales y bajo el pretexto de cobrar el impuesto sobre el comercio ambulante, especialmente en los municipios rústicos, se ha venido desarrollando una verdadera caza de vehículos o de bestias de carga y hasta de pobres indígenas que transportan sus mercancías.[29]

En 1947 se decía que todos los estados de la república, salvo Sonora, contaban con impuestos calificados de alcabalatorios. En la memoria de la tercera convención fiscal se reproduce una lista, preparada por organizaciones empresariales, de disposiciones legales o prácticas administrativas de 21 estados que eran consideradas alcabalatorias. Un ejemplo de Colima y otro

[26] AGN-MACA, exp. 564.1/183: telegrama de 16 abr 1941 de La Libertad, S.A., fábrica de cigarros.

[27] AGN-MACA, exp. 564.1/335: oficio de 10 jul 1941 del presidente de la república al gobernador de Puebla; le anexa un "resumen diario de prensa" con la información correspondiente.

[28] AGN-MACA, exp. 564.1/914: carta de 17 may 1946; en exp. 564.1/650 se halla solicitud similar de 8 ene 1945 de la Nacional Distribuidora y Reguladora, S.A. de C.V., contra impuestos sobre compraventa "que ha venido exigiendo en vía económica-coactiva a nuestro distribuidor" el gobierno del estado de Chiapas.

[29] SHCP, *Tercera convención*, I, 248.

de Guanajuato pueden ser útiles para ilustrar el fenómeno. En el primero, la fracción quinta de la ley general de ingresos señalaba:

> Toda operación de permuta, cesión, venta o consignación de efectos que se realice dentro del territorio del estado o para fuera de él, causará un impuesto del uno y medio por ciento sobre el monto total de la operación siempre que éste sea de veinte pesos en adelante, y las operaciones de compra-venta de primera mano en el estado, de los artículos que en seguida se gravan, aunque sean elaborados fuera del estado [...] Azúcar, cinco y un cuarto de centavo por kilo [...][30]

En el segundo caso, se citaba la disposición de la tesorería municipal de Acámbaro de cobrar por el embarque de cerdos a la capital del país, expidiendo recibos timbrados. También se expedían recibos sin timbres por concepto de "hospitalidades". Otro cobro era el de 25 pesos por cada carro de maíz que se embarcara en la estación ferroviaria de la localidad.[31]

Esa lista preparada por los causantes organizados a propósito de la tercera convención fiscal es muestra de su cercanía con la SH en el combate a las alcabalas. Cabe destacar dos ejemplos más. El primero es de Chiapas y el segundo de Tamaulipas. Aunque en el plan de arbitrios del municipio no existía ninguna disposición al respecto, los policías de Comitán realizaban cobros alcabalatorios a todo artículo de consumo que entraba a la ciudad, con tarifas fijadas al capricho de esos agentes de la seguridad pública. El caso tamaulipeco era múltiple: primero los causantes denunciaban un impuesto especial a la compraventa de tomate de 3% que se cobraba en garitas acondicionadas por el gobierno local a lo largo de la carretera Tampico-Mante. Pero también denunciaban una situación de mayor complejidad: el gobierno local había otorgado a una casa prodúctora de alcohol lo que se denominaba la "concesión del alcohol". A cambio de una "cantidad alzada", se le permitía llevar al estado todo el alcohol que pudiera sin pagar impuestos. De hecho era el único concesionario que vendía ese producto porque los demás productores soportaban una carga fiscal de 30%. El concesionario vigilaba a los demás productores por medio de inspectores del gobierno, a quienes remuneraba a cambio de su labor de impedir la entrada de alcohol de contrabando, es decir, sin pagar ese pesado gravamen. En los hechos, sostenían los causantes, la tasa de 30% era una alcabala.

[30] SHCP, *Tercera convención*, III, 261.

[31] SHCP, *Tercera convención*, III, 267.

Otros dos ejemplos: por un decreto de noviembre de 1949, el congreso colimense, "de acuerdo con las cámaras de comercio", canceló los "impuestos de garita que constituían una rémora para el libre ejercicio de las actividades mercantiles".[32] En 1953 un diputado yucateco preguntaba: "¿Acaso no existen casetas entre Campeche y Yucatán, en que se cobran impuestos anticonstitucionales por las mercancías [que circulan] a través de esa línea divisoria?". Y más aún:

> ¿Acaso no existe el 4% sobre las mercancías de toda naturaleza, que cobra la tesorería general del estado en las estaciones del ferrocarril, en las estaciones de autobuses y en todos los lugares por donde pasan los artículos que ya han pagado el gravamen constitucional? Esa alcabala lo único que hace es aumentar el hambre y la miseria del pueblo.[33]

En 1947 el subsecretario de Hacienda, Bustamante, señalaba lo que parecía un contraste entre la presunta modernidad federal y la también presunta no modernidad local:

> Que las alcabalas entorpecen la circulación de la riqueza, es evidente; que el desarrollo de la economía nacional es imposible mientras subsistan esas barreras, es también indudable, pero si nada de eso es bastante para condenar esas formas fiscales, debe ser motivo sobrado para que todos convengamos en la necesidad de su desaparición inmediata, la observación de lo que desde el punto de vista social y humano significan los procedimientos inquisitoriales y vejatorios que se emplean para aplicarlas. El indio, a quien yo he visto a la entrada de la capital de un estado ser víctima de esa clase de procedimientos que incluyen el registro y cacheo de las personas y sufrir la afrenta de que los mismos se aplicaran en su presencia a las mujeres que lo acompañaban, tiene derecho, aunque la revolución lo haya liberado de otro tipo de vejaciones y le haya devuelto sus tierras de cultivo, a considerar a las autoridades que implantan o toleran esas medidas, no como gobierno democrático, sino como sucesores directos de los conquistadores que hace 400 años arrebataron a sus antepasados tierra y libertad.[34]

32 SHCP, *Tercera convención*, III, 271-272; *Informe Col 1950*, 12.

33 *DDD*, 18 dic 1953, 12. En 1954 la cámara de comercio de Iguala denunciaba el "sistema anticonstitucional" de impuestos controlados por medio de "casetas fiscales instaladas estratégicamente en las carreteras nacionales y locales, esquilmando a los conductores de toda clase de mercancías". AGN-ARC, exp. 564.1/496: carta de 6 may 1954.

34 SHCP, *Tercera convención*, I, 30-31.

¿Cuáles eran las razones de esta vocación contraria a la "modernidad", por así decirlo, de las autoridades locales? La SH respondía en los siguientes términos: por un lado tenía que ver con el interés de los estados por proteger la actividad industrial y comercial de sus jurisdicciones frente a la de otras entidades; por otro lado, esos gravámenes eran una defensa de las entidades contra las maniobras evasivas de los causantes, constituyéndose así en un mecanismo de protección de sus fuentes de ingreso.[35] Vale la pena explorar con mayor detenimiento estas dos razones.

En un discurso de enero de 1948, el subsecretario de Hacienda Bustamante hacía un rápido repaso de los cambios que se habían sucedido después de la abolición de las alcabalas en 1896. Expresaba que las reformas constitucionales de ese año habían suprimido la "forma material" de las alcabalas, es decir, las garitas, la inspección de los cargamentos, la exigencia de documentación (guías) que debían acompañar a las mercancías. Pero en los hechos, por la naturaleza de los procesos de comercialización, los estados recurrieron a nuevas modalidades de tributación de esa actividad, por ejemplo mediante los impuestos sobre ventas de primera mano que se fijaron sobre la producción y el intercambio de determinados bienes, ya fueran producidos en el estado o fuera de él. En cada estado se siguió el mismo patrón y el resultado fue no sólo el encarecimiento de los bienes de consumo (lo que veía como uno de los factores que había influido en el alza de precios en los 30 años anteriores) sino la formación de barreras proteccionistas entre los estados. Esto último se explicaba porque aquellas mercancías que se producían en un estado y se vendían en otro tenían que pagar el impuesto de producción en su lugar de origen y además el impuesto de consumo en el lugar de venta. De ese modo la opción del contrabando se hacía atractiva. Pero al mismo tiempo esas medidas constituían un recurso de los gobiernos para proteger la actividad económica local, lo que a su vez buscaba asegurar una fuente de ingresos tributarios. En este último sentido el subsecretario Bustamante señalaba que el afán de los estados por gravar la producción y la venta de productos se había visto reforzado por la secuela fiscal de la reforma agraria, porque ésta había hecho disminuir los ingresos derivados de la propiedad raíz. A partir de allí, los estados dejaron de gravar la tierra y "empezaron a gravar los productos de la tierra y [a] gravarlos hasta llegar al consumidor".[36]

[35] SHCP, *Tercera convención*, II, 394.

[36] El texto del discurso en Yáñez Ruiz, *El problema*, IV, 341-355, especialmente 342-344.

Por otro lado, dentro de los estados, estos impuestos a la compraventa se habían traducido en barreras a la circulación no tanto por sí mismos sino por los métodos empleados para hacerlos efectivos. Dicho de otro modo, las mercancías no podían movilizarse si antes no se había cubierto el requerimiento fiscal. Los comerciantes y productores señalaban que esa coerción era contraria al libre comercio y en esa medida se trataba de una práctica alcabalatoria, anticonstitucional. En su defensa, las autoridades locales argumentaban que tales procedimientos eran la única manera de garantizar el pago del gravamen.[37]

La tensión entre el control fiscal local y el libre comercio reivindicado por la federación se aprecia en el intercambio de correspondencia entre autoridades coahuilenses y los directivos de la empresa Ferrocarriles Nacionales de México en dos momentos muy distintos. En el primer caso, de 1927, el presidente municipal de Saltillo solicitaba la ayuda de la empresa ferrocarrilera para que ésta comprobara, al recibir la carga, el pago del impuesto municipal a la introducción de mercancías. Aunque esa petición "no [la] podemos fundar en materia legal", el munícipe ofrecía a cambio su colaboración con dicha empresa. Esta carta aparece como anexo probatorio de la queja mencionada páginas atrás del gerente general de los Ferrocarriles Nacionales de México a la Secretaría de Gobernación en el sentido de que en varios estados de la república se cobraban alcabalas. Por supuesto, la empresa ferroviaria compartía sin titubeos la postura federal a favor del libre comercio: ese tipo de impuestos "perjudica cada día más el transporte de toda clase de mercancías y principalmente los artículos de primera necesidad". Pero contrastaba con la lógica municipal, expresada a su vez por otro munícipe coahuilense en 1928: el impuesto de 2% al valor de las operaciones de compraventa, que gravaba la candelilla, era difícil de recaudar "por las dificultades con que se tropieza para verificar su cobro", ya que se exigía al hacerse los embarques. El segundo caso es de 1948. El 8 de septiembre de ese año el tesorero del gobierno coahuilense se dirigió al gobernador para que solicitara el apoyo de la empresa ferroviaria en la cobranza de "dos impuestos importantes que no se pueden controlar con exactitud": ganado y algodón. Señalaba que "desde hace muchos años viene luchando esta tesorería con graves dificultades" en el cobro de dichos impuestos. La petición era doble: por un lado, que el per-

[37] Quejas de comerciantes veracruzanos en torno a los impuestos de compraventa de café y ganado, en SHCP, *Tercera convención*, III, 147-148 y 259-273; quejas de ganaderos poblanos contra la ley veracruzana, en AGN-MA, exp. 564.1/79: carta de 21 ene 47 de la Asociación Ganadera Local de Barlovento.

sonal de la empresa diera informes sobre la carga y por otro que cooperara con la tesorería para "no permitir embarques de ganado y algodón si los interesados no justifican con documentos legales haber pagado los impuestos respectivos". El gobernador aceptó la sugerencia de su colaborador y se dirigió al funcionario ferroviario, Manuel R. Palacios. Pero éste se negó a acceder a la solicitud. Por conducto del oficial mayor, la gerencia alegó precisamente el libre comercio: los ferrocarriles "legalmente están impedidos para negar embarques o proporcionar datos que dificulten el libre movimiento de esos embarques". Y luego deslizaba una crítica a la ineficacia administrativa local, señalando que el control fiscal dependía de la "organización que pueda establecer con ese objeto" y no de involucrar a los ferrocarriles para "dificultar, obstruccionar o impedir la libre aceptación de los objetos que ofrezca el público para su transporte".[38] De estos dos casos se desprende claramente la pretensión de las autoridades locales de servirse de los ferrocarriles para reforzar sus debilitadas fuentes tributarias. La federación y la empresa ferroviaria parecían conformar una fuerza avasalladora, aunque eran obvias las resistencias que enfrentaba en la organización política.

Pero al menos había otra razón que explicaba la vigencia de esta clase de impuestos. Tenía que ver con el modernísimo fenómeno de la concentración fiscal que se ha venido estudiando a lo largo del trabajo, incluida la repercusión de la reforma agraria en los erarios locales y la reacción subsecuente de gravar la producción y el comercio. Vale la pena considerar la explicación que se hallaba en una iniciativa presidencial de 1953. En ella podía leerse que la persistencia de las alcabalas, "problema con el que se viene luchando [desde] hace un siglo", no podía explicarse simplemente por un afán de las autoridades locales de "utilizar procedimientos vedados". Más bien, el origen del problema había que "atribuirlo en gran parte a la limitación de recursos de los fiscos locales".[39] Cabe subrayar que en este texto presidencial se eliminó una frase del autor del párrafo que se reprodujo en esa iniciativa. Tal frase, que debía seguir a la de "la limitación de los fiscos locales", era del fa-

[38] AGN, DGG, caja 2, exp. 2.127.1/10: carta de 23 sep 1927 del gerente de los ferrocarriles al oficial mayor de la Secretaría de Gobernación, en la que se anexa carta de 23 mar 1927 del presidente municipal de Saltillo; AGN, DGG, caja 2, exp. 2.127.1/13: carta de 19 jul 1928 del oficial mayor del gobierno de Coahuila al jefe del Consultivo de la Secretaría de Gobernación, en la que se reproduce carta de 7 jul 1928 del presidente municipal de Castaños; AGEC, Secretaría de Gobierno 1947-1949, caja 2628, leg. 17: correspondencia de 8 sep-28 oct 1948 entre el tesorero, el gobernador Raúl López Sánchez y el oficial mayor de los Ferrocarriles Nacionales, Macario Díaz G.

[39] *DDD*, 8 de dic 1953, 4: iniciativa de ley de coordinación fiscal.

moso abogado Felipe Tena Ramírez y decía "debida en buena parte a la absorción de impuestos por la federación, los cuales se han mermado por lo mismo al patrimonio de los estados".[40] Como se vio en el capítulo inicial, tal limitación había ido creciendo durante las décadas que se estudian en este trabajo.[41]

Por lo visto la razón de la negativa a coordinarse con la federación no era otra que la importancia del rubro comercial e industrial en las alicaídas haciendas locales. Aunque un estudio destacaba la tendencia decreciente de este rubro en los estados, de 27% del total de ingresos durante el periodo 1926-1942 a 12% en 1943-1949, lo cierto es que ese fenómeno mostraba grandes desigualdades entre las diversas entidades. Para mostrarlo, se toma el año de 1945, cuando en el nivel nacional los impuestos al comercio y a la industria aportaron 24% del ingreso estatal bruto.[42] En Baja California Sur, Quintana Roo, Hidalgo y Tlaxcala ese ingreso no superaba el 10% del total. En contraste, en las 14 entidades que después de 1948 se opusieron a incorporarse al impuesto sobre ingresos mercantiles, la contribución de ese impuesto era mucho mayor: 27% del total de ingresos. Aun dentro de este grupo de entidades había diferencias, pues en algunos casos (Chiapas, Jalisco, Nayarit, Sonora, Tamaulipas y Zacatecas) la aportación de este ramo significaba más de un tercio del total. En Veracruz, Oaxaca y Chihuahua su importancia variaba entre 28 y 30%. Dicho de otro modo, al menos en 1945, el comercio y la industria constituían una fuente tributaria primordial para este grupo de estados. Eso puede explicar en parte su oposición a la iniciativa federal. Se dice en parte porque en varios estados que accedieron a coordinarse con la SH en relación con el impuesto sobre ingresos mercantiles la aportación de ese rubro era todavía mayor, destacadamente Colima, Morelos y Sinaloa, en donde alcanzaba el rango de 39-41%. Dicho de otro modo, no hay una relación causa-efecto entre monto de la aportación de este ramo y la postura respecto a la SH. Pero sí queda claro al menos que un componente de la renuencia de estas 14 entidades era la defensa de la fuente que, no obstante su tendencia decadente, producía poco más de la cuarta parte de sus ingresos fiscales. Un párrafo del gobernador nayarita puede ser ilustrativo acerca de esa oposición local:

> Si por vicios imputables a nuestras leyes hacendarias y por no encontrar los renglones con qué poderlas substituir no ha sido posible desterrar de los pre-

[40] El texto de Tena Ramírez, en *El problema*, 28.

[41] Véase también Margáin, "El sistema", 547, y Beteta, *Tres años*, 160.

[42] Sobre la disminución desde 1926, véase Servín, *Las finanzas*, 76. El análisis de 1945 se elaboró con base en *AEEUM 1943-1945*, cuadro 371.

> supuestos de la mayor parte de los estados de la República los impuestos que tienen un carácter alcabalatorio; pretender de momento tal cosa en Nayarit donde el desarrollo agrícola depende de la ayuda y facilidades que el gobierno pueda dar al trabajo en el ejido y en el campo industrial de circunstancias análogas, siendo indispensable la misma ayuda de parte del gobierno federal para lograr sostener la crisis que se presentó en las fábricas textiles de Jauja y Bellavista el año de 1941; sería tanto como condenar al estado a una función secundaria y puramente administrativa, dejándolo en la imposibilidad de realizar todas las obras necesarias para el bienestar de sus habitantes y para que como resultado de ese bienestar se lograra, andando el tiempo, la implantación de un sistema tributario equitativo en el que las fuentes de producción señaladas —agricultura e industria— pudieran liberar de sus gravámenes al comercio que, principalmente en el renglón de la compra-venta, lo ha venido soportando en forma indirecta.[43]

¿Cómo renunciar a una partida de ingresos de ese tamaño, cuya pérdida parecía "condenar al estado a una función secundaria y puramente administrativa", como decía el gobernador nayarita? Además era un rubro accesible a la autoridad local; su captación podía hacerse muy de acuerdo con los usos y costumbres, con las tradiciones seculares, por ejemplo el cobro en los mercados. Era un rubro que estaba a la mano. No parece coincidencia que poco antes de anunciar la firma del convenio con la SH para sumarse al impuesto sobre ingresos mercantiles, a mediados de la década de 1950, el gobernador de Hidalgo hubiera aclarado que en esa entidad no existían impuestos alcabalatorios. Pero también señalaba que "aquellos que pudieran parecer como tales", por ejemplo los que se recaudaban "por anacrónico procedimiento, en garita", serían modificados en el curso de 1954.[44] Es claro que los estados coordinados en materia mercantil con la SH tenían menos posibilidades de mantener en vigencia esta clase de gravámenes. Ése era el trabajo de la comisión nacional de arbitrios.

Al igual que en décadas anteriores, en 1973 la SH insistía en que los impuestos sobre la industria y el comercio "varían de estado a estado, de municipio a municipio, con una dispersión y un caos fiscal, y esto crea problemas

[43] AGN-MACA, exp. 5645.1/658: carta de 5 dic 1942 del gobernador de Nayarit al secretario particular del presidente de la república. La propia SH señalaba en 1973 que la razón de la oposición al impuesto sobre ingresos mercantiles residía en que su rendimiento no compensaba lo que los estados obtenían con sus propios gravámenes. En Díaz Cayeros, "Political Responses", 309.

[44] Rueda Villagrán, *La obra* [1954], 8.

muy serios a la economía". Aunque ya no se usara el término "anarquía", se reiteraba como antes la existencia de múltiples tasas, impuestos, administraciones y criterios, a tal punto que "ni nosotros mismos llegamos a conocer[los] todos". El autor de estas líneas, el subsecretario de Ingresos Gustavo Petricioli, buscaba subrayar el estado en que la nueva administración federal había recibido el sistema tributario de la nación en diciembre de 1970. Vale la pena reproducir un largo párrafo de este funcionario que bien puede ayudar a aclarar el argumento de este epílogo:

> Desde 1948, cuando se estableció el impuesto de ingresos mercantiles que sustituía al impuesto del timbre, al impuesto a las ventas, los estados que se coordinaron con la federación y que aceptaron una tasa fija, firme, establecida, de acuerdo con la federación, fueron los estados más pobres. Los estados más ricos no aceptaron esta coordinación, este pacto, y establecieron sus propios impuestos [...] Uno de los inconvenientes más serios para la coordinación era la negativa de la federación para dar facultades de administración, de vigilancia, a los estados. Y esto provocaba, como era natural, que los estados no tuvieran interés en coordinarse, cuando no tenían ninguna facultad para participar en los ingresos, en su administración, en la política fiscal, ni en ninguna medida que afectara a sus propios contribuyentes. Había un excesivo centralismo en materia de administración fiscal y un celo de parte de la federación en [la] materia que no les permitía a los estados tener sus propias administraciones, por eso no se coordinaban y creaban las suyas propias. Quizá en el pasado se justificaba esto, entre otras razones, por la falta, por la carencia de sistemas administrativos adecuados, honestos, técnicos, en los estados.[45]

Según se lee en el epígrafe, fue durante la administración echeverrista cuando finalmente la SH logró lo que los gobiernos anteriores no habían conseguido: la coordinación fiscal con la totalidad de entidades federativas. ¿Cómo se quebró esa resistencia local? La información disponible apunta hacia que la "indisciplina" de las entidades federativas fue vencida mediante una creciente oferta de recursos vía participaciones federales, es decir, por una decisión explícita del gobierno federal. En diciembre de 1970, en el primer mes de mandato del gobierno echeverrista, el ejecutivo federal envió varias iniciativas de ley en materia fiscal. Quizá la más importante era la que modificaba el impuesto sobre ingresos mercantiles y que agregaba una sobretasa de 10% a determinados "artículos y servicios cuyo consumo revela

[45] Petricioli, "Sobre los efectos", 58-59.

una capacidad económica superior, a fin de eliminar uno de los principales defectos de este impuesto, que consiste en su falta de progresividad por no discriminar según el tipo de consumo, a pesar de las exenciones a ciertos bienes necesarios". Casi como siempre, el legislativo acató sin chistar la encomienda y dio rápido trámite aprobatorio a las reformas legales.[46]

Al propósito de corregir el componente regresivo del impuesto, se sumaba la intención de aumentar la oferta a los estados para establecer de una vez por todas la coordinación fiscal en el ámbito de los ingresos mercantiles. En la iniciativa de cambios a la ley de este impuesto se decía:

> La tasa propuesta de 10% cubre tanto el nivel general como el local, otorgándose una participación del 40% a las entidades que celebren convenios de coordinación con la federación, con lo que obtendrían una importante ayuda financiera para sus erarios.
>
> La modalidad de conceder participación en el rendimiento de la tasa especial de 10%, en lugar de que se aplique una cuota federal y una adicional, tiene el objeto de no distorsionar los procesos de producción y distribución por la ventaja comparativa que obtendrían los causantes en entidades no coordinadas que no tendrían que pagar la cuota adicional, lo que se evita introduciendo el sistema de participación en la tasa especial que sería uniforme en toda la república.[47]

Esa misma ley señalaba el mecanismo de repartición: los estados, territorios y el Distrito Federal recibirían el 40% del total recaudado en sus jurisdicciones por ese concepto.

Una vez superado el trámite legislativo, la SH suscribió convenios con los gobiernos estatales para establecer los términos de la participación de ese 10% adicional. Entre el 15 de enero y el 1 de septiembre de 1971 se firmaron los convenios correspondientes con 26 entidades federativas, incluidas las 14 que se habían mantenido al margen desde 1948.[48] Cuando dos de las entidades renuentes, Nayarit y Chihuahua, firmaron el convenio con la SH, una nota periodística ofreció un breve repaso de la política federal iniciada en 1948, dejando ver que se trataba de la culminación de un largo esfuerzo.

[46] *DDD*, 23 dic 1970, 81.

[47] *DDD*, 17 dic 1970, 4. Una crítica al propósito de eliminar el carácter regresivo de este impuesto con la tasa adicional a artículos de lujo, en Avilés González, "Las reformas", 17-22.

[48] El primer convenio aparece publicado en *DO*, 22 mar 1971, y el último el 31 ago 1971. Curiosamente, el último fue el de Veracurz y su fecha de aprobación es de un día después de su fecha de publicación.

Ese sentido de continuidad se nutría también con referencias claras a un discurso ya antiguo:

> Se beneficia al causante, ya que se logra la uniformidad de tributación, eliminando alcabalas, desapareciendo competencias desleales entre [entidades], y por la simplificación administriva de realizar en un solo entero el impuesto federal, el estatal y el municipal.[49]

Por lo visto, éste fue el primer escalón para lograr la incorporación de la totalidad de entidades al impuesto federal sobre ingresos mercantiles. No extraña entonces, como se vio, que el presidente de la república anunciara en septiembre de 1971 la extinción definitiva de esos impuestos alcabalatorios.[50] Pero más allá del tono triunfalista del mandatario, es importante reparar en el hecho de que la opción buscada por Calles y Alemán de modificar la constitución había quedado atrás; se imponía la modalidad de los convenios entre los estados y la SH, como hasta la fecha.

Con ello llegó al final la resistencia estatal en materia de impuestos a la actividad mercantil, pero es evidente que esa resistencia se venció gracias al aumento sustancial de la oferta federal. Esta oferta se vio reforzada por la elevación de 3 a 4% en la tasa general del impuesto sobre ingresos mercantiles, vigente a partir de enero de 1973.[51] Los estados firmaron nuevos convenios con la SH, ahora para establecer los términos del reparto de la recaudación de esa nueva tasa, que se elevó del 40% que se había fijado dos años antes hasta el 45% del producto en la entidad correspondiente, proveniente de:

[49] *El Universal*, 15 jul 1971.

[50] SHCP/SP, *México*, 800. Pero habría que ver si efectivamente ocurrió así. Tan contundente era Echeverría como lo había sido Díaz en 1896. En un anexo de los convenios de coordinación fiscal que se suscribió a propósito de la puesta en marcha del Sistema Alimentario Mexicano, a fines de 1980, se lee que "El estado se obliga a retirar a más tardar el 31 de diciembre de 1980 las denominadas 'casetas fiscales' establecidas en sus caminos, vías generales de comunicación o en cualquier otra ubicación". Eso era parte del compromiso de las entidades de dejar en suspenso las leyes tributarias estatales y municipales que gravaran la producción o enajenación de animales y vegetales y diversos alimentos que integraban la canasta básica recomendable. *DO*, 4 dic 1980. Agradezco a la licenciada María Jesús de Miguel, de la SH, el conocimiento de estos anexos. Noticias más recientes indican que en un municipio potosino se cobra una cuota municipal a cada camión cargado de productos agrícolas que sale de la localidad. Agradezco a Lydia Torre la información. 17 ene 2000.

[51] Para el seguimiento de estas reformas, es útil SHCP, *Impuestos*. La reforma de 1972, en *DO*, 30 dic 1972, incluía dos aspectos más: la elevación del porcentaje de participación a las entidades federativas y la entrega de la administración y la vigilancia del impuesto a las mismas.

la aplicación de la tasa general de 4%; del 10% para algunos artículos de lujo, y del ingreso por multas y recargos. Como ya era costumbre, el convenio señalaba que tal participación se otorgaba "a condición de que [las entidades] no mantengan en vigor impuestos locales sobre el comercio y la industria".[52] Las reformas al impuesto sobre ingresos mercantiles llevadas a cabo en los diciembres de 1970 y 1972 explican el aumento de las participaciones en los primeros años de la década de 1970. Antes de dar cifras, es conveniente abundar sobre el quehacer federal en la materia en esos años.

Un indicio del drástico cambio ocurrido en el sistema tributario —que es el criterio que lleva a cerrar en 1972 el periodo de estudio de este ensayo— fue la creación de un mecanismo de trabajo entre los gobiernos estatales y la SH, a saber, las reuniones nacionales de tesoreros estatales y funcionarios federales. Uno de éstos se vanagloriaba del hecho: "Desde 1948 no había sido posible realizar una reunión, por ejemplo con los tesoreros de los estados".[53] La primera de ellas se llevó a cabo en la capital chihuahuense, en noviembre de 1972, a iniciativa del gobierno de esa entidad, que era una de las 14 renuentes a coordinarse con la federación en materia de ingresos mercantiles.[54] Durante el sexenio echeverrista, hasta 1976, se celebraron nueve reuniones, un ritmo muy distinto al de las convenciones fiscales. No es de extrañar que en ellas hubiera referencias a los "nuevos tiempos" en materia tributaria Uno de los artífices de este nuevo esquema, el entonces subsecretario Petricioli, señalaba que en la relación estados-federación se había operado un "cambio cualitativo en materia fiscal". Y agregaba

> El abandono de la mentalidad centralista por parte de las autoridades hacendarias federales y de las tendencias localistas por parte de los representantes de las entidades, junto con la convicción de que únicamente mediante el diálogo y la acción coordinada podemos lograr los resultados deseados, constituyen los cimientos en que se sustenta esta relación sin precedentes.[55]

[52] Véase DO, 30 ene 1973 (Veracruz y Oaxaca), 31 ene (Nuevo Léon, Jalisco y Guanajuato), 26 feb (Sonora), 27 feb (Coahuila), 19 mar (Baja California y Campeche), 20 mar (Chiapas, México, Colima, Tlaxcala, Zacatecas y Nayarit), 22 mar (Guerrero, Chihuahua, Puebla y Yucatán), 30 mar (Sinaloa). Díaz Cayeros, "Political Responses", 310, señala que el gobernador de Baja California había declarado que sólo había firmado el convenio en vista de las presiones del gobierno federal.

[53] Petricioli, "Sobre los efectos", 60.

[54] *Memoria 1973*, 22.

[55] *Memoria 1973*, 16.

El mismo funcionario alardeaba de las bondades del nuevo arreglo tributario. Las participaciones a los estados habían aumentado de 962 millones en 1970 a 1 916 en 1973; en el solo rubro cervecero el aumento otorgado a las entidades alcanzaba 349%. Las reformas al impuesto sobre ingresos mercantiles habían propiciado un incremento en la recaudación general, cuya repartición era acorde con los nuevos aires federalistas: mientras que las arcas federales registraban 40.2% de aumento, en los estados el incremento alcanzaba 74.3%. Tales aumentos superaban con creces las recaudaciones logradas por los estados no coordinados en años anteriores. De paso los municipios se habían beneficiado con un aumento de 100% en sus participaciones provenientes de la recaudación de los estados.[56] Lo que parecía "rígido e inmutable" había cedido ante la política del "licenciado Luis Echeverría".

Lo cierto es que las participaciones a los estados sí aumentaron, en particular aquellas originadas en el impuesto sobre ingresos mercantiles. Algunas cifras pueden dar idea gruesa de ese comportamiento: la participación en el impuesto federal sobre ingresos mercantiles se elevó de 2 907 millones de pesos en 1970 a 12 881 en 1976 y en igual lapso la participación en otros impuestos federales pasó de 1 065 a 7 187 millones de pesos.[57] En 1976 se estimaba que el monto de esas participaciones era superior en 10% al ingreso que obtenían las entidades por concepto de ingresos propios, o bien que su monto era mayor al 50% de los presupuestos de todas las entidades federativas.[58] Como se vio, en 1955 ese porcentaje alcanzaba el 26%; en 1999 tal indicador llegó al 94 por ciento

Aún quedan dos asuntos pendientes, relativos a la desigualdad. El primero se refiere a que el notable aumento de las participaciones a los estados en la década de 1970 no detuvo la concentración de la riqueza fiscal en manos federales. Entre las consideraciones que llevaron al gobierno lopezportillista (1976-1982) a reorganizar el sistema de participaciones se hallaba precisamente que "dichas participaciones si bien han venido en aumento, el incremento de las mismas representa una proporción cada vez menor de los recursos fiscales de la federación".[59] Este razonamiento toca un aspecto

[56] *Memoria 1973*, 16-17.

[57] SHCP, *Seis años*, 20, 67. Las anteriores son cifras dadas por el secretario de Hacienda, Mario Ramón Beteta. Otra fuente ofrece cifras distintas sobre el aumento de las participaciones a los estados en materia de ingresos mercantiles: de 1 750 millones de pesos en 1971 a 13 663 en 1976. Véase SHCP, *Indicadores 1978*, 48.

[58] Martínez Almazán, *Las relaciones*, 90.

[59] En Marichal *et al.*, *Memorias*, 264: convenio de adhesión del gobierno del Estado de México al sistema nacional de coordinación fiscal de 1980.

medular que debe subrayarse: el cambio en la composición de los ingresos federales. Se trata del fenómeno que bien pudiera denominarse "destributización" de las finanzas públicas, referido a la baja sostenida del peso de los impuestos en la hacienda federal: de casi 90% en tiempos porfirianos a menos de 30% a fines de la década de 1970. Eso tiene que ver con el peso creciente de dos fuentes de ingreso inexistentes en la década de 1920, y sobre las que los estados y municipios no tenían ninguna participación: el endeudamiento, sobre todo externo después de 1960, y la aportación de los organismos y empresas descentralizadas.[60] Si la federación se pronunciaba por la moderación de la carga fiscal y por ello se veía obligada a recurrir a otras fuentes de financiamiento (especialmente el endeudamiento), el armazón político basado en las participaciones de impuestos federales tenía un sustento económico cada vez más endeble.[61]

La segunda dimensión de la desigualdad en materia de participaciones se refiere a la geografía del país. La ley del impuesto sobre ingresos mercantiles, como de hecho todas, establecía un monto de participación que dependía de la recaudación lograda en la jurisdicción local.[62] Esto significaba que a mayor actividad económica, mayor recaudación y en consecuencia una mayor participación.[63] En 1977 nueve entidades (Baja California, Coahuila, Distrito Federal, Guanajuato, Jalisco, México, Nuevo León, Puebla y Veracruz) recibían el 78% de las participaciones federales.[64] Debido o indebido, natural o artificial, lo cierto es que este procedimiento no contribuía a paliar la desigualdad regional, argumento que con gran empeño esgrimió

[60] Navarrete, *Política fiscal*, 179. Esa "destributización" explicaba fenómenos como que el déficit fiscal de 1969 significara ya una cantidad similar a la mitad de los ingresos federales. Véase Navarrete, "La evolución", 20. Por otro lado, desde 1965 los ingresos de los organismos descentralizados y las empresas propiedad del gobierno federal comenzaron a ser incluidos en las cuentas federales. Al respecto Wilkie opina que tal inclusión era otro indicio de la tendencia hacia la "recentralización". Véase *La revolución*, 342-343. La estimación sobre el peso de los impuestos en el ingreso federal en 1910 y a fines de la década de 1970, en *EHM*, II, 650-652.

[61] Para compensar esa tendencia, la ley de coordinación fiscal de 1978 incorporó al fondo de participaciones aquellos impuestos que "tradicionalmente" se habían considerado de recaudación exclusiva de la federación, como los del comercio exterior. Véase *DDD*, 30 nov 1978, 113: iniciativa de ley.

[62] Véase por ejemplo el artículo tercero del convenio celebrado entre la SH y el estado de Nayarit para la coordinación en el cobro del impuesto sobre ingresos mercantiles. *DO*, 4 ago 1971.

[63] En una iniciativa de ley de 1978 se decía que ese fenómeno era "natural y debido". *DDD*, 30 nov 1978, 114.

[64] Martínez Almazán, *Las relaciones*, 90.

el ejecutivo federal a lo largo de este periodo para justificar el centralismo fiscal.

Más dinero a los estados y municipios por medio de las participaciones, así fuera repartido de manera desigual, parece haber sido la clave para cerrar el ciclo de la modernización hacendaria durante este tramo del siglo XX. Después de 1972 el predominio federal parecía indiscutido. Los sueños de los gobernantes decimonónicos, porfirianos y del siglo XX se habían hecho realidad. La anarquía fiscal quedaba extinguida. Pero a cambio los estados y los municipios, no obstante las mayores participaciones, habían cedido una buena parte de sus facultades fiscales. Así, el impulso de la modernización tributaria, en este caso el combate a las alcabalas, había transformado la organización federal de la república. En lo sucesivo, como se observa en nuestros días, las relaciones entre la federación y los estados y municipios se centrarían en cómo mejorar los trámites, las tasas, las fórmulas y los tratos referentes a las participaciones. Las iniciativas encaminadas a reforzar la soberanía tributaria de las entidades federativas empiezan a aparecer, reforzadas por el triunfo del candidato presidencial opositor Vicente Fox en julio de 2000. Habrá que ver el avance de esas iniciativas a la luz de los argumentos de personajes como Lucas Alamán, Calles y Cárdenas, para quienes la soberanía fiscal y en general la soberanía de los estados era uno de los rasgos del siglo XIX que más había dañado a la nación. Pero por lo pronto es claro que una de las diferencias más significativas entre ambos periodos es que en el siglo XX los grupos políticos que controlaban el gobierno nacional con sede en la Ciudad de México sí lograron conformar un centro poderoso con jurisdicción tributaria a lo largo y ancho del país.[65] A la luz de este recorrido, ese centro político, cuya fortaleza se explica en buena medida por el debilitamiento de los estados y municipios, debe considerarse como la esencia de la nación mexicana en estos años. Sin embargo, como se dijo en la introducción, cuando llegó a su fin esta empresa multisecular de crear un centro político sólido, sus límites salieron a flote. Uno de los instrumentos para lograr el fortalecimiento del gobierno federal, la baja carga fiscal y las excepciones y privilegios, mostró muy rápido su inviabilidad. El petróleo no hizo más que posponer la contradicción y devolver las finanzas públicas al pasado, al siglo XIX, cuando la aduana de Veracruz aportaba cerca de la mitad del ingreso del gobierno general, según afirmaba con pesar Matías Romero.

[65] Sobre el ámbito territorial de la fiscalidad federal en el siglo XIX, véase Carmagnani, "Finanzas".

CONCLUSIONES

> Se optó por proteger la propiedad del sector más productivo para estimular su comportamiento y por desgravar al menos productivo, por razones políticas y por su escasa capacidad de pago, como una débil medida subsidiaria.[1]

La experiencia mexicana que se ha abordado en las páginas anteriores contiene componentes de un movimiento general cuyas huellas son fácilmente observables a lo largo del siglo XX. Entre esas huellas cabe subrayar el peso del Estado en la apropiación de una porción creciente de la riqueza generada por la sociedad (véase la gráfica 1). Ese fenómeno se ha traducido en una participación cada vez mayor de la actividad gubernamental en las economías de los países y en un aumento de la carga fiscal entre los habitantes. Otro ingrediente es la también creciente centralización de las rentas públicas en manos del gobierno general o nacional, fenómeno que ganó fortaleza en la primera mitad del siglo XX a causa de las dos guerras mundiales y la gran depresión de 1929. De igual manera puede considerarse la consolidación de los impuestos directos, que vinieron a sumarse a los impuestos indirectos (al consumo) y a los gravámenes sobre los productos brutos y que introdujo un componente por entero novedoso en la materia, a saber, la responsabilidad gubernamental de contribuir a mejorar la distribución de la riqueza. Sin embargo, este movimiento conoce enormes diferencias en cuanto al ritmo, intensidad e implicaciones en los diversos países, lo que abre un complejo abanico de problemas para la investigación histórica comparada.[2] Hasta donde ha sido

[1] Fragmento de una ponencia sobre el impuesto predial ejidal del tesorero de Nayarit en 1973, en *Memoria 1973*, 48.

[2] Webber y Wildavsky, *A History*, 567 y ss; sobre la ubicación de la experiencia española en el movimiento general, véase Comín Comín, *Hacienda*, I, 71-81. Si el impuesto sobre

posible, a lo largo del trabajo se ha intentado explicitar las conexiones de la experiencia mexicana con los procesos generales. Este esfuerzo ha sido útil por lo menos para evitar en lo posible una interpretación localista y para reflexionar con mayor rigor acerca de las generalidades y singularidades de esa experiencia nacional. En sus inicios esta investigación seguía muy de cerca la tradición historiográfica centrada en el impacto de la revolución de 1910. Si quedan huellas de esa forma de ver las cosas, hay que decir que el intento de buscar nuevas perspectivas de análisis ha sido infructuoso. En las siguientes páginas se hace una reflexión en torno a esas nuevas perspectivas así como sobre sus posibilidades a futuro.

El origen de la baja carga fiscal y de la concentración de la riqueza tributaria en manos federales reside en una decisión gubernamental perdurable, interesada en impulsar el progreso y la modernización del país entero. Como se dijo, la baja carga fiscal es el principal componente del privilegio en la relación entre el poder público y la minoría de propietarios y empresarios. Pero también es claro que al lado de la continuidad de los privilegios, en el siglo XX tuvo lugar la ruptura conformada por la creación de excepciones, que dejó a buena parte del territorio y de la economía agraria (y más tarde urbana) al margen de la fiscalidad. Tal combinación, tan bien expresada en el epígrafe de estas conclusiones, condujo a que el peso de la exigencia tributaria federal se concentrara en unas cuantas zonas del país y en una parte minoritaria de la población. Pero además de la concentración geográfica y social, existe otra dimensión del fenómeno fiscal que se ha intentado destacar: los recursos tributarios quedaron de manera creciente en manos federales. Con ello el manejo de las excepciones y privilegios, es decir, de los elementos básicos del arreglo político en esta materia, correspondió al ejecutivo federal, el representante de la nación.

En el capítulo inicial se hizo énfasis en la concentración geográfica de la recaudación fiscal en la capital del país durante este tramo del siglo XX. Ahora debe resaltarse lo referente a la minoría de la población. Un buen indicador es el universo de causantes de la hacienda federal. Según el secretario del ramo, en 1958 su número llegaba a 700 000, apenas 6% de la PEA de 1960, si cabe la comparación.[3] Una de las principales líneas de trabajo de Ortiz

---

la renta es la medida, México era un país mucho más moderno que España hasta bien entrada la segunda mitad del siglo XX.

[3] Ortiz Mena, *Discursos*, I, 386. Una declaración del subsecretario de Hacienda en 1957, Antonio Armendáriz, puede ayudar a comprender esa cifra: "Si consideramos que la PEA es la tercera parte del total del país y que un 53% (de esa PEA) es de campesinos, los que casi en su totalidad están exentos; y si consideramos también que los sujetos a ingresos fijos, como

Mena al frente de la SH durante los años 1958-1970 fue ampliar ese universo. Para 1970, según el mismo funcionario, los causantes superaban los 10 millones, que representaban 78% de la PEA.[4] Pero de cualquier modo es muy significativo que hasta 1958 los causantes de la nación, por así decirlo, fueran tan pocos. Y también parece muy sorprendente que en tan pocos años se lograra incorporar a millones de causantes. ¿En qué consistió tal incorporación y si era tan simple, como para hacerla en 10 años, por qué no se había hecho antes? Si pagar impuestos al gobierno federal era indicio de un involucramiento más intenso en la vida nacional, en el mercado interno y sus regulaciones, ahora puede agregarse que la base social vinculada a la nación era un estrecho segmento de la población activa.[5] Al margen se ubicaban tanto los privilegiados antiguos y nuevos así como los nuevos sujetos que quedaron fuera de la fiscalidad federal y en gran medida de la estatal, como lo dejan ver las reiteradas quejas locales sobre la falta de pago del impuesto predial por parte de los ejidatarios.

¿Qué sugieren los indicios acerca de la concentración de la riqueza fiscal en la Ciudad de México y en dos o tres zonas más, junto con el hecho de que apenas una minoría de la población pagaba impuestos al gobierno que representaba a la nación? La respuesta tiene que ver con la idea que ha tratado de fundamentarse a lo largo del trabajo, es decir, que en sentido estricto la nación era ante todo un centro político que descansaba en una pequeña porción del territorio y en un sector igualmente reducido de la sociedad. Esta afirmación debe ser explicada con detenimiento.

En el segundo capítulo se reprodujo la opinión de un ingeniero mine-

soldados, marinos, empleados, funcionarios, obreros y asalariados integran un grupo de poco más de 3 millones de personas que pagan su impuesto a través de los descuentos que les hacen las instituciones y empresas en las que sirven, queda un remanente de poco más de un millón de sujetos directos del Padrón Federal de Causantes". *Excelsior*, 27 ago 1957.

[4] Ortiz Mena, *Discursos*, II, 627. En Estados Unidos ocurrió un proceso similar. Entre 1939 y 1945 el impuesto federal sobre la renta dejó de ser un impuesto que era cubierto por una minoría de altos ingresos para convertirse en un impuesto masivo que alcanzó prácticamente a todos aquellos que recibían ingresos. En cifras, los contribuyentes pasaron de 3.9 a 42.6 millones en ese periodo. Brownlee, *Federal Taxation*, 96-97.

[5] En declaraciones a la prensa, el presidente López Mateos señalaba que en el año de 1962 sólo el 2% de la población había pagado impuestos. Wilkie, *La revolución*, 308. Ni el impuesto sobre la renta ni la vía del endeudamiento interno, mecanismos que según Wilkie fueron utilizados por el gobierno federal para sufragar sus gastos, "ha recaído en realidad sobre las masas". La percepción gubernamental sobre la minoría que paga impuestos en el país es persistente. A principios de 2001, el presidente Fox afirmó que "por lo menos el 70% de quienes pueden y deben pagar impuestos se abstienen de hacerlo". *Reforma*, 11 ene 2001, 8A.

ro que sostenía en 1929 que del total de la población, apenas un 15% podía ser considerada como "civilizada". Se trata de un párrafo que hace suya la visión típicamente decimonónica que por lo visto se renovaba y se decía de otras maneras en el siglo XX: una minoría activa carga sobre sus hombros a una mayoría pasiva en la tarea de alcanzar el progreso y la civilización. En 1925 el antropólogo Gamio lo decía en términos raciales: de un lado, México contaba con la población blanca "de civilización moderna y de habla castellana, que forma las clases dirigentes y es la más dinámica del país", y de otro, con las agrupaciones indígenas y mestizas "que forman una gran mayoría retrasada y pasiva".[6] Cuatro décadas después un historiador norteamericano consignaba avances en la "occidentalización" del país: las clases altas y medias, responsables de la modernización, constituían ya más de un tercio de la población.[7]

Pero esa minoría, o el ámbito en que mejor se desenvolvía el esfuerzo de modernización fiscal, no era el único sector de la sociedad presente en la mirada gubernamental. Como se vio, también hubo un trato específico hacia una parte considerable de la población rural. Y en eso reside una de las principales fuentes de fortaleza del gobierno federal y con ella del Estado mexicano contemporáneo. Para explicar tal fortaleza se ha intentado mostrar cómo el Estado logró establecer relaciones con la diversidad social, especialmente por medio de las excepciones y privilegios en esta materia. Esas excepciones y privilegios, muy distantes del ideal liberal referente a la generalidad de la carga tributaria y la igualdad ciudadana, se justificaron y nutrieron con el argumento de la necesidad de construir una nación moderna cuyo componente político esencial era el gobierno con sede en la Ciudad de México. El interés nacional se resumió entonces en la formación de un centro político. Lo nacional exigía al centro y éste se adjudicaba los mejores méritos en cuanto a la tarea de modernizar el país. La historia del impuesto sobre la renta es muy elocuente. Como se vio, la federación creó ese gravamen alegando precisamente la modernidad, basada en un modelo liberal que había sido enriquecido con nuevos ingredientes elaborados a finales del siglo XIX, tales como la equidad y la justicia social. Estos ingredientes no eran una singularidad mexicana derivada de la revolución de 1910, sino que los vencedores de esa revolución los hicieron suyos de manera puntual. Desde 1872 se decía, por ejemplo en Prusia, que el *income tax* era como una "proclamación de los deberes políticos y sociales de las clases superiores y ricas". Y más

[6] En Zermeño, "Between Anthropology", 320.
[7] Cline, *Mexico*, 124.

claro todavía: "El impuesto sobre la renta es absolutamente necesario si nosotros queremos evitar el socialismo verdaderamente peligroso, el de la Comuna de París".[8] Según Jèze, el impuesto sobre la renta era expresión de un movimiento generalizado de las clases medias y pobres en contra del privilegio fiscal encarnado en la vigencia de impuestos al consumo. A decir de este fiscalista francés, el avance del sufragio universal y la vinculación de las nociones de civilización con las de democracia significaron una crítica al liberalismo, que no su abandono, ante la generalización de ideas en torno a la necesidad de hacer del Estado una palanca de redistribución de la riqueza.

La radicalidad de la revolución de 1910, pero también la radicalidad modernista que iba más allá de México y del año de 1910, fueron retomadas por los vencedores de la revolución, quienes reivindicaron la exclusividad del poder federal en la tarea de instrumentar las medidas que expresaban aquellos radicalismos. Para ello alegaron invariablemente el supremo interés de la nación. Pero el quehacer federal en esa dirección fue contradictorio: por un lado, se crearon nuevos impuestos, se unificó y simplificó el sistema fiscal, se expropió el petróleo, se impulsó el desarrollo de la capital del país, se combatieron las prácticas alcabalatorias para abrir paso al mercado libre; y por otro lado y al mismo tiempo se sustrajo del mercado y de la fiscalidad a la mitad del territorio y a una millonaria cifra de habitantes rurales mediante la reforma agraria; del mismo modo la actividad agrícola realizada en las tierras ejidales y comunales quedó en principio libre de gravámenes.

Pero la anterior es la contradicción más superficial. El trasfondo es que en el ámbito de la construcción de la nueva hacienda pública la divisa fue establecer (o sostener, en una perspectiva de largo plazo) un conjunto de privilegios para que lo público contribuyera al enriquecimiento privado de la minoría, confiando en que así se alcanzaría el progreso y la mejor civilización del país en su conjunto.

Si el Estado-nación es un fenómeno muy reciente en la historia que queda asociado a una idea de modernidad que tiene como referente fundamental las revoluciones del siglo XVIII,[9] puede decirse en principio que, con base en el pequeño tamaño y la centralización fiscal que caracterizaban

[8] En Jèze, *Las finanzas*, 145. Casi un siglo después un economista recomendaba a las autoridades mexicanas impulsar una reforma fiscal "radical y general", considerando que "la creciente desigualdad económica entre las diferentes clases, junto con el carácter regresivo del sistema impositivo actual, amenaza con minar el edificio social, poniendo así en peligro las perspectivas de una evolución pacífica y constitucional de la sociedad". Kaldor, "Las reformas", 265.

[9] Hobsbawm, *Naciones*, 23 y ss.

a la hacienda pública, la sociedad moderna era igualmente pequeña, lo que marcaba una profunda desigualdad respecto a la mayoría que aparece fuera de la fiscalidad. Pero esta primera apreciación es falsa: la mayoría no fue excluida de la nación ni en consecuencia de la modernidad, porque en primer lugar quedó subordinada (sobre todo mediante el manejo territorial) al mismo centro político que proclamaba e impulsaba la modernización, y en segundo lugar por su vigorosa participación mercantil, consistente en la aportación de cuantiosos volúmenes de productos (maíz y frijol) y de mano de obra barata, ya sea en el campo o en las ciudades. La producción agrícola, ganadera, forestal, lacustre, artesanal y la disponibilidad de fuerza de trabajo de las familias rurales fueron aprovechadas por terratenientes, industriales y comerciantes, también privilegiados por el lado fiscal. Así, la visión de la minoría que carga un lastre mayoritario puede ser invertida: una mayoría trae sobre sus espaldas a una minoría que por igual se beneficia del esfuerzo del poder público que de los productos y de la fuerza de trabajo de aquella mayoría sólo en apariencia no moderna. La política tributaria, y su contribución a la formación de la hacienda pública contemporánea, debe entenderse entonces como uno de los instrumentos primordiales del Estado moderno para garantizar no sólo su estabilidad sino también la estabilidad de las relaciones entre la diversidad de grupos sociales. Pero más allá, esa heterogeneidad y las relaciones entre sus componentes constituyen la base más sólida del poder político. Quizá ahora se entienda mejor la afirmación formulada en la introducción referente a que el Estado mexicano del siglo XX se interesó no sólo en preservar sino en reproducir la heterogeneidad social.

Cabe insistir en la importancia de la construcción del centro político poderoso en este argumento, un eslabón fundamental de las intenciones gubernamentales a lo largo del siglo XX. Una de las justificaciones predilectas de los gobernantes para actuar en ese sentido es la función integradora que el centro político debía desempeñar tanto en sentido geográfico como social. En 1966, como en 1999 según se vio en la introducción, el presidente de la república hacía una amplia defensa del centralismo fiscal:

> La distribución de los ingresos fiscales entre federación, estados y municipios, y el ejercicio de sus respectivos presupuestos, han recibido frecuentes críticas, hasta cierto punto fundadas. Pero es innegable la eficacia del gobierno federal como equilibrador de las diferencias económicas regionales ya que, si se hubiera adoptado el procedimiento aparentemente equitativo, de que cada gobierno captara todos los renglones fiscales en su jurisdicción local, el resultado hubiera

sido que las zonas más ricas serían ahora mucho más ricas y las pobres mucho más pobres.

Conjugando el principio de la solidaridad humana —la fraternal vinculación de mexicano a mexicano, en este caso— con la necesidad de recuperación y aun de razonable utilidad, es como el gobierno federal ha hecho de equilibrador de diferencias regionales. Por otro lado es indispensable que el gobierno federal conserve su capacidad económica para emprender las grandes obras que están totalmente fuera del alcance de los gobiernos de los estados y de los municipios, y no podrá hacerlo si, como sistema, dispersa su acción en la ejecución de pequeñas obras municipales o estatales, en subsidios, cooperaciones, ayudas, etcétera. Cosa que, obvia y naturalmente seguirá haciendo, pero sólo en la medida en que sus fuerzas fundamentales le permitan seguir realizando con todo vigor, las obras de gran envergadura.[10]

Como se ve, el argumento del centro como equilibrador de diferencias regionales y de integración de la diversidad social recuerda la metáfora de los clásicos de la economía referente a que primero había que crear la riqueza, así fuera entre unos cuantos, para que luego se desbordara y beneficiara a la sociedad entera. En el mismo sentido, primero había que formar un centro rico que más adelante repartiera la riqueza al conjunto desigualmente pobre. Aunque con bases endebles, ese centro rico sí se formó. Si hay que hablar de éxitos, éste es uno de ellos: entre 1910 y 1972, en particular entre 1930 y 1950 según se vio en el capítulo 10, los gobernantes no sólo elevaron considerablemente la carga fiscal sobre los habitantes sino que lograron que tal elevación contribuyera decisivamente a formar el centro político de la nación. Desde esta posición el presidente de la república podía insistir, como hacía Díaz Ordaz, en la necesidad del centro para redistribuir. Pero hay evidencias que indican que la función equilibradora no fue prioritaria en la estrategia general, sino que ésta favoreció la concentración. El gasto público federal prefirió determinadas zonas, ramas y grupos sociales, no precisamente los más pobres, lo que muestra que la lógica de la centralización por el lado del ingreso se sostuvo por el lado del gasto. Y además, que la centralización de las rentas públicas obedecía ante todo a una lógica de concentración del poder del grupo gobernante que tenía sus prioridades de gasto público por sector de la sociedad, rama productiva y región y que con ello se fortalecía y reproducía la heterogeneidad y la desigualdad social. El mejor ejemplo de esta estrategia es la Ciudad de México, ésa sí

[10] *Los presidentes*, IV, 904: informe de 1 sep 1966.

una prioridad indiscutida durante años del gasto público de los gobiernos del siglo XX.[11]

En consecuencia, el balance de esta experiencia política no tiene mucho que ver con el logro del modelo liberal del ciudadano-consumidor-contribuyente. Desde la perspectiva fiscal, la nación mexicana en este tramo del siglo XX era ante todo un armazón político cada vez más centralizado, y no tanto una sociedad cada vez más homogénea. Pero pese a todo puede hablarse de un cambio sustancial por lo menos en un sentido en la integración nacional: el establecimiento del poder político como entidad esencial en la mediación de los diversos grupos sociales, de los "muchos Méxicos", de los "Méxicos profundos" y de los superficiales. Este cambio, que distingue al siglo XX del siglo XIX, se materializa principalmente en el manejo de la propiedad originaria de la nación de los recursos productivos, en la intervención en la relación salarial y en general en el interés gubernamental por organizar a los distintos sectores de la sociedad. Luis González lo dice a su modo con relación al agrarismo cardenista:

> En el segundo semestre de 1936, ya bien asido el poder presidencial, el presidente Cárdenas esgrime una ley que permite la sustracción de campesinos misérrimos del dominio de una especie de señores autónomos que eran los señores hacendados o latifundistas para confiarlos a la providencia gubernamental. Se trataba de librar a los pobres del campo de los malos modos, de la conducta errática, de la reacción imprevisible de muchos patrones, dándoles tierras y haciendo ejidos que las autoridades les ayudarían a cultivar y administrar sin el fin ulterior, por parte del gobierno de entonces, de convertirlos en sirvientes.[12]

Lo fiscal ayuda a entender entonces ese nuevo protagonismo estatal, muy propio del siglo XX. Vale insistir en que el gobierno federal utilizó la excepción y el privilegio para obtener el apoyo de mayorías y minorías. Así, se montó sobre las relaciones que imponen funciones específicas en la dinámica

[11] Garza, *El proceso*; Wilkie, *La revolución*, 284. En 1971 el presidente Echeverría contradecía a Díaz Ordaz, pues señalaba que "las dependencias del ejecutivo han recibido instrucciones de que las obras que emprendan impulsen el desarrollo económico de las diversas entidades federativas, y traten de evitar que los beneficios del progreso continúen concentrándose en las zonas más evolucionadas". SHCP/SP, *México*, 800. Esta frase debe inscribirse en lo que a juicio de un estudioso constituye "la primera política regional coordinada a nivel nacional en México", que era concebida como un "efectivo medio de redistribución del ingreso". Palacios, *La política*, 71-72.

[12] González, *Los días*, 114.

de las economías nacionales a todos aquellos grupos que no entran en las categorías "modernas" de asalariados, empresarios, jornaleros, profesionistas libres. El ámbito mercantil de la producción campesina, con su cadena de intermediarios y agiotistas, y el de la fuerza de trabajo, definido por los bajos salarios, se encargarían de cobrar la factura. Entonces el mercado libre, uno de los objetivos primordiales del esfuerzo modernizador de los gobernantes, existía sólo en la medida en que lo permitían esas excepciones y privilegios, es decir, el arreglo político.

El estudio de la cuestión tributaria lleva a reflexionar sobre el futuro del centro político del país, que es a final de cuentas el meollo de este trabajo. De entrada es difícil imaginarse la historia del país sin un centro político poderoso como el que se formó durante el siglo XX. La evidencia fiscal muestra la importancia de la existencia de una entidad política capaz de encarar tensiones, conflictos y litigios que rebasaban con facilidad creciente a las autoridades y grupos locales. Desde fines del siglo XIX, ese fenómeno estaba estrechamente relacionado con cambios tecnológicos (ferrocarriles, electricidad, motor de combustión interna, cemento), con la complejización de la organización interna de las empresas, con el desarrollo de la división del trabajo en el país y en el mundo, con la intensificación de la explotación de recursos naturales, con la urbanización y la así llamada tercierización de la economía. La aparición de grandes empresas organizadas como sociedades anónimas, con instalaciones y vínculos que trascendían las jurisdicciones locales contribuyó a modificar el equilibrio de facultades y soberanías entre los gobiernos centrales o generales y los gobiernos locales, a favor de los primeros. Si a ese cambio económico le sumamos la persistencia de las ideas en torno a la idoneidad del modelo liberal, en cuanto a la sociedad formalmente libre e igualitaria, no es difícil comprender el énfasis en el mercado libre, en la necesidad de uniformar y unificar el sistema fiscal y, como resultado de las ideas sobre justicia social, en la urgencia de acrecentar el rendimiento de las fuentes tributarias para hacer del poder público un instrumento de redistribución de la riqueza. Todos estos fenómenos conforman el contexto general o mundial de la centralización tributaria que caracteriza esta parte de la historia mexicana. Lo que se ha intentado mostrar en este trabajo es la manera en que los vencedores de la revolución de 1910 reaccionaron ante ese contexto y construyeron, de manera autoritaria y sin ocultar sus preferencias sociales y regionales, un centro político al que le adjudicaron grandes responsabilidades en la tarea de edificar la nación moderna.

En la introducción se insistió en el carácter exploratario de este ensayo. Ese carácter explica las numerosas referencias a la necesidad de profundizar en diversos aspectos de la historia fiscal del siglo XX. Ahora conviene intentar una sistematización de las líneas abiertas a lo largo del texto. Se trata de perfilar lo que podría ser una investigación a largo plazo sobre el siglo XX en México, una labor que exige sin duda un trabajo de equipo.

De acuerdo con el método seguido en este ensayo, el punto de partida es el ámbito gubernamental, que es el más accesible y simple por la gran disponibilidad de fuentes, para abordar después la economía y las relaciones sociales. Desde esa perspectiva, una primera tarea tiene que ver con los procedimientos empleados para formar el centro político de la nación, es decir, el carácter del federalismo en este periodo. Este aspecto podría estudiarse mediante dos vías: la primera referida a profundizar sobre cómo se tomaron las decisiones en la materia, por ejemplo la de sostener una baja carga fiscal. En este sentido una coyuntura que parece crucial es la de 1961-1964, relacionada con el intento de reformar el impuesto sobre la renta a la luz de la Alianza para el Progreso y el informe Kaldor, en un periodo de acelerado crecimiento económico. Asimismo sería imprescindible conocer con más detalle la influencia de grupos empresariales específicos en el diseño e instrumentación de las medidas centralizadoras, cosa que aquí apenas se deja apuntada para el petróleo y la cerveza. La segunda vía es reconstruir con mucho mayor cuidado los límites que enfrentó el esfuerzo centralizador de la federación ante la oposición de las entidades federativas, es decir, de autoridades y de sectores económicos específicos. Episodios como la convención catastral de 1923, la minera de 1926 y el relativo a la federalización del ramo cervecero de 1947 así como el renacimiento de las alcabalas pueden ayudar a entender otras situaciones en las que la SH se topó con una diversa y compleja oposición local. Esta última quizá no desmiente el proceso general de centralización, pero sí ayuda a matizarlo y a mostrar sus límites, así como a situarlo en el tiempo y abrir una perspectiva que dé más peso a la dimensión social del problema.[13] Para decirlo rápido, el centro podía concentrar y restringir la soberanía estatal pero hasta cierto límite, marcado éste por una confluencia de intereses locales. Ese límite sin embargo no incluyó ramos fundamentales de la nación (suelo, subsuelo, energía, comunicaciones y transportes ni las grandes ramas industriales), pero sí materias imponibles que las entida-

[13] En cierto modo se tratar de seguir propuestas como las de Weldon, que cuestionan el mito de la presidencia de la república en nuestro país como omnipotente y siempre como poderosa instancia legisladora. Weldon, "El presidente", 120.

des federativas consideraban de su estricta soberanía. El caso más complejo es el de las transacciones mercantiles, cuyo desenlace se vio en el epílogo. Es evidente que las exigencias y oposiciones locales contribuyeron a modelar el arreglo fiscal del siglo XX, sobre todo mediante las formas de repartición de la riqueza tributaria.[14] Sobre esto último debería estudiarse con cuidado la dimensión tributaria del reformismo agrario, relacionado con los firmes desacatos de las autoridades locales al proteccionismo federal; asimismo sería imprescindible ahondar en el reiterado interés del gobierno veracruzano por participar de manera directa en la apropiación de la renta generada por el petróleo. Tal postura lleva a problematizar de otro modo la cuestión petrolera, uno de los episodios clásicos de la "historia de la revolución mexicana". Hasta ahora, y quizá con razón, ha prevalecido un marcado énfasis por estudiar esa actividad desde la perspectiva de las relaciones con Estados Unidos y demás potencias extranjeras, y como uno de los mejores indicios del carácter revolucionario del régimen político que prevaleció durante la mayor parte del siglo XX. Pero una forma distinta de apreciarla es analizando sus repercusiones fiscales que tanto enojo provocaron entre las autoridades del estado de Veracruz. Quizá sea ésta una de las mejores oportunidades para revisar la manera como se ha escrito la historia del siglo XX —centrada en la revolución mexicana y en el gobierno federal— y para reflexionar sobre la manera en que hay que escribir esa historia en el futuro.

Una manera de abandonar el ámbito más político, relacionado con la confusión entre lo federal y lo nacional, es centrar la atención en la historia local, que constituye la vía más prometedora, tal como se intentó mostrar en los capítulos 7 y 10. Una pregunta clave es cómo participaron los estados y municipios en el arreglo de excepciones y privilegios con los diversos grupos sociales, lo que no queda del todo claro en este trabajo. ¿Acaso el creciente debilitamiento de las finanzas locales dio lugar a un debilitamiento equivalente en materia de estímulos, exenciones y demás?[15] Por otro lado, la vinculación entre reforma agraria (y más allá, la nacionalización del territorio) y el debilitamiento de los municipios es crucial, porque ese ámbito es

[14] Sobre la experiencia argentina en torno a esta repartición a partir de 1934, véase Eaton, "Decentralisation".

[15] Todavía en 1973 la SH exhortaba a los tesoreros de los estados a suprimir las franquicias locales de fomento industrial. *Memoria 1973*, 17. En 1967 se señalaba que "si la exención de los impuestos federales presenta graves limitaciones, la exención local es más inútil y aun perjudicial puesto que los impuestos son bajos, la recaudación precaria e intervienen otros factores extrafiscales en el establecimiento de las industrias". Navarrete, *Los incentivos*, 100-101.

quizá el más idóneo para captar en toda su complejidad el proceso de formación de la nación y la subordinación de los intereses locales a ella. El vínculo entre estos fenómenos que hasta ahora no se han relacionado con cuidado debe constituir el eje de estudios sobre las finanzas locales que darán luz sobre la relación entre reforma agraria y decadencia municipal en términos concretos y sobre el fenómeno nacional en su conjunto. Eso ayudará a reforzar la idea de que lo nacional dista de limitarse al quehacer de los gobernantes federales y al de un reducido número de contribuyentes. Más bien, el ámbito federal, como se ha intentado mostrar, es el componente más superficial del problema, aunque sea el más atendido por las fuentes utilizadas para elaborar este trabajo. En este mismo plano debería reconstruirse con todo detalle la fiscalidad local de la actividad agropecuaria, por ejemplo de cultivos como café, algodón, caña de azúcar, maíz y por supuesto la ganadería, es decir, productos en los que participan por igual campesinos y empresarios así como diversas instancias gubernamentales. Si a lo anterior se suman las actividades industriales, el contrabando entre estados y las prácticas alcabalatorias se podrán apreciar algunos de los componentes de la historia económica del siglo XX. En esta misma dirección cabe señalar la necesidad de conocer con mucho mayor detalle el privilegio fiscal otorgado a la minoría de empresarios y propietarios, cosa que podría hacerse mediante estudios por rama o por empresa.[16] Otra opción atractiva es hacer historias de impuestos. Hay dos en el nivel local que se antojan prioritarios: el de capitación (que en el siglo XX versaría sobre su desaparición) y el predial, rústico y urbano. Estudios detenidos de diversos impuestos federales, el de la renta de manera preponderante, deberían complementar esta tarea. En la historia fiscal las enseñanzas de los historiadores de otros países pueden ser de gran ayuda.

Un aspecto crucial en el abordamiento de estos problemas es la renuencia de diversos grupos sociales a cumplir con las obligaciones tributarias. Si se reconstruyen con detalle las prácticas, hábitos y los argumentos y percepciones de privilegiados y exentos por igual, será posible averiguar hasta qué punto la conformación del arreglo fiscal del siglo XX tiene más relación con la oposición y resistencia de la sociedad que con el autoritarismo, el pragmatismo y la habilidad de las autoridades federales, como se sugiere en este trabajo. Si las futuras investigaciones aportan luces para fundamentar con

[16] Dos investigaciones en marcha, de estudiantes del doctorado en historia de El Colegio de México, tal vez arrojen luz sobre estos asuntos: son las de María José García sobre la compañía minera Autlán, y la de Gabriela Recio sobre la Cervecería Cuauhtémoc.

solidez una interpretación más social que política, lo primero que debería cuestionarse es la aparente fortaleza del poder público en México. En ese sentido, el desapego al así llamado "Estado de derecho", que en materia fiscal es cosa por demás sabida, podría verse como expresión de debilidad de las instituciones políticas. Ciertamente la tesis de este trabajo en torno a la función del centro político como eslabón decisivo de la nación, así como al papel de las excepciones y los privilegios en el ámbito fiscal, tendría que revisarse considerando esa nueva manera de ver el problema. Sin duda, en esos trabajos habría que centrar la atención en el mundo de los distintos grupos de contribuyentes, lo que requiere un manejo de fuentes completamente distinto. Quizá ésta sea tarea de otra generación, por ejemplo de los historiadores nacidos después de 1982, el punto de origen más visible de la crisis que dio paso al derrumbe del arreglo político que prevaleció durante la mayor parte del siglo XX.

Sin duda estas investigaciones llevarán a escribir de manera distinta las historias sobre el siglo XX mexicano y sobre sus conexiones con los diversos países. En cuanto a la perspectiva nacional, es difícil negar la importancia de medidas como la reforma agraria y la expropiación petrolera en la configuración del arreglo político de la nación mexicana en este periodo. De lo que se trata es de empezar a construir una nueva versión, atendiendo a nuevos protagonistas, intereses, miradas y formas de percibir y combinar los procesos mundiales, nacionales y locales. Hay que subrayar la necesarísima comparación con experiencias de otros países, por ejemplo en aquéllos donde la carga fiscal es mucho más alta y más numeroso el universo de contribuyentes. ¿Cómo se arregla o se pacta en otros lados la materia fiscal? ¿Cómo se manejan allí las excepciones y los privilegios o acaso el arreglo político general no requiere esta clase de acuerdos? El estudio a fondo de los sistemas fiscales de otros países debería convertirse en asunto prioritario, imitando a algunos de los personajes de las décadas de 1920 y 1930 que han sido mencionados en estas páginas, como Manuel Gómez Morín y Marte R. Gómez. Ellos eran mucho más sabios que nosotros respecto a la vida de otros países.

Para terminar hay que volver a la cuestión del centro político: ¿tenían razón Calles, Cárdenas y Alemán en su propósito de construir un centro tan poderoso? ¿Tenían razón en su crítica al federalismo decimonónico, que los hacía coincidir con Lucas Alamán? En caso de responder afirmativamente, cabe preguntarse si en el siglo XX ese centro pudo haberse construido de otro modo. ¿Cuál era la propuesta que se desprende de la oposición de los estados al afán centralizador de la federación? ¿Es una propuesta que vale la pena reconstruir y revisar en estos tiempos? ¿Tal centro es incompatible con las exigencias actuales de una organización política más democrática y participativa y por ello menos autoritaria? Si la respuesta es negativa, como se deriva del presente trabajo, cabe preguntarse entonces ¿es posible edificar un centro político menos autoritario que el que se ha estudiado en este trabajo?

Estas preguntas podrían empezar a desahogarse con estudios que escudriñen los componentes de la justificación de las altas autoridades federales del siglo XX: sólo con un poder nacional fuerte podían vencerse las resistencias locales, que a juicio de esas autoridades no revelaban más que un conservadurismo extremo y una ineficacia a veces brutal, y sólo con un poder central fuerte era viable dar coherencia a una postura nacional frente a la acechanza norteamericana. Pero además de vencer esos obstáculos internos y externos, el argumento era que sólo con un poder nacional fuerte era posible evolucionar, progresar y con todo ello modernizar a la sociedad mexicana. Como se vio, el resultado es una modernidad compleja, compuesta de cosas como alcabalas, dependencia sostenida respecto al mercando internacional, mayorías que quedan fuera de la obligación fiscal y minorías cuyos persistentes privilegios las hacía, las hace, muy semejantes a las de épocas anteriores. Pero en esta complejidad queda por averiguar si se trata de una excentricidad o del consabido atraso o subdesarrollo de nuestro país.

CRONOLOGÍA

1857 El artículo 124 de la constitución de este año prohíbe las alcabalas y señala que deben suprimirse antes del 1 de junio de 1858.

1861 El contingente se transforma en contribución federal; los estados y municipios deben entregar a la SH el 25% de todo ingreso que perciban.

1871 Se expide la primera ley del timbre, aunque entra en vigor hasta 1875, en sustitución del papel sellado.

1880 Con la ley del timbre de este año se inicia el uso de este impuesto para gravar la venta de determinadas mercancías (medicinas, perfumería).

1887 Se expide ley federal que establece que los estados sólo pueden fijar impuestos a la minería por un monto de hasta 2% del valor de la producción y 6% del valor de las plantas de beneficio.

1896 Entran en vigor las reformas constitucionales que suprimen las alcabalas en todo el país.

1906 Se expide la nueva ley del impuesto del timbre que estará vigente hasta 1931.

1912 Se crea el primer impuesto federal a la producción petrolera.

1917 El artículo 115 de la constitución establece que los municipios manejarán libremente su hacienda; el Congreso de la Unión otorga facultades extraordinarias al presidente de la república en materia hacendaria, que durarán hasta 1928; se crean impuestos federales a la electricidad y uso de aguas.

1918 Se crea el impuesto federal sobre fundos petroleros.

Se crea el impuesto federal a la exportación petrolera; se establece el impuesto extraordinario del centenario, antecedente del impuesto sobre la renta.

1922 Para detener la iniciativa del gobierno veracruzano destinada a crear impuestos locales a la industria petrolera, la SH expide una circular que establece participaciones de 5% de la recaudación a estados y municipios en el impuesto federal a la producción de hidrocarburos.

1923 En diciembre se celebra la convención catastral, en la que se desecha la intención de la SH de crear un impuesto predial federal.

1924 Un decreto presidencial establece el impuesto sobre utilidades, sueldos y emolumentos, el antecedente directo del impuesto sobre la renta; los comerciantes se oponen con gran vigor.

1925 Sendos decretos presidenciales crean el impuesto sobre la renta y el de la gasolina; en agosto se celebra la primera convención nacional fiscal del siglo XX.

1926 En mayo un decreto presidencial establece la federalización de los gravámenes a la minería; ante las protestas de los estados, en junio se realiza la convención minera que obliga al ejecutivo a decretar una nueva ley sobre la materia; en noviembre el ejecutivo federal envía al Congreso de la Unión la iniciativa de reformas constitucionales en materia tributaria, que jamás fue discutida; un decreto presidencial exenta a los ejidatarios del pago del impuesto sobre uso de aguas federales.

1928 Se inicia la federalización de los impuestos a la cerveza; se suprimen los municipios del Distrito Federal.

1929 Comienza el programa de exenciones con base en la contribución federal para obligar a los estados a modernizar sus sistemas tributarios; el gobierno de Veracruz establece de nuevo impuestos en el ramo petrolero.

1931 Para enfrentar la severa caída de ingresos federales provocada por la depresión mundial, se crea un impuesto extraordinario basado en el de la renta.

1932 Se federalizan los impuestos a la gasolina; el Congreso de la Unión rechaza la iniciativa presidencial para la federalización tributaria de la industria eléctrica.

1933 En febrero y marzo se celebra la segunda convención nacional fiscal; mediante una reforma de la fracción IX del artículo 73 de la constitución se aprueba la federalización tributaria de la industria eléctrica rechazada el año anterior; la reforma aprobada contempla el sistema de participaciones a estados y municipios.

1935 Se federalizan los gravámenes a la actividad forestal.

1936 El presidente Cárdenas hace circular entre los gobernadores una iniciativa de reformas constitucionales en materia fiscal; tampoco tiene respuesta favorable.

1938 Se federalizan los gravámenes a la industria del tabaco; se crea un nuevo impuesto federal sobre consumo de electricidad para financiar a la Comisión Federal de Electricidad.

1939 Se crea el impuesto al superprovecho.

1940 Se expide la ley del impuesto sobre productos de petróleo y sus derivados y se expide la primera ley de participaciones de impuestos federales.

1941 Se expide nueva ley reglamentaria del artículo 27 en materia petrolera, que explicita la jurisdicción federal exclusiva en materia tributaria en el ramo; se elevan las tasas del impuesto sobre la renta que permiten a partir de entonces un aumento sustancial en la recaudación de este gravamen.

1942 Se crea la fracción XXIX del artículo 73 constitucional que establece las facultades privativas del Congreso de la Unión para gravar entre otros rubros la electricidad, tabacos, minería, explotación forestal y la explotación de los recursos naturales comprendidos en los párrafos cuarto y quinto del artículo 27, es decir, petróleo y aguas; esa misma reforma constitucional agrega el ramo petrolero a la fracción X del mismo artículo 73.

1943 Parteaguas en el monto de los ingresos federales; gracias al impuesto sobre la renta, el crecimiento de los ingresos federales supera por mucho al de estados y municipios.

1947 Grave déficit presupuestal federal; en junio se celebra la primera convención de causantes y en noviembre la tercera convención nacional fiscal; en esta última se desecha la pretensión de la SH de reformar la constitución para establecer una distribución de los rubros de ingresos tributarios entre la federación, los estados y los municipios; la SH reconoce que existen alcabalas en todos los estados, salvo en Sonora; fuerte oposición a la federalización del ramo cervecero.

1948 Entra en vigor el impuesto sobre ingresos mercantiles que sustituye al del timbre en materia de compraventa.

1949 Se suprime la contribución federal; una reforma a la fracción XXIX del artículo 73 de la constitución federaliza los gravámenes a la industria cervecera.

1953 Se expide la ley sobre compensaciones adicionales en las participaciones federales para acelerar la coordinación fiscal con los estados en materia del impuesto sobre ingresos mercantiles y acabar así con las alcabalas; se expide la ley para condonar adeudos de municipios; nace la comisión nacional de arbitrios.

1956 Se expide la ley para suprimir adeudos de gobiernos estatales.

1960 La SH contrata al economista inglés Nicholas Kaldor, quien propone drásticos cambios en el impuesto sobre la renta.

1961 Reformas moderadas al impuesto sobre la renta; se establece una tasa complementaria sobre ingresos acumulados; en 1964 esta tasa complementaria fue sustituida por el impuesto al ingreso global de las personas físicas.

1970 Reformas a la ley del impuesto sobre ingresos mercantiles que crea una tasa especial a artículos de lujo; 14 estados se mantienen al margen de la coordinación fiscal con la SH en este impuesto.

1971 El presidente de la república anuncia la supresión definitiva de las alcabalas, gracias a la firma de convenios de adhesión de todos los estados al impuesto sobre ingresos mercantiles; las participaciones a estados y municipios aumentan de manera notable.

1972 Nueva reforma al impuesto sobre ingresos mercantiles que eleva la tasa general de 3 a 4%; con base en ese aumento, se elevan las participaciones a estados y municipios; todos los estados se adhieren a este último impuesto y se inician las reuniones de tesoreros estatales y funcionarios de la SH; fracasa como en 1964 el intento de acabar con el anonimato de las acciones para hacer efectivo el cobro del impuesto sobre ingresos globales.

GLOSARIO

Puede resultar útil contar con este instrumento de trabajo para ayudar a la comprensión del texto y para propiciar un mayor interés entre los estudiosos respecto a la historia fiscal del siglo XX en México. Se trata de una descripción muy gruesa pero que pretende ser ilustrativa acerca de los impuestos vigentes en el periodo de estudio. Asimismo se hace un esfuerzo por distinguir los impuestos federales de los locales.

ALCABALA. Impuesto de origen medieval que pesa sobre la circulación de mercancías y que afecta al consumo. Se estableció en la Nueva España en la década de 1570 y subsistió a lo largo de la época colonial y del siglo XIX. En el siglo XX era de carácter estatal y municipal. Rhi Sausi Garavito, "Breve historia"; *El problema*; SHCP, *Tercera convención*, III, 259-273.

CAPITACIÓN. Impuesto directo que fija una cuota a los jefes de familia sin importar actividad, nivel de ingreso ni riqueza acumulada. También se le denominaba contribución directa. En cierto modo es el sucesor del tributo colonial y prevaleció en los estados durante buena parte del siglo XIX hasta que desapareció al parecer durante la década de 1910. Marichal, "La hacienda pública", 122-123.; Riguzzi, "El difícil camino", 229-230.

COMERCIO EXTERIOR. Impuestos indirectos de jurisdicción federal a la importación y la exportación por medio de aranceles, que son tasas diferenciadas por producto. Fue la principal fuente de ingresos de la federación a lo largo del siglo XIX y hasta mediados del siglo XX.

CONTRIBUCIÓN FEDERAL. Gravamen creado en 1861 en sustitución del contingente, que nació en 1824 como parte del arreglo que hizo surgir la primera república federal. A diferencia del contingente, que al principio consistía en una suma que cada entidad debía entregar al erario federal, la contribución federal era un porcentaje adicional sobre cada entero que recibían las haciendas estatales y municipales. En 1861 el porcentaje era de 25%, pero en los años sucesivos sufrió vaivenes, llegando incluso a 60% en 1917. Este gravamen fue extinguido en 1949. Villa Patiño, "La contribución".

ESPECIALES. Impuestos indirectos tanto federales como estatales que pesan sobre una actividad específica, por ejemplo minería, petróleo o henequén. Se denominan especiales justamente porque carecen del principio de generalidad. Yáñez Ruiz, *El problema*, IV, 91-316.

IMPUESTOS DIRECTOS E INDIRECTOS. Clasificación tradicional de los impuestos. En general los directos son aquellos que recaen sobre las personas, la posesión o el disfrute de riqueza, como el de la renta y el predial; los indirectos gravan actos económicos como la compraventa, la producción, el consumo y el comercio exterior. Flores Zavala, *Elementos*, 231-244.

INDUSTRIA Y COMERCIO (ESTATALES). Impuestos indirectos que pueden dividirse en tres clases: de compraventa, de capitales invertidos y de patente. Se cobraban por medio de cuotas por volumen de venta y clase de producto, o bien mediante el pago de cantidades que variaban entre un máximo y un mínimo dependiendo del ramo y monto del capital. SHCP, *Segunda convención*, II, 279-356.

INGRESOS MERCANTILES. Impuesto federal indirecto que grava los ingresos por concepto de ventas y prestación de servicios, mediante la aplicación de una tasa a cada transacción. A diferencia del IVA que traslada el impuesto a la siguiente transacción y así hasta llegar al consumidor final, este impuesto tiene el rasgo de propiciar la elevación del precio final de venta por la acumulación de gravámenes, lo que se conoce como "efecto cascada". Estuvo vigente en México desde enero de 1948 hasta diciembre de 1979. Fue sustituido por el IVA. Yáñez Ruiz, *El problema*, IV, 317-400.

PREDIAL. Impuesto directo de los estados que pesa sobre la propiedad raíz, tanto rústica como urbana. Generalmente se cobraba con base en el valor asignado en el catastro. Como éste en muchos casos no existía o tenía graves fallas, la recaudación tendía a ser baja. SHCP, *Segunda convención*, III, 7-278.

RENTA. Impuesto directo que grava los ingresos personales de distinta especie (trabajo, utilidades, honorarios, dividendos). Una de sus innovaciones reside en que se asoció al principio de progresividad, es decir, a mayor ingreso mayor impuesto. En México siempre ha sido federal. Puede ser cedular, como el que se estableció en México en 1925, o contemplar la acumulación de ingresos, como se hizo en 1961. Margáin, *Compilación*; Ortiz Mena, *Discursos*, I, 229-232.

TIMBRE. Impuesto indirecto federal que sustituyó al papel sellado en 1875. Gravaba una gran cantidad de operaciones, como actos, contratos y ventas. El común denominador es que se pagaba adhiriendo timbres a los documentos correspondientes y en las facturas de venta. Aún se utiliza en algunos actos legales, pero su importancia vino a menos desde 1948, cuando se canceló para operaciones de compraventa, al ser sustituido por el impuesto sobre ingresos mercantiles. Sierra y Martínez Vera, *El papel sellado*.

APÉNDICE

Este apéndice estadístico consta de seis cuadros que dan respaldo cuantitativo a los principales argumentos del trabajo. Sin embargo, no puede presentarse sin alertar al lector de varias limitaciones significativas. Además, un brevísimo repaso sobre algunas de esas limitaciones puede resultar útil en términos de una crítica de las fuentes cuantitativas disponibles para los estudios fiscales del siglo XX en México.

El cuadro A1 presenta el ingreso tributario federal con respecto al PIB en el periodo 1910-1972. Se trata de un indicador esencial en la formulación del argumento en torno a la baja carga fiscal y sobre la periodización de este rasgo de las finanzas públicas mexicanas del siglo XX. Además, es un indicador corriente en las comparaciones internacionales para medir la situación de la actividad gubernamental. Como se explicó en la introducción y en el capítulo 1, el ingreso tributario federal se refiere exclusivamente al ingreso por concepto de impuestos, lo que significa la exclusión de otras clases de ingresos (aprovechamientos, derechos, deuda, operaciones de paraestatales, seguridad social). Para estimar el ingreso tributario federal se utilizaron las *Estadísticas históricas de México (EHM)*, que en su tomo I presenta la serie del PIB y en el tomo II la serie sobre ingresos federales.

El cuadro A2 es una compración del tamaño de la hacienda pública mexicana con la de otros países, con base en el ingreso tributario del gobierno central o general, según la jerga de las cuentas internacionales. Es un complemento del cuadro A1, ya que sirve para mostrar la paradoja entre una visión nacional que percibía a la hacienda federal con grandes recursos y la pobreza de ésta en relación con la de otros países. El cuadro resume el argumento de que el Estado mexicano del siglo XX, no obstante el poderío que se le ha adjudicado, carecía de una situación fiscal bonancible

Los cuadros A3, A4, A5 y A6 muestran otro de los rasgos característicos de la hacienda pública mexicana del siglo XX, a saber, la concentración de los ingresos en manos federales frente a los ingresos de estados y municipios y también el empobrecimiento municipal en relación con las finanzas de las entidades federativas. Asimismo sirven para fundamentar el acercamiento a la desigualdad regional por estados que se presenta en el capítulo 10. Hubiera sido muy oneroso incluir en este apéndice la serie completa de ingresos brutos estatales y municipales de cada una de las entidades federativas durante el periodo 1900-1972.

Estos cuatro cuadros son más complicados que los dos primeros y por eso sus fuentes merecen comentarios un poco más detallados.

El cuadro A3 presenta la serie a precios corrientes de los ingresos brutos federales, estatales y municipales del periodo 1900-1972. Tiene algunos huecos notables, como las cifras federales y municipales durante la década de 1910. El cuadro A4 presenta los datos del cuadro A3 a precios constantes de 1970. Por su parte, el cuadro A5 reúne los datos sobre ingresos brutos de estados y municipios por entidades federativas en años seleccionados del periodo 1925-1972 (a precios corrientes). Y por último, el cuadro A6 presenta los mismos datos del cuadro A5 pero a precios constantes de 1970.

Los cuadros A3 y A5 han sido elaborados con base en las cifras de los *AEEUM*, editados por la Dirección General de Estadística en diversos años y bajo el sello editorial de distintas dependencias gubernamentales. Para formar los cuadros de ingresos estatales, esa dirección de estadística concentraba los "datos proporcionados por las tesorerías de los gobiernos respectivos".[1] Pero en ocasiones esas tesorerías no colaboraban. En 1962, por ejemplo, "a pesar de las reiteradas instancias", la tesorería de Guanajuato no entregó información sobre sus ingresos, y al año siguiente Guanajuato volvió a fallar, junto con Guerrero, Puebla y Sinaloa.[2] Así que en los totales de esos años faltan las cifras de las entidades incumplidas. Asimismo no hay información sobre ingresos municipales y estatales desglosados por entidades federativas para el año de 1968, ni tampoco se dispone de cifras sobre ingresos municipales de Quintana Roo. De alguna manera la Dirección General de Estadística obtuvo el total para el conjunto de estados de ese año, que es el que se consigna en los cuadros, pero no ocurrió así para el caso de los ingresos municipales, cuya celda aparece en blanco.

Las cifras estatales y municipales deben tomarse con bastantes reservas. Así lo hacen ver algunas quejas acerca de la calidad de la información. Al prologar una de las escasísimas obras relativas a las finanzas locales mexicanas del siglo XX, la de Servín de 1956, el entonces director de Estudios Hacendarios de la SH, Rafael Urrutia, señalaba que "el material estadístico no obstante haber sido laboriosamente logrado a través de las cuentas públicas de los estados y los datos proporcionados por la Dirección de Estadística, en algunos casos puede corresponder a una simulación de realidades".[3] El procedimiento para elaborar los cuadros de ingresos municipales se antoja por demás complicado, pues la información se obtenía de "los cortes de caja mensuales de los municipios del país".[4] ¿Tenía capacidad la susodicha dirección para obtener y revisar más de 2 000 cortes de caja? Hay que decir, sin embargo, que un conocedor de la época no señalaba ese problema sino otro. El economista Moisés T. de la Peña sostenía que las cifras de la Dirección General de Estadística tendían a

[1] *AEEUM 1943-1945*, 759.
[2] *AEEUM 1962-1963*, notas aclaratorias de los cuadros 15.6 y 15.9.
[3] En Servín, *Las finanzas*, 12.
[4] *AEEUM 1943-1945*, 760.

ser superiores a las registradas por las tesorerías de los estados, por la doble contabilidad de "fuentes ajenas y que suponen para el gobierno del estado ingresos puramente nominales". Agregaba que las discrepancias eran mayores en las cuentas de ingresos y egresos municipales.[5] Otro ejemplo: en el capítulo 7 se vio que en el periodo 1943-1945 el gobierno coahuilense obtuvo de las sociedades de crédito ejidal de La Laguna, grandes productoras de algodón, entre 15 y 20% de sus ingresos brutos. No obstante esa crecida aportación, la fuente empleada no consigna ni un solo centavo de ingresos por impuestos a la agricultura en Coahuila en esos mismos años.

Los *AEEUM* ganan consistencia a partir de 1929 y salvo algunos huecos, como 1968, es continua hasta nuestros días. Hasta donde es posible saber, no hay otra fuente similar en México sobre estos rubros. Por ejemplo las publicaciones del INEGI sobre *Finanzas locales* se inician en 1970.

Sobre el periodo anterior a 1929 cabe hacer las siguientes anotaciones. La primera es que para 1910, año que se utiliza como base para elaborar varios de los cuadros presentados en el texto, se decidió tomar las cifras de egresos que ofrece González Navarro, en sus *Estadísticas* (página 38), que a su vez provienen de la *Memoria* de la SH de 1911-1913. Ello obedece a que es la única que se tuvo a la mano con referencias homogéneas sobre ingresos de los estados y los municipios, aunque no para el Distrito Federal. Para éste, se recurrió al libro de Rodríguez Kuri, *La experiencia olvidada*, en el que ofrece cifras sobre "ingresos al presupuesto federal por impuestos y contribuciones exclusivos del Distrito Federal, 1905-1913", que aparecen en el cuadro 32. De esa serie se tomó la cifra correspondiente al año fiscal 1909-1910.

La segunda anotación es que para el resto de los años del periodo 1900-1928 se recurrió a dos fuentes adicionales, ambas provenientes de la SH. Se trata por un lado del trabajo de Servín, *Las finanzas*, y por el otro del artículo de Gómez Tagle, "La contribución federal" [I]. Servín presenta cifras sobre ingresos sólo para las entidades federativas del periodo 1900-1949. De aquí se extrajeron las cifras estatales correspondientes a 1900-1928, salvo como se dijo el año de 1910. Por su parte, Gómez Tagle presenta montos de ingresos estatales y municipales del periodo 1922-1934. De aquí se tomaron las cifras sobre ingresos municipales del periodo 1922-1928, que son las únicas que se han tenido a la mano. Como se ve, ambas fuentes presentan cifras sobre ingresos estatales para los años 1922-1928 y cabe explicar por qué se prefirieron las de Servín. La razón es muy simple: a diferencia de Gómez Tagle, Servín detalla las fuentes utilizadas, que son los informes y memorias anuales presen-

[5] De la Peña, *Veracruz*, II, 482-483 y 490-491. Este autor dice haber encontrado estos mismos problemas en las finanzas de los estados de Campeche, Chihuahua y Zacatecas, donde realizó estudios similares al de Veracruz. Ciertamente la baja calidad de las estadísticas mexicanas no sólo se refiere a la cuestión fiscal. Sobre lo incompleto e inexacto de las estadísticas de mediados del siglo XX, referidas sobre todo a comercio exterior ya que eran elaboradas por tres oficinas distintas, véase Ortiz Mena *et al.*, *El desarrollo*, xiii.

tadas por los gobernadores y, en forma complementaria, los cortes mensuales de caja de la tesorería publicados por el periódico oficial de la entidad correspondiente. Además, Servín —cuyas aportaciones a la historia fiscal del país han sido muy poco valoradas— tuvo el cuidado de señalar si las cifras provienen de referencias documentales o de estimaciones suyas. Sin embargo queda la duda de por qué los *AEEUM* no incorporaron los datos de Servín de los años anteriores a 1929.

Una anotación especial merece la distinción hecha para las cuentas del Distrito Federal. En sentido estricto deberían incluirse en la columna de entidades federativas de los cuadros A3 y A4. Sin embargo, se optó por presentarlas por separado para destacar su creciente importancia, especialmente después de la supresión de los ayuntamientos de esa demarcación en 1928. Además, el comportamiento de las finanzas de la capital del país es uno de los componentes del argumento central del trabajo.

Es evidente que las fuentes de los cuadros A3 y A5 tienen problemas serios. No obstante eso y una vez señaladas algunas de sus limitaciones más importantes, se ofrecen como punto de partida, confiando en que más adelante podrán corregirse y depurarse, en la medida en que las preguntas de investigación sean cada vez más finas.

Un aspecto que no debe dejarse de lado es la carencia de información sobre el origen geográfico de la recaudación de impuestos federales, lo que hubiera permitido una mejor caracterización de la dimensión geográfica del proceso fiscal. Como se dijo en el capítulo 1, al tratarse la aportación de la Ciudad de México, esa información es escasa para antes de 1960. Aunque De la Peña afirma en una de sus obras que la SH no llevaba ese registro, hay al menos un indicio de que estaba en un error.[6] Recuérdese la queja del gobierno de Nuevo León acerca de la diferencia abismal entre la recaudación federal y la estatal en esa entidad. En ese tramo del capítulo 10 se citó un informe del secretario de Hacienda Suárez con cifras sobre la recaudación de algunos impuestos federales en esa entidad norteña. De allí parece desprenderse que efectivamente la SH sabía de dónde provenían sus entradas tributarias. Pero por lo visto era información confidencial, al menos hasta 1960.

Por último cabe decir que para hacer el cálculo de los precios constantes de los cuadros A4 y A6 se utilizó el índice de precios de 1970 correspondiente al deflactor del PIB. Éste se obtuvo de *EHM*, I, cuadro 8.1.

[6] De la Peña, *Chihuahua*, III, 162.

CUADRO A1

INGRESO FEDERAL TRIBUTARIO CON RESPECTO AL PIB, 1910-1972
(millones de pesos corrientes)

	PIB	*Ingreso federal tributario*	*Porcentaje*
1910	3 100	97	3.13
1923	5 014	209	4.17
1924	4 633	229	4.94
1925	5 239	244	4.66
1926	5 469	245	4.48
1927	4 987	229	4.59
1928	5 018	233	4.64
1929	4 863	231	4.75
1930	4 668	234	5.01
1931	4 218	189	4.48
1932	3 206	155	4.83
1933	3 782	163	4.31
1934	4 151	222	5.35
1935	4 540	256	5.64
1936	5 346	301	5.63
1937	6 800	368	5.41
1938	7 281	363	4.99
1939	7 785	476	6.11
1940	8 249	473	5.73
1941	9 232	559	6.06
1942	10 681	623	5.83
1943	13 035	931	7.14
1944	18 801	1 115	5.93
1945	20 566	1 218	5.92
1946	27 930	1 624	5.81
1947	31 023	1 787	5.76
1948	33 101	1 874	5.66
1949	36 412	2 480	6.81
1950	42 163	2 920	6.93
1951	54 375	4 012	7.38
1952	60 993	4 494	7.37
1953	60 664	4 054	6.68
1954	73 936	4 812	6.51
1955	90 053	6 766	7.51
1956	102 920	7 547	7.33
1957	118 20	67 418	6.28
1958	131 377	8 502	6.47
1959	140 772	9 093	6.46
1960	159 703	10 187	6.38
1961	173 236	10 815	6.24
1962	186 781	12 110	6.48

CUADRO A1 *(CONCLUSIÓN)*

INGRESO FEDERAL TRIBUTARIO CON RESPECTO AL PIB, 1910-1972

(millones de pesos corrientes)

	PIB	*Ingreso federal tributario*	*Porcentaje*
1963	207 952	13 880	6.67
1964	245 501	16 870	6.87
1965	267 420	17 015	6.36
1966	297 196	20 815	7.00
1967	325 025	24 426	7.52
1968	359 858	28 376	7.89
1969	397 796	32 044	8.06
1970	444 271	36 645	8.25
1971	490 011	39 944	8.15
1972	564 727	48 383	8.57

FUENTES: PIB, *EHM*, I, 317-318; ingreso tributario, *EHM*, II, 648 y 650; ingresos 1923 y 1924, SHCP, *Memoria 1923-1925*, 29-30 y 48.

CUADRO A2

LA HACIENDA MEXICANA: UNA COMPARACIÓN INTERNACIONAL, 1910-1970

(porcentaje del ingreso tributario del gobierno central con respecto al PIB)

	1910	*1920*	*1930*	*1940*	*1950*	*1970*
Reino Unido	6.3	21.0	17.3	17.4	38.2	40.3
Italia	12.1		16.6	17.7	18.5	20.3
Francia	10.7	13.7	17.8	17.4	25.5	29.2
Alemania	3.6		18.9	36.5	25.2	26.5
España	8.3	5.7	9.8	9.3	7.8	11.5
Estados Unidos	1.7		3.6	5.7	13.6	19.8
México	3.1	4.2	5.0	5.7	6.9	8.3
Brasil		8.9		9.8	15.7*	
Argentina		7.2		9.0	18.1*	
Chile					15.3*	

* Datos de 1959

FUENTES: Europa, Comín, *Historia*, 212; Estados Unidos, Musgrave y Musgrave, *Public Finance*, 316. En este caso los datos corresponden a 1913 y 1927; México, cuadro A1. La cifra de 1920 corresponde a 1923; Brasil y Argentina 1920 y 1940, Díaz Fuentes, *Crisis*, cuadros A10 y A11; Brasil, Argentina y Chile 1959, Desai, "La capacidad", cuadro 2. En este caso al ingreso total se restó "otros ingresos".

CUADRO A3

INGRESOS BRUTOS FEDERALES, ESTATALES Y MUNICIPALES

(miles de pesos corrientes)

	Federales	*Estatales*	*Distrito Federal*	*Municipales*
1900	64 675	20 664		
1901	63 283	21 138		
1902	66 474	20 870		
1903	76 621	21 417		
1904	87 003	24 954		
1905	92 666	29 052		
1906	102 753	28 209	9 413	
1907	115 027	29 513	10 214	
1908	111 811	28 319	10 832	
1909	98 776	30 196	11 262	
1910	106 328	23 884	11 077	18 687
1911	111 142	29 342	11 428	
1912	105 142	32 003	11 731	
1913	120 959	32 789	12 450	
1914		38 110		
1915		52 309		
1916		68 850		
1917		36 566		
1918		36 651		
1919		39 409		
1920		46 229		
1921		44 366		
1922	280 052	47 499	11 026	45 720
1923	287 002	55 904	12 243	47 283
1924	272 966	52 616	13 454	52 998
1925	322 443	56 545	15 473	46 643
1926	309 164	58 942	17 879	51 868
1927	295 440	56 732	17 559	50 115
1928	299 753	60 518	18 431	52 524
1929	322 335	62 663	33 261	35 130
1930	288 863	62 759	33 400	35 189
1931	256 089	61 917	33 260	32 175
1932	212 347	56 926	33 066	29 444
1933	222 900	60 478	46 400	29 634
1934	295 277	69 846	42 388	33 778
1935	313 074	72 675	44 035	34 447
1936	385 175	78 024	55 327	35 081
1937	451 110	85 797	52 500	37 446
1938	438 328	92 398	63 395	39 462
1939	565 715	104 109	67 494	41 312
1940	577 004	115 455	72 639	42 996

CUADRO A3 *(CONCLUSIÓN)*

INGRESOS BRUTOS FEDERALES, ESTATALES Y MUNICIPALES

(miles de pesos corrientes)

	Federales	*Estatales*	*Distrito Federal*	*Municipales*
1941	664 919	127 575	96 488	47 466
1942	745 596	151 198	99 192	53 131
1943	1 091 597	172 874	109 221	69 363
1944	1 295 338	195 922	120 132	79 547
1945	1 404 025	214 662	137 530	101 775
1946	2 011 502	254 116	175 049	85 490
1947	2 054 694	289 710	181 300	98 799
1948	2 267 708	338 746	227 141	109 509
1949	3 891 216	409 904	257 450	129 053
1950	3 640 807	554 537	301 983	153 505
1951	4 883 666	703 437	356 834	175 986
1952	6 338 083	793 614	457 873	208 591
1953	5 023 106	799 262	409 250	227 253
1954	7 713 833	968 449	525 414	269 307
1955	9 023 531	1 105 896	1 296 615	343 900
1956	10 193 522	1 592 280	889 336	408 419
1957	10 869 859	1 789 574	3 212 089	476 626
1958	13 183 250	1 900 999	1 056 581	550 146
1959	14 163 433	2 060 613	3 467 608	618 665
1960	19 457 602	2 392 202	4 795 469	726 580
1961	19 941 051	2 579 146	5 092 737	796 255
1962	20 397 949	2 983 656	6 214 487	816 524
1963	20 294 906	3 255 433	7 100 677	873 238
1964	28 976 059	3 901 397	9 973 303	1 051 462
1965	64 282 701	3 641 020	7 777 155	1 189 673
1966	66 619 378	4 728 805	9 375 883	1 358 603
1967	79 458 982	5 502 489	11 230 224	1 470 460
1968	85 277 612	6 372 564	14 707 586	1 637 920
1969	98 001 224	7 383 097	9 547 608	1 970 173
1970	109 260 986	7 718 828	9 821 856	2 116 887
1971	121 360 207	8 917 048	10 810 761	2 500 415
1972	148 806 002	11 578 808	15 871 248	2 861 567

FUENTES: *AEEUM*, distintos años, salvo los siguientes: federales 1900-1911, excepto 1910, *EHM*, II, 648; 1910, González Navarro, *Estadísticas*, 38, referido a presupuestos de egresos; ingresos estatales 1900-1928, Servín, *Las finanzas*, excepto 1910, que proviene de González Navarro, *Estadísticas*; ingresos municipales y Distrito Federal 1922-1928, Gómez Tagle, "La contribución" [I], cuadro 4; ingresos del Distrito Federal 1906-1912, Rodríguez Kuri, *La experiencia olvidada*, cuadro 32; ingresos federales 1912 y 1913, Zavala, "Los impuestos", cuadro 1.

CUADRO A4
INGRESOS BRUTOS FEDERALES, ESTATALES Y MUNICIPALES
(miles de pesos de 1970)

	Federales	*Estatales*	*Distrito Federal*	*Municipales*
1900	1 689 997	539 963		
1901	1 333 117	445 292		
1902	1 379 813	433 202		
1903	1 590 659	444 619		
1904	1 860 945	533 752		
1905	1 767 381	554 097		
1906	1 986 558	545 374	181 985	
1907	2 224 885	570 849	197 562	
1908	2 103 793	532 839	203 811	
1909	1 743 025	532 846	198 732	
1910	1 613 922	362 528	168 135	283 645
1911				
1912				
1913				
1914				
1915				
1916				
1917				
1918				
1919				
1920				
1921				
1922	3 162 879	536 449	124 527	516 357
1923	3 069 216	597 841	130 927	505 647
1924	3 108 089	599 105	153 192	603,454
1925	3 448 091	604 672	165 463	498,784
1926	3 357 050	640 020	194 139	563,207
1927	3 363 348	645 848	199 895	570,519
1928	3 412 393	688 938	209 819	597,934
1929	3 639 940	707 616	375 597	396,702
1930	3 185 228	692 030	368 294	388,021
1931	3 228 676	780 627	419 330	405,651
1932	2 996 901	803 409	466 668	415 550
1933	2 968 012	805 291	617 836	394 590
1934	3 823 947	904 532	548 940	437 438
1935	3 982 522	924 477	560 156	438 190
1936	4 493 060	910 149	645 389	409 219
1937	4 273 936	812 863	497 399	354 773
1938	3 941 340	830 821	570 033	354 833
1939	5 013 245	922 592	598 117	366 098
1940	4 892 258	978 911	615 886	364 551

CUADRO A4 *(CONCLUSIÓN)*

INGRESOS BRUTOS FEDERALES, ESTATALES Y MUNICIPALES

(miles de pesos de 1970)

	Federales	*Estatales*	*Distrito Federal*	*Municipales*
1941	5 528 003	1 060 633	802 182	394 623
1942	5 658 390	1 147 454	752 776	403 216
1943	7 039 565	1 114 842	704 352	447 313
1944	6 264 349	947 493	580 967	384 695
1945	6 402 220	978 838	627 124	464 084
1946	7 197 763	909 304	626 378	305 909
1947	6 847 258	965 457	604 181	329 247
1948	7 374 555	1 101 597	738 659	356 122
1949	12 134 028	1 278 209	802 810	402 428
1950	10 774 761	1 641 121	893 702	454 289
1951	12 073 680	1 739 077	882 186	435 083
1952	14 524 709	1 818 691	1 049 288	478 019
1953	11 605 375	1 846 614	945 530	525 045
1954	16 084 535	2 019 366	1 095 569	561 547
1955	16 760 863	2 054 159	2 408 413	638 781
1956	17 699 607	2 764 769	1 544 206	709 162
1957	17 678 073	2 910 454	5 223 945	775 155
1958	20 316 898	2 929 657	1 628 312	847 838
1959	20 980 035	3 052 349	5 136 505	916 417
1960	27 467 721	3 377 001	6 769 622	1 025 691
1961	27 230 454	3 521 947	6 954 375	1 087 324
1962	27 041 499	3 955 424	8 238 526	1 082 463
1963	26 096 295	4 186 013	9 130 437	1 122 857
1964	35 250 560	4 746 209	12 132 931	1 279 146
1965	76 448 386	4 330 093	9 249 004	1 414 822
1966	76 230 899	5 411 054	10 728 590	1 554 616
1967	88 350 858	6 118 246	12 486 945	1 635 012
1968	92 609 878	6 920 484	15 972 161	1 778 750
1969	102 365 747	7 711 906	9 972 814	2 057 915
1970	109 260 986	7 718 828	9 821 856	2 116 887
1971	116 134 169	8 533 060	10 345 226	2 392 742
1972	134 910 247	10 497 559	14 389 164	2 594 349

CUADRO A5

INGRESOS BRUTOS DE ESTADOS Y MUNICIPIOS POR ENTIDADES FEDERATIVAS.
AÑOS SELECCIONADOS 1910-1970
(miles de pesos corrientes)

	1910		*1930*		*1950*		*1970*	
	Estatales	*Municipales*	*Estatales*	*Municipales*	*Estatales*	*Municipales*	*Estatales*	*Municipales*
Aguascalientes	191	187	472	539	6 092	1 647	45 002	23 900
Baja California			5 298		27 065		337 398	111 094
Baja California Sur			829		8 232		88 734	23 780
Campeche	283	142	570	349	4 153	1 427	63 544	11 121
Coahuila	437	564	2 653	2 508	44 762	10 460	138 371	115 188
Colima	200	125	286	263	5 559	1 222	49 784	18 433
Chiapas	741	1 267	1 504	670	20 219	3 575	149 510	25 240
Chihuahua	1 243	985	2 367	1 593	29 154	11 710	376 621	120 829
Durango	1 333	489	1 181	1 263	12 687	4 326	244 227	18 925
Guanajuato	1 280	963	2 512	1 701	16 560	7 417	814 669	102 165
Guerrero	862	353	992	279	15 834	3 426	182 372	48 287
Hidalgo	1 232	503	2 976	899	13 354	2 506	79 781	22 130
Jalisco	2 252	1 171	4 234	2 685	50 992	13 775	560 808	178 225
México	1 595	945	2 993	1 267	30 108	5 864	769 852	203 407
Michoacán	1 753		2 506	1 456	13 091	5 316	232 533	48 035
Morelos	299	188	795	284	6 392	1 783	125 398	20 076

Nayarit			703	457	9 247	3 281	63 861	18 342
Nuevo León	300	689	2 359	1 020	26 759	6 062	786 639	183 089
Oaxaca			1 576	1 170	10 608	2 731	130 791	19 185
Puebla	1 835	1 994	3 212	1 899	17 831	6 049	237 846	69 143
Querétaro	280	120	654	303	1 821	1 278	34 929	16 226
Quintana Roo			397		2 828		52 148	
San Luis Potosí	980	437	723	1 093	13 608	5 656	151 601	44 215
Sinaloa	638	857	2 651	1 283	18 105	7 217	386 504	136 966
Sonora	638	1 042	3 180	1 723	41 364	8 572	505 541	136 955
Tabasco	475	270	1 564	570	9 939	3 819	101 856	38 423
Tamaulipas	296	668	2 933	2 737	23 633	9 681	271 847	84 237
Tlaxcala	295		686	156	4 402	460	42 643	3 740
Veracruz	1 515	3 474	5 376	4 692	42 886	18 278	465 935	230 537
Yucatán	1 971	846	3 827	1 611	16 453	4 019	122 237	25 540
Zacatecas	961	408	750	720	10 759	1 949	105 846	19 454
Suma	*23 885*	*18 687*	*62 759*	*35 190*	*487 802*	*153 505*	*7 718 828*	*2 116 887*

FUENTES: cifras estatales y municipales de 1910, González Navarro, *Estadísticas*, 39, referidas a presupuestos; cifras estatales y municipales de 1930, AEEUM *1939*, cuadros 359 y 361; cifras estatales y municipales de 1950, AEEUM *1953*, cuadros 359 y 361; cifras estatales y municipales de 1970, AEEUM *1970-1971*, cuadros 15.8 y 15.14 Las sumas pueden no corresponder con las de las fuentes por efectos de redondeo.

CUADRO A6

INGRESOS BRUTOS DE ESTADOS Y MUNICIPIOS POR ENTIDADES FEDERATIVAS.
AÑOS SELECCIONADOS 1910-1970
(miles de pesos de 1970)

	1910		1930		1950		1970	
	Estatales	*Municipales*	*Estatales*	*Municipales*	*Estatales*	*Municipales*	*Estatales*	*Municipales*
Aguascalientes	2 898	2 838	5 204	5 943	18 029	4 874	45 002	23 900
Baja California			58 412		80 098		337 398	111 094
Baja California Sur			9 140		24 362		88 734	23 780
Campeche	4 294	2 155	6 284	3 848	12 291	4 223	63 544	11 121
Coahuila	6 631	8 558	29 250	27 652	132 471	30 956	138 371	115 188
Colima	3 035	1 897	3 153	2 900	16 570	3 616	49 784	18 433
Chiapas	11 244	19 226	16 582	7 387	59 837	10 580	149 510	25 240
Chihuahua	18 862	14 947	26 097	17 563	86 280	34 655	376 621	120 829
Durango	20 228	7 420	13 021	13 925	37 547	12 803	244 227	18 925
Ganajuato	19 423	14 613	27 696	18 754	49 009	21 950	814 669	102 165
Guerrero	13 080	5 357	10 937	3 076	46 860	10 139	182 372	48 287
Hidalgo	18 695	7 633	32 811	9 912	39 521	7 416	79 781	22 130
Jalisco	34 173	17 769	46 681	29 603	150 909	40 766	560 808	178 225
México	24 203	14 340	32 999	13 969	89 103	17 354	769 852	203 407
Michoacán	26 601		27 630	16 053	38 742	15 732	232 533	48 035
Morelos	4 537	2 853	8 765	3 131	18 917	5 277	125 398	20 076

Nayarit			7 751	5 039	27 366	9 710	63 861	18 342
Nuevo León	4 552	10 455	26 009	11 246	79 192	17 940	786 639	183 089
Oaxaca			17 376	12 900	31 394	8 082	130 791	19 185
Puebla	27 845	30 258	35 413	20 937	52 770	17 902	237 846	69 143
Querétaro	4 249	1 821	7 211	3 341	5 389	3 782	34 929	16 226
Quintana Roo			4 377		8 369		52 148	
San Luis Potosí	14 871	6 631	7 971	12 051	40 272	16 739	151 601	44 215
Sinaloa	9 681	13 005	29 228	14 146	53 581	21 358	386 504	136 966
Sonora	9 681	15 812	35 061	18 997	122 415	25 368	505 541	136 955
Tabasco	7 208	4 097	17 244	6 284	29 414	11 302	101 856	38 423
Tamaulipas	4 492	10 137	32 337	30 176	69 941	28 650	271 847	84 237
Tlaxcala	4 476		7 563	1 720	13 028	1 361	42 643	3 740
Veracruz	22 989	52 716	59 272	51 731	126 919	54 093	465 935	230 537
Yucatán	29 909	12 838	42 194	17 762	48 692	11 894	122 237	25 540
Zacatecas	14 583	6 191	8 269	7 938	31 841	5 768	105 846	19 454
Suma	*362 443*	*283 566*	*691 940*	*387 982*	*1 443 628*	*439 473*	*7 718 828*	*2 116 887*

SIGLAS, FUENTES Y BIBLIOGRAFÍA

AEEUM	*Anuarios Estadísticos de los Estados Unidos Mexicanos*
DDD	*Diario de Debates de la Cámara de Diputados*
DDS	*Diario de Debates de la Cámara de Senadores*
DO	*Diario Oficial de la Federación*
AGEC	Archivo General del Estado de Coahuila. Saltillo, Coahuila.
AGN	Archivo General de la Nación. México, D.F.
	Fondo Presidentes[1]
AGN/DGG	Fondo Gobernación-Dirección General de Gobierno
AHA	Archivo Histórico del Agua. México, D.F.
AHP	Archivo Histórico de Pemex. México, D.F.
AIGT	Archivo Incorporado Ignacio García Téllez, México, D.F.
AMGM	Archivo Manuel Gómez Morín. México, D.F.
FAPEC-FT, PEC	Fideicomiso Archivos Plutarco Elías Calles y Fernando Torreblanca, Archivo Plutarco Elías Calles. México, D.F.
NAUS	National Archives of the United States. Records of the Department of State Relating to Internal Affairs of Mexico. 1910-1929; Confidential U.S Department Central Files. Mexico: Internal Affairs. 1940-1944 y 1945-1949. Part II, Social, Economic & Industrial Affairs, Washington, D.C.

ABOITES AGUILAR, LUIS

El agua de la nación. Una historia política de México 1888-1946, México, Centro de Investigaciones y Estudios Superiores en Antropología Social, 1998.

Demografía histórica y conflictos por el agua. Dos estudios sobre 40 kilómetros de historia del río San Pedro, Chihuahua, México, Centro de Investigaciones y Estudios Superiores en Antropología Social, 2000.

[1] Las abreviaturas del Fondo Presidentes son como sigue: OC: Obregón-Calles; EPG: Emilio Portes Gil; AR: Abelardo Rodríguez; LC: Lázaro Cárdenas; MACA: Manuel Ávila Camacho; MA: Miguel Alemán; ARC: Adolfo Ruiz Cortines. Para abreviar, en las notas a pie de página se obvió la mención al Fondo Presidentes.

"Alcabalas posporfirianas. Modernización tributaria y soberanía estatal", *Historia Mexicana*, LI:2 (octubre-diciembre de 2001), 363-393.

ABOITES AGUILAR, LUIS, y ALBA DOLORES MORALES

"Amecameca, 1922. Ensayo sobre centralización política y Estado nacional en México", *Historia Mexicana*, XLIX:1 (julio-septiembre de 1999), 55-93.

AEEUM

Anuario Estadístico de los Estados Unidos Mexicanos, México, Dirección General de Estadística, Instituto Nacional de Estadística, Geografía e Informática (diversos años).

ALAMÁN, LUCAS

Historia de México desde los primeros movimientos que prepararon su independencia en el año de 1808 hasta la época presente, México, Instituto Cultural Helénico-Fondo de Cultura Económica, 1988, 5 vols.

ALATRISTE, SEALTIEL

Informe sobre la reorganización de la tesorería del Distrito Federal, México, s.e., 1949.

ALMADA, FRANCISCO R.

"Preliminares del Sistema Nacional de Riego número 5", *Boletín de la Sociedad Chihuahuense de Estudios Históricos*, X:5 (enero-junio de 1958), 1-5.

La Revolución en el estado de Chihuahua, México, Instituto Nacional de Estudios Históricos de la Revolución Mexicana, 1964, 2 vols.

ALVARADO, JOSÉ

"El extraño caso de la Secretaría de Hacienda", *Problemas Agrícolas e Industriales de México*, V:1 (1953), 163-168.

ANGUIANO EQUIHUA, ROBERTO

Las finanzas del sector público en México, México, Universidad Nacional Autónoma de México, 1968.

ARELLANO CADENA, ROGELIO (comp.)

México. Hacia un nuevo federalismo fiscal, México, Fondo de Cultura Económica-Gobierno del Estado de Puebla, 1996 (Lecturas, 83).

ARNAUT, ALBERTO

La federalización educativa en México. Historia del debate sobre la centralización y la descentralización educativa (1889-1994), México, El Colegio de México-Centro de Investigación y Docencia Económicas, 1998.

ASTUDILLO MOYA, MARCELA

La distribución de los impuestos entre la federación, estados y municipios en el siglo XX, México, Universidad Nacional Autónoma de México-Miguel Ángel Porrúa, 2001 (Textos Breves de Economía).

AVILÉS GONZÁLEZ, FLAVIO

"Las reformas a la ley del impuesto sobre ingresos mercantiles: 1971 y 1972", Monterrey, Universidad Autónoma de Nuevo León, 1972 (tesis de licenciatura).

BATAILLON, CLAUDE, y HÉLÈNE RIVIÈRE D'ARC

La ciudad de México, México, Sepsetentas-Diana, 1979.

BERNSTEIN, MARVIN D.

The Mexican Mining Industry 1890-1950. A Study of the Interaction of Politics, Economics and Technology, Nueva York, State University of New York, 1964.

BETETA, RAMÓN

Tres años de política hacendaria, México, Secretaría de Hacienda y Crédito Público, 1951.

BROWN, JONATHAN C.

"Empresa y política: cómo y por qué se nacionalizó la industria petrolera", en Carlos Marichal y Mario Cerutti (comps.), *Historia de las grandes empresas en México, 1850-1930*, México, Universidad Autónoma de Nuevo León-Fondo de Cultura Económica, 1997, 317-344.

BROWNLEE, W. ELLIOT

Federal Taxation in America. A Short History, Cambridge, Woodrow Wilson Center Press-Cambridge University Press, 1996.

BUITRÓN HERNÁNDEZ, VERÓNICA JAZMÍN

"Poder político y distribución de agua en el Valle de Mexicali: el caso de la Compañía de Terrenos y Aguas de la Baja California, S.A (1917-1929)", México, Universidad Autónoma Metropolitana / Iztapalapa, 1996 (tesis de licenciatura).

BUSTAMANTE, EDUARDO

"El impuesto sobre la renta y la ley de 18 de marzo de 1925", México, Universidad Nacional de México, 1926 (tesis de licenciatura)

CABRERA, LUIS

La herencia de Carranza, México, edición del autor, 1920.

CÁRDENAS, CRISÓFORO

"El problema del petróleo y los erarios locales y municipales", *Revista de Hacienda* (diciembre de 1938), 5-10.

CÁRDENAS, ENRIQUE

La industrialización mexicana durante la gran depresión, México, El Colegio de México, 1987.

La hacienda pública y la política económica 1929-1958, México, El Colegio de México-Fondo de Cultura Económica, 1994 (Fideicomiso Historia de las Américas).

La política económica en México, 1950-1994, México, El Colegio de México-Fondo de Cultura Económica, 1996 (Fideicomiso Historia de las Américas).

CARMAGNANI, MARCELO

"Finanzas y Estado en México 1820-1880", *Ibero-amerikanishes archivic*, 3-4 (1983), 290-313.

"El liberalismo, los impuestos internos y el Estado federal mexicano, 1857-1911", *Historia Mexicana*, XXXVIII:3 (enero-marzo de 1989), 471-496.

Estado y mercado. La economía pública del liberalismo mexicano, 1850-1911, México, El Colegio de México-Fondo de Cultura Económica, 1994 (Fideicomiso Historia de las Américas).

CARPIZO, JORGE

El presidencialismo mexicano, México, Siglo XXI Editores, 1978.

CARRO, HÉCTOR

"La pobreza fiscal de los municipios en México", México, Universidad Nacional Autónoma de México, 1968 (tesis de licenciatura).

CASTAÑEDA GONZÁLEZ, ROCÍO

Irrigación y reforma agraria: las comunidades de riego del valle de Santa Rosalía 1920-1945, México, Centro de Investigaciones y Estudios Superiores en Antropología Social-Comisión Nacional del Agua, 1995.

CASTAÑEDA ZAVALA, JORGE

"El *contingente* fiscal en la nueva nación mexicana, 1824-1861", en Carlos Marichal y Daniela Marino (comps.), *De Colonia a Nación. Impuestos y política en México, 1750-1860*, México, El Colegio de México, 2001, 135-188.

CLARK CALL, TOMME

"De la revolución política a la revolución industrial en México", *Problemas Agrícolas e Industriales de México* IX:3-4 (julio-diciembre de 1957), 1-152.

CLINE, HOWARD F.

Mexico. Revolution to Evolution: 1940-1960, Nueva York, Oxford University Press, 1962.

COLMENARES PÁRAMO, DAVID

"Retos del federalismo fiscal mexicano", *Comercio Exterior* (mayo de 1999), 415-431.

COLLADO HERRERA, MARÍA DEL CARMEN

Empresarios y políticos, entre la restauración y la revolución 1920-1924, México, Instituto Nacional de Estudios Históricos de la Revolución Mexicana, 1996.

COMÍN COMÍN, FRANCISCO

Hacienda y economía en la España contemporánea (1800-1936), Madrid, Instituto de Estudios Fiscales, Ministerio de Economía y Hacienda, 1988, 2 vols.

Historia de la hacienda pública I. *Europa*, Barcelona, Crítica, 1996.

COMÍN COMÍN, FRANCISCO, y JUAN ZAFRA OTEYZA (eds.)

El fraude fiscal en la historia de España, Madrid, Instituto de Estudios Fiscales, Ministerio de Economía y Hacienda, 1994.

"Congreso"

México: las finanzas, México, Cámara de Diputados XLIX Legislatura, 1974.

Congreso Constituyente

Congreso Constituyente 1916-1917. Diario de debates, México, Gobierno del Estado de Querétaro-Instituto Nacional de Estudios Históricos de la Revolución Mexicana, 1987, 2 vols.

Constitución Chih

Constitución política del estado libre y soberano de Chihuahua, Chihuahua, Imprenta del Gobierno, 1926.

Constitución Méx

Constitución política del estado libre y soberano de México, Toluca, Talleres Gráficos de la Escuela Industrial de Artes y Oficios, 1936.

Constitución Sin

Constitución política del estado de Sinaloa, Culiacán, Imprenta del Gobierno del Estado, 1928.

CÓRDOVA, ARNALDO

La ideología de la revolución mexicana. La formación del nuevo régimen, México, Ediciones Era, 1974.

CUADROS CALDAS, JULIO

Catecismo agrario, México, Registro Agrario Nacional-Centro de Investigaciones y Estudios Superiores en Antropología Social, 1999.

CHANDLER, HENRY ALFRED E.

Estudio preliminar sobre el sistema de impuestos del gobierno mexicano con indicaciones para su reorganización. Informe rendido a la Comisión de Reorganización Administrativa y Financiera de los Estados Unidos Mexicanos, México, s.e., 1917.

Análisis del proyecto de impuesto sobre ganancias (income tax) *con recomendaciones para formular un impuesto nuevo. Informe rendido por... a la Comisión de Reorganización Administrativa y Financiera*, México, Oficina Impresora de la Secretaría de Hacienda, 1918.

DAVIS, DIANE E.

El Leviatán urbano. La ciudad de México en el siglo XX, México, Fondo de Cultura Económica, 1999.

Declaraciones

Declaraciones del C. General de División don Benecio López Padilla, gobernador constitucional del estado de Coahuila, sobre la forma en que fueron resueltos los problemas que sometió a la consideración del gobierno federal, Saltillo, Gobierno del Estado, 1943.

DESAI, RAJANIKANT

"La capacidad fiscal de los países en desarrollo: cuestiones de política tributaria", en Álvaro Magaña *et al.* (eds.), *Reforma tributaria para América Latina*, 60-95.

DÍAZ CAYEROS, ALBERTO

"Political Responses to Regional Inequality. Taxation and Distribution in Mexico", Durham, Duke University, 1997 (Ph.Diss).

DÍAZ FUENTES, DANIEL

Crisis y cambios estructurales en América Latina. Argentina, Brasil y México durante el periodo de entreguerras, México, Fondo de Cultura Económica, 1994.

EATON, KENT

"Decentralisation, Democratisation and Liberalisation: The History of Revenue Sharing in Argentina", *Journal of Latin American Studies*, 33 (2001), 1-28.

"Editorial"

"Editorial. La carga fiscal en México y otros países", *Revista de Hacienda* (septiembre de 1939), 133-135.

EHM

Estadísticas históricas de México, México, Instituto Nacional de Geografía, Estadística e Informática-Instituto Nacional de Antropología e Historia, 1990, 2 vols.

EINAUDI, LUIGI

Principios de hacienda pública, Madrid, Aguilar, 1962.

ELIZONDO, CARLOS

"In Search of Revenue: Tax Reform in Mexico under the Administrations of Echeverría and Salinas", *Journal of Latin American Studies*, 26:1 (1994), 159-190.

ENRÍQUEZ, IGNACIO C.

Manifiesto a los habitantes del estado de Chihuahua, Chihuahua, Imprenta del Gobierno, 1923.

Esquivel Obregón

Toribio Esquivel Obregón. Una visión sobre la economía de México de 1891 a 1945. Recopilación hemerográfica, México, Universidad Iberoamericana, 1997.

FABILA, MANUEL

Cinco siglos de legislación agraria 1493-1940, México, Centro de Estudios Históricos del Agrarismo Mexicano-Secretaría de la Reforma Agraria, 1981.

FAGEN, RICHARD, y WILLIAM TUOHY

Politics and Privilege in a Mexican City, Stanford, University of Stanford Press, 1972.

FALCÓN, ROMANA

"¿Los orígenes populares de la revolución de 1910? El caso de San Luis Potosí", *Historia Mexicana*, XXIX:2 (octubre-diciembre de 1979), 197-240.

"La desaparición de los jefes políticos en Coahuila", *Historia Mexicana*, XXXVII:3 (enero-mayo de 1988), 423-446.

FALCÓN, ROMANA, y SOLEDAD GARCÍA (con la colaboración de MARÍA EUGENIA TERRONES)

La semilla en el surco. Adalberto Tejeda y el radicalismo en Veracruz 1883-1960, México, El Colegio de México-Gobierno del Estado de Veracruz, 1986.

FARÍAS HERNÁNDEZ, URBANO

"Aspectos financieros del estado federal mexicano", en *El federalismo en sus aspectos educativos y financieros*, México, Universidad Nacional Autónoma de México, 1976, 67-103.

FLORES ZAVALA, ERNESTO

Elementos de finanzas públicas mexicanas. Los impuestos, México, Porrúa, 1966.

GABRIEL BUDEBO, MARIO

"Política de ingresos y federalismo fiscal", ponencia presentada en el Seminario Internacional sobre Federalismo Fiscal, Cancún, mayo de 2000, s.p.

GALARZA, ERNESTO

La industria eléctrica en México, México, Fondo de Cultura Económica, 1941.

GAMBOA RAMÍREZ, RICARDO

"Las finanzas municipales de la ciudad de México, 1800-1850", en Regina Hernández Franyuti (comp.), *La ciudad de México en la primera mitad del siglo XIX*, México, Instituto Mora, 1994, vol. I, 11-63.

GARZA, GUSTAVO

"Estructura y dinámica económica de la ciudad de México", México, El Colegio de México, 1976 (tesis de maestría).

El proceso de industrialización en la ciudad de México (1821-1970), México, El Colegio de México, 1985.

GARZA, GUSTAVO, y JUAN JAVIER PESCADOR

"La concentración económica en la ciudad de México, 1876-1910", *Estudios demográficos y urbanos*, 8:1 (enero-abril de 1993), 5-29.

GIL VALDIVIA, GERARDO

"El federalismo y la coordinación fiscal en México", en *El federalismo y la coordinación fiscal*, México, Universidad Nacional Autónoma de México, 1981 (Serie G: Estudios Doctrinales 50), 59-90.

GINZBERG, EITAN

"Formación de la infraestructura política para una reforma agraria radical: Adalberto Tejeda y la cuestión municipal en Veracruz, 1928-1932", *Historia Mexicana*, XLIX:4 (abril-junio de 2000), 673-727.

GÓMEZ MORÍN, MANUEL, EDUARDO BUSTAMANTE y RAFAEL DE LAS PIEDRAS

Taxation of Foreign and National Enterprises, s.p.i.

GÓMEZ TAGLE, GUSTAVO

"La contribución federal", *Revista de Hacienda* [1] (mayo de 1939), 19-29 y [2] (junio de 1939), 15-34.

GONZÁLEZ, LUIS

Los días del presidente Cárdenas, México, El Colegio de México, 1991 (*Historia de la Revolución Mexicana, periodo 1934-1940*, 15).

GONZÁLEZ CASANOVA, PABLO

La democracia en México, México, Ediciones Era, 1974.

GONZÁLEZ NAVARRO, MOISÉS

Estadísticas sociales del porfiriato, México, Dirección General de Estadística, 1956.

GUERRA, FRANÇOIS-XAVIER

México: del antiguo régimen a la revolución, México, Fondo de Cultura Económica, 1988, 2 vols.

GUTIÉRREZ GRAGEDA, BLANCA ESTELA

"Penélope en las finanzas o la batalla sin fin por las alcabalas. El caso queretano", en Lisette G. Rivera R. y Martín Pérez A. (coords.), *Querétaro. Interpretaciones de su historia. Cinco ensayos*, Morelia, Universidad Michoacana de San Nicolás de Hidalgo, 1998 (Estudios de Historia Mexicana, 5), 165-197.

HALE, CHARLES L.

El liberalismo mexicano en la época de Mora 1821-1853, México, Siglo XXI Editores, 1984.

HAMNETT, BRIAN R.

"Faccionalismo, constitución y poder personal en la política mexicana, 1921-1854: un ensayo interpretativo", en Josefina Zoraida Vázquez (coord.), *La fundación del Estado mexicano*, México, Nueva Imagen, 1994, 75-109.

HANSEN, ROGER H.

La política del desarrollo mexicano, México, Siglo XXI Editores, 1975.

HERNÁNDEZ CHÁVEZ, ALICIA

"Las tensiones internas del federalismo mexicano", en Alicia Hernández (coord.), *¿Hacia un nuevo federalismo?*, México, El Colegio de México-Fondo de Cultura Económica, 1996 (Fideicomiso Historia de las Américas), 15-33.

HINOJOSA ORTIZ, MANUEL (ed.)

Nuevo código agrario, México, Departamento Agrario, 1943.

HOBSBAWM, ERIC

Naciones y nacionalismo desde 1780, Barcelona, Crítica, 1997.

IBARRA, ANTONIO

"Reforma y fiscalidad republicana en Jalisco: ingresos estatales, contribuciones directas y pacto federal, 1824-1835", en José Antonio Serrano y Luis Jáuregui (eds.), *Hacienda y política. Las finanzas públicas y los grupos de poder en la primera República Federal Mexicana*, El Colegio de Michoacán-Instituto Mora, 1998, 133-174.

INEGI

Sistema de cuentas nacionales de México. Estructura económica regional. Producto interno bruto por entidades federativas 1970, 1975 y 1980, México, 1980.

Informe Ags 1950

VI informe del ingeniero Jesús M. Rodríguez a la XXXVIII legislatura del estado de Aguascalientes, Aguascalientes, Talleres Gráficos del Estado, 1950.

Informe Coah 1938

Informe que el gobernador constitucional del estado de Coahuila Pedro V. Rodríguez Triana rindió ante la XXXIII legislatura local, con motivo de sus labores durante el primer año de su administración, Saltillo, Talleres Gráficos del Gobierno del Estado, 1938.

Informe Coah 1943

Informe rendido por el gobernador constitucional del estado de Coahuila de Zaragoza, C. General de División Benecio López Padilla, Saltillo, Gobierno del Estado, 1943.

Informe Col 1950

Primer informe rendido por el general de división Jesús Gonzáles Lugo, gobernador constitucional del estado de Colima ante la H. legislatura, Colima, s.p.i.

Informe Chis 1950

Segundo informe de gobierno rendido por el gobernador constitucional del estado, general e ingeniero Francisco J. Grajales, a la H. XLIII legislatura de Chiapas el 1 de noviembre de 1950, Tuxtla Gutiérrez, Departamento de Prensa y Turismo, 1950.

Informe Chih 1928

Informes del gobernador del estado, Fernando Orozco, y del presidente del Supremo Tribunal de Justicia, Chihuahua, Talleres Gráficos del Gobierno, 1928.

Informe Chih 1930

Informes del gobernador del estado, Ing. Andrés Ortiz, y del presidente del Supremo Tribunal de Justicia, Chihuahua, Talleres Linotipográficos del Gobierno, 1930.

Informe Chih 1932

"Informe leído por el gobernador del estado ante el H. congreso el 16 de septiembre de 1932", *Periódico Oficial del Gobierno del Estado*, suplemento del núm. 51, Chihuahua, 1932.

Informe Chih 1934

Informes del gobernador del estado, Gral. Rodrigo M. Quevedo, y del presidente del Supremo Tribunal de Justicia, Chihuahua, Talleres Gráficos del Gobierno, 1934.

Informe Chih 1935

Informes del gobernador del estado, Gral. Rodrigo M. Quevedo, y del presidente del Supremo Tribunal de Justicia, Chihuahua, Talleres Gráficos del Gobierno, 1935.

Informe Chih 1940

Informe del gobernador constitucional Gustavo L. Talamantes al H. congreso del estado, septiembre 16 de 1950, Chihuahua, Talleres Linotipográficos del Gobierno, 1940.

Informe Chih 1947

Informe del gobernador constitucional, ingeniero Fernando Foglio Miramontes, a la H. legislatura del estado, Chihuahua, s.e., 1947.

Informe Chih 1948

Informe del gobernador constitucional, ingeniero Fernando Foglio Miramontes, al H. congreso del estado, Chihuahua, s.e., 1948.

Informe Chih 1949

Informe del gobernador constitucional, ingeniero Fernando Foglio Miramontes, al H. congreso del estado, Chihuahua, s.e., 1949.

Informe Gto 1925

Informe que el gobernador constitucional del estado libre y soberano de [...] rinde a la H. XXXI legislatura del mismo, Guanajuato, s.e., 1926.

Informe Gto 1951

Tercer informe del licenciado José Aguilar y Maya, gobernador constitucional, al H. XLI congreso del estado, Guanajuato, s.e., 1952.

Informe Mich 1956

Sexto informe de gobierno [del gobernador constitucional general Dámaso Cárdenas], Morelia, s.e. 1956.

Informe NL 1926

Informe rendido ante la H. XLI legislatura del estado de Nuevo León el 16 de septiembre de 1926 por el gobernador constitucional substituto del estado Jerónimo Siller, Monterrey, s.e., 1926.

Informe NL 1939

Informe que rinde el general de brigada Anacleto Guerrero, gobernador constitucional del estado de Nuevo León, a la XLVIII legislatura del mismo sobre la situación general de dicha entidad federativa y los trabajos desarrollados por su gobierno durante el año de 1938-1939, Monterrey, s.e., 1939.

Informe SLP 1921

Informe rendido por el gobernador constitucional internio al H. Congreso del Estado, San Luis Potosí, Talleres Gráficos de la Escuela Industrial Benito Juárez, 1921.

Informe SLP 1922

Informe leído por el gobernador constitucional del estado, C. Rafael Nieto, ante el H. XXVII congreso, San Luis Potosí, Talleres Gráficos de la Escuela Industrial Benito Juárez, 1921.

Informe SLP 1926

Informe leído por el doctor Abel Cano, gobernador constitucional del estado de [...] en la inauguración del segundo periodo de sesiones de la XXIX legislatura del mismo, San Luis Potosí, Talleres Gráficos de la Escuela Industrial Benito Juárez, 1926.

Informe SLP 1927

Informe leído por el Dr. Abel Cano, gobernador constitucional del estado de [...] en la inauguración del primer periodo de sesiones de la XXX legislatura del mismo, San Luis Potosí, J. de J. Berumen Impresor, 1927.

Informe SLP 1940

Informe que el general Reynaldo Pérez Gallardo, gobernador constitucional del estado, rindió ante la H. XXXVI legislatura local el 15 de septiembre de 1940, acerca de la acción gubernamental desarrollada en su primer año de gestión administrativa, San Luis Potosí, Talleres Gráficos del Gobierno, 1940.

Informe Sin 1938

Informe ante la XXXVI legislatura del estado, rendido por el C. gobernador constitucional coronel Alfredo Delgado, de su gestión administrativa en el periodo comprendido del 16 de septiembre de 1938 al 15 de septiembre de 1939, Culiacán, Talleres Gráficos del Estado, 1939.

Informe Tab 1947

Informe del primer mes de gobierno [de Francisco S. Santamaría], Villahermosa, s.e., 1947.

Informe Tamps 1940

"Informe de las labores realizadas por el gobierno del estado de Tamaulipas, durante el ejercicio anual de 1940 y que rinde ante el H. congreso local, el ingeniero Marte R. Gómez, gobernador constitucional del estado", alcance del *Periódico Oficial*, 1 de enero de 1941.

Informe Zac 1926

Informe administrativo del gobernador constitucional de Zacatecas Fernando Rodarte ante la H. XXIX legislatura del estado. Gestión del 1 de mayo al 15 de septiembre de 1926, Zacatecas, Talleres de la Escuela Industrial Trinidad G. de la Cadena, 1926.

Informes Ver

Estado de Veracruz. Informes de sus gobernadores 1826-1986, en Carmen Blázquez Domínguez (comp.), Xalapa, Gobierno del Estado, 1986, 23 vols.

Iniciativa

Iniciativa de ley de ingresos de la federación para el ejercicio fiscal 1998, México, Presidencia de la República, noviembre de 1997.

IRACHETA CENECORTA, MARÍA DEL PILAR, y DIANA BIRRICHAGA GARDIDA (comps.)

A la sombra de la primera república federal. El Estado de México 1824-1835, Zinacantepec, El Colegio Mexiquense, 1999.

ITURRIAGA DE LA FUENTE, JOSÉ

La revolución hacendaria. La hacienda pública con el presidente Calles, México, Secretaría de Educación Pública, 1976 (Sepsetentas, 282).

IZQUIERDO, RAFAEL

Política hacendaria del desarrollo estabilizador, 1958-1970, México, El Colegio de México-Fondo de Cultura Económica, 1995 (Fideicomiso Historia de las Américas).

JÈZE, GASTON

Las finanzas públicas de la República Argentina, Buenos Aires, Le Courrier de La Plata, 1924.

JOSEPH, GILBERT M.

Revolución desde fuera. Yucatán, México y los Estados Unidos 1880-1924, México, Fondo de Cultura Económica, 1992.

KALDOR, NICHOLAS

"El papel de la tributación en el desarrollo económico", en Magaña *et al.* (eds.), *Reforma tributaria para América Latina*, 103-132.

"Las reformas al sistema fiscal en México", *Comercio Exterior*, XIV:4 (abril de 1964), 265-267.

KATZ, FRIEDRICH

Pancho Villa, México, Ediciones Era, 1998, 2 vols.

KNOWLTON, ROBERT J.

"La individualización de la propiedad corporativa civil en el siglo XIX. Nota sobre Jalisco", *Historia Mexicana*, XXVIII:1 (julio-septiembre de 1978), 24-61.

"La división de las tierras de los pueblos durante el siglo XIX: el caso de Michoacán", en Menegus (ed.), *Problemas agrarios y propiedad en México*, 121-143.

KRAUZE, ENRIQUE

Caudillos culturales en la Revolución mexicana, México, Siglo XXI Editores, 1985.

LIMANTOUR, JOSÉ YVES

Apuntes sobre mi vida pública, México, Porrúa, 1965.

LLINÁS ÁLVAREZ, EDGAR

Vida y obra de Ramón Beteta, México, s.e., 1996.

LOPES, MARÍA APARECIDA DE S.

"Abigeos, bandidos sociales y 'malhechores facciosos'. Criminalidad y justicia en el estado de Chihuahua 1876-1920", México, El Colegio de México, 1999 (tesis de doctorado).

LÓPEZ PORTILLO, JOSÉ

Mis tiempos. Biografía y testimonio político, México, Fernández Editores, 1988, 2 vols.

MACEDO, PABLO

"La hacienda pública", en Justo Sierra (comp.), *México, su evolución social*, México, J. Ballescá, 1901, t. II, 328-413.

MAGAÑA, ÁLVARO, JAMES A.LYNN y MARTO BALLESTEROS (eds.)

Reforma tributaria para América Latina II. Problemas de política fiscal, Washington, D.C., Unión Panamericana, 1964.

MALINOWSKI, BRONISLAW, y JULIO DE LA FUENTE

Malinowski in Mexico. The Economics of Mexican Market System (edición e introducción de Susan Drucker-Brown), Londres, Routledge & Kegan Paul, 1982.

MANERO, ANTONIO

Por el honor y por la gloria: cincuenta editoriales escritos durante la lucha revolucionaria constitucionalista en Veracruz, México, I. Escalante, 1916.

MANTEROLA, MIGUEL

"Legislación fiscal especial sobre petróleo y derivados", *Revista de Hacienda* (febrero de 1938), 3-19.

MARGÁIN, HUGO B.

La ley del impuesto sobre la renta de 1954 y sus reformas de 1956, México, Talleres de Impresión de Estampillas y Valores, 1956.

Compilación de leyes del impuesto sobre la renta (1921-1953), México, Secretaría de Hacienda y Crédito Público, 1957.

"El sistema tributario", en *México. Cincuenta años de revolución. La economía*, México, Fondo de Cultura Económica, 1960, 537-567.

MARICHAL, CARLOS

"La hacienda pública del Estado de México desde la independencia hasta la República Restaurada, 1824-1870", en Marichal *et al.*, *El primer siglo de la hacienda pública del Estado de México, 1824-1923*, 101-190.

MARICHAL, CARLOS, MANUEL MIÑO GRIJALVA y PAOLO RIGUZZI

El primer siglo de la hacienda pública del Estado de México, 1824-1923, México, Secretaría de Finanzas-El Colegio Mexiquense, 1994 (*Historia de la hacienda pública del Estado de México*, I).

MARICHAL, CARLOS, MANUEL MIÑO GRIJALVA y PAOLO RIGUZZI, comps.

Memorias e informes de los gobernadores del Estado de México. El ramo Hacienda 1870-1990, México, Secretaría de Finanzas-El Colegio Mexiquense, 1994 (*Historia de la hacienda pública del Estado de México*, III).

MÁRQUEZ, GRACIELA

"Protección y cambio institucional: la política arancelaria del Porfiriato a la Gran Depresión", México, El Colegio de México, 2001 (Documentos de Trabajo del Centro de Estudios Económicos, 2001/4).

MÁRQUEZ MORENO, IRENE

"El control de las aguas por parte de los ayuntamientos. El caso de Zamora, Michoacán, 1918-1922", *Boletín del Archivo Histórico del Agua*, II:5 (septiembre-diciembre de 1995), 12-13.

MARROQUÍN, ALEJANDRO

La ciudad mercado (Tlaxiaco), México, Instituto Nacional Indigenista, 1978 (Clásicos INI, 4).

MARTÍNEZ ALMAZÁN, RAÚL

Las relaciones fiscales y financieras intergubernamentales en México. Propuesta para un sistema nacional de asignación de recursos financieros a los estados y municipios, México, Instituto Nacional de Desarrollo Municipal, 1980.

MAXFIELD, SYLVIA

Governing Capital. International Finance and Mexican Politics, Ithaca y Londres, Cornell University Press, 1990.

MCGREGOR, JAVIER

"Partidos, congreso y elección en México, 1920-1930", en Pablo Piccato Rodríguez (coord.), *El poder legislativo en las décadas revolucionarias, 1908-1934*, México, Instituto de Investigaciones Legislativas-Miguel Ángel Porrúa, 1997 (Serie I. Historia y Desarrollo del Poder Legislativo. Vol. I. Historia Sumaria del Poder Legislativo. Tomo 3), 147-181.

MEDIN, TZVI

El sexenio alemanista, México, Ediciones Era, 1990.

MEDINA, LUIS

Civilismo y modernización del autoritarismo, México, El Colegio de México, 1982 (*Historia de la Revolución Rexicana, periodo 1940-1952*, 20).

Memoria 1870

Memoria de Hacienda y Crédito Público correspondiente al cuadragésimoquinto año económico, presentada por el secretario de Hacienda [Matías Romero] al Congreso de la Unión, México, Imprenta del Gobierno, 1870.

Memoria 1923-1925

Memoria de la Secretaría de Hacienda y Crédito Público. correspondiente a los años fiscales de 1923-1924-1925, México, Cultura, 1926, 2 vols.

Memoria 1927-1928

Memoria de la Secretaría de Hacienda y Crédito Público 1927-1928. Registro de labores, México, s.p.i.

Memoria 1928-1934

Memoria de la Secretaría de Hacienda y Crédito Pública 1928-1934, México, Talleres Gráficos de la Nación, 1962, 6 vols.

Memoria 1953

Memoria de la Secretaría de Hacienda y Crédito Público 1953, México, s.e., 1957, 3 vols.

Memoria 1955-1958

Memoria de la Secretaría de Hacienda y Crédito Público 1955-1958, México, s.e., 1963, 3 vols.

Memoria 1973

IV reunión nacional de tesoreros estatales y funcionarios de la Secretaría de Hacienda y Crédito Público, Tampico, Tesorería General del Estado de Tamaulipas, 1973.

Memoria Chih

Memoria del C. gobernador [Jesús Antonio Almeida] al H. Congreso del Estado. Octubre de 1924 a octubre de 1926, Chihuahua, Talleres Gráficos del Gobierno, 1926.

Memoria Hgo

Memoria de las labores del gobernador constitucional del estado, ingeniero Bartolomé Vargas Lugo, durante el cuatrienio 1929-1933, Pachuca, Talleres Gráficos del Gobierno, 1933.

MENEGUS, MARGARITA,

"Ocoyoacac, una comunidad agraria en el siglo XIX", en M. Menegus (ed.), *Problemas agrarios y propiedad en México. Siglos XVIII y XIX*, México, El Colegio de México, 1995 (Lecturas de Historia Mexicana, 11), 144-189.

"La desamortización de bienes comunales y municipales en el Valle de Toluca (1800-1845)", en Iracheta y Birrichaga (comps.), *A la sombra de la primera república federal*, 279-297.

MEYER, JEAN

"La ley Lerdo y la desamortización de las comunidades en Jalisco", en Pedro Carrasco *et al.*, *La sociedad indígena en el centro y occidente de México*, Zamora, El Colegio de Michoacán, 1986, 189-212

MEYER, LORENZO

México y los Estados Unidos en el conflicto petrolero 1917-1942, México, El Colegio de México, 1981.

MIÑO GRIJALVA, MANUEL

"Fiscalidad, estado y federación. El Estado de México en el siglo XIX", en Marichal *et al.*, *El primer siglo de la hacienda pública del Estado de México, 1824-1923*, 23-100.

MIRANDA CORREA, EDUARDO

Las pugnas por el abastecimiento del agua potable y el drenaje en la ciudad de Querétaro, 1940-1970, Querétaro, Presidencia Municipal, 1996.

MONCADA, CARLOS

¡Cayeron! Crónica de los gobernadores desconocidos, desaforados y obligados a renunciar o a pedir licencia (1929-1979), México, Calypso, 1979.

MORENO VÁZQUEZ, JOSÉ LUIS

"Apropiación y sobreexplotación del agua subterránea en la Costa de Hermosillo 1945-2000", Guadalajara, Centro de Investigaciones y Estudios Superiores en Antropología Social / Occidente-Universidad de Guadalajara 2000 (tesis de doctorado).

MURILO DE CARVALHO, JOSÉ

"El federalismo brasileño: perspectiva histórica", en Alicia Hernández (coord.), *¿Hacia un nuevo federalismo?*, México, El Colegio de México-Fondo de Cultura Económica, 1996 (Fideicomiso Historia de las Américas), 34-64.

MUSGRAVE, RICHARD A., y PEGGY B. MUSGRAVE

Public Finance in Theory and Practice, Nueva York, McGraw-Hill, 1984.

Nacional Financiera

La economía mexicana en cifras, México, 1981.

NAVARRETE, IFIGENIA MARTÍNEZ DE

Política fiscal de México, México, Universidad Nacional Autónoma de México, 1964 (Manuales Universitarios).

Los incentivos fiscales y el desarrollo económico de México, México, Universidad Nacional Autónoma de México, 1967.

"La evolución del sistema tributario de México y las reformas de 1972-1973", *Comercio Exterior*, XXIII:1 (enero de 1973), 48-55.

NIETO, RAFAEL

Más allá de la patria... Ensayos económicos y políticos, México, Andrés Botas e hijo, 1922.

NUGENT, DANIEL FREDERICK

"Land, Labor and Politics in a Serrano Society: The Articulation of State and Popular Ideology in Mexico", Chicago, Chicago University, 1988 (Ph.Diss).

NÚÑEZ, ISSE

"Puntos de vista sobre la reforma fiscal. Entrevista al Lic. Antonio Carrillo Flores", *El Economista Mexicano*, VII: 10-11 (octubre-noviembre de 1971), 73-76.

OCDE

Estudios económicos de la OCDE: México, París, 1999.

OCHOA OCAMPO, MOISÉS

La reforma municipal. Historia municipal de México, México, edición del autor, 1955.

OKADA, ATSUMI

"El impacto de la revolución mexicana: la Compañía Constructora Richardson en el Valle del Yaqui (1905-1928)", *Historia Mexicana*, L:1 (julio-septiembre de 2000), 91-143.

ORIVE ALBA, ADOLFO

La política de irrigación en México, México, Fondo de Cultura Económica, 1960.

OROZCO MELO, ROBERTO

"Nacho Cepeda: a 50 años de su muerte", *El Diario* [de Saltillo, Coahuila], 20-22 de julio de 1997.

ORTEGA Y GASSET, JOSÉ

Obras completas, Madrid, Alianza Editorial, 1983, vol. XI.

ORTIZ MENA, ANTONIO

Discursos y declaraciones 1959-1970, México, Secretaría de Hacienda y Crédito Público, 1964-1970, 2 vols.

El desarrollo estabilizador: reflexiones sobre una época, México, El Colegio de México-Fondo de Cultura Económica, 1998 (Fideicomiso Historia de las Américas).

ORTIZ MENA, RAÚL, VÍCTOR L. URQUIDI, ALBERT WATERSTON y JONAS H. HARALZ

El desarrollo económico de México y su capacidad para absorber capital del exterior, México, Nacional Financiera, 1953.

PACHECO CHÁVEZ, MARÍA ANTONIETA ILHUI

"La hacienda pública de los ayuntamientos del Estado de México durante la primera república federal, 1824-1835", en Iracheta y Birrichaga (comps.), *A la sombra de la primera república federal*, 245-262.

PALACIOS, JUAN JOSÉ

La política regional en México, 1970-1982. Las contradicciones de un intento de redistribución, Guadalajara, Universidad de Guadalajara, 1989.

PALAVICINI, FÉLIX F.

Historia de la Constitución de 1917, México, Gobierno del Estado de Querétaro-Instituto Nacional de Estudios Históricos de la Revolución Mexicana, 1987, 2 vols.

PANI, ALBERTO J.

La política hacendaria y la revolución, México, Cultura, 1926.

PAOLI BOLIO, JOSÉ

"Legislación y proceso político, 1917-1982", en Pablo González Casanova (coord.), *Las elecciones en México: evolución y perspectivas*, México, Siglo XXI Editores, 1989, 129-161.

Pemex

Los veinte años de la industria petrolera nacional. Informes del 18 de marzo. 1938-1958, México, 1958.

El petróleo en Veracruz, México, 1988.

PEÑA, MOISÉS T. DE LA

Campeche económico, México, Gobierno del Estado de Campeche, 1942, 2 vols.

Veracruz económico, México, Gobierno del Estado de Veracruz, 1946, 2 vols.

Zacatecas económico, México, s.e., 1948.

Chihuahua económico, México, s.e., 1948, 3 vols.

PÉREZ JIMÉNEZ, GUSTAVO

Las constituciones del estado de Oaxaca, México, Gobierno del Estado de Oaxaca, 1959.

PETRICIOLI, GUSTAVO

"Sobre los efectos económicos de las nuevas disposiciones fiscales", *El Economista Mexicano*, IX:2 (febrero-marzo de 1973), suplemento, 55-62.

Plan sexenal

Plan sexenal del PNR, México, Partido Nacional Revolucionario, 1934.

Presentación

Presentación de la iniciativa de ley de ingresos y proyecto de presupuesto de egresos de la federación para 1998 ante la LVII Legislatura de la H. Cámara de Diputados por el secretario de Hacienda y Crédito Público Guillermo Ortiz, México, Presidencia de la República, noviembre de 1997.

Los presidentes

Los presidentes de México ante la nación, Luis González (comp.), México, Cámara de Diputados, 1966, 5 vols.

PRO RUIZ, JUAN

"El poder de la tierra: una lectura social del fraude en la contribución de inmuebles, cultivo y ganadería (1845-1936)", en Comín Comín y Zafra Oteyza (eds.), *El fraude fiscal en la historia de España*, 189-201.

El problema

El problema de las alcabalas, México, Secretaría de la Economía Nacional, 1941.

RENDÓN GARCINI, RICARDO

El prosperato. Tlaxcala de 1885 a 1911, México, Universidad Iberoamericana-Siglo XXI Editores, 1993.

RETCHKIMAN, BENJAMÍN

"Estado, federalismo y concentración en México", en *El federalismo y la coordinación fiscal*, México, Universidad Nacional Autónoma de México, 1981 (Serie G: Estudios Doctrinales, 50), 7-31.

REYES OSORIO, SERGIO, *et al.*

Estructura agraria y desarrollo agrícola en México, México, Fondo de Cultura Económica, 1979.

REYNOLDS, CLARK

La economía mexicana en el siglo XX, México, Fondo de Cultura Económica, 1972.

RHI SAUSI GARAVITO, MARÍA JOSÉ

"Breve historia de un longevo impuesto. El dilema de las alcabalas en México, 1821-1896", México, Instituto Mora, 1998 (tesis de maestría).

Respuesta social a la obligación tributaria en la ciudad de México 1857-1867, México, Instituto Mora-Instituto Nacional de Antropología e Historia, 2000.

RIGUZZI, PAOLO

"El difícil camino hacia la modernidad: la hacienda pública del Estado de México, 1870-1923", en Marichal *et al.*, *El primer siglo de la hacienda pública del Estado de México 1824-1923*, 191-260.

"Crisis y reorganización del sistema fiscal, 1909-1930", en Mílada Bazant (coord.), *175 años de historia del Estado de México y perspectivas para el tercer milenio*, Toluca, El Colegio Mexiquense, 1999, 195-217.

RODRÍGUEZ, LINDA ALEXANDER

The Search for Public Policy. Regional Politics and Government Finances in Ecuador, 1830-1940, Berkeley, University of California Press, 1985.

RODRÍGUEZ ADAME, JULIÁN

"La organización del ejido", *El Nacional* [1], 20 de agosto de 1934; [2], 21 de agosto de 1934, y [3], 22 de agosto de 1934.

RODRÍGUEZ KURI, ARIEL

La experiencia olvidada. El ayuntamiento de México: política y gobierno, 1876-1912, México, El Colegio de México-Universidad Autónoma Metropolitana / Azcapotzalco, 1996.

RODRÍGUEZ VENEGAS, CARLOS

"El fondo de hacienda pública del Archivo General de la Nación", *Boletín de fuentes para la historia económica de México*, 4 (mayo-agosto de 1991), 35-40.

ROSAS FIGUEROA, ANICETO, y ROBERTO SANTILLÁN LÓPEZ

Teoría general de las finanzas públicas y el caso de México, México, Universidad Nacional Autónoma de México, 1962.

ROUAIX, PASTOR

Génesis de los artículos 27 y 123 de la constitución política de 1917, México, Instituto Nacional de Estudios Históricos de la Revolución Mexicana, 1959.

RUEDA VILLAGRÁN, QUINTÍN

La obra del pueblo. Seis años de esfuerzo por la grandeza de Hidalgo, Pachuca, s.p.i.

SALAMINI, HEATHER FOWLER

Movilización campesina en Veracruz (1920-1938), México, Siglo XXI Editores, 1979.

SALINAS SANDOVAL, MARÍA DEL CARMEN

Política y sociedad en los municipios del Estado de México (1825-1880), Toluca, El Colegio Mexiquense, 1996.

SANTOS LLORENTE, JAVIER

"Los gobernadores", en Pemex, *El petróleo en Veracruz*, 19-56.

SARAGOZA, ALEX

The Monterrey Elite and the Mexican State, 1880-1940, Austin, University of Texas Press, 1990.

SARIEGO, JUAN LUIS

Enclaves y minerales en el norte de México. Historia social de los mineros de Cananea y Nueva Rosita 1900-1970, México, Ediciones de la Casa Chata, 1988.

SARIEGO, JUAN LUIS, *et al.*

El Estado y la minería mexicana. Política, trabajo y sociedad durante el siglo XX, México, Fondo de Cultura Económica-Instituto Nacional de Antropología e Historia, 1988.

SCHENK, FRANK

"La desamortización de las tierras comunales en el Estado de México (1856-1911). El caso del distrito de Sultepec", *Historia Mexicana*, XLI:1 (julio-septiembre de 1995), 3-37.

Secretaría de Hacienda y Crédito Público (SHCP)

Cuenta de la hacienda pública federal (diversos años).

Convención nacional catastral, México, Cultura, 1924.

La hacienda pública federal en gráficas, México, 1936.

Primera convención nacional fiscal. Memoria, México, Cultura, 1926.

Segunda convención nacional fiscal. Memoria, México, 1947, 3 vols.

Tercera convención nacional fiscal. Memoria, México, 1947, 3 vols.

Seis años de política hacendaria en México (1970-1976), México, 1976.

Impuestos sobre la renta e ingresos mercantiles. Legislación federal, jurisprudencia y sentencias, recursos administrativos, México, 1976.

Indicadores tributarios 1978, México, s.f.

Indicadores tributarios 1980, México, s.f.

Indicadores tributarios 1984, México, s.f.

Indicadores tributarios 1985, México, s.f.

Secretaría de Hacienda y Crédito Público y Secretaría de la Presidencia (SHCP/SP)

México a través de los informes presidenciales. La hacienda pública, México, 1976 (t. IV, vol. II).

Secretaría de la Presidencia (SP)

México. Inversión pública federal 1925-1963, México, 1964.

SERVÍN G., ARMANDO

"Apuntes históricos del impuesto sobre la renta", *Revista de Hacienda* (febrero de 1939), 3-21.

"Antecedentes históricos de nuestra política tributaria", *Revista de Hacienda* (abril de 1939), 7-25.

"Nuestra política tributaria de 1869 a 1911", *El Trimestre Económico*, VIII (1940), 425-462.

Las finanzas públicas locales durante los últimos cincuenta años, México, Secretaría de Hacienda y Crédito Público, 1956.

SHAFER, ROBERT JONES

Mexican Bussines Organizations. History and Analysis, Syracuse, Syracuse University Press, 1973.

SHEHAB, F.

Progressive Taxation. A Study in the Development of the Progressive Principle in the British Income Tax, Oxford, Oxford University Press, 1953.

SHERWELL, G. BUTLER

Mexico's Capacity to Pay: A General Analysis of the Present International Economic Position of Mexico, Washington, s.e., 1929.

SIERRA, CARLOS J., y ROGELIO MARTÍNEZ VERA

El papel sellado y la ley del timbre. 1821, 1871, 1971, México, Secretaría de Hacienda y Crédito Público, s.f.

Historia y legislación aduanera de México, México, Secretaría de Hacienda y Crédito Público, 1973.

SILVA HERZOG, JESÚS

El agrarismo mexicano y la reforma agraria. Exposición y crítica, México, Fondo de Cultura Económica, 1974.

SIMPSON, EYLER N.

The ejido, Mexico's way out, Chapel Hill, University of North Carolina Press, 1937.

SKIRIUS, JOHN

José Vasconcelos y la cruzada de 1929, México, Siglo XXI Editores, 1982.

SOLÍS, LEOPOLDO

Intento de la reforma económica de México, México, El Colegio Nacional, 1988.

SOMERS, HAROLD M.

Finanzas públicas e ingreso nacional, México, Fondo de Cultura Económica, 1981.

SOMMERFELD, RAYNARD M.

La reforma de los impuestos y la Alianza para el Progreso, México, Pax, 1968.

STERRETT, JOSEPH EDWARD, y JOSEPH STANCLIFFE DAVIES

The Fiscal and Economic Condition of Mexico. Report Submitted to the International Committee of Bankers on México, Nueva York, s.e., 1928.

SUÁREZ, EDUARDO

Comentarios y recuerdos (1926-1946), México, Porrúa, 1977.

TANCK DE ESTRADA, DOROTHY

Pueblos de indios y educación en el México colonial, 1750-1821, México, El Colegio de México, 1999.

TÉLLEZ GUERRERO, FRANCISCO, y ELVIA BRITO MARTÍNEZ

"La hacienda municipal de Puebla en el siglo XIX", *Historia Mexicana*. XXXIX:4 (abril-junio de 1990), 951-970.

TELLO, CARLOS

La política económica en México 1970-1976, México, Siglo XXI Editores, 1979.

TENA RAMÍREZ, FELIPE

Leyes fundamentales de México 1808-1997, México, Porrúa, 1997.

TERRONES, MARÍA EUGENIA

"Veracruz: de la sedición a la sumisión. Conflicto político y legislatura estatal en la posrevolución 1920-1932", en Pablo Piccato Rodríguez (coord.), *El poder legislativo en las décadas revolucionarias, 1908-1934*, México, Instituto de Investigaciones Legislativas-Miguel Ángel Porrúa, 1997 (Serie I. Historia y Desarrollo del Poder Legislativo. Vol. I. Historia Sumaria del Poder Legislativo. Tomo 3), 183-235.

TORRES, BLANCA

México en la segunda guerra mundial, México, El Colegio de México, 1988 (*Historia de la Revolución Mexicana, periodo 1940-1952*, 19).

TREVISAN, EGIDIO C.

Reforma del régimen rentístico argentino, Buenos Aires, Casa Jacobo Peuser, 1932.

Los impuestos internos en la República Argentina. Contribución al estudio del problema de su unificación, Buenos Aires, Casa Jacobo Peuser, 1934.

UHTHOFF, LUZ MARÍA

Las finanzas públicas durante la revolución. El papel de Luis Cabrera y Rafael Nieto al frente de la Secretaría de Hacienda, México, Universidad Autónoma Metropolitana / Iztapalapa, 1998.

UNIKEL, LUIS, *et al.*

El desarrollo urbano de México. Diagnóstico e implicaciones futuras, México, El Colegio de México, 1976.

URQUIDI, VÍCTOR L.

"Nicholas Kaldor (1908-1986)", *Trimestre Económico*, LIV:4 (octubre-diciembre de 1987) [216], 919-925.

VÁZQUEZ E., RODOLFO

"La industria de tabacos labrados y la legislación fiscal federal sobre la materia", *Revista de Hacienda* [1] (septiembre de 1938), 27-39 y [2] (octubre de 1938), 13-25.

VILLA PATIÑO, MARÍA DEL CARMEN

"La contribución federal y la concurrencia fiscal", México, Universidad Nacional Autónoma de México, 1945 (tesis).

VILLASEÑOR, EDUARDO

Memorias-testimonio, México, Fondo de Cultura Económica, 1974.

WEBBER, CAROLYN, y AARON WILDAVSKY

A History of Taxation and Expenditure in the Western World, Nueva York, Simon and Schuster, 1986.

WELDON, JEFFREY A.

"El crecimiento de los poderes metaconstitucionales de Cárdenas y Ávila Camacho. Su desempeño legislativo 1934-1946", *Diálogo y Debate de Cultura Política*, 1 (abril-junio de 1997), 11-28.

"El presidente como legislador, 1917-1934", en Pablo Piccato Rodríguez (coord.), *El poder legislativo en las décadas revolucionarias, 1908-1934*, México, Instituto de Investigaciones Legislativas-Miguel Ángel Porrúa, 1997 (Serie I.

Historia y Desarrollo del Poder Legislativo. Vol. I. Historia Sumaria del Poder Legislativo. Tomo 3), 117-145.

WILKIE, JAMES W.

La revolución mexicana. Gasto federal y cambio social, México, Fondo de Cultura Económica, 1978.

WOOD, RICHARDSON, y VIRGINIA KEYSER

"Un ejemplo de inversión norteamericana en México. El caso de Sears, Roebuck de México, S.A.", *Problemas Agrícolas e Industriales de México*, IX:1-2 (1957), 161-192.

YÁÑEZ RUIZ, MANUEL

El problema fiscal en las distintas etapas de nuestra organización política, México, Secretaría de Hacienda y Crédito Público, 1959, 6 vols.

ZARCO, FRANCISCO

Crónica del Congreso Extraordinario Constituyente (1856-1857), México, El Colegio de México, 1957.

ZAVALA, ESTELA

"Los impuestos y los problemas financieros de los primeros años de la revolución", *Historia Mexicana*, XXXI:3 (enero-marzo de 1982), 325-360.

ZERMEÑO, GUILLERMO

"Between Anthropology and History: Manuel Gamio and Mexican Anthropological Modernity (1916-1935)", *Nepantla: Views from South*, III:2 (2002), 315-332.

ZULETA, MARÍA CECILIA

"Las finanzas públicas del henequén entre el porfiriato y la revolución, 1876-1917. Notas preliminares", *Históricas*, 57 (enero-abril de 2000), 3-21.

ÍNDICE DE CUADROS

ÍNDICE DE GRÁFICAS

MAPA

ÍNDICE ANALÍTICO

Este facsimilar de
Excepciones y privilegios. Modernización tributaria y centralización en México, 1922-1972
es propiedad de El Colegio de México
y se terminó de imprimir en Librántida bajo el
modelo de distribución bajo demanda.
www.librantida.com

Made in the USA
Monee, IL
18 October 2026

66036005R00260